# 崛起的中国：
# 全球机遇与挑战

## RISING CHINA:
## Global Challenges and Opportunities

Jane Golley　宋立刚／主编

社会科学文献出版社
SOCIAL SCIENCES ACADEMIC PRESS (CHINA)

ANU
E PRESS

# 本书撰稿人

Deborah Brautigam：美国大学国际服务学院国际发展计划教授，华盛顿；卑尔根大学比较政治学发展系教授，挪威。

陈春来：澳大利亚国立大学克劳福德公共政策学院，堪培拉。

Yin-Wong Cheung：加州大学圣克鲁兹分校经济学系。

党韦华：北京大学中国经济研究中心，北京。

都　阳：中国社会科学院人口与劳动经济学研究所，劳动与人力资本研究室，北京。

Christopher Findlay：阿德莱德大学经济学院，阿德莱德。

Paul Frijters：澳大利亚国立大学商业与经济学院经济学研究所，堪培拉。

Geoffrey Garrett：悉尼大学美国研究中心，悉尼。

Jane Golley：澳大利亚国立大学，中华全球研究中心，堪培拉。

黄益平：北京大学中国经济研究中心，北京；澳大利亚国立大学克劳福德公共政策学院，堪培拉。

Andrew B. Kennedy：澳大利亚国立大学克劳福德公共政策学院，堪培拉。

李坤望：天津南开大学经济学院，天津。

马国南：国际清算银行亚太区办事处，香港。

Robert N. McCauley：瑞士国际清算银行货币与经济局，瑞士。

Huw McKay：悉尼西太平洋银行，悉尼。

孟昕：澳大利亚国立大学商业与经济学院经济学研究所，堪培拉。

Budy Resosudarmo：澳大利亚国立大学克劳福德公共政策学院阿恩特·科登经济系，堪培拉。

Peter E. Robertson：西澳大利亚大学商学院，珀斯。

宋立刚：澳大利亚国立大学克劳福德公共政策学院，堪培拉。

**王碧珺**：北京大学中国经济研究中心，北京；澳大利亚国立大学克劳福德公共政策学院，堪培拉。

**王辉耀**：中国与全球化研究中心，北京。

**王娇**：北京大学中国经济研究中心，北京。

**王美艳**：中国社会科学院人口与劳动经济学研究所，劳动与人力资本研究室，北京。

**王小鲁**：中国经济改革研究基金会国民经济研究所，北京。

**胡永泰**：加州大学戴维斯分校经济学院；中央财经大学经济学院，北京。

**张永生**：国务院发展研究中心，北京。

**赵中伟**：澳大利亚国立大学人文与社会科学学院，澳大利亚人口与社会研究所，堪培拉。

# 目 录
## CONTENTS

多变世界格局下的中国崛起 …………………… Jane Golley　宋立刚 / 1

中国经济跌宕起伏的五年 ……………………………… Huw Mckay / 10

国际经济秩序改革：中国想要什么？
………………………………………… 黄益平　党韦华　王姣 / 29

中国为何要致力于推动人民币的国际化？
………………… Yin-Wong Cheung　马国南　Robert N. McCauley / 46

中国出口产品的技术含量与品质真的提升了吗？
………………………………………………… 宋立刚　李坤望 / 71

入世后外国在华直接投资相关政策法律的发展
………………………………………………………… 陈春来 / 86

中国制造业企业对外直接投资：模式，动机和挑战
………………………………………………… 王碧珺　王辉耀 / 98

中国的石油困境
——北京寻求能源安全面临的挑战和机遇
………………………………………… Andrew B. Kennedy / 118

促进全球碳公平与绿色增长
——中国在应对全球气候变化中的角色 …………… 张永生 / 136

全球金融危机后的中美经济关系 …………… Geoffrey Garrett / 151

认真消除中美贸易摩擦的重要性 ………………………… 胡永泰 / 176

中澳经济关系 ………………………… Christopher Findlay / 184

中国在非洲的发展援助：性质、对象、
目的及规模 ………………………… Deborah Brautigam / 206

当巨人遇见巨人：中印发展比较
　………………………… Peter E. Robertson / 230

中国和印度尼西亚移民工资制度的影响
　………………… Paul Frijters　孟　昕　Budy Resosudarmo / 254

全球视角下的中国人口挑战 ………………………… 赵中维 / 295

老龄化如何影响消费？
——来自中国城市劳动力市场调查的经验证据
　………………………………………… 都　阳　王美艳 / 312

中国城市化路径与城市规模的经济学分析 …………… 王小鲁 / 326

# 多变世界格局下的中国崛起

Jane Golley　宋立刚

20世纪的后30年见证了中国在世界经济舞台上的崛起，而21世纪的前30年毫无疑问将是中国完成它崛起的最佳时期。中国的崛起不仅仅局限于经济方面，也体现在国内政治和地缘政治上。目前，根据国民账户来衡量，中国已是世界第二大经济体，并且在朝着世界第一经济体迈进，相信在不久的将来，中国将成为真正意义上的世界最大经济体。中国经济在过去几十年中对世界经济的发展起到了积极作用，即使在全球金融危机期间，在确保世界经济始终保持增长的努力中，中国国内经济的强劲增长也发挥了关键作用。中国同世界经济的一体化将全球1/5的人口带入了世界贸易体系，这将全球市场潜力和一体化程度提高到了一个史无前例的水平。而由不断扩大的世界市场带来的规模更大和深度更广的国际分工则为促进世界生产、工业和消费以及提高各国福利水平提供了新的机遇。

尽管中国经济的崛起给国际社会带来了显而易见的巨大的全球和国家利益，但同时它也引起了不少问题。中国同世界经济的一体化迫使全球范围内经济活动的重新分配。这使得中国在对外贸易和政治关系上的摩擦不断增加，并引起了一些全球性的、关键的外部效应，具体如下。

第一，日趋激烈的竞争。这些竞争来自于中国的低成本产品和随之而来的世界市场上"中国制造"产品份额的提高。

第二，中国在世界经济不平衡中所扮演的角色。

第三，不断上涨的商品价格，包括能源和矿石的价格。而中国对自然资源需求的急剧增加是导致价格上涨的主要原因。中国需要这些自然资源来实现其经济的高速发展。

第四，日益增多的温室气体排放量。这来自于中国高速的工业化和人民生活水平的提高。(Song, 2010)

中国经济在世界经济中比重的不断提高不仅影响着它同世界其他国家的政治和贸易关系，而且从根本上改变着全球和区域范围内的政治经济版图。正如Findlay和O'Rourke（2007：545）所指出的那样，"从长远看，作为主要的政治经济超级大国，印度和中国经济的平稳增长不仅有利于全人类福利的提高，也是对不可预测的区域政治多样性的保证"。无论这些挑战将以何种形式出现，中国都将面临着一个迫切的任务——将其崛起控制在一个让国内民众和国际社会都普遍接受的水平。与之对应的就是国际社会必须顺应中国崛起的空间以确保世界政治和经济的稳定与繁荣。因此，我们可以说，国际社会在21世纪的前半段所面临的最重要任务是——如何适应中国崛起。

地区之间出现严重的贸易和金融失衡是最近几年全球经济的一个主要特征。在实体经济中，中美之间日趋扩大的贸易失衡成为了主要的影响因素。中国之所以有举足轻重的影响力在于它的实体经济，它的出口份额、贸易、碳排量和商品消费量均处于全球领先位置。然而，中国目前的金融体系和外汇安排结构阻止了它在金融领域内获得与其经济实力相称的影响力，中国仍在以工业化国家的标准金融系统为标准来调整实体经济失衡的现象。为了修正失衡，中国需要加深金融体系改革，为开放资本账户和实现人民币的自由兑换铺平道路。

为了解决这种失衡的状况，中国和其他主要国家必须寻求他们经济活动构成的改变，以最后改变其资产负债表。我们在金融危机中所经历的因金融去杠杆加速而引起的全球性的创伤和在金融危机之后所观察到的不稳定的现象并不能减轻这项任务的困难度。

对于中国来说，要想坚持经济再平衡的目标，在下一波高速增长时，它就需要将重心放在高附加值的制造业向国内市场的转移，增长重心由沿海向内地的转移，加大服务业的扩张，以及提高中小型有优势的私企的活力上（Overholt, 2010）。虽然提高国内消费水平尚需时日，但一些清晰的改革选项将在其中扮演一个积极的角色，这包括社会保障体系的发展以及为数众多的农民工的城市化。中国也可以通过减少出口，提高进口来调整失衡局面。

朝着一个市场导向的汇率制度发展是解决失衡问题的结构性方法。

考虑到中国规模庞大的经济以及它同全球经济一体化的程度，几乎中国进行任何结构性的调整都会引发全球性的影响。举例来说，中国应该如何最好地管理它巨额的美元资产，从而保证这些资产不受到美元贬值的影响呢？一方面，美元贬值实际上造成美国出口增多、进口减少，由此改善了它贸易账户的平衡。另一方面，美元贬值也造成美国资产增值，与之相对则是世界其他国家资产的贬值（Serven 和 Nguyen，2010：7）。这对于中国所囤积的大量跨境资产和它持续推进的国际金融一体化进程来说，无疑是一个重大的金融风险。鉴于此，中国跨境资产的多样化——减少美元资产以及美国和其他国家发行的短期资产的持有量，就显得十分适当而且不可避免。这是该金融全球化模式的一部分，它通常会产生积极影响，但有时也会造成消极影响。此外，这也与国际金融体系和全球经济有着密切的联系（Truman，2008：178）。

在这种情况下，无论中国如何去做，它都会加速美元的进一步贬值，从而增添美国提高利率的压力。但这对于正在从经济危机中恢复的国家来说几乎是不可能考虑的。现如今，中美这两个主要经济强国在贸易、投资和金融方面的相互依赖都表明合作不再是一种选择，而是一种必要。在许多方面，全球均是如此。

为了更好地开展双边和多边合作，寻找一个结构性的调整方案，以改变现时起主导作用的国际政治经济体系变得十分迫切。这是因为维持一个相对开放的、公平的、多边的政治、贸易和金融体系是唯一有效的方法，促使新兴国家遵守规则，同时那些发达国家会更加适应及合作。在一个中国急切想发挥领导地位的世界里，这个多边的框架将为国际贸易的扩张提供一个重要的制度保障。它将使国际贸易持续成为一个正和游戏而不是一个零和游戏。直到那时，全球共同的目标——比如保持全球宏观经济的稳定、实现金融一体化、消除贫困、改变气候剧变的局面以及改善地区和国际的安全，才能够成功实现（Song，2010）。

本书的各章主要分析上述问题，除此之外，还有对中国崛起背景下所出现的机遇和挑战的思考和分析。有一些章节主要集中讨论关键的双边关系（包括中美关系和中澳关系）。一些章节则关注国家对比方面（比如，中国和印度尼西亚移民对比以及中国和印度经济增长来源的对比），或从中国视角来审视的全球目标（比如限制气候剧变和改革国际经济体系）。一些章节还关注特定市场（比如石油市场），一些章节则重点关注关键的内部问题（城市化和人口老龄化）或者中国全球一体化进程的某些方面（比如中国制造业的对外直接投资和中国在非洲的经济活动）。尽管所涉及的话题和方法范围很广，但一个最主要的主题就是：中国的崛起不仅仅是发生在一个多变的世界格局下，而且它同时在深刻地改变着这个世界。

国际经济学家Mckay着手在第二章评估了在过去5年全球经济动荡的背景下，中国经济的表现。Mckay证明了中国的宏观经济政策立场如何受到平衡国有和私有经济活动努力的影响，他认为这是追踪中国经济增长的关键。为了证明他的观点，在研究中国对于全球金融危机所采取的国内经济增长放缓的政策之前，他以最新的房地产数据和基础设施活动为跳板来分别考察私有和国有经济运营。在中国的不定期政策支撑着经济持续的高速增长之下，挑战在于，如何在不进一步恶化长期结构性问题的前提下，找到一个不同于现在的，却又能实现经济增长目标的方法。

伴随着金融危机和新兴经济体的不断崛起，普遍的舆论认为，当前的由美国主导的国际经济秩序需要改革。该体系的特征是，美元在国际货币体系居于核心地位，世界银行、国际货币基金组织（IMF）和世界贸易组织（WTO）等国际组织在世界经济中扮演重要角色。然而，几乎没有观点来表述这项改革将何去何从。黄益平、党韦华和王姣将这作为他们在第三章的开篇论点，这些论点从中国的角度回答了这个问题。他们的分析从一个问题开始——究竟是革命还是改革，接下来就是对中美两国集团（G2）、七国集团（G7）和二十国集团（G20）所扮演角色的思考，以及对国际货币基金组织（IMF）的改革需求和最佳的全球储备体系的思考。在作者们最后的结论中，他们具体阐述了中国想要什么，中国能提供什么和中国在塑造和谐、合作和稳定的国际新秩序中所能扮演的角色。

从2008年以来，中国已经采取了一系列措施来提升人民币（RMB）的国际地位。在第四章里，Yin-Wong Cheung、马国南和Robert McCauley对这些举措作了具体的分析，他们认为这是一个中期策略的一部分，这个策略目的在于将一些中国的国际人民币债务作为一个分摊中国国际资产负债表的外汇风险的方法。然而，他们也承认人民币的国际化进程存在诸多限制——包括激烈争论的人民币币值被低估问题和对人民币—美元关系的误解。这一章节在本质上对未来中国及其贸易伙伴能够标示出一些潜藏在人民币中的风险是持乐观态度的。

在第五章里，李坤望和宋立刚参加了关于中国出口产品的技术含量和质量是否同它当前的发展水平相适应的辩论。他们不同意丹尼·罗德里克的观点，认为中国在出口质量方面有着非凡的表现，且中国的高科技产品占出口总额的提高就是最好的证明。但李和宋对中国在国际零散化生产流程中的角色进行了调查，并认为这个观点夸大了中国的出口质量，因为该观点将中国的进口产品和零部件中所包含的外国科技也列为中国科技。他们的数据表明，恰恰相反，中国在科技水平和产品质量方面表现不佳。李和宋呼吁中国在下一个发展阶段采取适当政策，加速攀登全球技术的阶梯。

若一本关于中国崛起对全球影响的书没有关于外商直接投资（FDI）的章节，那它就是不完整的。中国在过去30年中外商直接投资累计达到将近1万亿美元。在第六章里，陈春来提供了一项最新的中国对于外商直接投资态度的变迁分析——从严格限制到被动吸引，然后到主动地、有选择性地引进外资，这些都反映在中国外资政策和法律法规的演变中。尽管中国在遵守世界贸易组织关于投资方面的规则上有了明显进步，但陈呼吁中国进一步提高在这方面的透明度、国民待遇和对知识产权的保护力度。尽管中国的政策制定者们需要确保外资政策同国内的发展目标一致，但是为外国和国内的公司提供平等的鼓励措施和竞争机会，以及更强的知识产权的保护力度，对于维持中国在未来作为一个全球性有竞争力的外商投资目的地来说，是十分必要的。

在第七章中，王碧珺和王辉耀研究了最近的现象——中国的对外直接投资（ODI），这从2004年就处于激增状态，并使中国成为了世界上最大的发展中经济体的投资国，同时也是世界第五大投资国，仅次于美国、法国、日本和德国。两位专家着眼于中国制造业的对外直接投资，他们认为，这些企业所处的现代全球化环境同几十年前面对跨国公司（MNCs）的世界环境有本质区别。同样的，他们的动机和竞争优势也存在很大差异，比如大部分中国企业寻求先进技术而不是廉价劳动力。而且，在中央政府"走出去"战略的影响下，他们还有大量优惠政策的支持。这些（往往不透明）的政府支持导致中国企业在世界市场竞争时遇到了一个相当独特的问题——如何让东道国的政党、游说团体、竞争对手、社团和新闻媒体不用担心具有中国特色的海外投资。

Andrew Kennedy 在第八章讨论了中国的石油困境，强调中国（引申到全世界）在探索能源安全方面面临着挑战和机遇。虽然中国领导人清晰地认识到必须妥善处理中国石油进口依存度不可避免的提高的问题，但Kennedy认为现在所采取的政策是远远不够的，现在的政策仅仅是中国单方面努力去提高国内石油生产能力以及同产油国签订双边供油协议。他呼吁中国应当同其他主要石油进口国，特别是国际能源署进行更多多边接触。这不仅仅会增强全球石油安全前景，而且对于其他参与国来说，在处理中国崛起问题上，是一个释放出合作态势的良机。

张永生在第九章里提到了21世纪全球最大的问题——防止全球气候剧变。张说，要想达到在2050年控制全球气温仅仅上升2℃的长期目标，必须有两个先决条件——保持全球碳平衡和实现低碳增长。第一个条件希望工业化国家对他们的历史排放量负起责任，这些碳物质至今仍存留于大气层中，从而限制了欠发达国家用于发展所必需的碳排放空间。通过将这些历史排放量合并到各国所分摊到的人均碳排放量，张发现工业化国家累积了严重的碳排放赤字，如果他们肯承认的话，这将为经济增长模式的巨变——朝着低碳增长发展，提供激励。尽管他对防止全球气候剧变的谈判达成协议持悲观态度，但他看好中国在促进巨变的过程中所起到的作用。他认为这是自工业革命以来实现意义最为深远的发展模式转变的最好时机。

Geoffrey Garrett和胡永泰在第十章和第十一章分别为我们展现了中美关系——全球舞台上最重要的双边经济关系的演变情况。Garrett展示了一个非常均衡的评估报告，该评估认为尽管美国将陷入相对经济衰退期（不同于亚洲的剧烈衰退），但美国仍在文化和政治上保持着决定性的影响力。加勒特认为中美关系的产物——好的话可以产生巨大的经济效应，坏的话会导致武装冲突所产生的损失应该能给我们信心，确保在可预见的未来，两国能够继续有效地处理好双方的关系。他注意到，两国之间最大的问题实际上在国内，而并非是关注双边关系本身——这点上胡永泰提出尤其要改善双边贸易失衡。Garrett乐观地认为，崛起势力面对衰退势力的摩擦是能通过双方提升的外交技巧解决的，这从他们最近对经济危机的处理方法能看出来。胡同样希望开明的自身利益能够引导美国和中国认真地缓和他们双边贸易关系的紧张程度。

在第十二章里，Christopher Findlay审视了澳中经济关系。Findlay提供了一个广泛的证据证明这个关系正在朝着更为紧密的方向发展，因为中国现在不仅仅是澳大利亚第一大贸易伙伴,而且是最大的留学生源地和旅客源地(两个关键的服务出口行业),还是重要性与日俱增的自然资源行业的投资来源,而自然资源行业是近几十年内澳大利亚的经济繁荣支柱。Findlay 明确表示,这个日益密切的经济关系并非没有挑战,他把这种挑战分成 3 组:"现时"的挑战,"繁荣结束时"的挑战和"抓住新机会"的挑战。他的结论表明,澳大利亚必须实施一系列政策和体制改革,这样它在未来才能继续从同中国的交往中获利。相关改革包括资源税、移民、签证和航空服务,劳动生产力和灵活性,以及持续减少贸易壁垒。

除了非洲所获得的中国援助在近几年激增这个共识外,舆论再也没有在这个有争议的问题上达成任何共识。Deborah Brautigam 在第十三章中对这个旷日持久的讨论作出了自己的贡献。她提供了中国在非洲进行"发展援助"之构成的清晰调查结果。包括这个项目将如何发展,项目的数量,以及其背后的动机和对非洲经济发展的影响。通过调查,她得出了一个重要的结论,在中国用于援助非洲官方的种类繁多的金融工具中,仅有少部分能被列为政府开发援助(ODA)。理会了中国在非洲进行发展援助和经济合作的真正目的(大部分并非援助),是了解围绕中国与非洲接触所产生的众多问题的先决条件。这不仅对于非洲国家本身如此,对于非洲的传统合作伙伴和中国本身来说,亦是如此。

Peter Robertson 在第十四章里为我们呈现了一个对现在和未来两位"泰坦巨人"——中国和印度经济发展的对比分析。Robertson 利用新古典主义增长模型证明了与广泛持有的观点相反,中国在过去 30 年中非凡的增长业绩与其人力资本存量增长的有关程度可能要大于与其实物资本存量增长的有关程度。他的估算表明,人力资本存量的增长在经济增长中占了很大的比例,是迄今为止两国经济增长的主要原因。但特别是中国,能取得意义深远的成就的主要原因是由于拥有中学和以上教育水平的劳动力比例不断增长。对于两国来说,最关键的挑战落在确保他们庞大的人口——无论在城市还是农村——能够有相同的机会接受教育和技能培训,这将是未来几十年中两位"泰坦巨人"获得增长最重要的源泉。

在第十五章里,Paul Frijters、孟昕和 Budy Resosudarmo 提供了一个中国和印度尼西亚——两个世界上流动人口最多的国家的对比分析。两国的上百万的流动人口对经济的发展作出了巨大贡献。他们尤其调查了中国和印尼不同的组织结构如何影响乡村到城市流动人口的工资收入。尽管两国城市化进程在迅速推进，但中国城市却严格限制流动人口从事高收入的职业，而印尼的城市则更为自由放任。他们的分析表明，中国的流动人口所挣的钱比当地的城市居民要少得多。而印尼的流动人口所挣的钱却稍微多一些，这种差异突显了中国政策制定者对城市中存在的"二元户籍制度"进行改革的必要性。对于势不可挡的城市化进程和政府消除收入不平等的承诺来说，这是一个越发紧要的问题。

中国在过去30年中显著提高经济实力，伴随着，实际上，或者说在某些方面，是由最迅速的"人口结构的转型"所引起的。这一转型规模在世界历史上的任何时间、任何地点都是前所未有的。在第十六章中，赵中维从全球视角分析了这种转型，发现了一些中国正在面临的关键挑战，这些挑战随着中国在致富前进入老龄化社会而产生。他证明道，计划生育政策的放宽不大可能对未来的生育率产生重大影响。赵呼吁中国政府谨慎地评估低于更替水平的生育率的长期影响，以及需用适当的政策来回应。若要准备好面对即将来临的挑战，一个最基本的先决条件是改善人口统计数据采集的方法和质量。如果没有这个先决条件，那就无法得知中国人口转型将何去何从，而所造成的经济后果则更是无从谈起。

在第十七章中，都阳和王美艳对中国其中一项关键的人口挑战——人口老龄化以及它未来对家庭消费模式的影响作了更深入的研究。都和王的研究表明，对于中国这样一个处于发展转型中的经济体来说，由于它所拥有的资源不足以满足老年人的生活所需，以及正在建设中的养老保险金制度和不完备的医疗教育体系，因此中国人在一生中的消费选择是十分复杂的。他们绘制了一个最新城市家庭调查表（问卷表）来调查人口老龄化和家庭消费之间的联系——即了解在中国提高国内需求在经济增长中所占比例的大背景下，对于实现中国这个首要目标来说，什么是尤其重要的。他们的调查结果表明，在日趋老龄化的中国社会，医疗卫生体系的脆弱性可能会成为促进消费的最大障碍。

最后，在第十八章中，王小鲁从国际视角调查了中国的城市发展战略。他沿用由来已久的辩论，那就是中国政府的城市战略是应该更多关注中小城市及村镇的发展还是允许并鼓励更多特大城市的出现。他使用跨国的数据进行的计量经济分析表明，中国住在特大城市的人口占总人口的比例远远低于国际普通水平，并且暗示，在未来20年内，额外的2.3亿人应该迁往特大城市。在围绕中国发展进程所产生的问题中，庞大的人口绝对数量将带来最大的挑战。

## 参考文献

Cooper, N. R. (2008), "Global Imbalances: Globalisation, Demography and Sustainability", *Journal of Economic Perspectives*, vol. 22, no. 3, pp. 93 – 112.

Findlay, R. and O'Rourke, K. H. (2007), *Power and Plenty: Trade, War, and the World Economy in the Second Millennium*, Princeton University Press, Princeton, NJ, and Oxford, UK.

McKay, H. and Song, L. (2010), "China as a Global Manufacturing Powerhouse: Strategic Considerations and Structural Adjustment", *China & World Economy*, vol. 18, no. 1 (February), pp. 1 – 32.

Overholt, W. H. (2010), "China in the Financial Crisis: Rising Influence, Rising Challenges", *The Washington Quarterly*, vol. 33, no. 1, pp. 21 – 34.

Serven, L. and Nguyen, H. (2010), *Global Imbalances before and after the Global Crisis*, Policy Research Paper 5354, The World Bank, Washington, DC.

Song, L. (2010), *China's Rapid Growth and Development: An Historical and International Context*, Presented at the Thirty-Fourth PAFTAD Conference on China's Role in the World Economy, 7 – 9 December 2010, Peking University, Beijing.

Truman, E. M. (2008), "The Management of China's International Reserves: China and a Sovereign Fund Scoreboard", in M. Goldstein and N. R. Lardy (eds), *Debating China's Exchange Rate Policy*, Peterson Institute for International Economics, Washington, DC, pp. 169 – 93.

（黎建良 译）

# 中国经济跌宕起伏的五年

Huw Mckay

## 一 简介

21世纪第一个十年中的后五年，对于中国经济和世界经济来说，无疑是一段跌宕起伏的时期。这个时期以宏观经济政策立场向紧缩性倾斜为开始和结束。在此期间，一个大规模的经济刺激计划先后被提出、执行和放弃。此外，这个经济体经历了两个时期，一个是棘手的高通货膨胀率时期，另一个是价格完全下滑时期。这章提供了一个思考最近几年中国经济表现的框架，此外，还追踪了在这个不稳定时期不断变化的政策轮廓。

本章接下来将用以下方式讨论问题。第一，展现了一个通过行业循环投资来了解中国经济周期的框架。第二，调查了何种经济状况是造成经济危机的导火索，尤其是审视了在急速扩张时期累积的国内经济失衡。第三，概述和分析了为抵御巨大的外部冲击和国内经济增长放缓所制定的经济刺激政策。第四，从周期性和结构性的角度思考和评估了实现经济复苏的关键因素。第五，阐明了使最重要的宏观经济和特定行业政策标准化的方法，以及最近的举措，即积极抑制增长和通货膨胀。

## 二 一个追踪中国经济周期的简单框架

中国经济周期的核心是通过行政手段，努力去实现国有和私有经济活动的平衡发展。中国经济增长波动的主要因素来自于固定资产投资（见图1）。对中国固定资产投资增长最大的三个贡献因素分别是——房地产行业、重工业和基础设施行业。为了更好地说明，我们可以形象化地将房地产活动认为是私营部门的代理人，基础设施活动认为是公共部门的代理人，重工业活动认为是反映这两个终端用户行业发展的派生需求。

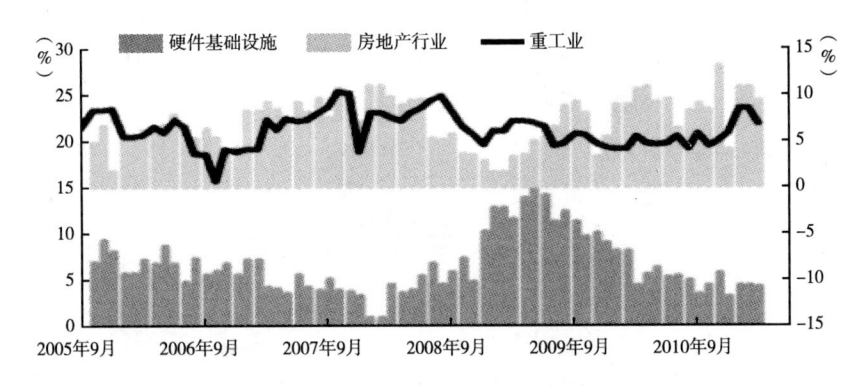

**图1 对固定资产投资增长的贡献因素**

注：对年终增长率的贡献以百分数表示。参见附录1获得这些类别的定义

考虑重工业活动在这种情况下的逻辑影响，同时见到房地产活动和基础设施活动增多是不寻常的。若真出现此类情况，则该经济体将很快变得过热。同样的，如果房地产行业和基础设施行业的发展同时受到抑制，衰退也会不可避免地对经济发展造成威胁。若减缓基础设施行业的发展速度，则房地产行业将具备发展势头。同时，当私营经济活动减少时，要迅速以发展基础设施建设的计划来应对，这就是中国制定的反周期政策。

该框架提供了一个简单且易懂的透镜，来追踪中国经济的增长。特别在21世纪的前10年中最有效。20世纪90年代末期受到热烈欢迎的住房制度改革已经将民用住宅地产提高到了一个主要宏观经济的地位。中国每位工人相对较低的股金，以及显而易见的基础设施赤字，加上观测到的高水平资本积累占国内生产总值（GDP）的比率（Mckay和Song，2010：4~7），以及整合现时分立的省级经济的长期必要性，这些都说明，对于中国来说将基础设施建设放在增长模式的核心，是十分有必要的。

很多人会批评这个图例（见图1），认为它未明确提及出口行业对此的影响。在讨论中国经济增长时，这种情况已经出现很多次了。在尝试给出分配一个主要角色时，无论是中国还是外国的观察家，所得出的结论都是相同的（Akyuz, 2011；Ljungwall, 2006；Xu, 2010）。但其他人认为出口的影响被极大地夸大了（Anderson, 2007；He 和 Zhang, 2010；Keidel, 2008）。该争论在很多情况下可归结为出口是如何界定的，或者更精确的是，出口的进口组成允许到何种程度。

Herrerias 和 Orts（2010）以及 Roberts 和 Rush 提供了对该讨论的均衡总结。他们的结论是，每个因素都是经济增长的主要贡献因素。但本章的重点不是重新讨论这个问题。笔者一直持有的立场是——出口是十分重要的，但并非是促进中国经济增长的主导因素（Mckay, 2008：17~25）。接下来的讨论更加适合以传统方法进行。

## 三 经济危机的导火索

伴随着这个时代而来的是一条现成的分界线。该分界线以全球金融市场和国际贸易在 2008 年晚些时候突如其来的崩溃为转折点。尽管中国封闭的汇率安排体制使中国经济成功抵御了这场最糟糕的金融动荡，但贸易活动的萎缩依然是实体经济的主要威胁。即便如此，与很多人的期望相反，总体经济活动水平在面对贸易萎缩的时候更加具有弹性。国内需求的主要杠杆从容以各种正在实施的经济刺激政策来回应，这使得在面对反常的外部拖累时，维持固有的经济增长成为可能。

在 2003 年，经济开始从东亚金融危机和 2001 年全球衰退的阴影中强劲复苏。经济复苏的中心是重工业的投资热潮，以及中国 2001 年正式加入WTO 后国际贸易的激增。但国内当局认为先前的趋势破坏了经济稳定，需要一个缓和的政策来回应。伴随着大量能源、资源和高排放的行业以一个过热的步伐占用了过多的新空间，政策干预于 2004 年 4 月开始。一份过热的重工业部门的清单被编制出来。这些行业将有权获得数目可观的紧缩性信贷。在实施紧缩性财政政策的时期，获批用于新计划的标准提高了，并且由中央主导的合理性程序被设置好了（Huang 和 Jha, 2004）。

实施紧缩性宏观经济政策，来应对 2004 年的特殊经济形势，成功减缓了重工业的扩张能力，使得我们在 2005 年和 2006 年连续两年见证了相对均衡投资的增长。在紧缩性财政政策立场的保护伞下制定出来的第十一个五年计划（2006～2010年），推动了资本积累的一次健康但非急剧的扩张。进口增长的减缓同重工业扩张速率的减缓，以及本地机器和资本货物制造商更加有效的竞争相联系，全球对中国出口产品的需求旺盛，戏剧性地提高了中国的贸易地位。所以，当国内需求增长在这个时期相对稳定时，净出口对国内生产总值增长的贡献大大提高了，使总体增长率超过了11%。

随着行政当局开始放松对2004年框架的解释，重工业投资在2007年得到了复苏，这使得经济活动所需要的原材料大大增长。该复苏在一个房地产行业同样繁荣的时间来临（价格快速上涨，高营业额以及重要的建设改善），净出口对年度国内生产总值增长的贡献率提高了2.5个百分点，资本流入的增长极其强劲，通货膨胀的压力也不断提高。因此，实施新一轮的宏观经济紧缩政策已不可避免。

货币和信贷政策从2007年前半年以来开始逐渐收紧，这其中是价格手段、市场基础手段和行政手段的结合（包括提高利率，扩大公开市场操作，提高银行法定准备金率，实行定量信贷紧缩和汇率升值）。随着这些政策的实施，中央财政开始实现盈余，但中央政府的基建工程计划实质上依然处于停滞状态。政府对房地产活动以及一些2004年特定的"经济过热"行业实行直接的行政干涉。这些举措包括降低位于长名单上高能耗产品的出口补贴，报废一些高能耗产品或者对其征收100%的出口税。中国允许汇率水平更快提高，速度甚至要超过人民币温和的升值速度。人民币升值的阻力在2005年6月消失后，升值在最初几年按照安排好的速率推进。

据报道，中国经济在2007年达到了一个引人注目的增长率——14.2%（实际增长率），但增长的势头在那年第一季度达到顶峰后（经季节性调整后的年均增长率为18.1%），随着紧缩性政策的实施，开始从最高点逐渐下降。在幕后，支撑中国经济增长的动力——对外贸易，同样出现了萎缩。第一个表明财政困境的明确信号在大约2007年中期出现在美国，当时，该国金融领域严重依赖的住房市场，显露出了衰退的迹象。

即使这样，商品价格过热导致中国的贸易条件急剧恶化。随着能源和铁矿石的价格在2008年前半年达到历史记录水平，中国的进口额急剧增加。与此同时，一次全球粮食危机导致农产品价格居高不下，推动中国的年度消费物价通胀达到8.5%的顶峰。而GDP平减指数亦达到了12.2%的年度最高点（见图2）。通货膨胀的激增使人们事后才明白，唯有将"周期延迟"的紧缩性措施应用于经济体上，才能使通货膨胀的速度放缓。

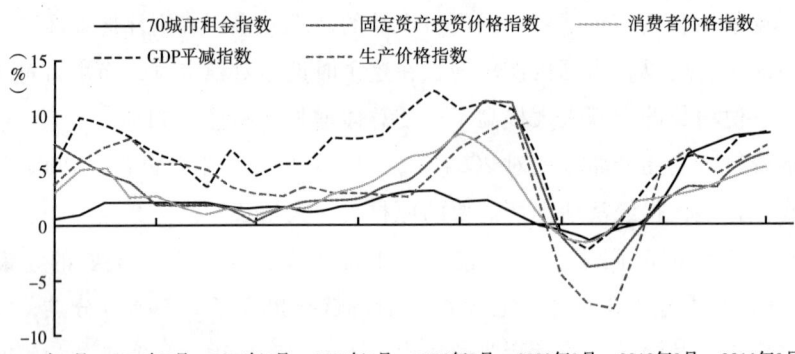

图2　中国应对通货膨胀的各种举措

在这时，一个特别脆弱的行业就是房地产行业。该行业主要受到流动储蓄的刺激，正处于一个狂热增长的状态。这些流动储蓄寻求从银行存款和股票市场中获得更高的扣除通货膨胀后的长期利益。前者受到行政指令的控制而实际利率低，因此显得无吸引力。而后者因为回报的高度不稳定亦显得无吸引力。行政当局所选择带到市场上的国有股潜在的超量供应带来了无处不在的威胁（Rule，2005；Walter和Howie，2011）。房地产行业，在另一方面，从资本收益和住宅保有税的真空中获益（Morinobu，2006），从新城市居民中衍生的强烈的潜在需求和从那些提升的收入规模中派生的升级需求，加上地方政府公开支持的立场，使那些从土地买卖获得的收入变得日趋重要。

这些牢固的基础和政府的扶持政策，加上推进"价格发现"的努力，随着总体住房供应不断的商业化，引发了一次重大的繁荣。这反过来吸引了一些投机者，他们有些人将资金从股票市场中转移出来。但由于资产流动性开始变差，这些投机活动变得十分困难。在一定程度上，随着境内的投资者将资金从国外抽调回本国，资本流入也支撑了房地产市场。银行系统提高按揭贷款的供应量（从一个非常低的初始水平）使得这个局面最终形成。

估值的提高见证了支付能力惊人的降低，并从本质上在主要城市里阻止了潜在的首次购房者成为自住阶级。这些购房者往往都处于平均的收入水平。此外，绝大多数进入市场中的商业股票，最终都倒向奢华，成交量大多数来自于投资者，而不是首次或者升级的自住业主。

尽管房地产行业有着牢固且明显的潜在的需求作为基础，但这些组合趋势却导致房地产行业变得十分脆弱。当投资者在销售里占了大头时，如果实施一个惩罚这个群体的政策立场，将预期对此造成破坏。由于非首次置业购买所需的现金随着利率一起上升，投资者需求开始萎缩，总体的销售增长也相应放缓。

这给开发商手头留下了越来越多未售出的住房。因此，他们将注意力从计划向市场推出更多住房转移到销售已建成的住房，以及将受其控制的主要住房打折出售。但打折销售最初是失效的，销售额（以平方米计算占地面积）一落千丈，导致他们没有足够的资金承受新住房的落成，使得现存住房在市场中大量堆积（见图3）。

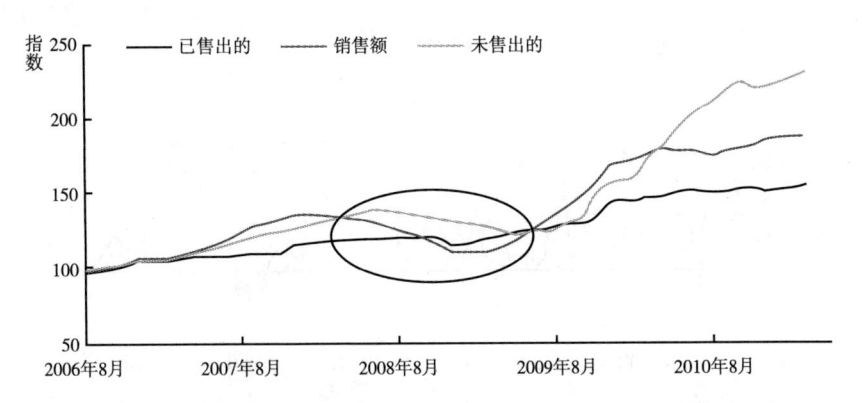

**图3 房地产行业：未售出的、实际销售额、已售出的住房数据统计**

注：基础数据以平方米来计算，指数来自于2006年8月的数据。

据推测，这种分歧会给建设活动带来消极影响。这种影响对于处于供应链上游的重工业部门，如钢铁和水泥行业来说，是相当严重的。他们对原材料和电力的需求也随着半成品生产商陷入意料之外的库存过剩而减少，为此，他们不得不以降低产量作为回应。

房地产行业最糟糕的时刻与经济危机对经济活动破坏最大的时间一致，均从2008年10月到2009年2月。但是，有一点是显而易见的，对房地产行业的校正将不顾外部冲击，并考虑市场和现行的政策力度，最终以一个实质性的规模结束。与此同时，资本流入出现了逆转，且国际贸易毋庸置疑的崩溃给人们情绪带来的不利影响在房地产市场的危机中扮演了重要角色。但它们既不是这个过程的催化剂，也不是这个过程的核心因素。

汽车行业在这段时间同样经历了一段困难时期。它每月的汽车销售量从2008年1月的1100万辆减少到2008年12月的仅800万辆（见图4）。汽车工业的幸运之处在于，它熟练地将复杂的相互影响压缩到一个可承受的范围之内。这些相互影响由经济周期和接连不断被发展中的低收入经济体经历的结构性激励的良性循环所带来。它同样展示了同其他行业主要的前后联系（Baker和Hyvonen，2011），伴随着对上游半成品和零部件的大量需求，以及主要的下游分销网络。这些特征，相对较低的进出口渗透比率，使得它在全部国家中成为了经济的领头羊。在2008年，汽车销售量达到了预期目标，如实反映了紧缩性政策使自由经济活动的负担在加剧。

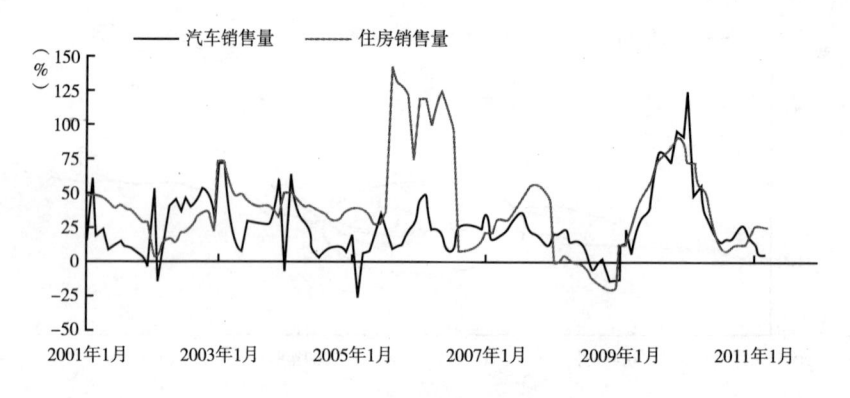

**图4　住房销售量和汽车销售量**

## 四　对内部危机和国内经济放缓的反应

面对一个资金大量外流的出口行业，以及亟待校正的住房市场和重工业中重要的库存问题，政府最初的反应是在2008年10月宣布一个小规模的刺激计划，这些特定政策的目的是给经济带来有利的结构性变革。换句话说，它致力于促进消费，遏制直接向房地产行业和重工业提供支持。据2008年11月早些时候经筛选的国内外商业调查显示（第一手经济资料来自于大约一个月的数据），国际贸易在10月份出现了明显蒸发，无论如何，这是显而易见的，即"好"政策必须服从于对过渡期的务实关注。

中国第二项刺激计划所涉及的金额相当于国内生产总值的14%，将实行超过两年时间，并且将会着眼于交通运输和电力基础设施建设（占45%），四川汶川大地震造成的严重损失的重建（占20%），农村基础设施建设以及环境保护计划（占18%），社会福利和税收优惠（占10%），公共住房建设（占7%）。进一步说，总体的政策环境转向全面适应性——用政府的话来说，就是"适当宽松"（Shu 和 Ng，2010：14）以及对特定行业——如房地产行业、汽车行业和家用电器行业的激励政策。

年度贷款限额的解除是放宽货币环境的核心。新的贷款量在2009年前半年得到了扩大，它相当于国内生产总值的52%（见图5）。存款准备金率的迅速降低增强了银行体系的存款流动性，并且降低了贷款利率（见图6）。这些以一定折扣补充作为基准的贷款，所占的比例大幅上升。这与国有企业（SOE）快速吸纳银行贷款的现况是一致的。国有企业对全部投资增长贡献的提高，以及基础设施建设戏剧性的增长，合在一起阐明了影响2009年增长反弹的决定性因素。

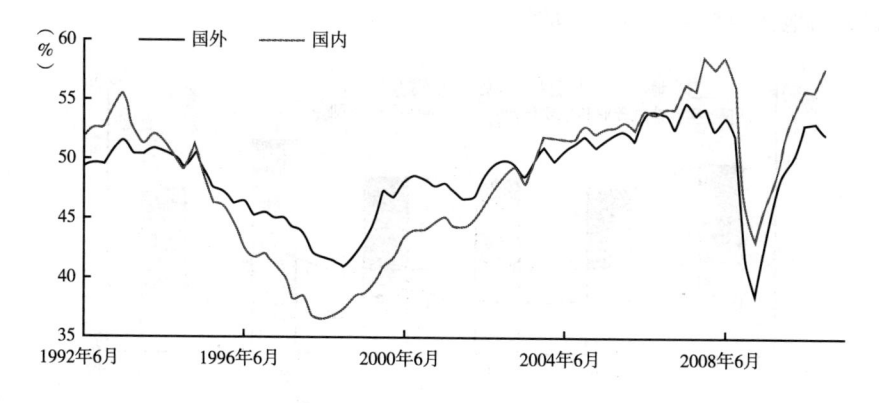

**图5 对5000家企业的调查结果：国内及国外的订单量**

资料来源：亚洲经济数据库，澳大利亚西太银行。

这整套措施的性质和规模很好地阐述了行政当局尝试抵消的冲击的大小。从本质上来说，行政当局避开了谨慎的结构性一致政策，另外再寻求一个实现最可靠增长方式的可能性。这种附属于该决定的交易有许多，并且具有负面的结构性影响。这会影响未来一段时间内经济活动的路线和成分。而正面的影响在于，基础设施投资的激增大幅度提高了经济体的供给方的活

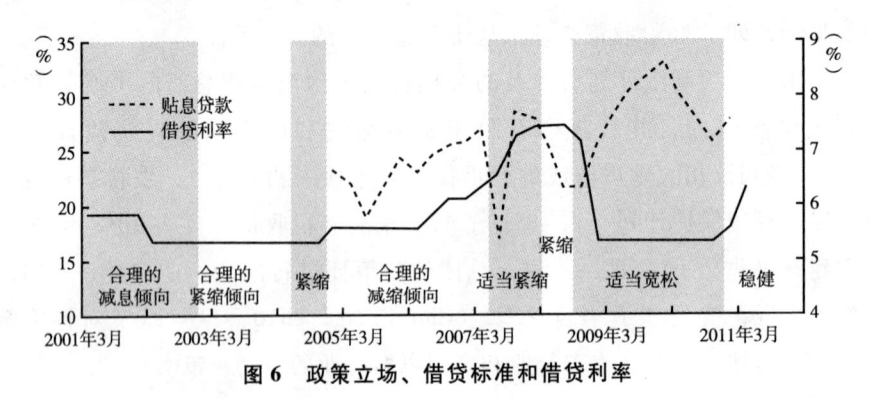

图 6 政策立场、借贷标准和借贷利率

注：阴影部分用于区分实行不同货币政策的阶段，该部分由 Shu 和 Ng（2010）所定义，他们对此进行了叙述性说明。
一系列折扣线的百分比表示贷款所占比例较基准利率至少低 10 个百分点。
资料来源：澳大利亚西太银行，亚洲经济数据库（Shu 和 Ng，2010）。

力，特别是物流方的活力。因此，鼓励重工业发展、房地产投机和大型国有企业进一步垄断市场，是刺激政策遗留下来的最主要的负面影响，交通基础设施建设的快速增长代表了一次印象深刻的跳跃式增长，该增长旨在将中国破碎的地区经济整合成统一的巨型市场。

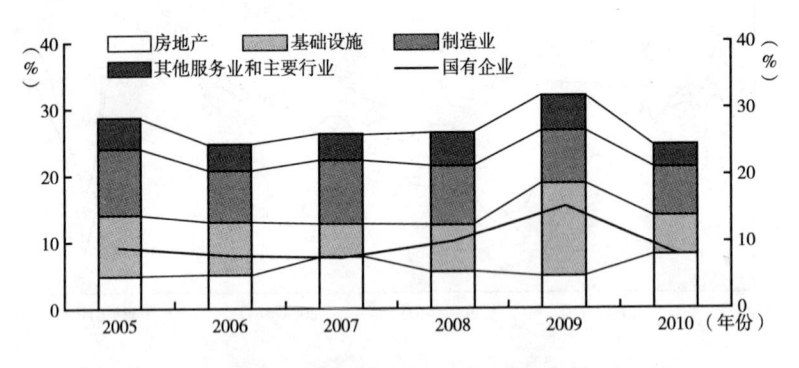

图 7 固定资产投资的贡献因素

注：堆叠圆柱之和为年度固定资产投资增长，但国有企业的贡献作为单独因素来研究。

维持一个宽松的政策立场是为了将通货膨胀造成的负面影响控制在一个合理的范围内。在 2009 年早些时候，生产价格指数以及消费者物价指数连续三个季度双双下滑。而 GDP 平减指数与 2008 年第二季度同期相比下跌到 -2.3%。楼市价格和租赁价格指数同样也下跌了（见图 2）。实际上，中国相对价格水平是现时实际汇率贬值的的来源,而名义汇率却在有效期限内大幅升值(见图9)。

## 五 经济复苏的因素

从活动的角度来看,经济复苏的本质决定了它是一个高资源消耗(高排放量)的过程。起初,金属和能源的价格在2008年末随同经济增长率一起,出现了暴跌,并且一直到2009年初,价格仍承受着较大压力。不过,在2009年第二季度,随着刺激经济的努力取得了成果,中国强劲的国内需求将原材料的进口量放到了一个清晰的复苏轨道上,并且在普通的季节性增长之上。铁矿石的进口量在2009年2月时,已经呈现出强劲增长的势头,而原油进口量的恢复则仅仅落后了几个月。

住房销量的复苏同样引人注目,其被抑制需求来自于业主和投资者,这些需求在2008年的大部分时间由于购买力不足和政策限制的缘故,潜藏了起来。现在这些需求得到了彻底释放。政策措施支持了这项变化,其措施包括降低住房购买的最低分期偿还额,放弃征收购房印花税和增值税,将免税住房转让的最短持有期从5年缩减到2年。相对于二次购房者,扩大对首次购房者的补贴(HKMA,2010)。最终的房地产紧缩政策(2008年8月)向最初的宽松政策(2008年10月)转变,表明经济衰退的势头得到了遏制。

由一系列举措驱动的强劲的销售需求使得开发商开始清理在经济衰退期间积压下来的过量库存。此外,他们也在寻找时机,准备再次扩大库存。从历史上看,住房销售量的增长导致新开工建设的住房(以数量计)连续6个月增加。这种关系在经济复苏阶段被严格地约束着(见图8)。新开工建设住房的激增充分地支持了固定资产投资的增长。这在响应基础设施建设计划上,已经呈现出更强的增长趋势。重工业产品制造商订单已重新安排满了。在年度国内生产总值增长量方面,2009年4个季度的增长率如下:第一季度为7.1%,第二季度为14.8%,第三季度为10.6%,第四季度为10.9%。在2009年末,国内需求不但完全恢复,而且还实现了高速增长。

读者应该注意到由文章开头提出的框架所引出的组合趋势。该框架假设,如果提高基础设施投资,那么经济就无法同时支持房地产行业的繁荣,

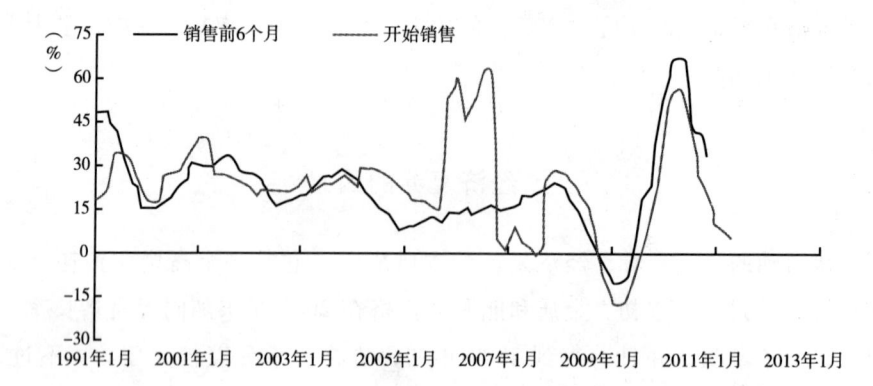

**图8** 住房销售量和新开工建设的住房数量

注：基础数据以平方米计算。

资料来源：亚洲经济数据库，澳大利亚西太银行；基础数据以平方米计算；12月份平均原始增长率；

随后，重工业将受到鼓舞，从而以惊人的速度增长。这会不可避免地出现经济过热的压力。中国在2010年前半年恰好经历了这种情况。

虽然等到住房市场恢复到初始状态时，作为刺激计划一部分被排进日程表的基础设施建设项目仍在进行中，但通货膨胀的苗头开始显露。个别城市的住房市场开始呈现出泡沫化趋势。尤其是北京，率先出现了这种现象。这表明，实施紧缩政策已经迫在眉睫。

在2009年下半年，初步迹象显示政府正在寻求使政策立场正常化的方法。首先，中央经济工作会议规定投资必须着眼于完成现有项目，而非开始新的项目。这是一个明确的声明，即经过深思熟虑后，经济活动已经规划得足够多了，没有必要再积极补充新的项目。当局暗示道，减缓增长速度是他们今后所希望的结果。对住房市场的公开支持在2009年末同样开始减少，最明显的举措是，将免税持有期在12个月恢复到原来的5年。在2010年1月份，对二次购房者的最低预付押金重新恢复到一贯水平——即2008年末规定的，40%的优惠率。

由于2010年1月的危机，货币当局首次提高银行存款准备金率。接下来，又分别在2月和5月再次提高银行存款准备金率。行业紧缩政策在4月正式开始实施，与之伴随的还有对房地产市场的严格管制。新举措推翻了原先全部的宽松住房政策。无论对于投资者还是首次购房者，新采用的信贷标准要比产生于危机之前的标准繁琐。新举措主要是针对北京市场设计的，但法令的措辞同时给了其他行政区域更大的自主权来从当地情况解释新举措。可预见的结果主要是，当北京的住房销量大幅下降时，其他城市却在初期的下跌后迅速恢复。开始的下跌主要是因为地方政府没有彻底地执行限购政策。即便如此，限制住房销量的紧缩政策仍在全国范围内缓慢但稳定地推行。与此同时，住房价格也在不断提高，住房销售量表明，在2011年初，房地产市场发展放缓。

政府总体住房政策包括需求方和供给方的措施。地方政府被要求服从改善辖区内住房购买力这个政策目标。第十二个五年计划（2011～2015年）包括一个建造3600万套保障住房的目标。其中1000万套保障住房必须在2011年内完成①。中国将上海和重庆列为房产税的试点，并计划在全国内推广。同时，禁止囤积土地的政策也被采用，同样被采用的还有设置价格上限，限制所有权和通过法令固定价格。保障住房计划的土地供应目标同样急速增加。

有迹象表明，在总体水平上的住房供求基本面正趋于一致。这将在未来几年内提高住房购买力。同时，新建住房总量在2010年超过了销售量。有人担心，新供给的构成———一旦这些观测到的新建住房完工———将会出现严重的偏差，从而面向高端市场。据推测，这将导致业主需求和实际可销售财产之间的失调。

地方政府项目融资的平台，在2009年放松银根时，是一个主要的传导机制。而在2010年前几个月中，这也首次作为宏观审慎风险被提及。银行很快把注意力集中到减少汽车贷款和严密监控这些贷款所产生的绩效上。随后，地方政府控制了公共资本筹集，并对大约90%的计划负有直接责任。这个步骤是一个明确的指示，即政策立场发生了转移。它同时确认，刺激计划更深层的负面影响即将浮出水面：由于政策性贷款的影响，它将削弱金融系统的资产负债表。

从另一个角度来审视这个问题，危机前的紧缩政策表明，2007年和2008年头两月，在中国沿海的省份，新投资计划规模的缩水是已经被制定好的了。从2009年初开始，新投资大幅增长，这是一个表明投资将会强势反弹的信号。讨论的强度也随着2010年初所报道的壮观的投资计划规模而增强。2010年下半年更新的紧缩政策正在产生影响的这个事实，在2011年初开始的缩水计划

---

① 《中国副总理要求今年必须建造1000万套保障住房》，2011年2月25日《新华社》，http：//news.xinhuanet.com/english2010/china/2011-02/25/c_13748574.htm。

里面读到。此外，中国最近决定在2011年减缓高速铁路建设速度[①]这个决定将贯穿整个"十二五"规划。该决定主要是为了消除2011年2月铁道部丑闻的影响，在该事件中，铁道部部长被免职。这个决定算是一个行业的自我陈述，即在经济总量中，什么东西正变得清晰明了。

从一个周期性的角度来看，当局正面临着一个具有挑战性的前景。以三行业框架来看2011年至2012年两年，若政策仍然按照目前的轨道来走，则同时发生衰退的可能性似乎非常高。而事实是，若是通过寻求一个双刺激政策来促进基础设施行业和房地产行业的发展，则政府必须面对一个现实，即这两个行业都非常容易同时遭受衰退的困扰。这反过来创造了一个可能性，即衰退有可能是刺激政策被放弃，政策开始倒向限制经济活动的产物。考虑到以下事实：基础设施建设的蓬勃发展在前些时候达到了顶峰，财政政策正处于一个紧缩性轨道上，地方政府融资受到限制，新建住房的数量在全国范围内减少，以及沿海省份的计划规模也相应缩小。这种减速在2010年被强势的房地产投资所抵消。从2010年中开始，全国的住房销售量基本上处于平均水平。一旦所观测的新建住房完工，新的住房供应量无论如何看起来都显得多余。这意味着，开发商手头将积压大量未出售的住房。这反过来将促使他们将精力从扩大新建住房转移到减少住房库存上。若该调整过程出现时，基础设施活动仍旧萧条，那么重工业将面临着由自己创造出来的，意想不到的多余库存。此时，增长率的修正将是可避免的。

若上述一连串假设的事件在现实中出现，当局需站到一边，并允许基础设施周期和房地产周期按照它们自己的节奏持续循环下去，在此期间，当局不能从中施加更多的干预。若放松政策立场，要么给基础设施规划注入新的活力，要么就不能向房地产活动过度倾斜。如果能实现，则将缓解人们对于两个领导产业同时出现衰退的担心。此类干预的长期机会成本，不管怎样，都会使政策演算变得更加复杂。第一，普通民众的住房购买力将由于住房供应量的激增而大大提高，并在一段时间内超过实际需求。第二，大量关于公开"促增长"的资源、能源和高排放政策的负面影响，现在已经被理解透彻了。因此，采用它们的条件门槛也比在先前周期时要高得多。第三，通货

---

① 《中国计划减少高速铁路的投资》，2011年4月5日《中国证券报》，http://www.cs.com.cn/english/ei/201105/t20110504_2866408.html。

膨胀预期以一个令人不安的高水平嵌入到它们之间，给经济带来了风险，这个风险是真实的，政府正严阵以待。第四，高通货膨胀率拥有和累退税相同的效果，但也因此同政府在公平领域提高成效的目标相矛盾。第五，金融系统的资产负债表由于最近大量发放的政策性贷款而有点不堪重负。第六，初期由市场驱动的资本配置机制的滞后，是由刺激措施所引起的。这种形势必须作为任何标准化进程或者"退出策略"予以扭转。

这些有分量的论据似乎指向设置一个旷日持久的紧缩政策，即使增长率已经记录了多项成果，在本章下边，指明是9%。实际上，以一个旷日持久的低水平经济增长率来扩张是减少金融体系中累积的巨大通货膨胀压力的必然选择。作出一个事前的判断，即经济增长的放缓是必需的，且在经济增长的放缓以一个非常不同的方式来临时，要保持冷静。

## 六　汇率

有点奇怪的是，当其他的政策手段开始支持2008年末的扩张时，汇率政策也随着间接的紧缩倾向而调整。从2008年8月开始，当美元在广泛的战线上升值时，中国突然结束美元和人民币间固定的弹性汇率，这使得中国的名义和实际有效汇率也大幅升值（以国际清算银行的算法为基础，见图9）。但与此同时，它的出口商们却忙于处理销售量的急速下滑和销售利润的急剧萎缩。这在本质上是亚洲金融危机时所采取的外汇政策回应的重演，那时候，尽管贬值对于维持一个表面的、胜于其他新兴经济体的竞争力来说是极具诱惑的事情，但中国依旧保持人民币与美元挂钩。中国因为20世纪90年代末期克制的表现，而从它的贸易伙伴那里赢得了掌声，但它的经济在这次危机中获得的成就却寥寥无几。实际上，在经济危机过了不久后，中国重新面临着继续让人民币兑美元名义汇率升值的国际压力，一些国家，比如巴西和印度，也加入到要求人民币升值的大军中。尽管从事实上说，人民币汇率在实际上已经大大高于经济危机前的水平，但升值压力仍出现了。然而，绝大多数新兴市场并没有恢复到超过其内部危机实际有效贬值的适当部分。

从贸易数据来看，中国并没有明显地遭受到升值的实际汇率的打击。当国外订单量和新的出口订单分别落后于它们在5000家企业调查中的国内等价物以及制造业采购经理人指数时，进口量先于出口量五个月回到了它们在

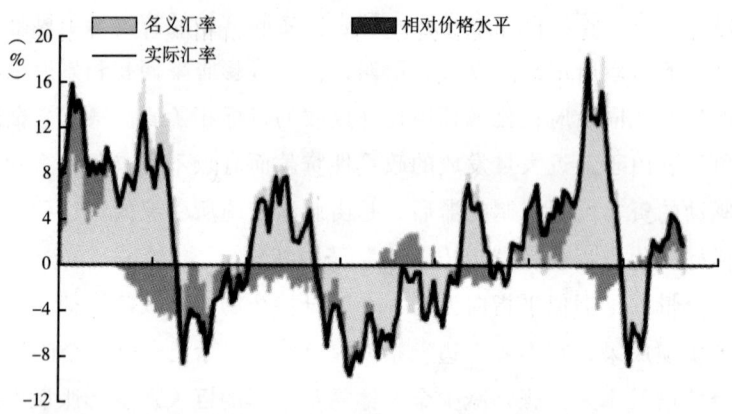

**图9 年均实际汇率变化的分解因素**

资料来源：国际清算银行，澳大利亚西太银行。

注：从相同的渠道和镶嵌在实际估算中的通货膨胀差异，以国际清算银行的广义实际有效汇率来分解为名义有效汇率来测量。年均百分比变动测为剩余。

危机前的水平，中国和它的贸易伙伴之间的国内需求有着明显的区别。这些结果可能是在未考虑货币的情况下推测出来的。出口的增长本身看起来足够强劲，按照年度条件来计算，出口在6个月之内，于2009年8月恢复到了20%的初始增长率，并且从那时起保持了32.4%的平均增长率（相对来说，进口的增长量为41.8%）。净出口对GDP增长的贡献率在2009年4个季度内为负，且在2010年第一季度也如此。但它在2010年剩下的3个季度里却为GDP的增长作出了积极贡献。从每年的情况来看，净出口的贡献率从2007年的2.5%下降到2008年的0.8%，但在2009年又再次上升到3.7%，而2010年又降回0.8%。

出口利润率，有可能被解读为名义汇率购买力升值的一个门槛，尽管遭受着巨大压力，但却表明，收益率是人们在经济动荡最坏的时刻主要关注的方面。出口代理利润率从2007年的6.8%缩小到2009年1月的3.6%，达到了低谷，但在2011年2月又重新恢复到6%。

美元兑人民币的名义汇率在2008年8月到2010年6月期间保持在1∶6.83，低于原先1∶8.28的限制水平17.5%。自那时以来，似乎被校准的两种趋势在总体外汇市场中和国内通货膨胀状态上，其升值的幅度已经被观测到了。随着通货膨胀的加快，升值的步伐实质上也相应加快了，美元兑人民币汇率年度升值率的波动有时候会接近10%。食物价格是导致通货膨胀增长的一个因素，它们之间的紧密联系在图10中可以很清晰地看出来。从2011年5月5日开始，美元兑人民币汇率再次下降5%，低于1∶6.83。虽然在危机之中汇率保持不变，但相对于先前的限额来说，已经降低了21.6%。

图10 食物价格和名义汇率

## 七 结论

这章为我们展示了在中国经济跌宕起伏的时期一个高水平的发展回顾。该回顾以2003年重工业的投资热潮为开端，并追踪到2011年最初几个月的经济活动和政策的大致轮廓。讨论以一个框架作为背景，该框架将固定资产投资认定是中国经济发展的主要动力。所回顾的时期，以总体政策向积极限制经济活动倾斜为开端和结束，同时，财政和货币紧缩政策向三个关键的投资循环因素施加了压力：房地产、基础设施，还有重工业。在此期间，当局对一次巨大的外部冲击作出反应，一道同行的还有由政策引致的国内经济增长放缓，此外，一系列主要的刺激政策用于巩固经济发展成果，而不是改善现存的结构性问题。因此，尽管它在恢复经济高增长率上取得了显著的周期性成就，但刺激政策同时也留下了一个负面的结构性影响和一些周期性的影响。

随着下一个十年的开始，当局的挑战是，再次取回它作为引发积极的结构性变化和消除不公平的发起人角色，与此同时，还要维持经济的高增长和将通货膨胀率控制在一个可接受的范围内。其中直接的挑战是，要处理令人不安的高通胀。更进一步，一个最基本的问题将浮现：如何在不忽视结构性重要问题的前提下，处理潜在的三个核心产业发展同时减缓问题。当局如何处理这个问题对中国如何平稳地从低收入国家过渡到中等收入国家具有重大影响。这是一个全世界都参与其中的问题。

## 附录1

在图1中，固定资产投资的类别被定义为以下两类。

重工业
- 石油、炼焦和核燃料加工
- 化工原料和产品
- 医药产品
- 橡胶制品
- 塑料制品
- 非金属矿物产品
- 黑色金属冶炼及压延加工业
- 有色金属冶炼及压延加工业
- 金属制品
- 通用设备制造业
- 专用设备制造业
- 废弃资源和材料回收处理
- 交通运输设备制造业

硬件基础设施
- 燃气及水生产供应业
- 水利保护及环境管理业
- 运输、仓储和邮政服务业

在图7中，固定资产投资的类别定义如下。

制造业是第二产业，但不包括采掘业。

基础设施包括图1中所定义的硬件基础设施产业，此外还有软件基础设施产业。

- 信息传输，计算机和软件
- 教育
- 医疗保健、社会保障和福利（硬件）
- 公共管理和社会组织

房地产包括建筑业的投资。

其他服务业和主要行业包括农业，采掘业和别处未分配的服务业。

## 参考文献

Anderson J. (2007), "Is China Export-led?", *UBS Investment Research "Asian Focus"*, 27 September.

Baker, M. and Hyvonen, M. (2011), "The Emergence of the Chinese Automobile Sector", *Reserve Bank of Australia Bulletin*, March Quarter, pp. 23 – 30.

Chinese Economic Review (2011), "China Slashes Railway Budget, Slows Rail Speeds", *Chinese Economic Review*, 14 April, < http：//newcer. chinaeconomicreview. com/en/content/china – slashes – railway – budget – slows – rail – speeds > .

Herrerias, M. J. and Orts, V. (2010), "Is the Export-led Growth Hypothesis Enough to Account for China's Growth?" *China and World Economy*, vol. 18, no. 4 (July-August), pp. 34 – 51.

Hong Kong Monetary Authority (HKMA) (2010), "Mainland Economic Outlook for 2010", *Mainland Economic Monitor*, Special Note 01/2010, 12 January, Hong Kong Monetary Authority.

Huang, Y. and Jha, R. (2004), "China and India: Short-term Macroeconomic Outlook", in R. Garnaut and L. Song (eds), *China: Is Rapid Growth Sustainable?*, Asia Pacific Press, Canberra.

Keidel, A. (2008), *China's Economic Rise—fact and Fiction*, Policy Brief No. 61 (July), Carnegie Endowment for International Peace, Washington, DC, < http：//www. carnegieendowment. org/files/pb61_ keidel_ final. pdf > .

Ljungwall, C. (2006), "Export-led Growth: Application to China's Provinces, 1978 – 2001", *Journal of Chinese Economic and Business Studies*, vol. 4, pp. 109 – 26.

McKay, H. (2008), *Asian Industrialisation: A Strategic Analysis with a Memorandum on the Australian Response*, Global Dynamic Systems Centre Working Papers No. 4 (June), The Australian National University, Canberra.

McKay, H. and Song, L. (2010), "China as a Global Manufacturing Powerhouse: Strategic Considerations and Structural Adjustment", *China and World Economy*, vol. 18, no. 1 (February), pp. 1 – 32.

Morinobu, S. (2006), *The Rise and Fall of the Land Myth in Japan: Some Implication to the Chinese Land Taxation*, PRI Discussion Paper Series No. 06A – 08 (March), Japanese Ministry of Finance Policy Research Institute, Tokyo.

Rule, T. (2005), "How are Equity Markets Performing in China?", in R. Garnaut and L. Song (eds), *The China Boom and Its Discontents*, Asia Pacific Press, Canberra.

Shu, C. and Ng, B. (2010), "Monetary Stance and Policy Objectives in China: A Narrative Approach", *HKMA China Economic Issues*, no. 1/10 (January).

Walter, K. E. and Howie, F. J. T. (2011), *Red Capitalism: The Fragile Financial Foundation of China's Extraordinary Rise*, John Wiley & Sons, Singapore.

Xu, Y. (2010), "China's Export-led Growth Strategy: An International Comparison", *China and World Economy*, vol. 18, no. 4 (July-August), pp. 18 – 33.

（黎建良 译）

# 国际经济秩序改革：中国想要什么？

黄益平　党韦华　王　姣

## 一　引言

现有的国际经济体系最初建立于20世纪40年代中期，包含了三个关键特征：首先，美国是设计和执行国际经济规则的强力领导者；其次，无论是在布雷顿森林体系（The Bretton Woods System，BWS）瓦解之前还是之后，美元都是国际货币体系的基石；最后，三个国际组织，即国际货币基金组织（IMF）、世界银行（WB）和世界贸易组织（WTO）各司其职，负责具体维持这一秩序的运行。

在过去半个多世纪里，现有的体系帮助世界经济得到了稳步增长，但近年来，改革现有国际经济秩序的声音却越来越大，特别是近期出现的两个重要事件，愈发强化了这种改革需求：一方面，新兴市场国家的经济力量不断得到提高，使这些国家在国际经济政策制定上不断提高其地位，使其角色从舞台边缘走向中心的需求。另一方面，美国次贷危机的发生，使得人们对美国和美元在未来国际体系中的角色发生疑问。

同时，现行体系主要是由美国为主的发达国家设计的，其宗旨是推动自由贸易、自由投资、自由市场并强调市场纪律。但至少次贷危机显示了美国经济的一些问题，从而使经济学家对货币政策的有效性提出了一些疑问。尽管对于下一步将要发生的事情各方各抒己见，但仍存在一个基本共识，即现行的体系需要作出一些改变，来适应新的全球经济和市场状况。

与60余年前建立时相比，今天的世界经济格局已经有了显著的变化。

第二次世界大战之后，大量发展中国家的经济面临崩溃，并承受着深重和广泛的贫穷，它们需要从国际组织或者发达国家处接受财政援助和政策建议来减缓贫困。从而这些国家对国际经济规则的设计和执行贡献甚少。

然而，新兴市场经济体今天已经是世界经济舞台上的重要角色：在世界上最大的 20 个经济体中，超过一半都是新兴市场国家。一个具体的例子是，所谓"金砖五国"，即巴西、俄罗斯、印度、中国和南非，合计占到全世界 42% 的人口和 18% 的 GDP。事实上，很多新兴经济体也已经开始通过二十国集团（G20）峰会等组织对世界经济事务施加影响。因此，发达经济体和新兴市场经济体合作起来改变某些国际经济规则，正当其时。

如果基于市场交易测算，当下中国已是世界第二大经济体，并有可能在基于购买力平价测算的 GDP 上于 2013 年超越美国（Feenstra 等，2011），因此中国看起来有机会在国际经济秩序的转型中扮演重要角色。中国的国际经济影响，特别是在劳动力密集型产品、原材料、大宗商品和外汇等国际市场已经得到了显著提高。

本章将集中讨论在参与这一国际改革时中国的行为特征和性质。一个批判性的问题是：中国想要什么？我们尝试着理解中国在一些关键领域，包括全球治理转型、国际组织重组和国际货币体系改革等领域的处境，并在此理解基础上回答这一问题。但必须说明的是，这只是我们基于官方立场的解读，而不是官方立场本身。

我们的主要看法可以被归结成如下几点：第一，中国需要的是对国际经济秩序的改革，而不是革命。中国面对的基本情况是，大型经济体各自对世界经济产生了显著影响，从而形成一个多极世界，但多极世界中的各极认可一些一致的经济原则，如自由的贸易和投资，并对于与其他主要经济合作并建设一个"和谐世界"（Hu，2007）保持兴趣。这时，我们想要做的仅仅是改变一些迫切需求变革的规则来改进整个经济体系，而不是放弃这个体系。

第二，中国倾向于选择 G20 作为处理国际经济议题并将自身利益长期化的载体，而这一载体也是效率与代表性的最好平衡。一方面，中美关系在中国的国际经济关系中或许是一块基石，但中国还没有准备好与美国正式地、机制性地作为两国集团（G2）坐到一起讨论全球经济事务。另一方面，尽管中国努力推动金砖国家组织的合作和协调，但这只是一种协调几个主要新兴市场国家间政策立场的平台，而不是与G20分庭抗礼的国际组织。

第三，中国对于推动任何使新兴国家权益提高的国际经济组织改革，包括IMF和世界银行的改革都不遗余力：在对中国经济改革作出了重要贡献之后，这些组织也需要作出改变来反映国际经济的最新形势。例如对于IMF，发展中国家应该获得更多的投票权并放弃欧洲人担任IMF总裁的传统、取消美国的一票否决权并将政策更多地倾向于新兴市场经济体。

第四，中国支持国际货币体系的改革，但力图使美元不突然崩溃，国际储备体系的转型看起来会是一个长期过程。中国、美国和其他主要经济体需要协同合作来保证美元地位的平稳变化，而这对提供一个稳定的全球经济环境来说是至关重要的。中国同样对于人民币国际化有兴趣，这或许可以使人民币最终变成多元储备系统的一部分。

第五，作为一个负责任的大国，中国同样需要继续对自身经济推进改革以保证维持一个开放、公平和有效率的国际经济秩序。在诸如经济再平衡、多哈回合谈判和气候变化问题等一些全球议题上，中国可以承担起领导责任，而国内政策的制定则需要考虑到其他国家的反应。对自身而言，通过引入市场化的利率和汇率、降低国家对经济活动的干预等措施也可以使中国在市场经济的道路上走得更远。

## 二 改变中的国际经济秩序：革命还是改革？

在国际事务中"韬光养晦"是中国领导人邓小平当年提出的策略，然而近期出现了一些对这个策略的不同解释。一些人将这看成一个已成为历史的政策，其作用是配合1978年由阶级斗争转向经济建设的国内政策，而在国际事务政策上由对抗转向合作。但也有人将其解释为是为经济发展争取时间。

国家主席胡锦涛在2007年10月提出了"……愿同世界各国一道推动建设持久和平、共同繁荣的和谐世界"（Hu, 2007）。这明确地表达了合作是中国的长期政策方针。2010年12月，国务委员戴秉国发表了文章，进一步明确叙述了中国在国际事务中的长期政策（Dai, 2010）。文中他特别驳斥了中国的强大将导致中国称霸的说法。换句话说，中国希望在现有框架中发展。这一原则同时适用于对外政策领域以及经济合作领域。

但是麻烦在于，根据许多国际专家的观察，中国并未清楚表达官方的立场：中国的期望或者中国在国际经济体系改革中想要获得什么。中国人民银行（PBOC）行长周小川在2009年早些时候，提出了一个可能的主要期望，即变革IMF的特别提款权（SRD）。即使是这一提议，也被认为是学术探索而不是具体的政策建议。

中国对于未来国际经济体系的愿景的缺乏，增加了改革过程的不确定性。一些因素也许能够解释中国缺乏蓝图性的愿景的原因：中国的政策制定者在自己的经济改革中采用"摸着石头过河"的策略。鉴于早年中央计划经济的严重失败，这些政策制定者大概对于"蓝图"不再抱有信心。毕竟，经济体系不是机器或者生物体，改革者需要根据新的经济环境经常地调整政策策略。中国政府在1970年代开始经济改革时并未制定蓝图，并在接下来的改革中获得了成功，所以也许选择没有蓝图是最理想的政策策略。

更重要的原因是，中国作为全球经济中的新兴力量，国际经济体系改革问题对于中国的学者和官员来说都是新的主题。最近中国出现了一些关于国际经济体系未来方向的讨论，其中一些认为维持现状符合中国的最佳利益；同时另一小部分相信中国改变世界秩序的时机到来了。鉴于中国内部的不同意见，中国领导人需要时间审时度势并表达官方立场。

随着中国在全球经济力量（Global Economic Power）中迅速成长，对于民族主义情绪增长的担心也出现了。民族主义情绪的出现与中国在次贷危机中的稳定的宏观经济表现是一致的。一些学者开始认为中国应该对美国说"不"。这一建议本身可能并未成为一个重要的问题，但其言下之意是，中国在过去的半个世纪里受到了美国霸权的威胁，现在是偿还的时候了。这样的想法是值得担忧的，因为它主张对抗的国际经济关系。

Dai（2010）的文章及时明确地驳斥了中国可能挑战现存世界格局的说法。实际上，大多数中国的政策制定者承认中国是现存国际经济体系的一个主要受益者。离开了开放和有利的外部环境，中国在过去三十年里不可能取得如此快速的经济增长。来自IMF和世界银行的政策建议也帮助中国避免了一些重要的政策错误，尽管这些建议并不总是被完全采纳。现存体系的一些关键特征的延续，包括自由贸易和资本自由流通，是中国和整个世界的最佳利益所在。

中国和国际经济中现存的其他力量之间存在紧张关系并不意外。第一种紧张关系与现存力量和新兴力量之间的潜在矛盾有关。由于中国在未来十或二十年有可能超越美国成为世界上最大的经济体，双方对于彼此意图的怀疑普遍存在。尤其是从历史上看，当世界领导地位由一个国家向另一个国家过渡时，往往会通过战争解决。虽然这种怀疑尚未导致中美之间的实际矛盾，但也不可避免地造成了国际经济体系合作中的困难。

第二种紧张关系与意识形态的性质有关。遗憾的是大部分西方世界仍然把中国作为典型的共产主义国家来看待。这种观念在全球金融危机后加深了，因为在应对危机的过程中，国家以及国有企业（SOEs）获得了更多的经济活动的权利。因此许多国内外专家对于中国经济改革未来的发展方向感到困惑，尤其是中国究竟会进一步深化市场取向的改革，还是会反向回到国有控制的经济。这些变化同样会削弱中国与世界的其他各国之间的相互信任。

第三种紧张关系与理想经济体系有关，这在先进的市场经济体和新兴市场经济体之间是比较典型的。大多数先进的市场经济体信奉有限的国家干预经济活动的自由市场体系，尽管欧洲对这一信念的坚持在程度上比美国弱一些。在过去的十年中，大部分新兴市场经济体都采用了市场取向的改革并取得了显著的经济增长。但大多数新兴市场经济体依然对完全开放市场保持警惕，包括完全开放资本账户，特别是对于短期资本流动的开放。

这些潜在的紧张关系需要通过在双边、地区以及国际的层面上采取不同的措施来谨慎处理。其中许多紧张关系能够通过增进相互了解，深化合作关系来缓解。在一个全球化的世界经济中，中国的崛起并不以美国或世界其他的主要经济体为代价：以过去三十年作为证据可以看到这并不是一个零和博弈。中国愿与美国一起为现有体系提供推力，并且由中国或其他新兴市场经济体提出的任何改革现有体系的积极建议也同样有可能是美国的利益所在。

此外，当中国继续改革而变得更加全球化，同时世界更加多极化时，中国和其他主要经济力量之间的分歧可能会随着时间的推移削弱。最近，IMF允许资本控制措施的临时使用的决定，就是分歧削弱的一个例子。

中国要求改变国际经济体系，一方面因为这个体系已经不再能够反映世界经济的真实状况，另一方面也因为这个体系不再是最可信或最有效率的安排，例如，美元地位的削弱。最终的原因，是现有的体系在某些领域是不公平的，例如，美国和欧洲国家在一些国际经济组织中占有主导地位。新兴经济体作为一个整体迫切需要改革来增强其在国际经济决策中的发言权。在全球金融市场上出现的一系列复杂的金融产品安排等国际经济制度，也应当能够更好地反映新的经济和市场情况。同时，世界也需要一个能够支持全球经济持续稳定增长的新的国际储备系统。

中国要求改革的最终目的是使新的经济体系更具代表性，更公平，更有效率以及更可持续。中国并未打算完全重建现有体系，对于发展一个并行于现行的竞争性的体系并无兴趣。发展中国家，包括中国，在世界经济体系多极化的过程中，对于重要的国际经济决策应当具有更大的影响力。

### 三　国际经济治理：两国集团（G2），七国集团（G7），还是二十国集团（G20）？

构建于战后时期的主要的国际框架是以联合国组织为中心的，该组织代表了超过200个成员国家，也是最民主的国际组织。布雷顿森林体系有两个主要的经济机构来管理国际经济事务：一是IMF，负责宏观经济的监控和金融的稳定；二是世界银行，致力于发展中国家的脱贫和经济发展。与这两个机构并行的还有世界贸易组织，协助维持国际商品和服务贸易中的法律和秩序。

所有这些机构都在战后时期促进世界经济发展中发挥了重要的作用，但同时它们也有一些严重的不足之处。由于这些机构主要依靠共识来运作，所以往往难以快速作出决定。例如，联合国安理会的五个常任理事国——美国、英国、法国、苏联和中国，都具有否决权并且在一些重要决定上往往彼此意见不一致。这一情况在冷战时期尤其明显。

七国集团（G7）是美国及其主要盟友针对这种不利状况而成立的。美国、英国、德国、法国、日本、意大利和加拿大形成了一个在联合国/布雷顿森林体系以外的新的集团，来决定重要的全球经济和政治议题。这些国家具有共同的利益所在，它们都是工业化经济体和民主国家，它们都是使美国在全球事务中具领导地位的强有力的政治支持力量。

显然，七国集团有合法性的问题，因为它并不是由多国约定而形成的（在柏林墙倒塌后苏联的加入使七国集团扩展为八国集团）。这也是为什么这个集团常常被称作"富国"俱乐部。但相当长的时间里，这样的代表性并未对七国集团造成任何实际的问题，毕竟，具有世界一半以上GDP的七国集团能够单方面作出重要决定。这些决定反过来又会对世界经济发展方向产生重大影响，而这些决定未必与其他国家的利益相一致。其他经济体无论是否采纳七国集团的决定，它们的重要性都被边缘化了。

著名的"广场协议"就是单边协议的一个很好的例子。1985年9月22日，法国、西德、日本、美国和英国政府在纽约广场饭店签署了一项协议，以解决全球经济失衡问题。这项协议要求主要的顺差国，日本和西德，升值其货币并扩大财政支出；主要的逆差国，美国和英国，贬值其货币并缩减财政支出。这项协议奏效了，至少暂时地减少了不平衡。

但"广场协议"是否是一个好的协议是另一个问题。现在看来，这个协议专注于短期的货币和财政政策，而并未从根源上解决不平衡的问题。不平衡问题在接下来的几十年里又一次出现在所有这些主要的经济体中，并对于今天全球所面临的不平衡问题有所贡献。

在过去的几十年中，随着新兴市场经济体，特别是中国的快速成长，不论是七国集团或八国集团都不再是国际政策制定的合适机制。如七国集团今天再制定另一个广场协议，在解决全球不平衡问题上其作用将更加有限。

以购买力平价（PPP）为基础，世界银行估计2009年中国的人均GDP为6828美元（国际美元），而不是官方统计的3744美元。但是，根据PWT（The Penn World Tables）项目，由于高估了价格水平，世界银行的购买力平价收入数据仍低估了大约20%的中国收入。调整了这一低估后，中国将在2013年取代美国成为世界上最大的经济体（Feenstra等，2011）。

中国经济的崛起，从根本上改变了世界经济结构。发达国家在全球经济中占统治地位的情况已经成为过去。这也是最近有学者提出美国和中国组成一个两国集团（G2）来处理世界事务的背景（Bergsten等，2008；Zoellick和Lin，2009）。两国集团是应对世界经济变化的一个创新想法，美国和中国分别代表工业经济体和新兴经济体来共同领导，听起来当然也更加适合新的世界经济现实。

但可能由于以下几个原因，中国领导层对于这一提议的反应相当负面。第一，虽然中国已经成为世界第二大经济体，但主要由于其庞大的人口数量，中国仍然是一个中低收入的国家。在国际货币基金组织所涵盖的180个国家中，中国的人均GDP排名第95，因此中国仍然远离世界经济的前沿。

中国绝非世界经济的领导者。换句话说，经济的基本面并不支持中国与美国在世界经济中共同坐头把交椅。

第二，在世界上，中国并未获得成为两国集团中的一方的必要支持。在过去的几十年，中国一直视自己为发展中国家中的一员，然而，在过去的十几年，中国和其他发展中国家的利益发生了显著分歧。中国在与其他新兴经济体分享共同利益的同时，例如金砖五国（BRICS）和东盟10＋3（ASEAN＋3）的合作，中国在发展中国家中并不希望明确自己的领导地位，与此相比，美国在发达经济体中有明确的领导地位。在事实上与美国同坐头把交椅在一定程度上可能削弱中国与其他新兴市场经济体的同盟关系。

第三，中国自己集中面临着许多全球性的问题，如气候变化和全球性失衡。两国集团机制可能使中国成为全球紧张局势的焦点。对中国来说建立多边框架将更加有利，既利于实现沟通的目的，也利于这些问题的最终解决。

第四，中国并未准备好成为世界经济秩序的主要缔造者，中国还在学习现有的规则。一些政策制定者抱怨中国没有充足的人才储备，能够去参与国际经济谈判。而政治上的约束使得中国参与国际秩序制定时更加困难。例如，中国的谈判者在国际论坛上与其他合作者达成协议时往往不具有足够的自主权。简言之，中国并未具有制度上的能力来成为一个与美国一道的规则缔造者。

以上所述当然不是说中美之间的双边关系不重要，相反的，世界上最大的工业经济体与最大的发展中国家的对话与合作，对于解决国际重要的经济议题是至关重要的。中美伙伴关系可能是最重要的双边关系，不仅对于中国来说是这样，对于世界来说也是这样。这样定期举行战略经济对话（S&ED）的伙伴关系在解决双边议题时是一个好的榜样。

综上所述，中国政府偏好二十国集团机制来作为国际经济治理的办法。二十国集团原本是1999年在东亚金融危机后，作为一个部长级论坛在德国成立的。2008年底，全球金融危机达到顶点，美国总统布什在华盛顿召开了二十国集团会议，来讨论对抗危机和衰退的共同行动方案，由此开启了一年两次峰会的做法，目前这一峰会已经成为有力的经济决策机构。二十国集团峰会在控制金融风险、支持经济复苏和改革金融监管体系方面取得了重要进步。

和七国集团一样，二十国集团也同样有合法性问题，因为这20个国家并不是由其他国家选出的。但是如澳大利亚前总理陆克文所说，二十国集团是效率和代表性之间的最好的折中办法。二十国集团成员中包括11个发展中国家。同时,二十国集团的成员国家的经济和人口占世界总数的80%以上,因此二十国集团能够作出对世界经济趋势具有显著影响的决定。

除了发展中的二十国集团,金砖四国也成了国际事务中的一个重要集团。2009年4月16日,巴西、俄罗斯、印度和中国的领导人在俄罗斯举行了首届金砖四国峰会,来探讨一些经济议题。两年后,南非总统受邀参加了在中国三亚举行的金砖五国(BRICS)峰会。与会领导人达成了广泛共识,包括支持全球货币储备体系的改革,推进贸易和投资自由化,并促进彼此之间的经济合作。目前尚不清楚金砖组织是否最终会演变成为类似七国集团或者二十国集团的具有紧密结构的国际组织,但它有可能成为二十国集团内部的重要力量,来帮助发展中国家成员协调政策立场。

## 四 国际货币基金组织(IMF)改革:投票权,高层管理人员和否决权

虽然二十国集团峰会已经成为国际经济的有力决策机制,但其仍然不是正规的国际组织。要成为永久和稳定的经济机构,二十国集团至少需要在两个领域进一步发展。一个是二十国集团峰会的日常运营管理,另一个是二十国集团决定的执行和后续管理。为了达到这些目标,二十国集团应当成立一个常设秘书处,它可以利用现有的国际机构,比如IMF,来实施重要的政策决议,如金融监管、货币政策和宏观经济监测。

但这些国际组织目前的形式并不适合执行这种任务。以IMF为例,该组织与许多国家,尤其是受到金融危机冲击的国家的关系并不融洽。在东亚金融危机中,IMF向受到危机影响的国家提供援助,主要是印度尼西亚、韩国和泰国,但这些援助附带了严格的政策条件,要求被援助国紧缩财政政策,提高利率,关闭薄弱的金融机构。这些措施可能会进一步加重这些经济体的衰退。

因此,这些政策也影响了一些亚洲决策制定者对于IMF的宝贵信心和信任。从此以后,一些亚洲领导者对于在IMF中扮演国际角色不再感兴趣。当讨论亚洲区域货币和金融合作的议题时,一些官员明确表示他们将支持任何与IMF无关的提议。另一个例子发生在全球金融危机中,2008年底,当

韩国需要外部流动性支持时，向美联储寻求了帮助而不是 IMF。这些情况极大地削弱了 IMF 作为全球最终借款人的角色。

这些关于 IMF 的不愉快的经验可以部分被该组织顽固的传统经济观念所反映：即使是在金融危机时期，为了防止道德风险的出现，坚持市场纪律也是至关重要的，对有问题的金融机构不加关闭，会鼓励未来对风险的过度承担。但这些行动加剧了危机期间金融系统和宏观经济的不稳定性。好在 IMF 的政策取向已经开始了转变。美国次贷危机期间，财政部对大型金融机构注入了资本，以防止系统性风险的快速扩散。

与此同时，这些国际组织存在一些更深层次的问题：它们被美国或其他发达国家所占据，从而其政策建议时常以发达经济体的经验为样本，而部分政策显然不符合发展中国家的情况，并造成了严重后果。例如，IMF 一般不鼓励限制任何跨境资本流动，然而大部分发展中国家的金融监管和机构的水平，还没有健壮到可以承受剧烈的短期资本进出。这其实是为什么很多发展中国家在过去二三十年中频繁遭遇金融危机的原因之一。

发展中国家通常对于大部分国际经济组织中的决策影响甚微。以 SDR 为例，每个国家在 IMF 的 SDR 份额是由 GDP（50%）、开放度（30%）、经济自由程度（15%）和国际储备（5%）的加权平均数决定的，这种算法显然偏向于发达国家。美国获得了 17% 的总投票权，从而使其在 IMF 有最终拍板的权利。

近年来，随着新兴市场经济体的成长，SDR 份额的分布显得越发不公平，西方国家的经济实力被过度代表。在全球金融危机之前，金砖国家合计占全球 40% 的人口和 15% 的 GDP，但投票权只占 12%。更重要的是，在 IMF 的 180 个会员中，至少三分之二是发展中国家，但在 IMF 的政策制定中毫无发言权。

不过，好消息是发达国家已经同意了逐渐进行 IMF 改革。最近一次改革将 6% 的投票权从欧洲国家转移到了新兴市场国家，在此之后，中国在美国、日本之后成为第三大投票权持有国，而巴西、中国、印度和俄罗斯均位列 IMF 前十大成员之中。

不过，对于很多发展中国家 IMF 的改革远未结束。在最近一次 SDR 份额分配中，新兴市场经济的代表份额仍然远被低估。而在 IMF 的 24 个执行董事中，欧洲仍然占据了其中 4 个：英国、意大利、德国和法国。很多亚洲国家认为欧洲国家至少应该放弃其中的两个,而金砖国家和其他发展中国家的投票权也应该被大幅增加,以实现它们对于该组织决策过程的影响。

其次,现行的惯例仍是只有美国人能被提名为世界银行行长,而欧洲人占据 IMF 总裁的位置,这种不公平且具有歧视性的惯例是毫无道理的。作为国际组织,无论是世界银行还是 IMF 都不应该允许只有某些特定国籍的人才能被提拔到最高职位上。选择过程应该更加专注于候选人本身,而不是他们的国籍。

最后,美国不愿意放弃其在 IMF 事实上的一票否决权。这会导致两个后果:一方面,IMF 作为一个国际组织仍然处于美国的掌控下;另一方面,美国在所有成员中具有最强的政策能力。然而,上次次贷危机揭示了美国金融系统和其经济政策的重要问题,同时很多发展中国家对美国后来不负责任的经济政策,包括量化宽松(QE)政策和其溢出效果作出了批评。即使美国仍然是 IMF 最重要的成员,将最后决定权交给它也很难让人继续放心。

伴随 IMF 的治理结构改革,发展中国家和发达国家成员应该开始协作制定规则和政策。例如,IMF 应该开始对所有包括美国在内的主要经济体作无一例外的宏观经济发展和金融风险监测,也同样应该考虑将 SDR 篮子扩大至包含一些可能的新兴市场国家货币的议题。此外,还应该检查限制条款,以求在支持经济稳定和防范道德风险上取得平衡。

IMF 在国际经济秩序的演化中有扮演重要角色的可能性,其潜在职能包括宏观经济监督、金融监管、全球流动性管理和全球中央银行的某些功能。然而所有这些职能,都取决于 IMF 能否实现本身的成功转型,特别是在代表性、治理结构和政策路径上。而这一转型的重要部分,即是认识到新兴市场经济相对于发达经济日益上升的重要性。

## 五 国际储备体系:美元、SDR 还是人民币?

自从第二次世界大战以后,美元就一直扮演着国际经济体系基石的角色。1944 年建立的布雷顿森林体系包括两个盯住:美元盯住黄金,其他货币盯住美元。1971 年,由于美元增长超过黄金使尼克松总统宣布美元与黄金脱钩导致了布雷顿森林体系的崩溃。在此之后,尽管大多数货币逐渐采用了浮动汇率制,但美元仍然是最重要的国际储备货币。

国际社会对美元的信心开始出现动摇始于20世纪90年代晚期美国经济不断扩大的双逆差的出现。21世纪初，美国经常账户赤字持续扩大导致其负债加速积累。很多专家认为，这是美联储宽松货币政策维持低利率并鼓励投资和消费的结果（Eichengreen, 2009）。一些人也将这一问题归结为所谓特里芬两难：对国际储备货币即美元的大幅需求，只能通过美国运行增加的经常账户逆差的方式得以实现，而这反过来伤害了投资者对美元的信心（Yu, 2009）。

这也正是为什么很多专家不断呼吁多元化国际储备货币，使来自全世界特别是亚洲国家的政府和央行发行的货币加入进来的原因。来自IMF的数据显示，次贷危机前的10年间美元占全球外汇储备中的比重降低了接近10个百分点。一些专家担心，竞争性的出售美元的结果会是一次美元危机，但美元危机并未发生。事实上，在次贷危机的危急时刻，美元甚至出现升值，因为投资者仍然视美国经济为不确定时刻的避风港。现在的问题是，看起来美元并不会很快完全退出。周小川关于将IMF的SDR转变为一个超主权的储备货币的提议是对这一问题的一个回应（Zhou, 2009）。周提出了一些具体步骤，包括扩大SDR的构成篮子，建立SDR和其他主要国际货币的官方汇率，在一些国际交易上推广SDR的使用并发行以SDR计价的资产等。随后，以Joseph Stiglitz教授为主席的联合国关于金融和货币改革的专家委员会也提出了一个类似的创造超主权储备货币的计划（UN Commission, 2009）。

全球储备货币天然具有其国际职能和国内政策需要两个目标的冲突，而创造一种超主权货币是调和这一冲突的一个聪明的想法。这个想法最早可以回溯到凯恩斯那里（Zhou, 2009），而SDR也成为G20会议上国际货币体系改革方面的重要议题。SDR的角色至少可以扩展到储备投资和流动性管理等方面，但作为第一步，包含有美元、欧元、英镑和日元的货币篮子需要被扩充到包含更多新兴市场经济体的货币。然而，由于上次调整在2010年完成，下次货币篮子的调整只能在2015年进行。

中国人民银行副行长、国家外汇管理局局长易纲最近提出了一个扩大SDR影响的方案，即创造一个影子SDR（Yi, 2011）。IMF对一种货币是否能被包含在SDR篮子里面有两个标准：全球贸易中该种货币的占比和全球金融交易中该种货币的份额。以此衡量，中国提议IMF在2011年创立的影子 SDR 包含了额外的金砖国家货币，这样就可以计算出影子 SDR 指数或其汇率并不断对权重加以调整。到 2015 年，IMF 就可以正式将这些新兴市场经济的货币包含到 SDR 篮子中去。

但即使创造一种超主权货币的提议最终成功了，看起来也不会是一朝一夕能完成的。这要求建立一个全球中央银行并使各个国家放弃自己的货币主权，在可预见的将来这如果不是不可能的，也是极端困难的。

因此，最有可能发生的事情是一个多元储备体系的出现。一方面，美元不能再像过去半个世纪一样垄断全球金融市场；另一方面，也不存在一个已经成熟了的、马上可获得的替代品。从而美元可能仍会作为世界上最重要的储备货币之一继续存在，但其影响力可能会逐步下降。同时，类似欧元等其他货币，会扮演更重要的角色（Huang，2010）。

某种程度上，上面提到的看法已经在发生了。过去 10 年间，国际外汇市场上的欧元资产比重稳步增长，而美元资产份额下降。但一个重要的问题是，多元储备货币中是否可以有空间容纳新兴市场国家的货币。考虑到这些经济的迅速崛起，难道不应该让它们，特别是金砖国家的货币占有一席之地吗？

人民币的国际角色是一个无论在国内还是海外都被热烈讨论的问题。例如，2011 年 4 月在南京召开的 G20 国际货币体系会议上，大多数来自 G20 国家的官员同意人民币应该进入 SDR 篮子。争执不下的是，这种进入是否应该以资本项目可兑换和汇率自由化为前提。

人民币国际化的日程在全球金融危机期后不断地被提起，这至少可以看做是一种对美元地位不断下降的事实的反应。自 2008 年中期后，中国人民银行明显减小了人民币汇率的浮动区间，但加大了对人民币国际化的推动力度。人民币汇率形成机制的系统性改革始于 1994 年的官方汇率与调剂汇率并轨，并在接下来至亚洲金融危机的时间里，人民币缓慢升值。在跨过了亚洲金融危机和全球金融危机的扰乱后，2010 年 6 月 19 日人民币恢复了有管理的浮动。但总体而言，汇率水平仍然缺乏弹性，并且以巨额经常账户顺差和快速积累的外汇储备来看，仍可能被低估。

1996 年 12 月，中国人民银行向 IMF 宣布实现了经常项目可兑换，而资本项目可兑换却由于各种突发危机被反复推迟。尽管如此，推进资本项目自由化的脚步并未停下，包括了批准合格境外投资者（QFII）和合格境内投资者（QDII）、与邻国贸易中使用人民币作为结算货币及香港人民币离岸市场的建立。事实上，一些国家的中央银行，包括泰国和俄罗斯，已经开始持有人民币作为其储备资产。

但人民币国际化仍然任重道远。中国人民银行至今还在对外汇市场进行高强度干预，跨境资本流动，特别是外向直接投资、债务融资和股权投资受到严格控制。最重要的是，要认识到人民币是否能成为国际储备货币，取决于国际市场的需求，而非中国当局的推动。

中国清楚地看到了国际货币体系改革的必要性，并大力扶持人民币国际化。但最符合中国和其他国家利益的，是国际货币体系的平稳改革。具体而言，中国、美国和其他主要经济需要协同保证一个稳定的美元。毕竟美元仍然是中国对外经济活动中最重要的货币，并在中国超过3万亿美元的外汇储备中占了约60%。

## 六　中国的需求、角色和责任

我们通过回答与中国在国际经济秩序改革中处境相关的三个问题来总结这一章：中国需要什么？中国能提供什么？中国自身的责任又是什么？

中国需要什么？

中国需要能够反映新的世界经济现实，特别是新兴市场经济越来越重要这一现实的国际经济秩序改革。同时，中国同样想要保留现有经济秩序中支持过去几十年来全球经济发展的种种因素，特别是对自由贸易、资本流动和全球化的推动。中国是现有国际秩序的主要受益人之一并热衷于改进它，而对建立一个全新的秩序取代现有安排并不感兴趣，但新的国际经济秩序需要赋予新兴市场经济更大的影响力和决策权。

G20可能是对效率和代表性作出最佳平衡的程序，并得到了中国的支持。G7或者G8作为所谓"富国俱乐部"的安排已经成为过去，而中美双边关系是有价值的，但中国并不打算在国际经济事务中作出G2框架的制度性安排。

国际组织需要承担更多的全球性责任，例如宏观经济监察、金融监管和全球流动性管理。但是在此之前也需要对它们本身作出改革来更好地体现代表性、效率和公平，即这些组织的治理结构上需要反映新兴市场国家的重要性,且国际经济规则的制定需要考虑更多发展中国家的实际情况。

全球储备系统是另一个急需改革的领域。中国官方最近提出了一个影子 SDR,由包括了追加的金砖国家货币在内的一揽子货币构成,而下一次 SDR 篮子的官方调整时间是 2015 年。然而,在可预见的未来更有可能出现的情况是一个多元储备货币体系,而中国对于使人民币与欧元和其他货币一起在其中占有一席之地很有兴趣。当然,更紧迫的任务是,保证一个稳定的美元以符合中国、美国和世界其他国家的利益。

中国可以提供什么?

作为最大的和最活跃的新兴市场经济体,中国同样可以对国际经济秩序的平稳改革作出贡献,这与中国与其他国家一起构建和谐世界的目标是一致的。与中国过去在气候变化、全球再平衡等胶着议题的谈判上所作出的表现一样,合作而不是对抗仍然是被偏好的。

在很多国际领域,中美合作关系是必要的,但确实不是充分条件。两国之间已经常规举行的战略经济对话是互相交换双边和多边议题上各自看法的重要平台。中国同样与其他金砖国家一起形成新兴经济体的立场,并在 G20 和 IMF 等场合联手施加影响。

中国可以在外汇市场上通过平滑自己的巨额外汇储备等方法帮助维持一个稳定的美元,但这需要美国对自己的财政政策和货币政策作出相应的配合。中国还可以在再平衡过程中积极降低自己的经常账户顺差,而在全球范围内消除贸易保护主义并推动多哈回合谈判等可能也符合中国自身的利益。

中国自身的责任何在?

首先,作为世界第二大经济体,中国需要抛弃过去的小国心态。作为大国,在经济决定上的一个重要不同是需要考虑其他国家的可能反应,汇率政策就是一个很好的例子。小国货币的价格被扭曲不会在世界上产生什么影响,而像中国这样的大国则会引起全球贸易和生产结构的显著变化。

其次,民族主义情绪对于中国的进一步对外开放是很有害的。在一些对外关系的讨论特别是中美关系中,阴谋论盛行。如果我们不能在国际经济政策决定中有效地管理这种冷战思维,中国很难在经济秩序改革中成为其他国家的可信伙伴。

再次,中国应进一步推进自身经济的自由化并向真正的市场经济迈进,包括汇率政策目标、资本账户管制和其他要素市场扭曲等领域的改革。同时，也需要推进经济中私人部门的发展并降低国有部门的影响，特别是在国际经济领域的影响。这对于支撑一个开放的、有效的国际经济体系是至关重要的。

最后，或许现在也是时候由中国开始学习与美国和其他 G20 的伙伴一起向全世界提供公共服务了。中国和其他新兴市场经济在向世界要求更多的权利时，同样需要在维持全球经济环境的稳定、执行国际经济规则和帮助受到意外冲击的国家等方面分担更多的责任。

## 参考文献

Bergsten, C. Fred, Charles Freeman, Nicholas Lardy and Derek J. Mitchell (2008). *China's Rise: Challenges and Opportunities*, Peterson Institute of International Economics, Washington D. C.

Dai, Bingguo (2010), "Adhere to the Path of Peaceful Development", http://www.china.org.cn/opinion/2010-12/13/content_21529346.htm.

Eichengreen, Barry (2009), "The Dollar Dilemma: The World's Top Currency Faces Competition", Foreign Affairs, 2009.

Fenstra, Robert, Hong Ma, Peter Neary, and N. S. PrasadaRao (2011), "How Big is China? And Other Puzzles in the Measurement of Real GDP", Yanfu Lecture, April 22, 2011, National School of Development, Peking University, Beijing.

Garnaut, Ross and Yiping Huang (2001), "China's Integration into the World Economy", in Ross Garnaut and Yiping Huang (eds.), *Growth Without Miracles: Readings on the Chinese Economy in the Era of Reform*, Oxford University Press, 2001, pp. 436–458.

Huang, Yiping (2010), "Renminbi Policy and the Global Reserve System", in Jeffrey D. Sachs, Masahiro Kawai, Jong Wha Lee and Wing Thye Woo (eds.), *The Future Global Reserve System—An Asian Perspective*, Asian Development Bank, Manila, Philippines.

Hu, Jintao (2007), "Work Report of the 16th Central Committee of the CCP", Delivered at the 17th CCP Congress in October 2007, Beijing.

UN Commission (2009), "Report of the Commission of Experts of the President of the United Nations General Assembly on Reforms of the International Monetary and Financial System", United Nations Conference on the World Financial and Economic Crisis and Its Impact on Development, June 24–26, 2009, New York. (http://www.un.org/ga/president/63/interactive/financialcrisis/PreliminaryReport210509.pdf).

Yi, Gang (2011), "Reform of the International Monetary System", Lecture at the

Peking University, May 3, 2011, Beijing.

Yu, Yongding (2009), "The Road Map of Reform of the International Monetary and Financial System", Reference prepared for the U. N. Commission of Experts on Reforms of the International Monetary and Financial Systems, New York, US.

Zhou, Xiaochuan(2009), "Thinking on the Reform of International Currency System", Website of People's Bank of China, Beijing.

Zoellick, Robert B. and Justin Yifu Lin (2009), "Recovery Rides on the 'G-2'", *Washington Post*, March 6, 2009.

# 中国为何要致力于推动人民币的国际化？

Yin-Wong Cheung　马国南　Robert N. McCauley[*]

全球金融危机引发了对美元作为国际金融核心的关注，因为在 2008 年出现了一次比 20 世纪 50 年代更为严重的美元短缺（McCauley 和 McGuire，2009；McGuire 和 von Peter，2009）。美国货币当局缓解美元短缺的方式是，与其他中央银行进行大规模的美元互换，对于一些主要中央银行，这种互换甚至不限数量（全球金融体系委员会（CGFS），2010）。不久前，市场又担忧可能出现过多的美元流动性，因为美联储不断推出大规模的债券购买计划（第二次被称为"QE2"第二轮量化宽松货币政策）。

短暂的美元短缺和随后出现的对美元过量供应的担忧，凸显了国际金融体系对一种主权货币的依赖性。尤其是，金融危机使得美国以外的国家之间的国际贸易处于风险之中：因为任何国家的银行都很难在银行间市场对美元债务展期，从而为国际贸易融资。最近，美国以外的经济体都在采取措施试图阻止美元流入（IMF，2011；McCauley，2010）。对于国际金融体系这样一个系统性的设计而言，留下这样一个"单点故障"表明这个设计是非常粗糙的。

## 一　政策推动下的人民币国际化

在这样的背景下，中国当局最近所采取的一系列政策措施表明，中国正

---

[*] 作者感谢 Claudi o Borio 有帮助的意见和建议，感谢 Magdalena Erdem，Eric Chan 和 Lillie Lam 对本研究提供的帮助。Cheung 在此鸣谢加州大学圣克鲁斯分校教师研究基金提供的资助。本文表达的是作者个人的观点，不代表国际清算银行的观点。

积极主动地推进人民币的国际化使用。对于货币的国际化使用，其含义是非居民用该货币计价国际贸易、进行支付以及作为资产和负债的标值货币。一种货币典型的国际化使用是，在该货币发行国以外的市场（离岸市场）上，由一个非居民向另一个非居民发行销售以该国货币标值的债券。然而从 Dobson 和 Masson（2009 年发表但写于 2008 年初）到 Gao 和 Yu（2011）（Chen 和 Cheung，2011；Cheung 等，2011）的文献中可以看出，中国推动人民币国际化所采取的方法前后变化很大。本文接下来的内容中，我们首先探讨这种国际化战略的合理性，并将中国和日本的经历作比较，然后简单回顾目前所采取的政策。

为什么政策会转向推动人民币的国际化使用？大部分评论认为，这是源于中国对美元作为价值储藏货币的不信任，以及意图增加其在东亚的金融影响力。这些解释有一定的道理。然而我们所强调的是，中国的人民币国际化战略能够分担中国国际资产负债表中所具有的风险，即迅速增加的、巨大的外汇风险。这种风险是由中国向世界其他国家开放直接投资、经常账户盈余和人民币没有国际化共同导致的。

同许多发达经济体一样，中国拥有本币空头头寸和外币多头头寸（将流入的直接投资和股权证券投资计为人民币负债）。这样的头寸构成可以在经常账户平衡的情况下，仅通过一项简单的跨境股权交易实现。为了说明这一点，可设想有两个距离遥远、气候迥异但又具有相同的规模、人口和生产力的小岛。这两个小岛达成协议每年互换一部分收成（也就是说他们进行权益的互换）。结果，自然而然的，每个小岛都持有另一个小岛收成（货币）的多头头寸。事实上，中国与日本相比，让世界其他国家持有更多该国的"收成"。特别的，非居民在中国所持有的权益（直接投资和股权证券组合投资）占到中国国内生产总值（GDP）的 24%（Ma 和 Zhou，2009），而日本的这一比例只有 17%。

中国跟日本一样，净外币多头头寸的第二大来源是：持续的巨额经常账户顺差。从 21 世纪早期开始，这些流量就累积成一个叫做净国际投资头寸的存量——衡量一国外部资产与外部负债之间的差额。经常账户盈余为净贷方头寸，而经常账户赤字为净借方头寸。从图 1 中可以看出，中国的净国际资产头寸在向日本的这一指标收敛，大约占 GDP 的 40%~50%。但日本的这一头寸是经过一代人的时间累积起来的，而中国仅仅花了 10 年的时间就从一个净债务占 GDP 为 10% 的净债务国变成了一个净债权占 GDP 为 37% 的净债权国（Ma & Zhou，2009）。

对中国而言，世界其他国家的权益头寸和净国际投资头寸构成了中国的外币多头头寸。这一头寸在 2009 年占到了中国 GDP 的 60%（见图1）。这种风险绝大部分集中在政府部门，以被人民币负债（法定准备金和中央银行票据）融资的外汇储备的形式存在。如果中国对于世界其他国家的债权中的一部分能以人民币标值，那么中国的这种外币多头头寸将会降低。但中国对世界其他国家的债权没有一个是以人民币标值的。

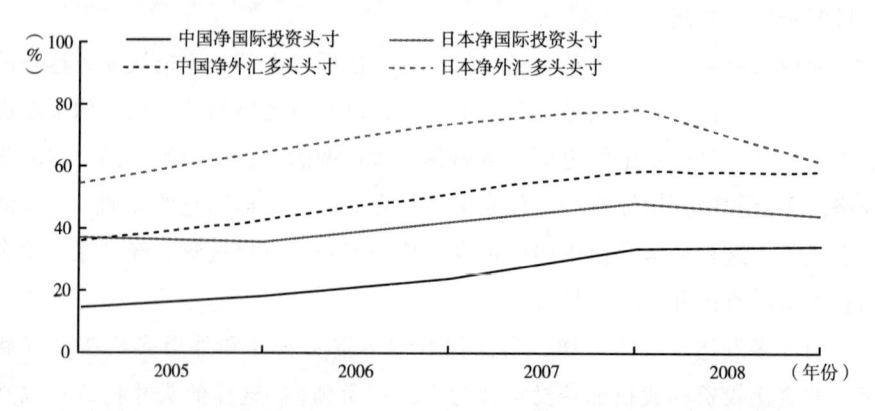

**图1 净国际投资头寸和净外汇多头头寸代理变量占 GDP 的百分比**

注：净国际投资头寸（中国：NIIPCN；日本：NIIPJP）和净外汇多头头寸代理变量（中国：NIIPIECN；日本：NIIPIEJP）占 GDP 的百分比。
资料来源：中国人民银行历年数据，日本银行历年数据。

日本的情况表明了一个债权国货币的国际化使用，能够让世界其他国家分担这个债权国的外汇风险。尽管日元只是适度国际化，也意味着世界其他国家能够在某种程度上用日元作为资产和负债的标值货币，从而让其他国家分担日本的总体外汇风险。据 Lane 和 Shambaugh（2010）的估计，日本对世界其他国家的净日元债权占 GDP 的 2%。就这一点而言，中国尽管成为大债权国的时间并不长，但其总体外汇风险暴露占 GDP 的比例已经与日本的这一数值相当（也就是说，图 1 中的中国 2009 年的虚线数值相当于扣除净日元债权后日本 2009 年的这一数值）。

那么日本如何对其他国家累积以日元标值的净债权？在日本的国际资产负债表的资产方，有大约 1 万亿的官方储备——根据定义，都是以外币持有

48

的。但除此之外，日本的保险公司、养老基金和共同基金持有的债券存量是官方储备的两倍，这与中国明显不同。日本银行报告称这些债券的大约1/3，占到GDP的11.6%，是以日元标值的。

总体而言，尽管中国的净国外资产占GDP的比例仍然小于日本的这一比例，但中国的总体外汇多头头寸并不比日本低。这归因于中国在过去20年里大规模的外国直接投资（外国直接投资）造成国外持有的权益占GDP比例很高，以及至今缺乏的人民币的国际化使用。对外国直接投资开放但禁止人民币国际借贷的资本管制政策相结合，造成了中国极不平衡的国际资产负债表：外币多头（不仅仅是美元）、本币空头。

将中国的部分国外债权用人民币标值的中期战略正是为了平衡这种极不对称的头寸。我们将这种以人民币标值中国海外资产的战略叫做"人民币化"中国的国外资产。更清楚的表述是：中国国外资产的人民币化，是中国人民币国际化过程中一个特殊的部分。如前文所述，国际化的含义是非居民无论借还是贷都使用人民币。而中国国外资产的人民币化需要让非居民向居民借人民币。我们强调人民币国际化战略的主要动因是，通过人民币的国际化使用，可以分担目前中国国际资产负债表上所包含的外汇风险。

可以相信一段时间以后，中国所持有的非官方储备的债券中，可能有1/3会以人民币标值，如果中国努力赶超日本，这一比例可能更高。在这种情况下，中国的主权财富基金、养老基金和保险公司，可以通过购买非中国公司、银行和政府发行的人民币债券，在很大程度上分散中国的信用风险，而不用承担外汇风险。

除了私人持有非居民发行的以本币标值的债券以外，中国还可以通过以人民币标值更多的官方对外权益来减轻其总体的外汇风险。例如日本国际合作银行（The Japan Bank for International Cooperation），一个官方国际发展机构，向外国的政府和企业提供日元贷款。在2008年其日元贷款额达1190亿美元，而外币贷款只有410亿美元。在2005年前后，日元标值的贷款总额接近日本GDP的3%。随着中国扩展其在亚洲、非洲和拉美的援助活动，其具有很大的余地来用人民币标值官方国外资产。

尽管一段时间后，通过以本币对国际贸易进行标值和结算，可以鼓励人民币的国际化使用，但这不可能直接将中国的外汇风险显著地分散到其他国家。仍以日本为例，Takagi（2011）指出2002年日本36.7%的出口是以日元标值的，而25.5%的进口是以日元标值的。由于中国相对于世界其他国家累积巨额贸易顺差，在进口和出口的本币结算方面需要更大的不对称性才行，而这是不可能的[1]。也就是说，主要通过鼓励其他国家发行人民币债券并以人民币标值官方负债，来促使其他国家分担中国国际资产负债表上的外汇风险，而以人民币计价国际贸易只是起到辅助的作用。

最终，人民币的国际化使用——用人民币来标值债券、官方借贷和贸易——能够增加人民币在国际外汇市场上的地位。从这一点来讲，随着人民币更多地用于金融交易以及国际化使用，人民币国际地位的提升还有很大的空间。2010年4月全球中央银行报告的全球每日人民币交易额是340亿美元，绝大部分发生在中国以外的市场，并且以非交割的形式出现[2]。尽管在中国，人民币的交易换手率是低估的，也很少用于金融交易以及被非居民使用，使得人民币的全球交易额与经常账户余额的规模相当（二者之比接近于1），但这一比例相对于中国的人均国民收入水平而言处于非常低的水平（见图2）。与之形成鲜明对比的是，印度卢比的全球交易额是印度经常账户交易额的10倍左右——这意味着印度卢比更多地被用于金融交易。给定印度的人均国民收入，卢比的全球交易额与之相比处于较高的水平（McCauley，2011；McCauley和Scatigna，2011）。事实上，国际化程度较高的货币，如美元、欧元和日元的全球交易额是它们各自国家经常账户交易额的100倍左右。换句话说，人民币国际化还有很长的路要走。

将对世界其他国家的美元债权替换成人民币债权的中期战略，对于欧元汇率也有影响。对于中国外部债权重新标值的一个可选择的战略是，用其他主要货币，如欧元和日元资产来分散现有的美元资产。如果中国出售美元标

---

[1] 实际上，自从中国2009年开始人民币跨境贸易结算，中国以人民币结算的进口额远大于以人民币结算的出口额。这导致离岸市场人民币的大量增加，这是中国人民银行资产负债表上，以人民币标值的对外负债的一部分。换句话说，由于人民币国际化的初步迈进，中国的国际资产负债表上的货币错配程度短期内更为严重了。

[2] 在非交割交易中，远期交易都是以美元结算的。因为中国的资本管制禁止在没有真实贸易交易背景的情况下对外支付人民币。

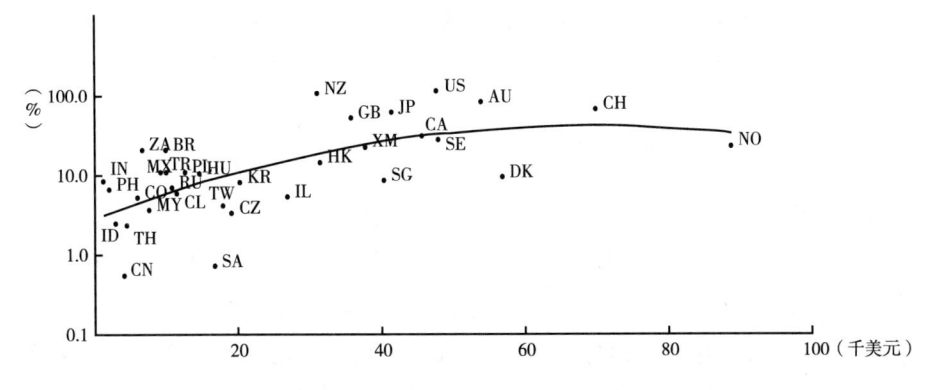

**图 2　外汇交易额与贸易额的比例和人均 GDP（2010 年 4 月）**

注：横轴 = 人均 GDP，纵轴 = 外汇交易额与贸易额的比例，半对数标度。外汇交易不仅包括柜台交易，也包括交易所交易，这种区分对于巴西里亚尔、印度卢比和韩元来说很重要。

资料来源：IMF 历年数据，FOW TRADE 数据，期货产业协会历年数据，BIS 三年中央银行概览之外汇和衍生金融工具市场交易的历年数据，作者的估计。

值的债券，购买欧元标值的债券，那么欧元兑美元汇率会有升值的压力（Blanchard 等，2005）[①]。如果中国用人民币资产来替代美元资产，则不会对美元兑欧元汇率产生这种影响。

将中国的国外资产人民币化，或置换为欧元资产，这是两个截然不同的战略。这两个战略可以同时采纳并结合起来。因此，中国人民银行已经着手向 IMF 购买以特别提款权（SDR）标值的票据，到 2012 年 8 月 25 日为止的三年中，可购买最高达 320 亿 SDR 的票据；并且中国货币当局还敦促考虑将人民币包含在 SDR 的货币篮子中。如果中国最终用美元向 IMF 购买这种债券，就等于从美元分散到欧元，以及一部分日元和英镑资产，因为这几种货币加上美元共同构成了 SDR 的货币篮子。这一举动应该被理解为在几种主要货币之间分散持有，而不是对中国的海外债权用人民币重新定值[②]。

如果人民币国际化战略的目的是让人民币在国际金融中的地位与中国在

---

[①] 只有在投资者的证券组合中，美元和欧元标值的债券完全替代的情况下，中国的这种分散化才不会产生影响（非常类似于同样情况下的冲销干预）（Genberg 等，2005）。

[②] 对外汇市场的最终影响取决于 IMF 的借款者的行为。如果从 IMF 得到的以 SDR 标值的债权是以美元支付的，增加了该国的储备总额，但为了跟以 SDR 标值的债务相匹配，则该国必须出售一部分美元，来换取欧元、日元和英镑。在这种情况下，对外汇市场的影响与中国从美元分散到 SDR 的情况相似。必须注意的是，中国将美元债券换成 IMF 债券，不仅币种分散了，债务人也分散了。

全球贸易中的比重相一致，那么将对 IMF 的 SDR 有显著影响。在上一次，2010 年 12 月（IMF，2010b）SDR 定值的五年审议中，确定了将一种货币包括在 SDR 中的两条标准：一是该货币发行国的商品和劳务出口规模在世界前四位（将欧元区视为处于前四位的一个整体）；二是这种货币是可自由使用的，意味着它可以在外汇市场中广泛使用和广泛交易。

对于人民币而言，这两个标准的满足程度差别很大：2010 年的数据显示，按照第一条标准应该将人民币包括在 SDR 的货币篮子中——尽管人民币作为官方储备的持有量接近于零。但人民币要满足第二个标准是非常困难的。特别是，尽管双边贸易协定能够让人民币满足"广泛使用"的要求，人民币要满足在外汇市场上"广泛交易"还需要很长时间（如前所述）。尽管法国和美国的总统都公开表示，应考虑将人民币包括在 SDR 中，G20 集团的一个工作小组也讨论了这一提议，但仍然无法预测是否以及何时能将人民币纳入 SDR 的货币篮子。目前我们要强调的是，一旦人民币被包含在 SDR 的货币篮子中，中国将对世界其他国家的债权从美元分散到 SDR，将中国在主要国际货币之间分散货币风险的战略和以人民币重新定值国外债权的战略合二为一。

## 二 促进人民币国际使用的政策

中国政府从 2008 年底开始，一改过去犹豫不决和进展缓慢的作风，积极推出了一系列旨在促进人民币国际使用的政策。首先，中国人民银行与八个国家和地区的中央银行签订了双边人民币互换协议，总额达人民币 8000 亿元（约合 1200 亿美元）。这些协议允许人民币与对方国家本币之间进行期限长达 3 年的互换，并且可以展期（见表 1）。虽然仍有很大的实际操作困难，但对于美元流动性短缺的记忆，以及全球金融危机期间贸易流的紧缩，使得这一政策动议具备了一定的吸引力。中国人民银行的报告（PBC，2011）声称，到目前为止 8000 亿元人民币互换协议中的 300 亿元人民币互换已经被激活。

这些货币互换可以看做是一种政策支持，促进以人民币进行国际贸易计价和结算。2009 年 4 月，中国国务院通过了人民币跨境贸易结算的试点方

表 1　中国人民银行所签订的双边货币互换协议

| 协议签订时间 | 协议对方 | 互换金额 |
| --- | --- | --- |
| 2008 年 12 月 12 日 | 韩国银行 | 1800 亿元人民币/38 万亿韩元 |
| 2009 年 1 月 20 日 | 香港金融管理局 | 2000 亿元人民币/2270 亿港币 |
| 2009 年 2 月 8 日 | 马来西亚国民银行 | 800 亿元人民币/400 亿林吉特 |
| 2009 年 3 月 11 日 | 白俄罗斯共和国国家银行 | 200 亿元人民币/8 万亿白俄罗斯卢布 |
| 2009 年 3 月 23 日 | 印度尼西亚银行 | 1000 亿元人民币/175 万亿印尼卢比 |
| 2009 年 4 月 2 日 | 阿根廷中央银行 | 700 亿元人民币/380 亿阿根廷比索 |
| 2010 年 6 月 9 日 | 冰岛中央银行 | 35 亿元人民币 |
| 2010 年 7 月 23 日 | 新加坡金融管理局 | 1500 亿人民币或 300 亿新元 |

注：以上协议都具有 3 年的期限并且可以展期。
资料来源：中国人民银行网站（www.pbc.gov.cn）。

案，开始允许上海和其他四个广东省的城市，同香港的贸易进行人民币跨境贸易结算试点。到 2010 年中，这一试点扩展到涵盖中国 30 个省份中的 20 个，且贸易对手涵盖了中国所有的贸易伙伴。到 2010 年底，参与试点的中国出口商从最初的几百家增加到超过 4 万家。在美元项下的贸易结算额中，人民币结算的数额从 2009 年的占中国贸易总额的 0.2% 增加到 2010 年的 3%。Cui 等（2009）估计如果中国资本账户完全可自由兑换，则中国每年 2.5 万亿美元的进出口总额中有 30% 能用人民币结算。如上所述，这一人民币跨境贸易结算试点既能够增加人民币标值的外国债权，也能增加人民币标值的外国债务。到目前为止，香港金管局（HKMA）已经激活了它与中国人民银行的 3000 亿元人民币互换额度中的 100 亿元人民币，从而便利跨境人民币结算的顺利进行。

最近，由于以人民币结算的中国进口贸易额的增加，以及允许香港居民将存款转换成人民币的长期规定，造成了香港的人民币资金的迅速增加。香港的银行从 2004 年开始提供人民币存款业务，最初香港居民在规定许可下，每日每账户最多可获得 2 万元人民币——这个人民币每日兑换额度一直沿用至今。随着以人民币标价结算的中国进口额的增加，香港的人民币存款额也一直增加。2010 年，在强烈的人民币升值预期下，更多的香港居民将存款兑换成人民币，更多的出口商以人民币结算，从而使得香港的人民币存款额增长 4 倍。截至 2010 年底，香港的人民币存款占到香港存款总额的 5%，但其占中国国内银行总存款额的比例仍然低于0.5%。①

在北京的明确支持下,香港成为人民币离岸交易中心。中国跨境人民币贸易结算总额的2/3是在香港进行的。香港的银行现在可以为任何本地或外国公司客户开立人民币账户并提供相关服务。特别值得指出的是,除了中国和外国的银行、国际组织和跨国公司,中国政府也在香港发行以人民币标值的债券(见表2)。虽然在多数情况下这种"点心债券"——由居民或离岸的非居民在香港发行的以人民币标值的债券——只能增加中国以人民币标值的外国债务(或者同等幅度地增加中国长期外币头寸),这一进展总体上也会提升人民币在离岸金融交易中的地位。在香港的即期和远期市场上,人民币可以自由地交易,最近几个月的每日交易额都在3亿美元到10亿美元之间。总而言之,人民币在香港几乎是完全可自由兑换的,并且与人民币在岸市场相比,在收益率和定价方面差别很大。

表2 在香港发行的以人民币标值的债券

| 日期 | 发行主体 | 发行额<br>(10亿元) | 票面收益率<br>(%) | 期限<br>(年) |
| --- | --- | --- | --- | --- |
| 2007年7月 | 国家开发银行 | 5.0 | 3.00 | 2 |
| 2007年8月 | 中国进出口银行 | 2.0 | 3.05 | 2 |
| 2007年9月 | 中国银行 | 3.0 | 3.15 | 2 |
|  |  |  | 3.35 | 3 |
| 2008年7月 | 交通银行 | 3.0 | 3.25 | 2 |
| 2008年8月 | 中国建设银行 | 3.0 | 3.24 | 2 |
| 2008年8月 | 中国进出口银行 | 3.0 | 3.4 | 3 |
| 2008年9月 | 中国银行 | 3.0 | 3.25 | 2 |
|  |  |  | 3.4 | 3 |
| 2009年6月 | 汇丰银行 | 1.0 | SHIBOR+38bp | 2 |
| 2009年7月 | 东亚银行 | 4.0 | 2.80 | 2 |
| 2009年8月 | 国家开发银行 | 2.0 | 2.45 | 2 |
| 2009年8月 | 国家开发银行 | 1.0 | SHIBOR+30bp | 2 |

---

① 离岸人民币市场经常被表述为好像只是香港才有;确实,到2010年,超过90%的离岸人民币交易集中在香港。但在吉隆坡和新加坡也有离岸人民币交易,并且最终会在其他的国际金融中心交易。例如,在2011年初,中国银行开始在纽约提供离岸人民币银行账户以及相关服务。

续表

| 日期 | 发行主体 | 发行额（10亿元） | 票面收益率（%） | 期限（年） |
|---|---|---|---|---|
| 2009年9月 | 中国财政部 3 | 6.0 | 2.25 | 2 |
| 2009年9月 | 中国财政部 2.5 | | 2.70 | 3 |
| 2009年9月 | 中国财政部 0.5 | | 3.30 | 5 |
| 2010年7月 | 香港合和公路基建有限公司 | 1.4 | 2.98 | 3 |
| 2010年8月 | 中信国际银行 | 0.5 | 2.68 | 1 |
| 2010年8月 | 汇丰银行 CD | 0.1 | 2.00 | 0.5 |
| 2010年8月 | 麦当劳 | 0.2 | 3.00 | 3 |
| 2010年9月 | 中国银行 | 2.2 | 2.65 | 2 |
| 2010年9月 | 中国银行 | 2.8 | 2.90 | 3 |
| 2010年10月 | 亚洲开发银行 | 1.2 | 2.85 | 10 |
| 2010年10月 | 国家开发银行 | 2.0 | 3个月上海银行间同业拆放利率（3MShibor）的五日均值上浮10个基点 | 3 |
| 2010年10月 | 中国重汽 | 2.7 | 2.95 | 3 |
| 2010年11月 | 国家开发银行 | 3.0 | 2.7 | 3 |
| 2010年11月 | 瑞士银行（香港） | 0.2 | 2.50 | 2 |
| 2010年11月 | 华润电力 | 1.0 | 2.9 | 3 |
| 2010年11月 | 华润电力 | 1.0 | 3.75 | 5 |
| 2010年11月 | 招商局（香港） | 0.7 | 2.90 | 3 |
| 2010年12月 | Caterpillar | 1.0 | 2.0 | 2 |
| 2010年12月 | 中国财政部 | 2.0 | 1.0 | 3 |
| 2010年12月 | 中国财政部 | 2.0 | 1.8 | 5 |
| 2010年12月 | 中国财政部 | 1.0 | 2.48 | 10 |
| 2010年12月 | 中国进出口银行 | 1.0 | 1.95 | 2 |
| 2010年12月 | 中国进出口银行 | 4.0 | 2.65 | 3 |
| 2010年12月 | 澳新银行（ANZ） | 0.2 | 1.45 | 2 |
| 2010年12月 | 银河娱乐 | 1.38 | 4.625 | 3 |
| 2010年12月 | 中国电力国际发展公司 | 0.8 | 3.2 | 5 |
| 2010年12月 | 俄罗斯外贸银行（VTB） | 1.0 | 2.95 | 3 |
| 2011年1月 | 世界银行 | 0.5 | 0.95 | 2 |
| 2010年12月20日 | 中国财政部 | 3.0 | 1.6%（零售） | 2 |
| 2011年1月 | 中国化工进出口公司 | 3.5 | 1.8 | 3 |
| 2011年1月 | 国际金融公司 | 0.15 | 1.8 | 5 |
| 2011年2月 | 春天百货 | 0.75 | 5.25 | 3 |
| 2011年2月 | 永丰余（盖曼） | 0.3 | 3.1 | 3 |
| 2011年2月 | 首创置业 | 1.15 | 4.75 | 3 |
| 2011年2月 | 路劲基建 | 1.3 | 6.0 | 3 |

资料来源：作者自己计算，香港金管局网站（<www.info.gov.hk/hkma/>），中国人民银行网站（<www.pbc.gov.cn>）。

第四，与人民币离岸市场的发展同时发展的，还有中国国内的人民币债券市场。这一市场的逐渐国际化发展，能够在很大程度上给发行者和投资者带来分散化的好处，但这一市场仍缺乏流动性。记得在 2005 年，国际金融公司和亚洲发展银行分别发行了 11.3 亿元和 10 亿元人民币的熊猫债券（指由非居民在岸发行的以人民币标值的债券），要求是所募集资金必须用于国内借贷和投资（见表 3）。熊猫债券的发行，能够扩大国内投资者投资于人民币标值债券的信用风险范围。在 2010 年 9 月，中国修改了熊猫债券发行募集资金必须用于国内的规定。现在，在中国国家外汇管理局（SAFE）的允许下，国际机构可以将熊猫债券的发行所得以人民币或外币的形式汇到国外。这一政策调整标志着中国朝向资本账户自由化又迈进了一步，同时也扩大了人民币的国际使用，并且最关键的，增加了中国以人民币标值的外国债权（Yu，2008）。

表 3  中国所发行的熊猫债券

| 日 期 | 发行主体 | 规模 | 收益率（%） | 期限结构（年） |
|---|---|---|---|---|
| 2005 年 10 月 | 亚洲开发银行 | 1.00 | 3.34 | 10 |
| 2005 年 10 月 | 国际金融公司 | 1.13 | 3.40 | 10 |
| 2006 年 11 月 | 国际金融公司 | 0.87 | 3.20 | 7 |
| 2009 年 12 月 | 亚洲开发银行 | 1.00 | 4.20 | 10 |
| 2010 年 5 月 | 三菱 UFJ 银行（中国） | 1.00 | 议价 | 2 |

注：以上列出的是 2011 年 1 月之前发行的熊猫债券。
资料来源：作者自己的估计。

在投资者方面，中国当局允许指定的外国银行进入银行间债券市场。相比起合格的境外机构投资者（QFII）计划对进入中国债券市场的限制性许可而言，这是一个很大的进步。QFII 只允许投资者购买那些在证券交易所挂牌的债券，而银行间债券市场提供更具流动性的交易平台，并提供更好的价格。到目前为止，有近 20 家外国银行获得许可，在一定的限额内，可以将通过贸易结算累积的离岸人民币投资到中国庞大的在岸银行间债券市场上。

这种新的许可表明，如果给予人民币更大的跨境流动性，离岸持有人民币将更具有吸引力。迄今为止，众所周知的是中国的资本管制广泛并有力

（Cheung 和 Qian，2010；Ma 和 McCauley，2008；Tsang，2010）。上述人民币国际化措施使得人民币可以更容易地以更大的规模流出。然而离岸的人民币回流却仅限于贸易渠道（以及其他特批的渠道，如用人民币进行的外国直接投资，需要逐笔审批）。中国房地产企业在香港所发行的与人民币相联系，但却以美元结算的债券，就是因为预期到美元流入比人民币流入更容易获得中国国家外汇管理局的许可。中国政府更愿意接受美元而不是人民币流入，表明其对离岸人民币回流到在岸市场是非常谨慎的。因此银行间债券市场的开放代表着很大的管制放松。

以上对于中国政策的分析都是考察人民币国际化政策对中国的好处，但是别忘了一个巴掌拍不响。为什么外部债务人最终愿意以人民币定值他们的负债？有些援助的接受者可能吹毛求疵，不接受以人民币标值的优惠信贷。因此，将来中国政府可以像日本一样，增加以人民币标值的对外援助贷款。例如，国家开发银行（CDB，2009）的报告显示，其2.9万亿元人民币的贷款中4.7%是对中国大陆以外的贷款。这一数额达1350亿元人民币——约相当于200亿美元。这类对外贷款将来可以以人民币标值。

总而言之，其他国家的借款者在同意接受人民币贷款之前，必须先自问两个问题。其一，这种借贷是否面临人民币相对于其他货币迅速升值的风险？现在中国人毕竟面对人民币突然升值的账面风险。那么中国以外的主体分担这一风险，是否会让中国阻止升值的动力下降（一个道德风险问题：风险的分配会影响行为）。其二，关系到外部主体人民币借贷意愿的一个更微妙的问题是，人民币是不是会跟美元价格保持密切关系？

接下来的两部分将分析这些问题。中国以外的潜在的人民币借款者，是否会因为担心人民币剧烈升值而打消念头？或者人民币与美元的价格联系过于紧密，以至于使人民币作为一种债务标值货币，分散汇率风险的作用很小？

## 三 急剧升值对人民币化的影响

人民币化的一个先决条件是，其他国家的借款者愿意借人民币标值的债务。如果人民币被认为是严重低估并预期会大幅升值，中国以外的企业或主权国家将不愿意借以人民币标值的债务，这将会阻碍人民币的国际化进程。

在那些认为人民币被严重低估了的观察者中，很多人都担心或者预期人民币会大幅升值。然而人民币近年来的走势和中国的汇率政策，并没有强化这种结果出现的可能性。在最近的全球金融危机中，人民币汇率走势有一段时间的停滞，在2010年6月19日，中国恢复了2005年所采取的"有管理的浮动汇率制度"。同2005年一样，最近的中国政策强调稳定、渐进的人民币币值变化（PBC，2010b），类似于向上爬行盯住美元（Ma和McCauley，2011a；2011b）。

最近的学术研究和政策研究都认为人民币被严重低估。2010年IMF第四条款咨询人员报告（IMF，2010a）认为人民币币值仍然大大低于与中期基本面（重点强调）一致的水平。但中国货币当局针对该报告所依据的证据，提出了另一种解释。IMF执行委员会的一些理事也不认同这份报告的估计结果（IMF，2010a）。

对于人民币汇率失衡程度的估计很多，但各项研究所估计的人民币汇率低估程度差别很大。不同的模型设定会导致估计结果不同，甚至基于类似理论基础的模型也会得出不同的估计结果。

表4给出了一些最近对于人民币汇率失衡程度的估计结果。绝大部分估计都是基于经典的理论框架，包括相对购买力评价（PPP）、Penn效应、生产力方法、行为均衡汇率模型、基本均衡汇率方法以及宏观经济平衡效应方法[①]。让人印象深刻的是这些估计结果差别很大，从低估了49%到高估了36%。即便我们去掉这些极值，其余的估计结果也大相径庭。让人吃惊的是，绝大部分这类研究都忽视或者低估了估计人民币失衡程度的困难。

当然，首要的问题是如何定义一种货币的适当（或者用经济学专业术语来讲，货币的均衡）价值。除了经济学家在预测汇率变化时所遇到的困难外（Meese和Rogoff，1983），他们还花了很长时间才对适当汇率水平的标准达成一致（Cheung等，2005）。这一文献的直观意义就是，想为人民币均衡价值的估计找一个普遍认同的分析框架几乎是不可能的。由于无法对汇率模型达成共识，潜在的人民币借款者在理解人民币汇率低估的程度时，自然会非常谨慎。

---

[①] 例如，参见Cheung等（2010a，2010b）对这些方法的讨论。

表4 最近对于人民币失衡程度的一些估计

| 估计值 | 时间 | 资料来源 |
| --- | --- | --- |
| -41 | 2010年10月14日 | 经济学家(2010),巨无霸指数 |
| -33 | 2009年3月 | Cline 和 Williamson(2010),FEER |
| -31* | 2005年 | Subramanian(2010),Penn 效应 |
| -21** | 2008年底 | Goldstein 和 Lardy(2009),外部平衡法 |
| -17.5** | 2009年 | Wang 和 Hu(2010),FEER,外部平衡法 |
| -10 | 2010年第1季度 | Tenengauzer(2010),外部平衡法 |
| -2.56 | 2009年第4季度 | Stupnytska 等(2009),BEER |
| 5 | 2008年 | Cheung 等(2010b) |
| 13.4 | 2008年第4季度 | Hu 和 Chen(2010),FEER |
| 16.8 | 2009年9月 | Cheung 等(2010b),相对购买力平价,中美实际双边汇率 |
| 36 | 2009年12月 | Cheung 等(2010b),实际购买力平价,贸易加权汇率 |

\* 调整数据的平均估计结果。
\*\* 平均估计结果。
注:FEER 指的是基本均衡汇率法,BEER 指的是行为均衡汇率法。对于 Penn 效应,参见文章中的讨论。

图3 表明在估计人民币汇率失衡程度时所遇到的一些困难。该图绘出了1980~2009年间 IMF 的贸易加权人民币实际有效汇率指数,数值越大表示人民币越坚挺。样本均值和线性趋势也在图上标出。一种估计货币失衡的方法是看汇率走势背离确定性趋势的程度。在这个例子中,2010年初的人民币实际有效汇率指数相对于线性趋势而言存在36%的高估,但与均值相比存在7.5%的低估。

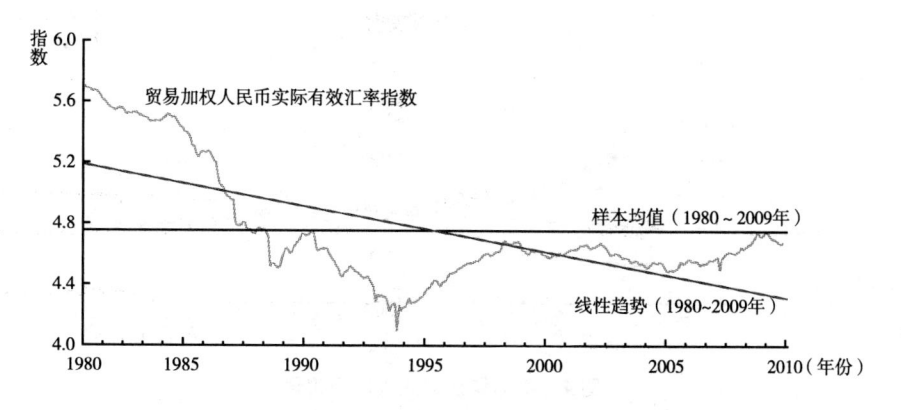

**图3 贸易加权的实际汇率失衡水平和线性趋势**

图3的问题并不在于它所估计的汇率失衡程度,而是这些估计的脆弱性和敏感性,这反过来也从一个侧面解释了,为什么表4中对于人民币汇率失衡程度的估计差别那么大。例如,对"趋势"的不同衡量方法会导致迥异的汇率失衡估计结果。很明显,如果我们的样本期间从1994年开始,汇率水平对趋势水平的偏离是很大幅度的低估。并且,用不同的价格平减指数、使用间断的趋势,或者用非线性趋势而不是线性趋势,都会产生不同的失衡估计结果。对于货币均衡价值更精确的估计方法而言,造成这种模棱两可的类似情况还有对不确定性的规定,样本期间的选择以及数据序列的选择。因此,对于货币失衡程度的正确估计,需要从理论和经验两方面都达成一致。

Cheung等(2007)指出了对人民币汇率低估程度的估计中,可能出现的不确定性程度。我们在众所周知的Penn效应的基础上简要概述他们的观点。Penn效应指的是由一系列宾夕法尼亚大学学者作的研究(Kravis和Lipsey,1983,1987;Kravis等,1978;Samuelson,1994;Summers和Heston,1991)所发现的一国价格水平和实际人均收入之间的稳定的正向关系。问题在于尽管可以得到数量上很大的汇率失衡估计量,但很难得出结论说,这个汇率失衡估计量就是统计上显著的汇率低估的证据。

图4中各点描绘的是:①现实的实际人民币汇率(菱形线,更大的值表示更坚挺的、升值的人民币);②通过实证汇率和收入之间的关系而预测的"均衡的"实际汇率水平(实线);③与均衡汇率预测有关的标准差为1和2的区间(虚线)。当实际汇率低于预测的均衡汇率时,表明存在低估现象。

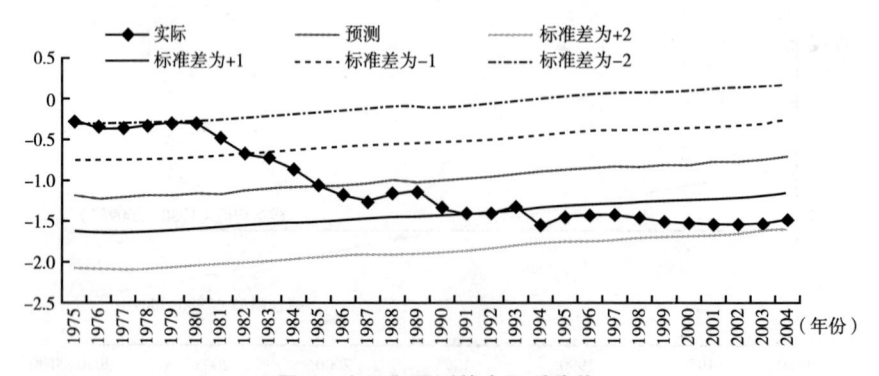

**图4 实际和预测的人民币价值**

资料来源:作者的估计。

图 4 的一个重要特点是标准差区间比较宽。较宽的标准差区间强调了汇率决定的不确定性。证据表明，在 2000 年以后，人民币汇率是低估的，人民币价值低于预测的均衡水平——但仍然处于两个标准差的区间中。这是应用经济学家常用来估计证据是否在统计上具有显著性的判断标准。

这一分析的关键在于，中国的实际收入水平数据是否可靠。用来生成图 4 的数据都是基于 1993 年的国际比较项目基准之上的。包括中国和印度在内的一些新兴经济体并没有充分参与 1993 年的国际比较项目。因此，这些国家的数据都是"估算"的，从而具有一些无从知晓的误差。

2008 年世界银行和亚洲开发银行联合发布了根据 2005 年国际比较项目基准[①]计算的新的相对价格。Cheung 等（2010b）分析了这一数据的修正对于估计人民币失衡程度的意义。从本质上讲，他们用新的相对价格数据重新对 Penn 效应回归进行了估计，而这些新的相对价格数据被认为更精确地反映了中国经济的实际情况。

新数据的估计结果汇总在图 5 中，它和图 4 具有相同的格式。令人吃惊的是，在新数据的估计结果中，人民币汇率低估的程度大大降低；绝大多数最近的人民币汇率失衡估计都处于一个标准差的区间内。实际上，2008 年的数据估计结果是人民币汇率存在 5% 的价值高估。

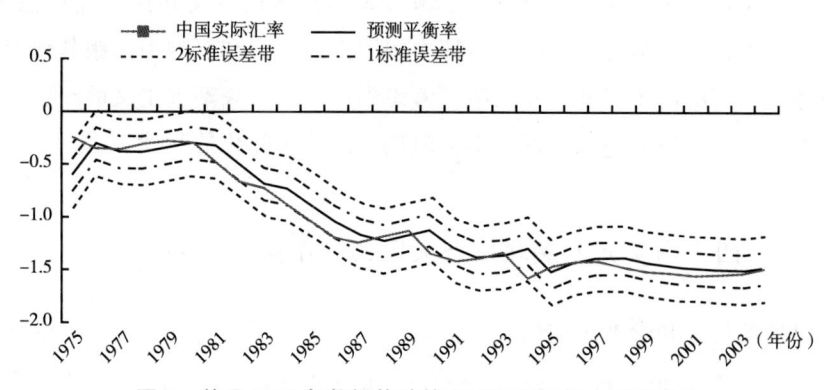

**图 5　基于 2010 年数据估计的实际和预测的人民币价值**

菱形线：中国实际汇率，实线：预测的均衡汇率，
短虚线：两个标准差区间，长虚线：一个标准差区间。

---

① 对于 2005 年国际比较项目及相关的数据修正的分析，参见亚洲开发银行（2007）；Elekdag 和 Lall（2008）；和世界银行（2008a，2008b）。

也就是说，先前所报告的那些人民币汇率低估的估计结果，由于使用的是未经修正的、过时的反映中国当前经济环境的数据，所以是不足为信的。这一数据修正及其对人民币均衡汇率估计的影响，从另一个方面证明了对人民币汇率失衡水平进行精确估计是很困难的。

那么这些研究是否意味着人民币没有被低估？不是的。实证证据不足并不能排除人民币汇率低估的可能性。实际上，由于证据不足，所以我们不能拒绝关于人民币汇率估值结果的范围广泛的假设。暂且抛开人民币汇率低估还是高估的问题不谈，相关的信息表明，很难给出一个满足学术研究中严谨的实证研究标准要求的，证明人民币汇率低估的定论。

即使迷雾重重，中国的贸易伙伴国的政府和企业还是要作出决策，是否以人民币定值其债务。在实践中，政策制定者和公司财务主管是在现实世界中运作而不是生活在象牙塔里。难以定论并不一定意味着货币低估是不存在的。但是，需要警惕的是，要避免从证据不足的实证结果中得出有力的政策建议。

可替代的选择就是扪心自问："从实用的观点来看，假如中国的人民币承载着巨大的、潜在成本高昂的跳跃性升值风险，我们是否应该选择以人民币定值债务？"在以上和其他地方所给出的相互矛盾的实证结果既定的情形下，信誉举足轻重。在经济领域，中国当局奉行渐进主义并注重经济稳定。人民币的大幅度升值有可能严重破坏中国国内经济，和影响中国跟其他亚洲经济体之间广泛的生产和贸易网络。考虑到中国近年来渐进主义的经历，对人民币大幅度升值的预期也许并不会阻挡人民币国际化的步伐。

## 四 与美元的关联以及人民币化中国的国外资产

市场参与者和学者先前的观点都是，人民币汇率制度已经由单一盯住美元（1994~2005年）转变为向上爬行盯住美元（2005年年中~2008年年中），在2008年年中到2010年年中的全球金融危机中，再次回到盯住美元。如果事实成立，那么人民币的国际化无疑会因为与持续盯住美元的预期而受到抑制。美元市场所有的流动性优势都有助于增加使用美元的惯性，而假如人民币作为价值储藏货币，其所能提供的不过是美元加上一些噪声的结果。人民币充其量也就是不具备流动性的美元，这在市场参与者中可能是不受欢迎的。更糟糕的是，如果人民币在 2005 年年中到 2008 年年中的经历，以及自 2010 年年中以来的走势只是向上爬行盯住美元的话，这将会阻止债务人持有人民币债务。如果借人民币相对于借美元债务只有很少的、或者没有利息优势，但人民币却有对美元的升值趋势预期，那为什么要借人民币呢？

这种传统观念以及其对人民币国际化的消极暗示，并没有充足的依据。实际上，如果中国政府作出理性而实用的决策，使人民币与美元脱钩，即使在全球金融危机时期内又暂时回归盯住美元，那么，人民币更容易被国际债务人所接受。Ma 和 McCauley（2011a，2011b）的研究结果表明，2005 年 7 月之后的人民币汇率安排并不只是爬行盯住美元。在 2006 年中期到 2008 年中期，中国政府采取了类似于新加坡元的长期管理政策，按贸易加权货币篮子管理人民币。对 2005 年后人民币汇率制度的演变的这种诠释，是有论据支持的。

第一，中国中央银行的两份标志性的报告（PBC，2008；SAFE，2008）中，当讨论人民币汇率走势时，引用了国际清算银行对人民币实际有效汇率的测算数值，也许预示了货币当局在人民币管理中更加注重有效汇率。这标志着中国货币当局脱离了亚洲金融危机期间所形成的传统做法。事实上，正如 Fung 等（2009）所指出的，为了保持贸易竞争力和价格稳定性，中国实施稳定人民币有效汇率的政策胜于稳定人民币兑美元的双边汇率政策。

第二，在 2006 年至 2008 年间，人民币有效汇率和美元有效汇率几乎向完全相反的方向移动，这足以证明在此期间美元汇率的变动周期对人民币有效汇率丧失了其影响力（见图 6）。这是人民币放弃单纯盯住美元的另一个信号。

第三，Ma 和 McCauley（2011a，2011b）采用计量经济模型得出的实证结果表明，在这两年的时间里，人民币汇率表现出一种向上爬行盯住贸易加权货币篮子币值的平均数的趋势。更确切地说，人民币有效汇率看起来是在上下各 2% 的幅度内波动，而每年爬行幅度为升值 2%，这是类似新加坡式的汇率管理政策（见图 7）。

然而，人民币在 2008 年 7 月突然转向紧盯美元，其结果是人民币有效汇率随美元的坚挺而大幅度升值。对此一个可能的解释是，中国当局在严重的金融市场动荡中，选择让汇率盯住一个可依赖并可信的锚。为了应对不断深化的全球金融危机，已经实施两年的人民币盯住篮子货币的管理政策被迫

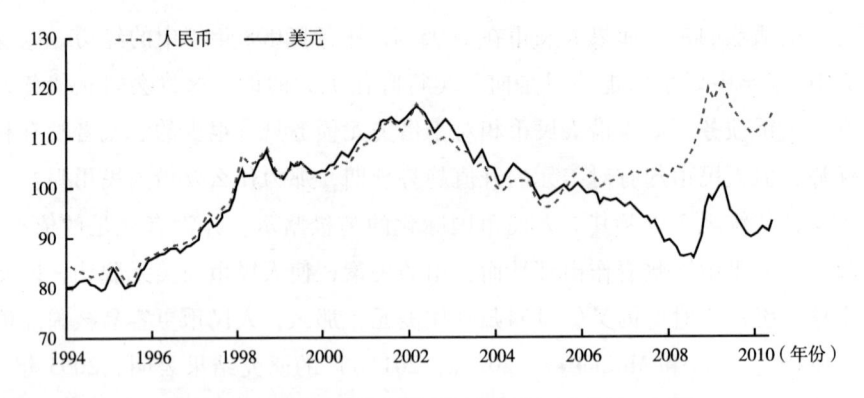

**图6 人民币和美元的名义有效汇率（2005＝100）**[a]

注：a. BIS 广义指数基于 58 个经济体，月度数据。
资料来源：BIS 网站（<www.bis.org/>）。

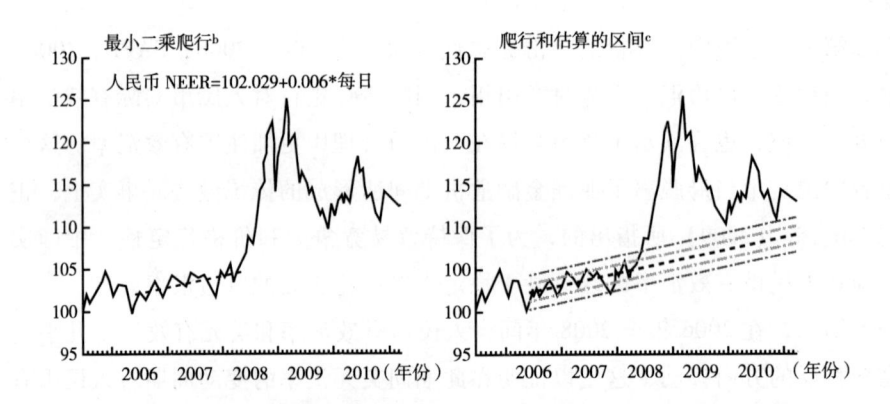

**图7 中国人民币指数的名义有效汇率（2005＝100）**[a]

注：a. BIS 有效汇率广义指数基于 58 个经济体。
b. 趋势线的估计超过两年的时间，从 2006 年 6 月 1 日到 2008 年 5 月 30 日，对人民币 NEER 和交易日趋势进行回归，调整的 $R^2$ 为 0.48，常数项和趋势项的系数在 1% 的水平上都是统计显著的。
c. 粗的虚线表示趋势线的 ±2%，细的虚线表示趋势线的 ±1%。
资料来源：BIS 网站（<www.bis.org/>）；作者的估计。

中断，转而盯住美元使得人民币有效汇率突破了估计标准差区间的上限，进入急剧升值的过程（见图7）。2008 年下半年，在美元明显走强的情况下，中国当局若要保持人民币有效汇率的稳定，必须让人民币相对于美元大幅贬值。人民币汇率管理政策的这种转变，与当时对于人民币相对于美元持续走弱的明显的政策担忧是一致的。在中美之间存在巨额的结构性贸易失衡情况下,以及考虑到美元的避风港作用,在全球金融动荡的时候稳定市场信心是首要的。

当全球金融市场交易状况稳定后,根据贸易伙伴国货币篮子来管理人民币的想法再次被摆到面前。实际上,中国中央银行在2010年6月就宣布,为了应对全球金融危机而重新盯住美元的"特殊政策"被取消,重新回到盯住一篮子货币的管理浮动汇率制(PBC,2010b)。

一个与美元联系更少的人民币作为借贷货币会更具有吸引力,特别是当中国的区域贸易伙伴国的货币能与人民币一起,分担其相对于主要国际货币的波动时更是如此。亚洲从2006年中期到2008年中期的经历显示了一些亚洲货币与人民币之间的这种联动。东亚国家货币盯住各自的贸易加权货币篮子,能够让这些货币之间的汇率相对比较稳定,原因在于他们的货币篮子是相似的(Girardin,2011;Ma和McCauley,2011a,2011b)。例如,给定相似的篮子货币构成,当中国据各自的货币篮子管理人民币有效汇率,而马来西亚据各自的货币篮子管理林吉特的有效汇率时,林吉特兑人民币的汇率是相当稳定的。这样就提供了一种非正式方法稳定这些货币的(全球范围内)有效汇率,这对于这些外向型经济体是很重要的,以及稳定东亚各国货币间的双边汇率。尽管在2008年年中的资本流动和全球金融危机对主要货币的影响掩盖了这一点,这种非正式的方法能够对亚洲货币合作的发展创造更有利的条件。就目前来讲,人民币与亚洲货币之间相对稳定的汇率能够让人民币成为一种更具吸引力的国际借贷货币。

通过更紧密的贸易联系和汇率管理,东亚国家货币兑人民币将比兑美元、欧元和日元更加稳定。在这种情况下,人民币自然会成为这一区域的企业和政府所选择的债务标值货币。

总而言之,那种认为人民币过去盯住美元、并且仍会基本盯住美元的观点,忽略了人民币在2006~2008年的经历。如果人民币再次采取更宽松的一篮子货币汇率管理政策,中国的贸易伙伴们对用人民币标值债务不会不感兴趣。

## 五 结论

全球金融危机为其他国家分担中国国际资产负债表上的货币风险提供了一个较大空间。在全球金融危机前,中国已有意和其他国家分担其迅速堆积的货币风险。我们可以将近年来中国政府采用的政策理解成为人民币国际化铺平道路,就是容许其他国家用人民币定值其债务。但是,如果贸易伙伴们认为人民币有突然跳跃式升值的风险,那么近期将中国的国外资产用人民币标值的可能性很小,尽管中国以人民币标值的外债进一步增加,会加速人民币更广泛的国际化使用。如果贸易伙伴把人民币仅仅看成是除了或多或少呈现升值趋势之外,与美元无二的一种货币的话,那么,人民币国际化的前景也不会很好。然而,本文提及的论据表明,这两个见解易于言过其实,因而总体上低估了人民币国际化的发展前景,特别是低估了中国国外资产的人民币化的前景。

当然,人民币最终的全面国际化要求完全开放资本账户。可以看出,中国目前所采取的措施是,在资本管制的范围内允许人民币启动国际化,且绝大部分是在香港的离岸人民币市场上进行的。放开剩余的资本管制,并容许人民币全面国际化依然是将来的政策目标。

## 参考文献

Bergin, Paul R., Glick, Reuven, Taylor, Alan M. (2006), "Productivity, Tradability, and the Long-run Price Puzzle", *Journal of Monetary Economics*, Elsevier, vol. 53 (8), pp. 2041 – 2066.

Blanchard, O., F. Giavazzi, and F Sa (2005), "The U. S. Current Account and the Dollar", *Brookings Papers on Economic Activity* 2005, no 1, pp. 1 – 66.

Chen, Xiaoli and Yin-Wong Cheung (2011), "Renminbigoing Global", *China & World Economy* 19, 1 – 18.

Cheung, Y-W, M. D. Chinn and E. Fujii (2007), "The Overvaluation of Renminbi Undervaluation," *Journal of International Money and Finance* 26, pp. 762 – 785.

Cheung, Yin-Wong, Menzie D. Chinn and EijiFujii (2010a), "Measuring Misalignment: Latest Estimates for the Chinese Renminbi, in Simon Evenett (Editor)", *The US-Sino Currency Dispute: New Insights from Economics, Politics and Law*, A VoxEU. org Publication, Chapter 10, pp. 79 – 90.

Cheung, Yin-Wong, Menzie D. Chinn and EijiFujii (2010b), "Measuringrenminbimisalignment: Where do We Stand?", *Korea and the World Economy* 11, pp. 263 – 296.

Cheung, Y-W, M. D. Chinn, and A. Garcia Pascual (2005), "Empirical Exchange Rate Models of the Nineties: Are any Fit to Survive?" *Journal of International Money & Finance* 24, pp. 1150 – 1175.

Cheung, Yin-Wong, Guonan Ma, and Robert N. McCauley (2011), "Renminbising China's Foreign Assets," *Pacific Economic Review* 16, pp. 1 – 17.

Cheung, Yin-Wong, and XingWangQian (2010), "Capital Flight: China's Experience", *Review of Development Economics*, 142, pp. 227 – 247.

China Development Bank (2009), *Annual report 2008*.

Cline, William R. and John Williamson (2010), "Notes on Equilibrium Exchange Rates" *Policy Brief* PB10 – 2, Washington, DC: Peterson Institute for International Economics, January.

Committee on the Global Financial System (2010), "The Functioning and Resilience of Cross-border Funding Markets", *CGFS Report* No. 37, March.

Cui, L, S. Chang, and J. Chang (2009), "Exchange Rate Pass-through and Currency Invoicing in China's exports," *HKMA China Economic Issues*, No. 2/09.

Dunaway, S., L. Leigh and X. Li (2009), "How Robust are Estimates of Equilibrium Real Exchange Rates: The Case of China," *Pacific Economic Review* 14, pp. 361 – 375.

Dunaway, S. and X. Li (2005), "Estimating China's Equilibrium Real Exchange Rate," *IMF Working Paper*, WP/05/202.

Dobson, W. and P. Masson (2009), "Will the Renminbi Become a World Currency?" *China Economic Review* 20, pp. 124 – 135.

The Economist (2010), *Our Big Mac Index Shows the Chinese yuan is still Undervalued*, 14 October 2010, Economist.com.

Elekdag, S., Lall, S. (2008), "International Statistical Comparison: Global Growth Estimates Trimmed After PPP Revisions," *IMF Survey Magazine*, Washington, D. C.: IMF, January 8.

Fung, S., M. Klau, G. Ma and R. McCauley (2009), "Implications of Refined Renminbi Effective Exchange Rates with Asian Entrepot and Intra-regional trade," in Yin-Wong Cheung and Kar-Yiu Wong, eds., *China and Asia: economic and financial interactions* (London: Routledge), pp. 178 – 193.

Frankel J. (2006), "On the Yuan: The Choice between Adjustment under a Fixed Exchange Rate and Adjustment under a Flexible Rate," *CESifo Economic Studies* 52, pp. 246 – 275.

Gao, H. and Yu Y. (2011), "Internationalisation of the Renminbi," in YW Cheung and G Ma (eds) *Asia and China in the Global Economy*, World Scientific.

Genberg, H., R. McCauley, A. Persaud and Y-C Park (2005), *Official Reserves and Currency Management in Asia: Myth, Reality and the Future, Geneva Reports on the World Economy*, number 7. Geneva & London: International Centre for Monetary and Banking Studies and Centre for Economic Policy Research.

Girardin, E. (2011), "A de facto Asian-Currency Unit bloc in East Asia: It has been there but we did not look for it", *Asian Development Bank Institute Working Paper* no 262, 14 January.

Goldstein, M. and N. Lardy (2008), *Debating China's Exchange Rate Policy*, Peterson

Institute of International Economics, Washington.

Hu, Chuntian and Zhijun Chen (2010), "Renminbi already Overappreciated: Evidence from FEERs (1994 - 2008)", *China Economist* 26, pp. 64 - 78.

International Monetary Fund (2010a), *People's Republic of China: 2010 Article IV Consultation-Staff Report*; http://www.imf.org/external/pubs/ft/scr/2010/cr10238.pdf.

International Monetary Fund (2010b), *Review of the Method of Valuation of the SDR*, 26 October.

International Monetary Fund (2011), "Recent Experiences in Managing Capital Inflows: Cross-cutting Themes and Possible Policy Framework", 14 February.

Kravis, Irving B. and Lipsey, Robert E. (1983), "Toward an Explanation of National Price Levels", *Princeton Studies in International Finance* No. 52, Princeton, NJ: International Finance Centre, Princeton University.

Kravis, Irving B. and Lipsey, Robert E. (1987), The Assessment of National Price Levels," in Sven W. Arndt and J. David Richardson, eds., *Real Financial Linkages Among Open Economies*, Cambridge, MA: MIT Press, pp. 97 - 134.

Kravis, Irving B., Alan Heston, and Robert Summers (1978), International Comparisons of Real Product and Purchasing Power, Baltimore: The Johns Hopkins University Press.

Japan Bank for International Cooperation (2008), *Annual Report 2008*.

Lane, P. R. and J. C. Shambaugh (2010), "Financial Exchange Rates and International Currency Exposures," *American Economic Review*, vol. 100, no 1, pp. 518 - 540.

Ma, G. and R. N. McCauley (2011a), "The Evolving Renminbi Regime and Implications for Asian Currency Stability," *Journal of The Japanese and International Economies*, No. 25, pp. 23 - 38.

Ma, G. and R. N. McCauley (2011b), "The Implications of Renminbi Basket Management for Asian Currency Stability," in Y-W Cheung, V. Kakkar and G. Ma (eds), *The Evolving Role of Asia in Global Finance*, Emerald Group Publishing Limited.

Ma, G. and R. N. McCauley (2008), "The Efficacy of China's Capital Controls—Evidence from Price and Flow Data", *Pacific Economic Review*, 13, pp. 104 - 23.

Ma, G. and H. Zhou (2009), "China's Evolving External Wealth and Rising Creditor Position," *BIS Working Papers*, No 286.

McCauley, R. (2010), "Managing Recent Hot Money Inflows in Asia", in M Kawai and M Lamberte (eds), *Managing Capital Flows in Asia: Search for a Framework*, Edward Elgar Publishing Ltd.

McCauley, R. (2011), "The Internationalisation of the Renminbi", 2nd Annual International Conference on the Chinese Economy "Macroeconomic management in China: Monetary and financial stability issues" (http://www.hkimr.org/cms/upload/news_app/news_0_56_McCauley_speech_HKIMR_14Jan2011.pdf).

McCauley, R., and P. McGuire (2009), "Dollar Appreciation in 2008: Safe Haven, Carry Trades, Dollar Shortage and Overhedging", *BIS Quarterly Review*, December, pp. 85 - 93.

McGuire, P. and G. von Peter (2009), "The US Dollar Shortage in Global Banking,"

BIS Quarterly Review, March, pp. 47 – 63.

McCauley, R. and M. Scatigna (2011), "Foreign Exchange Trading in Emerging Currencies: More Financial, More Offshore", BIS Quarterly Review, March, pp. 67 – 75.

McGuire, P. and G. von Peter (2009), "The US Dollar Shortage in Global Banking," BIS Quarterly Review, March, pp. 47 – 63.

Meese, Richard and Kenneth Rogoff (1983), Empirical Exchange Rate Models of the Seventies: Do They Fit Out of Sample?, Journal of International Economics 14: 3 – 24.

People's Bank of China and International Monetary Fund (2009), Note Purchase Agreement between the People's Bank of China and the International Monetary Fund.

People's Bank of China (2010), "Further Reform the RMB Exchange Rate Regime and Enhance the RMB Exchange Rate Flexibility", policy announcement on 19 June 2010 (http://www.pbc.gov.cn/english/detail.asp?col=6400&id=1488).

People's Bank of China (2011), China's Monetary Policy Implementation Report for the Fourth Quarter of 2010, February.

People's Bank of China (2010), China's Regional Financial Development in 2009, June.

People's Bank of China (2008), China's Monetary Policy Report, May.

Samuelson, Paul (1964), Theoretical Notes on Trade Problems. Review of Economics and Statistics 46 (2), pp. 145 – 154.

Samuelson, Paul (1994), Facets of Balassa-Samuelson Thirty Years Later," Review of International Economics 2 (3), pp. 201 – 26.

State Administration of Foreign Exchange (2008), China Annual Balance of Payments Report 2007.

Stupnytska, Anna, Thomas Stolper and MalachyMeechan (2009), "GSDEER on track: our improved FX Fair value model," Global Economics Weekly No. 09/38, Goldman Sachs Global Economics, 28 October.

Subramanian, Arvind (2010), "New PPP – Based Estimates of Renminbi Undervaluation and Policy Implications," Policy Brief PB10 – 18, Washington, DC: Peterson Institute for International Economics, April.

Summers, Robert, Heston, Alan (1991), The Penn World Table (Mark5): An Expanded Set of International Comparisons. Quarterly Journal of Economics 106 (2), pp. 327 – 368.

Takagi, S. (2011), "Internationalisation of the Yen: Unfinished Business or Mission Impossible?" in YW Cheung and G Ma (eds) Asia and China in the Global Economy, World Scientific.

Tenengauzer, Daniel (2010), "RMB: The People's Currency," EM FX and Debt Spotlight, 21 April, Bank of America-Merrill Lynch.

Tsang, S. (2010), "Internationalisation and Full Convertibility of the Renminbi", http://www.sktsang.com/ArchiveIII/Tsang_RMB_20100717.pdf.

Wang, Tao and Harrison Hu (2010), "How Undervalued Is the RMB?" Asian Economic Perspectives, 13 April, UBS Investment Research.

World Bank (2008a), *Global Purchasing Power Parities and Real Expenditures: 2005 International Comparison Program*, International Comparison Program and International Bank for Reconstruction and Development. Washington, DC.

World Bank (2008b), *Comparison of New 2005 PPPs with Previous Estimates: Appendix G Revised: Global Purchasing Power Parities and Real Expenditures.* Washington, DC.

Yu, Y. (2008), "Panda Bonds could Help China Avoid the Risks of US Treasury Bonds," East Asia Forum, http://www.eastasiaforum.org/2008/12/19/panda-bonds-could-help-china-avoid-the-risks-of-us-treasury-bonds/.

(陈晓莉 译)

# 中国出口产品的技术含量与品质真的提升了吗？

宋立刚　李坤望

## 一　引言

改革开放以来，中国经济经历了三十余年的高速增长，创造了世界经济的一大奇迹。概括而言，三十年来中国经济增长模式的主要特征是：基于高储蓄率的高投资率以及能源和原材料的高投入，创造出巨大的制造业产能，再配合低廉劳动成本来推动出口导向型的经济增长。对外贸易对中国经济腾飞的贡献毋庸置疑。贸易不仅促进了国内投资，而且来自国外投资品的进口也大大提升了国内生产能力，更为重要的是，贸易通过"干中学"效应以及技术转移或"溢出"效应，带动了生产率的增长（Thirlwell，2006）。在全球金融危机冲击前的三十年间（1978~2008年），中国出口年均增长速度达到了18.1%，远高于同时期世界贸易6%的年平均增长速度。2009年，中国超过德国成为全球第一大货物出口国，占世界货物贸易总量的10%左右。

随着比较优势的变迁，中国对外贸易商品结构在不断发生改变。主要出口产品，从改革开放初期以石油和农产品为主的初级产品，到20世纪90年代初期的以纺织服装为主的劳动密集型产品，再过渡到以钢铁、机械和汽车为主的资本密集型产品，技术密集型产品和高新技术产品在现阶段出口中的比重和地位也在不断增加。

中国的经济规模虽然已成为仅次美国的世界第二大国，但是作为一个发展中国家，经济发展仍处于工业化过程中。从人均收入水平等指标看，中国目前处在一个中等发展阶段。这意味着外向型经济仍将在很长一段时间内在中国经济发展中扮演重要角色，出口扩张不仅要继续推动中国经济增长，而且还要在经济结构转型方面发挥重要作用。

然而，中国经济在取得巨大成就的同时也面临许多压力和挑战。原来支撑经济高速增长的一些因素正在发生转变：投资效率不断下降，能源与原材料价格不断攀升，人口结构发生改变，廉价劳动力优势在不断缩小，世界经济不平衡导致外部压力不断增加等（McKay 和 Song，2010）。此外，以牺牲环境为代价的经济增长方式不具有可持续性，原有的经济增长模式面临转型。未来的中国经济应当通过加快技术进步和产业结构的不断升级，实现经济增长方式的转型，追求更为平衡的经济增长目标，不断优化产业结构，提升产品品质，以非价格竞争策略取代现有的以低成本为核心的价格竞争手段。

考察中国出口导向型经济增长方式对经济结构升级方面的影响，日益成为一个重要的研究课题。特别是对出口能否缩小中国与发达国家之间的技术差距，实现"赶超效应"（Catch-up），已经有一些研究文献从出口产品技术结构或复杂度的角度来考虑。判断出口产品结构改善与否，不仅可以通过出口产品的技术含量来体现，而且还可以从产品品质这一因素来判断。本文正是从产品技术含量和产品品质两个维度上，对中国出口产品结构的动态变化特征进行实证分析，检验出口导向型增长方式是否真正改善了中国出口产品结构，缩小与发达国家之间的技术差距。

## 二 中国出口产品的技术含量：研究评述

自 20 世纪 90 年代中期起，制成品占中国出口的比重就超过了 90%，成为中国的出口增长的主要来源。制成品出口的商品结构发生了很大的变化，如表 1 所示，在 1995～2009 年期间，中国的低技术密集型（劳动密集型）产品的比重最大，这与中国劳动力要素禀赋充裕这一特征是吻合的，这也说明中国对外贸易的快速增长与其遵循比较优势原理参与国际分工与贸易是密不可分的。但表 1 给人的另外一个突出印象则是中国出口结构的动态特征，在这一时期内，低技术密集型产品的比重在不断下降，而高技术密集型产品的比重则明显上升，而中技术密集型（资本密集型）产品的比重变化相对不太明显，中国出口结构的变化趋势明显快于世界平均变化趋势。

中国的出口在推动经济高速增长的同时，也带动了经济结构的不断改善，出口结构的这种变化是否表明中国的比较优势有了明显的变化呢？特别是高技术密集型产品出口的异军突起，是否意味着中国在技术水平上正在赶超（Catch up）发达国家，缩短与发达国家之间经济发展差距呢？

表1 按技术密集度划分的中国出口产品结构（1995~2009年）

单位：%

| 年份 | | 1995 | 2000 | 2005 | 2009 |
| --- | --- | --- | --- | --- | --- |
| 低技术密集型 | 中国 | 48.4 | 42.5 | 33.0 | 31.8 |
| | 世界 | 16.6 | 15.1 | 14.2 | 14.0 |
| 中技术密集型 | 中国 | 18.1 | 19.1 | 21.4 | 23.6 |
| | 世界 | 33.2 | 31.8 | 33.1 | 31.8 |
| 高技术密集型 | 中国 | 15.2 | 24.5 | 33.2 | 34.0 |
| | 世界 | 19.0 | 19.0 | 20.5 | 20.2 |
| 其他 | 中国 | 18.3 | 13.9 | 12.4 | 10.7 |
| | 世界 | 31.1 | 30.5 | 32.2 | 34.0 |

注：其他包括初级产品和资源型制成品。
资料来源：作者根据联合国贸易数据库（UN Comtrade）计算得出。

以上提及的两个方面对已有的研究加以改进，考察中国出口结构的变迁，检验中国出口结构是否真正改善以及产品品质是否在不断升级（Upgrading）。

将出口结构特别是出口商品中的技术含量（The Content of Technology）与中国出口增长联系在一起的研究越来越多，正如 Rodrik（2006）所说的那样"重要的不是出口多少，而是出口什么"。大多数的研究文献支持中国出口结构不断优化这一观点，如 Rodrik（2006）认为：中国出口的高速增长是源于其出口越来越偏向于复杂度或技术含量高的产品，由于这类产品的生产率较高，增长势头较大，所以带动了总体出口的快速增加，他的研究还发现中国出口的复杂程度远高于同等发展水平或要素禀赋类似的其他国家，与高收入国家的出口结构更为相似；中国的对外贸易模式并没有遵循比较优势，具有很强的超越发展迹象。Schott（2008）也认为从品质看，中国的出口结构与发达国家有较多的"雷同"（Overlapped）。姚洋和张晔（2008），以中国两个沿海贸易大省——江苏和广东为例，采用与 Rodrik 相同的方法，测算了中国出口产品的国内技术含量，得出的结论是：中国出口产品的国内技术含量呈 V 形动态特征，从趋势看出口产品的国内技术含量将上升。

作者认为这些研究由于研究方法的缺陷和对中国贸易方式特殊性的忽视，所得出的结论有所偏颇，不能真实揭示中国出口结构的变化特征和贸易增长方式，甚至可能产生误导。Rodrik 等人的研究没能考虑中国对外贸易的特殊性，其中，加工贸易是中国对外贸易的一大特色，自 1990 年末以来，加工贸易一直占据半壁江山，2008 年以后，加工贸易的地位虽有所下降，但比重仍保持在 48% 左右。加工贸易的特点是所谓的"两头在外"，加工贸易实际上反映了中国在国际生产分割中处于下游生产环节，产品的研发和中间生产阶段大多在国外，中国进口中间产品，在国内加工或组装后以最终产品形式主要出口到欧美等发达国家市场，这样一来，出口产品的技术含量或复杂程度并不完全由中国厂商提供，如果不考虑这一特点，估算总体出口的复杂度或技术含量则会造成高估结果。姚洋等人注意到这一问题，提出国内技术含量这一更合理的方式，但采用的测算方法与 Rodrik 等人相同，即按收入水平对各国出口结构进行"折算"，加以比对。这种方法意味着假设在产品层面上，各国的技术水平或复杂度是一致的。实际上，产品之间的差异除了水平差异（Horizontal Differentiation）（生产技术条件可以视为是相似的），还存在垂直差异（Vertical Differentiation），不同国家的产品除了水平差异外，以品质（Quality）为代表的垂直差异是产品差异的另一个重要方面。基于产品差异化的贸易理论认为，出口的增长不仅可以通过产品种类的增加，实现所谓的广度增量（Extensive Margin）式增长，还可以通过品质改善的方式，实现品质增量（Quality Margin）式增长。而且，相对于技术含量而言，出口产品的品质变化，可以更好地刻画中国出口结构是否发生"质"的改变这一情况。

## 三 国际垂直分工与中国出口产品技术含量

随着国际分工的不断深化，国际分工已经由原来的产业间、产业内延伸至产品内（Intra-product），生产工序（或阶段）的垂直分工（Vertical

Specialization）已成为推动国际贸易发展的新源泉。随着运输成本和通信成本的不断降低，产品生产的不同阶段越来越分散到不同国家或地区，这带动了零部件贸易的快速发展（Li，Song，Zhao，2010）。因此，在国际生产分割越来越普遍的情况下，一国出口产品的技术含量（Embodied Technology）并不完全由本国企业提供，它还包括了参与垂直专业分工的其他国家的贡献。产品在垂直生产链的不同阶段所采用的生产技术有差别，从上游生产阶段到下游生产阶段，生产过程中劳动密集度呈上升趋势，技术含量越来越低，所以处于生产链越末端的一方，其出口的技术含量来自其他国家的部分就越多。

为了揭示中国在国际分工的位置，我们采用 BEC（Broad Economic Catalogue）方法，将中国对外贸易按生产阶段进行了划分，结果见表2。

**表 2　按生产阶段划分的中国对外贸易结构**

单位：%

| 项　目 | 进口 1995 年 | 进口 2009 年 | 出口 1995 年 | 出口 2009 年 |
| --- | --- | --- | --- | --- |
| 初级产品 | 9.7 | 24.5 | 4.5 | 1.0 |
| 制成品 | 90.3 | 75.5 | 95.5 | 99.0 |
| 中间产品 | 61.0 | 53.2 | 31.3 | 37.6 |
| 半成品 | 14.7 | 22.8 | 7.4 | 17.6 |
| 零部件 | 46.3 | 30.5 | 23.9 | 20.0 |
| 最终产品 | 29.3 | 22.3 | 64.2 | 61.3 |
| 消费品 | 7.0 | 6.1 | 52.4 | 32.5 |
| 资本品 | 22.3 | 16.2 | 11.8 | 28.8 |
| 总计 | 100.0 | 100.0 | 100.0 | 100.0 |

资料来源：作者根据联合国贸易数据库（UN Comtrade）计算得出。

表2显示，中国的进口以中间产品为主，而出口则以最终产品为主。其中，中间产品进口中，零部件的比重虽有所下降，但一直高于半成品所占的比重；最终产品出口以消费品为主，但资本品出口比重在不断上升，未来有超过消费品的势头。从贸易模式的这一特征不难看出，中国在国际垂直分工体系中，大体上处于下游阶段，即从世界其他国家或地区大量进口中间产品，在国内进行进一步加工或组织后，以最终产品形式输出到世界市场。这

与中国的要素禀赋基本一致，由于劳动力成本相对低廉，所以在国际生产分割中，中国处于下游生产阶段。

中国在国际分工格局中的地位，很好地解释了加工贸易在中国对外贸易中的重要性。改革开放以来，加工贸易的发展势头一直比较迅猛，特别是长期以来，中国政府一直非常重视加工贸易的发展，出台了一系列的出口鼓励措施，如减免中间品进口关税、建立保税区和出口加工区、出口退税等政策，使得加工贸易成为推动出口增长的重要动力。如图1所示，加入WTO以后，中国加工贸易占出口的比重一致保持在50%左右，近年来比重有所滑落，这一变化趋势与中国在国际分工格局中地位的变化也是一致的。

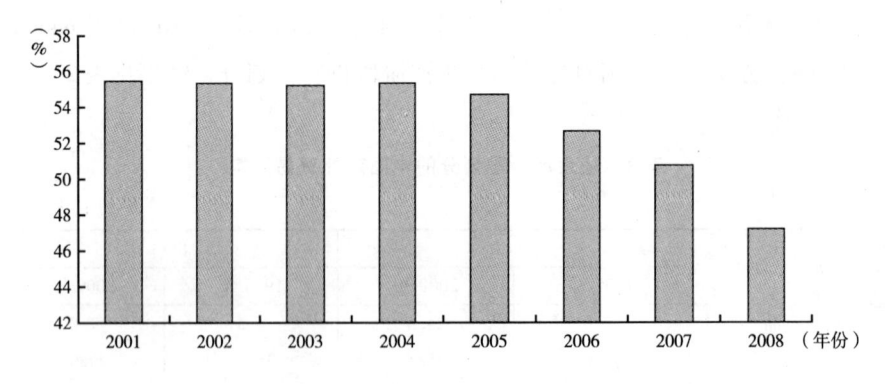

**图1 加工贸易占中国出口的比重**

资料来源：中国海关统计计算得出。

正是由于中国贸易的这种特殊性，我们在考察中国出口结构变迁与技术含量之间的关系这一问题时需要谨慎辨析。出口结构的改善是否能反映技术进步或升级的存在？换句话说，中国通过出口贸易是否实现对发达国家的技术赶超？

为了更好地解释中国出口产品技术水平的变化，我们分别对包括加工贸易在内和剔除加工贸易后的出口产品结构加以计算，通过比较，看看中国出口产品技术含量有什么样的不同。这里我们采用Lall（2000）的产品技术分类标准，将制成品出口分为四类：资源型产品（RP）、低技术产品、中技术产品和高技术产品。其中低技术产品内又细分两类：纺织服装产品（LT1）、其他低技术产品（LT2），中技术产品细分三类：汽车工业产品（MT1）、中技术加工产品（MT2）、工程机械产品（MT3），高技术产品细分为两类：电子电器产品（HT1）、其他高技术产品（HT2）。共计 8 大类产品。

2001~2008 年间，我国高技术制成品出口比重连年攀升，已经超过低技术制成品的出口份额，成为我国出口最主要的产品类型。与此同时，中技术制成品的出口也呈连年扩大的趋势。

从具体结构上看，在我国总体出口中，所占比重上升的是 MT1、MT3、HT1 和 HT2 类产品，可以看出，这些比重上升的产品类型都位于技术链条的较高一端。虽然 LT1、LT2 类产品在总出口中的份额呈现下降的趋势，到了 2008 年，比重已经小于 HT1、MT3 类产品，但低技术产品总体约 30% 的比重在我国总体出口中仍然占据着重要位置，也就是说，现阶段，我国廉价的劳动力优势仍然在出口方面发挥重要作用。

表 3　中国制成品出口结构

单位：%

| 年份 | 资源型产品 | 低技术密集型产品 ||中技术密集型产品 |||高技术密集型产品 ||
|---|---|---|---|---|---|---|---|---|
| | | LT1 | LT2 | MT1 | MT2 | MT3 | HT1 | HT2 |
| 2001 | 9.4 | 23.1 | 17.2 | 1.6 | 5.0 | 12.9 | 23.1 | 2.2 |
| 2002 | 9.0 | 22.7 | 15.5 | 1.7 | 4.4 | 14.0 | 26.1 | 2.1 |
| 2003 | 8.2 | 20.5 | 15.2 | 1.7 | 4.7 | 14.1 | 28.2 | 2.3 |
| 2004 | 7.8 | 17.8 | 15.2 | 1.9 | 5.4 | 14.0 | 30.3 | 2.6 |
| 2005 | 8.0 | 18.2 | 14.8 | 2.0 | 4.8 | 14.6 | 30.4 | 2.7 |
| 2006 | 7.9 | 17.7 | 15.3 | 2.1 | 4.5 | 15.2 | 31.3 | 2.6 |
| 2007 | 8.0 | 14.1 | 18.4 | 2.3 | 4.4 | 16.9 | 29.3 | 2.8 |
| 2008 | 8.3 | 15.6 | 14.2 | 2.7 | 4.8 | 16.7 | 28.3 | 3.1 |

资料来源：中国海关统计计算得出。

我国的制成品出口中，LT1、LT2、HT1 类产品出口比重要高于世界平均水平，而中技术及高技术制成品 MT1、MT2、MT3、HT2 类产品的比重却低于世界平均水平（2000 年到 2005 年）。中技术制成品主要包括汽车工业产品、中技术加工品以及工程机械产品，这三类产品均为资本密集型产品。以上数据表明，我国汽车工业产品的出口比重一直不尽如人意，这可能和我国汽车行业结构集中度低以及自有技术不足等原因有关，但也可以看出，这类产品的出口比重有逐步扩大的趋势。我国的中技术加工品，诸如化工产品、合成纤维等的出口长期低于世界水平，说明我国在此类技术水平上有很大的不足。工程机械产品的出口比重虽然略低于世界平均水平，但其近年来呈现出稳步上升的趋势，目前已经达到了世界平均水平，我国在此类产品出口上显示出了一定的比较优势。HT1 类产品已经成为影响中国出口增长的最大动力。这一结论似乎印证了 Rodrik、Schott 等人的观点。然而值得注意的是，我国在最能反映一国技术深度的中技术制成品（MT1、MT2、MT3）出口方面的表现差强人意，这三类产品的出口比重都要低于世界平均水平（2000年到 2005 年）。

正如本文前面所强调的，中国在国际分工中的位置决定了上述出口品技术结构及其变化并非中国技术水平的真实体现。由于加工贸易的大量存在，中国出口产品所含的技术水平可能大量来自世界其他国家或地区。在当前以跨国公司为载体、产品价值链的不同环节被分割的背景下，如果单纯地用传统的技术含量分类方式来分析一国的贸易结构，考察该国出口产品的竞争力，则只能说明这个国家出口了哪类产品，并不能真实地反映产品在一国境内的技术含量变化。如果将加工贸易的影响消除后，中国出口产品的技术含量会发生什么变化？

表 4 给出了剔除加工贸易后的制成品出口结构。剔除加工贸易因素之后，可以看出，低技术制成品的出口在我国总体出口占据着绝对的主导地位。而高技术制成品的出口比重甚至比中技术产品要低，在三类产品出口中所占份额最少。

表 4　剔除加工贸易后中国制成品出口结构

单位：%

| 年份 | 资源型产品 | 低技术密集型产品 || 中技术密集型产品 |||高技术密集型产品||
|---|---|---|---|---|---|---|---|---|
| | | LT1 | LT2 | MT1 | MT2 | MT3 | HT1 | HT2 |
| 2001 | 18.1 | 33.1 | 20.7 | 2.7 | 6.8 | 10.1 | 5.9 | 2.5 |
| 2002 | 16.8 | 34.9 | 19.3 | 2.7 | 6.7 | 9.7 | 7.4 | 2.4 |
| 2003 | 15.6 | 33.2 | 20.9 | 3.1 | 7.0 | 10.0 | 8.0 | 2.2 |
| 2004 | 13.9 | 29.7 | 22.6 | 3.5 | 9.2 | 10.3 | 9.0 | 1.9 |
| 2005 | 13.7 | 30.6 | 22.7 | 3.6 | 7.8 | 10.9 | 9.1 | 1.7 |
| 2006 | 12.7 | 29.3 | 24.0 | 3.9 | 7.2 | 11.4 | 9.9 | 1.6 |
| 2007 | 12.4 | 23.6 | 29.2 | 4.2 | 6.7 | 12.7 | 9.8 | 1.6 |
| 2008 | 12.2 | 23.4 | 23.8 | 4.6 | 6.9 | 15.1 | 12.2 | 1.9 |

资料来源：中国海关统计计算得出。

从表4中可以看到，虽然 MT1、MT2、MT3、HT1 等中高技术产品的比重也是呈上升的趋势，但相较于低技术制成品 LT1、LT2 而言，绝对比重过低，低于世界平均水平，并非中国总体出口中的主要力量；与此同时，HT1 类产品的比重相较于之前的分析严重缩水，远远低于世界平均水平。而在低技术制成品中，LT1 类产品的比重自 2006 年来有所下滑，但 LT2 类产品比重却呈上升趋势，二者之和维持在约 40% 的水平，大于没有剔除加工贸易时约 30% 的水平，取代了之前 HT1 类产品的主导地位。这说明，在真正由我国完成生产过程的出口产品中，低技术产品仍然占有很大比重，廉价劳动力是我国对外贸易中最大的比较优势源泉。

HT1、HT2 类产品出口份额的大幅度降低印证了最初的猜测，即我国出口的大量高技术产品中，以加工贸易为出口方式的产品占了很大的比重，在剔除了加工贸易因素之后，HT1 类产品的出口比重骤然下降，这一比重才真正地反映了我国出口企业的技术水平。

另外，由于加工贸易主要由外资企业承担，加工贸易在本土企业出口中的比重远低于外资企业，尽管剔除加工贸易之后高新技术产品比重明显下降，但各类产品的增长速度相比于剔除之前却保持在更高的水平上（不包括资源型产品，HT2 略低于剔除之前），尤其是 HT1 类产品，其年平均增长速率在剔除加工贸易之后为 44.57%，而之前的则是 31.76%，说明中国本土出口企业的技术水平有增长潜力，这点与姚洋等人（2008）的研究结论是一致的。

以上的证据对 Rodrik 等人的观点是一个否定。虽然 Rodrik 等人认为中国出口产品结构的复杂程度与其发展中国家身份不相符，与发达国家更为接近，但产品中的技术含量并不代表中国自身的技术水平。在一个国际分工深入至产品内层面的现实下，中国出口产品的技术含量又有多少是由其自身贡献的呢？如果忽略这一点，则会大大高估中国出口产品的技术含量。事实上，中国对外贸易并未脱离比较优势原理，出口结构也并没有超越其发展水平。

## 四 中国出口产品品质的变化

如果说技术含量是衡量贸易结构改善的一个重要指标的话，那么产品品质（Quality）可以更直接地反映一国出口结构是否发生"质"的变化。产品品质差异属于垂直差异范畴，从消费者偏好看，消费者对产品品质差异的评价反映在产品价格上：对品质高产品的保留价格（Reservation Price）要高于对品质低产品的保留价格。所以，通常采用产品价格来衡量产品质量的高低：在国际市场，来自不同国家的同种产品，价格高者往往意味着品质相对较高。出口产品价格通常采用单位价值（Unit-value）这一指标，出口单位价值（Export Unit-value）定义为产品出口金额或价值（Value）除以出口数量（Quantity），用出口价值指标衡量出口产品质量（Aiginger，1995；1997）虽然存在一些缺陷，但却不失为一种简便易行的方法。

我们这里采用价格—品质区间法（Price-quality Range），将出口产品按品质分为三类：低品质产品、中等品质产品和高品质产品（Fontagne etcl，2007）。具体分法如下：

在产品层面上计算出世界平均出口单位价值 $\overline{UV}$（所有国家同一产品出口单位价值的贸易加权平均），如果某一产品的出口单位价值低于世界平均水平的75%，则视为低端产品，高于世界平均水平125%则视为高端产品，介于两者之间的则视为中端产品，即出口单位价值处于区间（0，0.75$\overline{UV}$）内的产品为低品质产品；处于区间[0.75$\overline{UV}$，1.25$\overline{UV}$]的产品为中等品质的产品；处于区间[1.25$\overline{UV}$，∞）的产品为高品质产品。

测算出口产品品质的数据来自 CEPII 的 "BACI：A World Database of International Trade at the Product-Level"。BACI 数据库包括了 HS6 分位产品层面的出口单位价值和贸易数据，其中数据库的整理者在提供单位价值时已经将运输成本和保险等费用剔除。

表5列出了2007年包括中国在内的一些世界主要出口大国制成品品质分布的计算结果。首先，发达国家出口产品的品质明显高于发展中国家，这也验证了经济发展水平与产品品质呈正相关关系。其次，我们发现在所列的国家当中，中国出口品质具有特殊性，高品质产品在中国制成品出口的份额不仅大大低于世界平均水平，而且与发展水平相似的巴西、印度、墨西哥这些发展中国家相比，比重也明显偏低，另一方面，中国低品质产品在其制成品出口中的比重则最高，是唯一超过制成品总出口一半的国家。因此，中国的出口更为偏重于低品质产品，低品质产品成为推动中国出口增长的最主要动力。从这点看，中国不仅与发达国家有较大的差距，甚至与发展中国家相比在品质上也有差距，在国际贸易的品质阶梯（The Quality Ladder）中处于相对较低的位置，品质升级（Quality Upgrading）的道路仍将漫长。

表5 中国与部分国家出口产品品质的分布（2007年）

单位：%

| 国家 | 高品质产品 | 中等品质产品 | 低品质产品 |
| --- | --- | --- | --- |
| 中国 | 11.9 | 37.9 | 50.2 |
| 德国 | 32.9 | 36.4 | 30.6 |
| 美国 | 27.4 | 42.6 | 30.0 |
| 日本 | 28.4 | 36.7 | 34.9 |
| 法国 | 32.3 | 37.5 | 30.2 |
| 意大利 | 31.3 | 37.0 | 31.7 |
| 英国 | 34.1 | 34.6 | 31.3 |
| 韩国 | 27.1 | 38.0 | 34.8 |
| 印度 | 16.9 | 45.7 | 37.4 |
| 巴西 | 13.1 | 47.3 | 39.6 |
| 墨西哥 | 19.8 | 39.4 | 40.8 |
| 世界 | 24.7 | 37.8 | 37.5 |

资料来源：根据BACI数据库计算得出。

中国出口产品品质的动态特征如表6所示。在2001～2007年间，中国制成品中的高端产品比重在波动中呈下降趋势，从2001年的14.8%降至2007年的11.9%；低端产品也表现出类似趋势；中端产品的比重则呈上升态势。因此，中国出口产品品质升级仅体现在中端产品上，向更高品质升级的现象并不存在。

表6 按技术密度划分的中国制成品出口品质分布

单位：%

| 项目 | | 2001年 | 2002年 | 2003年 | 2004年 | 2005年 | 2006年 | 2007年 |
| --- | --- | --- | --- | --- | --- | --- | --- | --- |
| 制成品 | 高品质 | 14.8 | 12.7 | 9.2 | 10.2 | 17.1 | 11.3 | 11.9 |
| | 中品质 | 28.4 | 26.9 | 24.2 | 24.0 | 33.1 | 46.2 | 37.9 |
| | 低品质 | 56.8 | 60.4 | 66.7 | 65.9 | 49.8 | 42.5 | 50.2 |
| 高技术密集型 | 高品质 | 15.0 | 13.4 | 10.4 | 11.9 | 17.0 | 12.9 | 10.1 |
| | 中品质 | 13.5 | 17.3 | 17.2 | 18.6 | 31.5 | 48.1 | 34.8 |
| | 低品质 | 71.6 | 69.3 | 72.5 | 69.5 | 51.5 | 39.0 | 55.1 |
| 中技术密集型 | 高品质 | 13.7 | 12.9 | 7.8 | 8.5 | 15.3 | 8.8 | 13.5 |
| | 中品质 | 25.8 | 24.4 | 20.9 | 21.4 | 33.9 | 45.6 | 35.3 |
| | 低品质 | 60.5 | 62.7 | 71.3 | 70.0 | 50.9 | 45.6 | 51.2 |
| 低技术密集型 | 高品质 | 14.0 | 11.2 | 7.8 | 7.1 | 18.8 | 11.0 | 12.3 |
| | 中品质 | 35.3 | 33.2 | 29.1 | 27.7 | 33.0 | 46.0 | 42.7 |
| | 低品质 | 50.7 | 55.7 | 63.2 | 65.2 | 48.2 | 43.0 | 44.9 |

资料来源：根据BACI数据库计算得出。

对不同技术含量制成品类别来说，动态变化与总体情况基本一致，但从出口结构看，则出现了非常与众不同的现象。相对中、低技术密集型产品，高技术制成品出口中高品质的比重最低，低品质产品比重最高。这印证了所谓的"高端产业低端工序化"这一说法。这与上一节中剔除加工贸易后高技术制成品比重急剧下降的这一结论也较吻合。

通过上述的简单分析，我们发现中国出口产品在品质方面的国际竞争中处于相对不利的地位。既然如此，那么为什么中国出口在国际上一直保持高速增长势头呢？这里我们试着解读这背后的故事，这即与中国的劳动力低廉这一丰富要素禀赋和政府出口鼓励政策的导向性有关，更与企业的竞争行为或模式（Competitive Strategy）有密切的关系。长期以来，中国企业充分利用低廉劳动力这一巨大优势，采用基于低成本的价格竞争（Price Competition）手段来不断开拓国际市场，那些以出口加工为主要经营业务的企业尤其如此，为了在价格竞争中处于有利地位，企业更多的注意力放在了成本控制上，提升品质的努力也就难以付诸实践，这造成中国过于依赖低价格、低品质产品的大量出口来带动出口的高速增长。由于中国的高新技术产品出口中加工贸易比重过高，所以高新技术产品在国内的生产环节往往以低端的加工组装为主，附加值低，造成在国际市场上给人以低价、低品质的印象。

## 五 对中国出口导向模式的反思

如何看待中国出口产品的这种增长模式？毋庸置疑，过去三十年，这种低端、低价的出口增长模式取得了巨大成功，但潜在的风险则不断积累。首先，人口红利已经耗尽，人口结构正发生逆转。中国总人口抚养比已经延续下降了三十年，在2005~2015年间达到谷底，同时老年抚养比打破维持多年的10%的上限，即将开始长期攀升。根据联合国人口局的预测，少儿抚养比将继续下降到2015年左右，然后会保持基本稳定。老年抚养比的持续上升和少儿抚养比的有限度下降会使总人口抚养比在2015年后开始攀升，在2030年回复到1985年的水平。根据经济学中储蓄的生命周期原理，人口抚养比的攀升，必然将会渐渐降低储蓄率，改变多年来中国高投资率的基础。人口结构的急剧变化也将严重改变中国建立在丰沛劳动力资源基础上的比较利益优势，而这正是中国以劳动密集产品为主的出口竞争力的重要源泉。中国 15～64 岁劳动人口将在 2015 年达到最大值之后开始下降。随着人口老化，劳动队伍的平均年龄也会逐年上升。根据日本等发达国家的经验，劳动队伍老化对劳动生产力的负面影响，需要以更快的技术创新进步来弥补，否则很难扭转生产力增长的颓势。

其次，低价竞争给出口企业自身的压力也越来越大，低价竞争虽然让企业占领了更多的国际市场，但同时也不断压缩了企业利润，这种竞争策略对企业来说不具有可持续性，长期看，会威胁企业的生存。正因为如此，每当国内掀起关于人民币汇率和出口退税等政策的调整时，总是引发很大争议，这两项政策的变动对大量的出口企业影响很大。人民币升值对那些低品质产品出口企业的冲击比较显著；出口退税诱导大量加工型企业出口，因为政府退税部分成为这些企业利润的主要来源，如果完全取消这一政策，许多企业可能面临破产，这也是该项政策不断出现反复的一个政治经济学因素。

再次，中国低价、低品质出口扩张模式容易引发贸易保护主义，尤其是来自发达国家的贸易保护程度也与日俱增，这不免对未来中国出口的持续增长投下了阴影。中国企业在国际竞争中价格优势比较明显，但对进口国同类行业和企业也带来较大的冲击，容易引发这些国家的贸易保护主义势力。中国已成为世界上反倾销的头号目标国，根据世界贸易组织（WTO）公布的统计数字，从 1995 年 WTO 成立至 2008 年 6 月，全球共发起反倾销调查 3305 起，其中针对中国的案件为 640 起，占全部案件的比例接近五分之一。表 7 是 2002～2008 年间美国反倾销案件的分布情况，不难发现，中国无论

表 7　美国反倾销目标国排名（2002～2008 年）

| 位次 | 经济体 | 反倾销调察数量 | ITC 确认损害数量（比例） | 被单独调查数量（比例） | 平均税率（%） |
|---|---|---|---|---|---|
| 1 | 中　国 | 56 | 44(78.6%) | 24(42.9%) | 158.4 |
| 2 | 印　度 | 14 | 5(35.7%) | 2(14.3%) | 44.1 |
| 3 | 韩　国 | 10 | 3(30.0%) | 0 | 27.8 |
| 4 | 日　本 | 9 | 3(33.3%) | 5(55.6%) | 104.0 |
| 5 | 德　国 | 7 | 2(28.6%) | 0 | 78.7 |
| 6 | 墨西哥 | 6 | 3(50.0%) | 0 | 26.4 |
| 7 | 南　非 | 6 | 1(16.7%) | 3(50%) | 121.39 |
| 8 | 加拿大 | 6 | 1(16.7%) | 5(83.3%) | 20.88 |
| 合　计 |  | 114 | 62(54.4%) | 39(34.2%) | 128.5 |

资料来源：Li, Kunwang, X. Wang（2009）。

是在美国反倾销案件调查、裁定上,还是被征收的反倾销税率,都是最高的,对中国实施的贸易壁垒具有高度的严酷性和歧视性。

## 六 结论性评述

本文从技术含量及品质两个维度对中国出口结构的变化进行实证分析。研究发现中国出口产品的技术含量在考虑到国际生产垂直分工的影响后,有很大的变化,高技术产品的比重下降明显,出口产品的国内技术含量并不显著,Rodrik 等人认为的超常规的出口增长模式在中国并不存在。从产品品质看,中国长期以来一直依赖于低品质产品来带动出口增长,其中表现最明显的是新技术产品出口,该类产品出口更集中于低品质部分。中国出口结构的改善和升级还需经历漫长的过程,已有的出口增长模式存在许多风险,缺乏可持续性。未来有必要转变中国的出口导向增长方式,过度强调出口扩张的一些鼓励措施需要加以调整。中国已成为世界上最大的制造业生产国和出口国,下一步,中国经济需要在未来的经济增长和工业化过程中,改变原有的增长方式,调整产业结构,通过产品品质的不断改善,提升在产品价值链上位置,从而保持出口竞争力和经济增长的可持续性。在宏观方面,政府应鼓励和支持国内企业的自主创新;在微观层面,通过市场竞争和激励机制,引导企业以提升品质为导向的非价格竞争逐渐取代传统的低成本型的价格竞争策略。

**参考文献**

Aiginger, K. (1995), "The Unit Value as a Complementary Indicators for the Assessment of the Competitive Position of USA, EU and Japan", Paper Contributed to the Conference "On the future of industry in advanced societies", MIT, Boston.

Aiginger, K. (1997), "The Use of Unit Values to Discriminate between Price and Quality Competition", *Cambridge Journal of Economics*, vol. 21, no. 5, pp. 571 – 592.

Amiti, M., C. Freund (2008), "An Anatomy of China's Export Growth", Policy Research Working Paper Series 4628, The World Bank.

Cui, L., M. Syed (2007), "The Shifting Structure of China's Trade and Production", IMF Working Paper, WP07 – 214.

Fontagné L., Gaulier G., Zignago S. (2008), "Specialization across Varieties and North-South Competition", *Economic Policy*, vol. 23, no. 53, pp. 51 – 91.

Garnaut, Ross (2010), "Macroeconomic Implications of the Turning Point", *China Economic Journal*, vol. 3, No. 2, July.

Hummels, D. and P. Klenow (2005). "The Variety and Quality of a Nation's Exports", *American Economic Review*, vol. 95, pp. 704 – 723.

Lall, S. (2000), "The Technological Structure and Performance of Developing Country Manufactured Exports, 1995 – 1998", *Oxford Development Studies*, vol. 28, No. 3, pp. 337 – 69.

Li Kunwang, Song Ligang and Zhao Xinjun (2010), "Component Trade and China's Global Economic Integration", in *The Rise of China and India: Impacts, Prospects and Implications*, Edited by Amelia U. Santos-Paulino et al., Palgrave Macmillan, pp. 241 – 61.

Li Kunwang, and Wang Xiaosong (2009), "China's Foreign Trade: Trends and Issues after WTO Accession", in *China's Integration with the Global Economy*, Edited by C. Chen, Edward Elgar Publishing Ltd., pp. 19 – 36.

McKay, Huw and Ligang Song (2010). "China as a Global Manufacturing Powerhouse: Strategic Considerations and Structural Adjustment", *China and World Economy*, vol. 18, no. 1, February, pp. 1 – 32.

Rodrik, D. (2006), "What's So Special About China's Exports?", *China & World Economy*, vol. 14. no. 5, pp. 1 – 19.

Schott, P. (2008), "The Relative sophistication of Chinese Exports", *Economic Policy*, vol. 53, January, pp. 5 – 49.

Steinfeld, Edward S. (2007), "Innovation, Integration, and Technology Upgrading in Contemporary Chinese Industry", chapter 13 in Karen R. Polenske (ed.), The Economic Geography of Innovation, Cambridge University Press: Cambridge, pp. 289 – 309.

Thirlwall, A. P. (2006), *Growth & Development: With Special Reference to Developing Economies*, Palgrave Macmillan, Eighth Edition.

Wang, Dewen and Cai Fang (2009), "The Demographic Dividend and Sustainability of China's Economic Growth", Chapter 4 in Cai Fang and Du Yang (eds), The China Population and Labour Yearbook, Volume 1: The Approaching Lewis Turning Point and Its Policy Implications, Brill, Leiden and Boston, pp. 65 – 83.

姚洋、张晔(2008),《中国出口品国内技术含量升级的动态研究——来自全国及江苏省、广东省的证据》,《中国社会科学》2008年第2期。

# 入世后外国在华直接投资
# 相关政策法律的发展

陈春来

## 一 导言

外国在华直接投资相关政策改革是近年来中国经济改革的重要组成部分。过去三十年间，中国在外国直接投资问题上的态度发生转变，从限制外资到被动吸引外资再到积极的有选择性地引进外资，这一切从相关政策、法规的演变中得到充分体现。倘若中国的全球定位是一个外国直接投资目标国，在过去三十年，大概有一万亿美元的巨额外资注入中国经济中，从这个意义上讲，这个改革进程是极其成功的。

加入世界贸易组织之后，中国进一步开放外国直接投资政策来适应世贸组织的要求和规则。在商品贸易方面，中国逐渐降低关税率，并且阶段性推进零关税措施，平均关税率从1992年的42.9%精简至2002年初的15.3%，并进一步下降到2010年的9.8%。在服务行业，中国也作出了实质性承诺，在国际贸易中开放了比任何世贸组织成员国更多的领域。除此之外，中国同意完全接受贸易相关的知识产权总协定来加强和保护知识产权，同时承诺入世后全面履行贸易相关投资措施条款，减少外国投资壁垒进一步开放外国直接投资。

入世给外国在华直接投资政策带来了挑战，尤其体现在外资企业要求享受国民待遇以及透明性方面。但同时也刺激中国进一步改进其竞争机制，行业政策，加强保护知识产权，逐渐形成系统规范的框架来促进和规范外国直接投资。其中，最突出的两点是：首先是强调创新和发展一套更加持久的系统规范的框架。其次是更加致力于建立和修正相关法律来迎合国际标准。

本章是关于入世后外国在华直接投资相关政策法律的发展概述。以下首先讨论外国直接投资公司法人相关的三个法律的主要演变，分别是《中华人民共和国中外合资经营企业法》、《契约式合资企业法》和《外商独资企业法》；继而谈到了跨国并购条款，反垄断法的主要特征；并讨论了产业政策的发展及调整；分析了国内公司和外资公司税收体系的统一；最后展望中国未来开放的前景和挑战。

## 二 对外国直接投资公司法人实体管理法规的修正

根据中国法律，外国投资者在中国投资主要有三种法人实体形式可以选择——中外合资企业、中外合作企业和外国独资企业。在 20 世纪 90 年代，外国直接投资的一些新形式如由外资组成的有限责任公司或外资控股公司逐渐得到承认。

《中华人民共和国中外合资经营企业法》于 1979 年公布，这是中国许可和管理其领土范围内外国经济实体的成立和运行的第一部法律。1986 年，为适应外国投资者的需求和吸引更多外资，中国政府发布了《中华人民共和国外资企业法》。1988 年，《中华人民共和国中外合作经营企业法》最终正式通过。

《中华人民共和国中外合资经营企业法》在 1990 年通过修正废除了中外合资经营企业董事长应由中国合营者担任的条款，增加了国家对合营企业不进行国有化的保护条款。

1994 年，中国公布了《中华人民共和国公司法》。《中华人民共和国公司法》并没有同时废除外国直接投资公司的三种法人实体方式。相反，《中华人民共和国公司法》试着将外国直接投资公司的法人实体方式重新各自归类为公司两大类型的一种：有限责任公司和股份有限公司。根据《中华人民共和国公司法》，中外合资企业和外国独资企业都是有限责任公司。

为满足加入世界贸易组织的要求，中国政府于 2000 年修正了《中华人民共和国中外合作经营企业法》和《中华人民共和国外资企业法》，

2001年对《中华人民共和国中外合资经营企业法》进行了大幅修正。这些修正废除了此前在外汇平衡要求、原料和设备采购、强制出口要求和经营计划报告等方面的诸多限制。这些法律修正显示出中国政府一方在履行其根据待定世贸组织成员国作出的承诺方面迈出的第一个重大步骤。主要修正如下。

### （一）外汇平衡要求条款的废除

先前，中国要求外国直接投资公司保持其外汇收入与支出平衡。依照之前的要求，外国直接投资公司想要在中国境外使用外汇进行支付或汇款，这些外汇必须是该公司自己的外汇储备。现在，外汇平衡要求的条款已经从法律中删除。在新的法律制度下，外国直接投资公司可以从商业银行购买外汇，以满足外汇控制相关条例的要求。

### （二）国内与海外供应商的平等准入条款

按照先前法律的规定，外国直接投资公司在采购原材料和设备时应优先选择国内供应商。新的修正案准许了原料、燃料、元件等物资或从中国国内市场或从海外市场的自由采购，废除了有利于国内供应商的优先权。

### （三）强制出口要求条款的废除

之前，《中华人民共和国外资企业法》要求外国直接投资公司将其70%以上的产品出口，除非一些准许豁免的情况，如先进技术贡献。为了支持先前的外汇平衡要求，强制出口要求也同样适用于中外合资企业中。在新通过的修正案规定下，强制出口要求已经被废除。中国将鼓励先进技术的运用和产品出口，但是每个外国直接投资公司必须可以自由分配其产品销售到中国国内市场或者其出口市场。

### （四）提交商业计划条款的废除

以前，外国直接投资公司按要求必须向政府主管部门报告其生产经营计划备案。新通过的修正案废除了这项要求，因为政府控制的焦点在于宏观经济问题，而不是单个企业的具体操作运营。

2005年，中国从根本上修正了《中华人民共和国公司法》。新的《公司法》于 2006 年 1 月 1 日生效，这是对旧《公司法》的重大改革。旧的《公司法》由于存在各种各样的缺陷特别是公司管理条款上的缺陷而受到批评。新的《公司法》简化了公司成立要求，并依法扩大了在中国公司的控股权。

新的《公司法》条款运用到外国直接投资公司中，并不与管理投资媒介（中外合资企业、中外合作企业和外国独资企业）的法规冲突。这些外国直接投资方式中的每一种都在中国被编组为一种有限责任公司。法规和相关条例为外国在华直接投资的每种法人实体方式提供了具体而特殊的条款。当特殊条款不适用时，新的《公司法》条款适用。

## 三 跨国界并购问题与《反垄断法》

在过去的 20 年里，全球外国直接投资资本流动被跨国界兼并与收购所左右，尤其是在服务行业。然而，由于中国政府实行的严格限制，跨国界兼并与收购在中国是非常有限的。自从 2003 年，中国政府开始允许有限的通过跨国界兼并与收购进行的外国投资。为完成其对世贸组织的承诺、进一步促进外国直接投资机制自由化和吸引更多外国直接投资，中国于 2003 年通过了《外国投资者并购境内企业暂行规定》。这是中国关于跨国界并购的第一套全面规定。

经过《外国投资者并购境内企业暂行规定》三年试用期满后，在 2006 年 8 月 8 日，中国六个部委联合公布了《外国投资者并购境内企业规定》，该规定于 2006 年 9 月 8 日生效。该《规定》针对外国投资者在中国国内的公司并购确立了新规定。

该《规定》适用于任何与外国投资者并购的公司，包括外国公司，外国投资在中国注册的公司和国内注册的外资企业（共同指的是"外国投资者"），也包括有限责任公司、股份有限公司、国有企业，私营企业和外商投资企业（共同指的是"国内公司"）。

该《规定》把外国投资者并购境内企业界定为股权并购或者是资产并购两种方式。股权并购系指外国投资者购买境内非外商投资企业（以下称"境内公司"）股东的股权或认购境内公司增资，使该境内公司变更设立为外商投资企业。资产并购系指外国投资者设立外商投资企业，并通过该企业协议购买境内企业资产且运营该资产，或，外国投资者协议购买境内企业资产，并以该资产投资设立外商投资企业运营该资产。

该《规定》显示出中国对符合国际惯例的跨国界并购的进一步开放，它第一次允许由海外股东所持股本或海外公司发行的新股本来支付对中国国内公司股东的股权并购。该《规定》通过要求参与方进行跨国界并购来表明它们的隶属关系从而增加了公司透明度，而且，如果他们在同一股权的共同控制下，该公司按要求得额外提供有关收购目标和是否符合公平市场价值的鉴定结果等信息。该《规定》为中国的特殊目的公司以股权并购境内公司提供了特殊而具体的条款规定——从"返程投资"这一国际广泛存在但是不成文的惯例的观点来看，这是中国公司追求从向外国投资者提供的激励性措施中获益的重要附加条款。该《规定》也确立了反垄断审核暂行程序来维护市场竞争和稳定直到《反垄断法》的颁布。

另一方面，该《规定》增加了跨国界并购转让的保护条款，它规定了外国投资者获得国内企业控制权时适用该条款的三种情形：如果收购行为①涉及主要工业，②将对或可能对国内民族经济安全造成冲击，③可能导致著名商标和传统中国品牌的转让。缺乏对包括"主要"工业、"民族经济安全"的"冲击"、"著名"商标和"传统"中国品牌等在内的定义条款，似乎使得该保护条款的含义不够完全清楚。除了建立在《外商投资产业指导目录》基础上的调查和批准程序外，新一层次的保护条款得以生成。它似乎与中国当局关于其提高外国直接投资批准程序效率的意图的反复表述并不一致。

尽管对于该《规定》是否事实上鼓励或限制外国投资意见不一，仍然有积极迹象表明，该《规定》已经使在中国境内进行跨国界并购的法律环境变得更加富有弹性（例如考虑到利用股份）和稳定性（例如引入更为具体的批准程序）。

经过十多年的争论和起草，中国于2007年第一次制定了《反垄断法》，并于2008年8月1日着手实施。《反垄断法》第一条规定：为了预防和制止垄断行为，保护市场公平竞争，提高经济运行效率，维护消费者利益和社会公共利益，促进社会主义市场经济健康发展，制定本法。该法对于控制或禁止达成垄断协议作出了各种规定，包括禁止达成固定转售价格、限制价格和分割销售市场或者原材料采购市场等协议。包括那些与改进技术、降低成本与保护资源有关的各种协议可以从禁止垄断协议中得到豁免。无疑，《反垄断法》将对外国直接投资尤其是外国通过跨国界并购在华进行投资产生重大意义。

《反垄断法》本身并不区分外国企业和国内企业。然而，到2009年7月，按照《外国投资者并购境内企业规定》，外国投资者必须提交兼并前申报书与对相关市场竞争状况影响的说明。为了确保《外国投资者并购境内企业规定》与《反垄断法》以及《国务院关于经营者集中申报标准的规定》相一致，中国政府对《外国投资者并购境内企业规定》作出了一些修正。修正后的《外国投资者并购境内企业规定》于2009年7月生效。新的《外国投资者并购境内企业规定》遵循了《反垄断法》中兼并前申报的规定，因此外国并购商仅仅根据《反垄断法》受制于一项对相关市场竞争状况影响进行说明报告的要求。

依据《反垄断法》的规定，经营者集中达到国务院规定的申报标准的，经营者应当事先向国务院反垄断执法机构申报。跨国界并购被视为增加集中的一种方法，当然也要被控制。正如《反垄断法》必须保持不同法律和条例间的一致性那样，新的《外国投资者并购境内企业规定》增加了一个条款来确定经营者申报标准与条件的同一性。同时，为了避免矛盾与误解，它也作出了一些语言表述上的改变。新的《外国投资者并购境内企业规定》的修改，最终确保了在不同法律和条例中一般条款的准确使用。

## 四　外国直接投资产业政策的调整

中国具有全面的产业政策，来引导外国直接投资到符合其经济和工业发展战略的目标产业。在1995年，中国发布了《指导外商投资方向暂行规定》和《外商投资产业指导目录》（下文称《目录》）。这是中国第一次运用法律和条例来引导外国直接投资。《指导外商投资方向暂行规定》是为了指导外商投资方向，使外商投资方向与我国国民经济和社会发展规划相适应，并有利于保护投资者的合法权益，根据国家有关外商投资的法律的规定和产业政策的要求而制定的。作为一项总体工业政策，《目录》是中国政府长久以来反映其在中国经济发展的不同时期对外国在各类产业直接投资问题上的决策和处理相关问题的工具。外国投资者首先应当查询最新的目录，以确认其想要投资工业领域的投资媒介模式和准入可能性。

为顺应吸引外商直接投资的发展需求并履行中国入世时在贸易和投资自由化方面所作的承诺，中国于2002年发布了《指导外商投资方向规定》。

规定将外商投资项目分为"鼓励"、"允许"、"限制"和"禁止"四类。从事鼓励类投资项目的外商企业或投资人可以建立外资企业、中外合资企业或合作企业。对于没有出现在规定目录中的产业，只要不是在其他现行的法律或法规中受到禁止，外商直接投资都是允许的，且可以采取外资企业、合资企业或合作企业中的任何一种形式，在自己是最大股东的情况下无限制的吸纳其他中国和外国合作伙伴。在限制产业的外商直接投资受到政府严厉的审查和批准控制，具体视个案而定。合作形式可能只限于合资企业或是合作企业，且在某些案例中，中方合伙人必须持有绝大多数股份。在禁止产业领域，外商直接投资在任何情况下都是不允许的。

根据该规定，中国鼓励外商直接投资在中国有更广泛的地域分布，更多的外商投资资金进入指定的经济领域和产业，比如农业，资源勘探开发，基础设施建设，环境友好型、出口导向型和高科技产业。为协助该规定的执行，中国在2002年和2004年又修订了《外商投资产业指导目录》。

除国家层面的《外商投资产业指导目录》外，中国还发布并实施了一系列地区和经济产业领域的目录来指导外商投资。比如，作为西部大开发战略的一部分，中国在2000年公布了《中西部地区外商投资优势产业目录》。该目录之后在2004年和2008年分别又接受了修订。为鼓励外商在高科技领域的投资，加速从国外引进先进科技的步伐，强化吸收能力和自主创新能力，并进一步改善外商投资的质量和水平，中国在2003年11月发布了《鼓励外商投资高新技术产品目录》，并在2006年进行了进一步修订。

2007年，中国国家发展和改革委员会与商务部共同修改并公布了新的《外商投资产业指导目录》，取代2004年版本并于2007年12月1日生效。

与2004年版本相比，2007年的目录不仅增加了整体准入总数，还大幅提高了"鼓励"类项目的数目。该改变反映了中国将进一步根据经济、地区和产业发展战略来吸引外商投资。在2007年的目录中，传统制造业领域和出口导向型项目将不再是鼓励产业；相反，在高科技领域，新材料生产，高端设备，现代农业和高端服务，比如现代物流成为了新的鼓励产业。高污染和高能耗项目以及对重要的且不可再生的矿产资源的开采将受到禁止。一些环境友好型和节约能源型项目都受到欢迎。为了平衡地区发展，在中部、西部和东北部地区的外商投资受到鼓励。为维护国家经济和意识形态安全，一些具有战略地位和敏感的产业，比如互联网服务、外商投资受到禁止。

2010年4月，中国国务院公布了外商投资的新规定（State Council, 2010）。根据新规定，中国将进一步改善商业环境，欢迎高科技产业，服务领域，节约能源和环境保护的外商投资。但是污染严重以及能源密集型项目，以及产能过剩产业的外商投资受到严格禁止。中国将继续支持中国的上市公司进一步引进国内外的战略投资人，并规范外国公司在国内安全和跨国并购交易中的投资行为。符合要求的外商投资公司可以进入公共领域，在中国发行公司短期或中期债券。鼓励跨国公司在中国设立地区办事处、研发中心、采购中心、金融管理和其他功能性办公室。规定还鼓励外商投资公司进一步增加在中国中西部地区的投资，尤其是环境保护和劳动密集型的公司。这些新规定是2011年目录进一步修订的大纲。

为执行新规定，2011年4月，国务院立法部门发布了《外商投资产业指导目录（修订征求意见稿）》。国家发改委和商务部对该目录进行联合修订，在2011年6月至7月间取代2007年的目录。与2007年的目录相比，现行目录最大的变化在于鼓励在具有战略意义的新工业以及现代服务领域的外商投资。

为促进战略新工业的发展，新的目录将很多新的产业列为"鼓励"类，包括航空、空间业以及环保材料的研发、发展和相关制造业；新能源汽车关键零部件的生产；互联网系统设备，软件和芯片的研发和制造；机车电池充电站的建设和运行。相反，汽车整体制造业从鼓励门类中删除。

为促进服务领域的发展，2011年目录在"鼓励"类别中添加了租赁和商务服务、创业投资企业、知识产权服务以及职业培训，同时，不再对医疗和健康机构进行限制。但是，在别墅的建造和运营方面，外商投资仍然是禁止的。

这些变化反映了中国政府在通过利用外资提升产业结构问题上十分慎重，这是为保证经济的稳定和健康发展。新的目录不仅想要增加注入中国的外商直接投资数量，还希望借此改变中国的产业和经济结构，实现区域平衡，提高外商投资的质量。

## 五 内外资企业税收体系的一体化

从20世纪80年代初期至2007年，中国广泛但有选择的使用税收政策来引导外商投资进入某些特定的区域、经济领域和产业（Wang，1997）。中国针对外商投资企业的税收刺激政策有两个重要特征。首先，坐落于开放城市的经济特区和经济技术开发区的税收政策远比其他地区更为有利。其次，高新技术领域和出口导向型外商投资企业的税收政策更为有利。给予外资企业的大量税收优惠政策不仅扰乱了全球资本市场，引发全球外商直接投资资本潜在的转移，而且还破坏了国内资本市场，为外资的借贷套利提供机会，同时还导致了国内本土企业和外资企业的不公平竞争。

2007年中国发布了新的《公司所得税法》，统一了内外资企业的税率。国内和外资企业新的税率都是25%。该法律于2008年1月1日生效。新的法律合并了两种所得税法——内资企业和外资企业所得税法，这标志着我国税收政策的根本性改变。旧有外资企业所得税法中许多给外资提供的税收刺激和税收优惠政策均被改变或消除。

新《公司所得税法》对税率的合并定然且会大幅减少外商投资借贷套利的机会。但是，新税法对国内和外资企业会造成的实际影响还不清楚。

尽管现行企业额定的所得税税率是33%，但是中国国内企业的实际平均所得税税率是25%。因此总的来说，新税法并不会减少国内公司的实际税收负担。

现行外资企业的实际税率是15%。平均而言，新税法的规定让外资企业的税率增加10个百分点。新的税法可能会对一些外商投资公司带来一些负面影响，尤其是来自发展中国家经济体的短期的、小规模的、劳动密集型以及获利周期短的企业。

除了对外商投资企业带来潜在的负面影响之外，公司所得税法的合并对中国外商投资的影响可能并不大，尤其是对大型的跨国公司而言，原因如下。

第一，世界159个国家和地区的平均公司所得税税率大约是28.6%，中国18个邻国和地区的平均公司所得税税率是26.7%。中国提出的合并税率25%仍然具有非常强的竞争力，因此，这个改变应该不会对中国的外商投资带来重大的影响。

第二，很多国际投资者的调查显示税收政策并不是影响跨国公司选择投资地点的最重要影响因素。外国投资者定然会关注税率，但更为重要的因素是国外的投资环境，包括国内市场，劳动力成本和数量，基础设施以及经济和政治稳定。

第三，中国整体的投资环境十分具有竞争力，相对高效的公共服务，良好的基础设施，广阔且快速增长的国内市场，丰富且接受良好教育的人力资源，低劳动力成本，宏观经济和政治稳定性，这些都让中国成为了最具吸引力的外商直接投资地点。根据2005年外商直接投资信心指数（A. T. Kearney, 2007），中国是全球最具新引力的外商直接投资地点。中国已经连续第4年蝉联这一指数的冠军。中国这回再一次成为了首次投资外商最为青睐的地点。在未来三年内，超过半数（55%）的投资者希望在中国进行第一次海外投资。外商直接投资金额的20%将流入中国市场。中国已经成功克服了首次市场进入会带来的潜在风险，这是典型的吸引新外商投资最大的障碍。

第四，新的所得税法仍然保有一些优惠条款。根据新的所得税法，中国将继续在某些领域和项目的投资提供税收优惠，这些项目包括与环境保护、农业发展、水资源保护、节约能源、生产安全、高新技术发展和公共福利事业相关领域。高新技术企业仍然能够享受15%的低税率，利润微薄的中小型企业只需要支付20%的所得税。在经济特区和中国最不发达的西部地区投资的企业也会享受某些税收减免政策。

第五，新的所得税法还提供了5年的过渡期来抵消对外资公司的影响。所得税税率会在这5年内逐渐增加至25%，旧的外资企业也能在一段规定时间内享受税收减免。

因此，新的《公司所得税法》让中国的税收法律更接近国际水平，符合中国对世贸组织的承诺，即平等对待国内和外国投资者。税收法律的改变不仅证明了中国政府为改善投资环境进一步推进改革开放的决心，同时还为外资公司在中国的运行创造更为有序的税收环境。

2010年10月18日，国务院发布了《关于统一内外资企业和个人城市维护建设税和教育费附加制度的通知》。以前，外商投资企业和外国个人无须缴纳城市维护建设税和教育费附加；只有国内企业和中国公民需要支付这些税收。从2010年12月1日起，中国开始对外资企业和外国个人征收城市维护建设费和教育费附加，这标志着外资企业"超国民待遇"的终结，并开启新的合并内外资企业税收体系的时代。中国统一税收体系的举动与相关世贸组织的规定相一致，标志着中国正逐步融入国际规则体系。

## 六　结论

尽管中国在外商直接投资相关政策的改革在较短时间内取得了实质性进展，但对照世贸组织的相关要求，还有进一步改进的空间，尤其在提高透明度、外资企业的国民待遇以及知识产权保护等方面。

在透明度方面，中国对于外资投资批准的过程一直比较复杂，需要通过进一步政策改革来简化，从而变得更加透明。

在国民待遇方面，一方面，由于20世纪80年代用税收政策刺激外资企业，中国政府广泛但有选择性地用税收政策刺激作为经济杠杆引导外资企业进驻政策较好的经济特区、某些领域、行业。最近外资企业税收方面的政策改革开启了内外资企业统一的税收系统的新时代。这一步正带领着中国国内税收法律与国际标准相接轨，并为外资公司的运营提供了更为稳定的税收环境。

另一方面，为了保护国内某些产业和公司，中国政府通过颁布法律法规禁止或限制外资公司投资某些领域和工业，主要是涉及经济和意识形态安全的具有战略意义，比较敏感或具有威胁性的领域。因此，外商投资在中国某些领域的投资和商业活动仍然没有受到平等的对待。国民待遇的施行不仅将外国公司和本土公司的运行领域拉至同一水平线，而且也为不同类型的外资投资和外商投资者提供更为平等的机会。

知识产权保护一直是中国面临的重大问题。薄弱的法律框架，尤其是知识产权保护法律比较弱，这不仅阻碍了高科技领域外商投资的进入，还会给外商将技术引进中国的决策带来负面影响。这也是中国从发达国家引进外资层次比较低的主要原因。尽管中国已经作出了一些改善，但如果中国想从发达国家吸引高科技外商投资的话，仍然需要进一步完善法律制度，强化知识产权保护。

中国总体的投资环境是极具吸引力的，相对高效的公共服务，良好的基础设施，丰富的接受过良好教育的人力资源，低劳动力成本，快速的经济增长，庞大且不断增长的国内市场，以及宏观经济和政治稳定性。这些因素将让中国继续成为全球外资流动的最具吸引力的目标国。2010年，中国的外资进入高达1057.4亿美元，历史最高水平。中国政府承诺将进一步根据世贸组织要求实现外资投资自由化，并不断改善上述弱点，这些积极因素使中国在未来的几十年都成为外资流动的最佳地点。

## 参考文献

Kearney, A. T. (2007), *2005 Foreign Direct Investment Confidence Index*, A. T. Kearney, Chicago, Ill., viewed 18 April 2011, < http：//www.atkearney.com/images/global/pdf/FDICI_ 2005. pdf >.

Kearney, A. T. (2010), *2010 Foreign Direct Investment Confidence Index*, A. T. Kearney, Chicago, Ill., viewed 18 April 2011, < http：//www.atkearney.com/index.php/Publications/foreign – direct – investment – confidence – index. html >.

State Council (2010), *State Council's Regulations on Further Improvement on the Work of Utilising Foreign Direct Investment*, [in Chinese], 13 April 2010, State Council, Beijing, viewed 18 April 2011, < http：//www. gov. cn/zwgk/2010 – 04/13/content_ 1579732. htm >.

Wang, R. (ed.) (1997), *Report on Foreign Direct Investment in China：Industrial distribution of foreign direct investment*, Economic and Management Press, Beijing.

（王宇 译）

# 中国制造业企业对外直接投资：
# 模式，动机和挑战

*王碧珺　王辉耀*

## 一　引言

长久以来，一个根深蒂固的印象是跨国企业的母国是发达国家，而东道国是发展中国家。然而近年来，来自发展中国家和新兴市场国家，诸如中国、印度、巴西、墨西哥以及南非的跨国企业不断涌现，全球跨国直接投资舞台呈现出新的生机和特点（Dunning，Kim 和 Park，2007）。

Dunning（1981a）提出的投资发展路径理论描绘了跨国企业出现的宏观背景。他指出，随着一国人均收入水平的提高，该国逐渐从外商直接投资的东道国，变为既是外商直接投资的东道国也是对外直接投资的母国。

尽管外商直接投资对中国经济增长的贡献有目共睹，但较少认识到的是中国已经成为全球对外直接投资舞台上重要的参与者。从 2003 年至 2009 年，中国对外直接投资年均增长 55%。这一增长率超过了同期外商对华直接投资的增长。但在投资存量上，中国对外直接投资存量仍然有限。

关于中国对外直接投资的研究相对较新，但增长很快。一些研究描绘了投资的历史趋势，行业和目的地构成，以及政府政策的演变（Wu 和 Chen，2001；Deng，2003，2004）。另一些研究进行了详尽的案例分析，尤其是针对那些具有广泛影响力的案例（Liu 和 Li，2002）。近年来，大量的研究从实证上检验了中国对外直接投资的决定因素（Buckley 等，

2007）。所有这些分析都为我们理解中国对外直接投资提供了有益的视角。

然而，系统的中国对外直接投资的研究仍然不充分和不全面。例如，我们没有确切地对中国制造业对外直接投资分行业和分国家的描述。我们也不知道中国企业在海外的绩效如何。这很大程度上是因为无法获得更加全面的细化的数据。唯一的官方数据由商务部每年公布，然而只公布加总的数据（分别有对各东道国或在各行业的对外直接投资数据，没有公布对各东道国在不同行业投资额的数据）。

为了部分弥补这一缺陷，我们收集了在中国国家发展和改革委员会网站上公布的可查找到投资额的发生在 2003 年至 2009 年之间的对外直接投资项目数据。全样本是 226 个项目，其中 104 个投资是由制造业企业进行的。在这 104 个项目中，我们删除其中的 30 个项目，因为其投资于采矿业，于是剩下的 74 个项目作为本章节的样本数据①。

基于这一样本数据，本章节试图探讨的问题是：中国制造业企业对外直接投资呈现怎样的模式和特点？这些企业对外投资时拥有像发达国家跨国企业那样的竞争性优势吗？如果没有，中国企业的优势何在？他们海外直接投资的目的是什么？是如何实现的？中国制造业企业对外直接投资面临哪些挑战？

本文的分析发现，中国在制造业上的对外直接投资与在其他行业上的呈现不同的特点。首先，主要的投资者是民营企业而不是国有企业。其次，绝大多数制造业投资位于发达国家。最后，中国制造业企业对外直接投资的主要动机是获取技术和战略性资产（主要是品牌）。为了实现这一目标，建立海外研发中心，与在位者建立合资企业，群簇对外直接投资等成为被广泛使用的对外直接投资方式。而兼并收购海外企业日渐成为主要的方式。

我们认为，不同于之前来自发达国家的跨国企业，中国的跨国企业很少

---

① 虽然中国对采矿业的海外直接投资也很重要和有意思，但基于两点原因我们不将其纳入本章样本：第一，对采矿业投资的性质和特征与其他行业存在明显不同，因此，对采矿业投资应该单独进行分析；第二，大部分中国企业对采矿业的投资由大型集团企业或其子、孙公司进行，这些企业的经营范围极广，从制造业到诸如批发、零售、贸易、房地产等服务业都涉足。

具有特属企业的所有者优势，主要是核心技术、组织和管理能力以及品牌。它们所具有的是特属母国的优势，例如来自政府的资金支持，以及在部分劳动密集型行业的比较优势。与来自发达国家半个多世纪之前的海外直接投资相比，中国企业如今面临不同的环境，这一环境特点是全球化的整体浪潮和中国紧密的融入世界经济。

我们同时认为，中国制造业企业对外直接投资能否成功取决于这些企业是否有能力整合、运营其并购的资产和企业，是否有能力不仅与目标企业，而且与东道国的各相关方（例如当地社区）建立双赢的关系。

## 二 规模，投资者和投资目的地

2004 年之前，中国企业对外直接投资的规模十分有限。然而 2004 年之后，随着中国经常账户盈余的急速扩张以及人民币的逐渐升值，其海外直接投资的脚步加快。海外直接投资流量从 2003 年的 29 亿美元增加到 2009 年的 565 亿美元，年均增长率达到 55%（见图 1）。同期，其占全球比例也从 0.5% 增加到 5.1%。2009 年，中国不仅仅是最大的发展中国家对外直接投资者，同时也是仅次于美国、法国、日本和德国的第五大投资者。

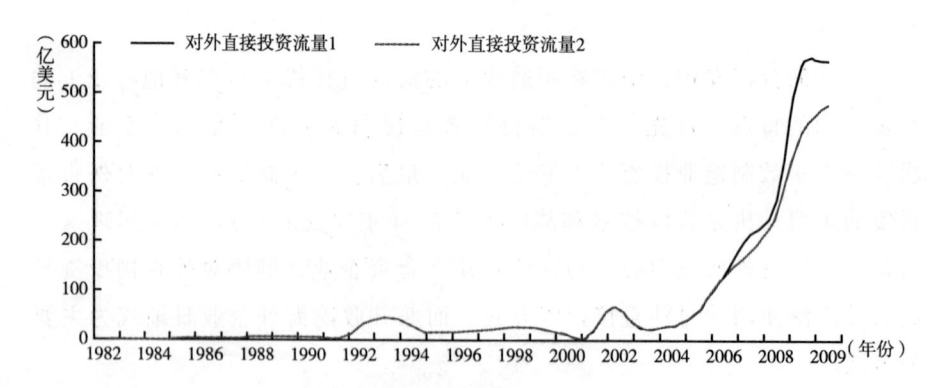

**图 1 中国对外直接投资流量**

注：(1) 在对外直接投资流量1，从 2002 年至 2005 年的数据是非金融对外直接投资数据，而从 2006 年至 2009 年的数据是所有对外直接投资数据。(2) 在对外直接投资流量2，从 2002 年至 2009 年的数据都是非金融对外直接投资数据。

资料来源：从 1982 年至 2001 年的数据来自于 UNCTAD（联合国贸易及发展会议数据库）；从 2002 年至 2009 年的数据来自于商务部自 2003 年每年公布的《中国对外直接投资统计公报》。

然而，同期中国在制造业上的海外直接投资并没有同步增长。正如图 2 所示，在 2005 年的急剧上升后（很大程度上是受到联想并购 IBM 个人电脑业务的影响），中国在制造业上对外直接投资的流量在 2006 年减少到 10 亿美元。2007 年反弹到 21.3 亿美元。之后，受到全球金融危机的影响，中国在制造业上海外直接投资在 2008 年减少了 17%，但是很快在 2009 年反弹到新高。

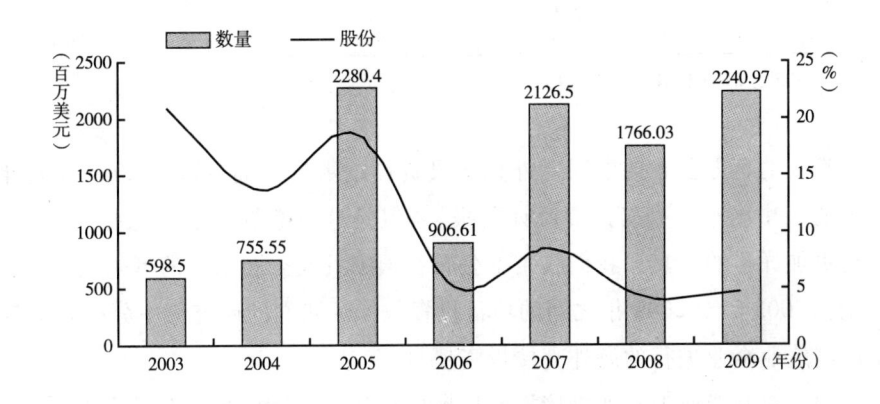

**图 2　中国在制造业上对外直接投资流量，投资额和占非金融对外直接投资比例**

资料来源：商务部《中国对外直接投资统计公报》。

由于相对增长较慢，制造业在中国对外直接投资的比重从 2003 年的 21% 下降到 2008 年和 2009 年平均的 5%（见图 2）。这与发达国家 24% 和发展中国家 15% 的平均比例形成鲜明的对比（见表 1）。相应的，中国在采矿业和服务业上有更多的投资。

中国在制造业上对外直接投资比例的下降部分是因为中国在能源上（例如石油、铁矿石等）对外直接投资的规模都很大。第二个原因是，虽然针对企业海外直接投资的审核和批准程序都已简化，但获得审批仍然需要不短的时间。一般而言，中国企业必须获得不同层级的发改委、商务部、中国海关和国家外汇管理局的批准。这一过程显然不利于便利中国制造业企业对外投资，这一过程也可能使得他们错过一些投资机会。有估计认为大约 50% 浙江省的民营企业在进行海外直接投资时通过各种途径绕过了国家的审批过程（Huang，2010），从而制造业企业对外直接投资数据被低报。

表1 对外直接投资流量行业分布（2006～2008年）

单位：%

| 部门/行业 | 发达国家 | 发展中国家 | 世界 | 中国 |
|---|---|---|---|---|
| 第一产业 | 7.8 | 8.4 | 8.0 | 18.7 |
| 农、林、牧、渔业 | 0.0 | 0.3 | 0.1 | 0.6 |
| 采矿业，石油 | 7.8 | 8.1 | 7.9 | 18.1 |
| 制造业 | 24.1 | 15.0 | 23.2 | 4.7 |
| 服务业 | 60.0 | 69.3 | 60.9 | 76.6 |

资料来源：Wang 和 Huang (2011)。

唯一的官方公布的中国对外直接投资详细数据是商务部自2003年每年公布的《中国对外直接投资统计公报》，但是这一数据是加总数据[①]。为了获得更加详尽的信息，我们收集了公布在国家发改委网站上的可查找投资额发生在2003年至2009年之间的项目投资数据。我们的研究集中分析其中74个由制造业企业进行的海外直接投资项目。

中国在制造业上对外直接投资呈现出与其在其他行业上不同的特点。

第一，中国在制造业上对外直接投资的投资者主要是民营企业而不是国有企业，62.2%的数量和64.0%的投资额都是由民营企业贡献的（见表2）。作为对比，整体上中国对外直接投资的主要投资者是国有企业，从2006年至2009年，其在投资额上平均占比为72%。

第二，中国在制造业上的海外直接投资主要位于发达国家而不是发展中国家。对于民营企业而言，发达国家在数量上占比65.2%，在投资数额上占比81.5%。对于国有企业而言，这些比重更高，分别为85.7%和95.1%（见表2）。作为对比，从2003年至2009年，中国对外直接投资中发达国家平均仅占40%。

表2 中国制造业企业对外直接投资的部分目的地（2003～2009年）

| 民营企业 |  |  | 国有企业 |  |  |
|---|---|---|---|---|---|
| 经济体 | 数量 | 数额（亿美元） | 经济体 | 数量 | 数额（亿美元） |
| 美国 | 6 | 19.310 | 韩国 | 2 | 5.999 |
| 韩国 | 2 | 3.828 | 法国 | 2 | 4.086 |

---

[①] 商务部只公布中国对外直接投资对各国或者在各行业的流量和存量，但是不公布中国企业对各国在各行业的流量和存量。

续表

| 民营企业 | | | 国有企业 | | |
| --- | --- | --- | --- | --- | --- |
| 经济体 | 数量 | 数额（亿美元） | 经济体 | 数量 | 数额（亿美元） |
| 香港 | 6 | 3.734 | 意大利 | 1 | 2.500 |
| 老挝 | 1 | 1.972 | 澳大利亚 | 1 | 1.776 |
| 越南 | 5 | 1.770 | 奥地利 | 1 | 1.389 |
| 百慕大 | 1 | 1.350 | 美国 | 5 | 1.195 |
| 德国 | 10 | 1.251 | 德国 | 7 | 0.953 |
| 日本 | 2 | 1.096 | 英国 | 1 | 0.870 |
| 印度 | 1 | 0.600 | 荷兰 | 1 | 0.478 |
| 新加坡 | 1 | 0.550 | 老挝 | 2 | 0.390 |
| 俄罗斯 | 2 | 0.489 | 印度 | 1 | 0.350 |
| 加拿大 | 1 | 0.350 | 捷克 | 1 | 0.300 |
| 柬埔寨 | 2 | 0.338 | 卢森堡 | 1 | 0.293 |
| 墨西哥 | 1 | 0.276 | 印度 | 1 | 0.291 |
| 澳大利亚 | 1 | 0.098 | 日本 | 1 | 0.046 |
| 意大利 | 1 | 0.068 | | | |
| 埃塞俄比亚 | 1 | 0.050 | | | |
| 尼日利亚 | 1 | 0.020 | | | |
| 马里 | 1 | 0.015 | | | |
| 加总 | 46 | 37.164 | 加总 | 28 | 20.9 |
| 占全部比重（%） | 62.2 | 64.0 | 占全部比重（%） | 37.8 | 36.0 |
| 发展中国家 | 16 | 6.880 | 发展中国家 | 4 | 1.031 |
| 占民营企业比率（%） | 34.8 | 18.5 | 占国有企业比率（%） | 14.3 | 4.9 |
| 发达国家 | 30 | 30.284 | 发达国家 | 24 | 19.884 |
| 占民营企业比率（%） | 65.2 | 81.5 | 占国有企业比率（%） | 85.7 | 95.1 |

资料来源：基于作者从国家发改委网站上收集的数据的计算。

## 三 没有优势的跨国企业

现有的基于发达国家跨国企业经验的理论认为，对外直接投资企业在海外市场探索时，需要拥有某些唯一的和可持续的竞争性优势（特属于所有权的优势）：

第一类竞争性优势是拥有垄断力量，从而在最终产品市场上形成某种程度的进入壁垒（Bain，1956；Hymer，1976）。

第二类竞争性优势在于拥有某些稀有的，唯一的和可持续的资源和能力，这本质上反映了某公司相对于其竞争者超群的技术和效率（Dunning, 1958；Safarian, 1966）。例如，专利、品牌或者生产流程。

第三类竞争性优势在于拥有在全球范围内识别、评估和治理的资源和能力，从而在最大程度上实现公司长期利益的提升。这一方面的竞争性优势尤其为那些管理学和组织学的学者所强调，例如 Prahalad 和 Doz（1987），Bartlett 和 Ghoshal（1989，1993）。

除了这些特属于所有权的优势外，Dunning（1981b, 2001）提出的 Eclectic Paradigm 理论还融入了另外两个优势，区位优势和内部化优势，拥有这三种优势，企业就具备了跨国经营的竞争力。区位优势和内部化优势都有助于企业运用其特属于所有权的优势，区位优势来源于投资的特定东道国，而内部化优势来源于企业的管理、组织和制度。

中国企业似乎不具备特属于企业的所有权优势。经过三十年的改革，相对于全球巨头而言，它们在技术水平、管理能力和品牌等方面竞争力仍然不强。国有企业依旧受到政府的行政性制约。而民营企业虽然表现出一定程度的企业家精神，但仍无法在全球范围内参与竞争（Nolan, 2001）。

相对于其他产业，中国在制造业上具有一定的优势，但这样的优势集中于技术含量不高的产品，例如钢铁、煤矿、水泥、电视机、洗衣机、电冰箱、空调、微波炉和摩托车等。但即使对于这些产品，中国企业的主要贡献仍限于组装和制造，因为它们不拥有核心技术。相反，中国企业严重依赖进口零部件和技术。例如，格兰仕如今是世界上最大的微波炉制造商，但是其关键零部件"磁场控制管"仍然依靠进口。虽然中国已经成为世界上最大的空调制造地，但是其柜式空调的制造依赖美国公司生产的"涡旋压缩机"，而变频空调的生产仍然依靠日本的技术。

中国对外技术依赖率超过 50%，而发达国家平均不到 30%，美国和日本大概是 5%（Lu 和 Zhang, 2007）。因此，超过一半的"中国制造"依赖海外技术，主要是美国、日本和德国的技术（Li, 2007b）。这意味着中国制造业企业的利润率很低，较大一部分利润由提供技术和其他服务的跨国企业获取。这另一方面也使得中国企业从事创新和研发的动力不够和能力不足。

中国还缺乏世界知名的品牌。正如表 3 所示，根据"2009 年全球最佳品牌100强"，前十名中八家企业是美国公司，而这 100 强中没有一个品牌属于中国公司。至于中国最佳品牌前十名，除了海尔外，所有其他九个品牌都是央企，集中分布在那些垄断和高度控制的行业，例如金融、能源、电信、石化和航空。唯一的民营企业是家用电器制造商海尔集团。然而，其品牌价值相对较低，只有94亿美元。

表3 世界和中国品牌前十强

| \multicolumn{4}{c|}{2009年世界最佳品牌} | \multicolumn{4}{c}{2009年中国最佳品牌} |
| --- | --- | --- | --- | --- | --- | --- | --- |
| 排名 | 公司名 | 品牌价值（10亿美元） | 所属国家 | 排名 | 公司名 | 品牌价值（10亿美元） |
| 1 | 可口可乐 | 68.7 | 美国 | 1 | 中国工商银行 | 18.3 |
| 2 | IBM | 60.2 | 美国 | 2 | 国家电网 | 17.5 |
| 3 | 微软 | 56.6 | 美国 | 3 | 中国中央电视台 | 15.9 |
| 4 | 通用电气 | 47.8 | 美国 | 4 | 中国移动 | 15.6 |
| 5 | 诺基亚 | 34.9 | 芬兰 | 5 | 中国人寿保险 | 12.1 |
| 6 | 麦当劳 | 32.3 | 美国 | 6 | 中国航空航天 | 10.5 |
| 7 | 谷歌 | 32.0 | 美国 | 7 | 中化集团 | 10.1 |
| 8 | 丰田 | 31.3 | 日本 | 8 | 中国铁路 | 10.1 |
| 9 | 英特尔 | 30.6 | 美国 | 9 | 海尔 | 9.4 |
| 10 | 迪斯尼 | 28.4 | 美国 | 10 | 中国银行 | 9.3 |

资料来源：Interbrand咨询公司公布的全球最佳品牌，世界品牌实验室公布的中国最佳品牌。

尽管如此，这并不意味着中国海外直接投资企业不具备任何优势。事实上，Dunning（2000）承认来自发展中国家跨国企业的竞争力与现有理论所考虑和阐述的不同。世界投资报告（WIR 2006）总结了发展中国家跨国企业三个方面的竞争力。

第一类是基于专业知识和技术的所有权优势，这些优势主要表现在诸如消费者电子、电子产品、食品和饮料、重工业和交通设备等行业。

第二类优势来源于母国的资源或在母国的经营行为。这可以是新技术的早期应用（后发优势）。也可以是能获取便宜的资金，而这些资金最终来源于较高的储蓄率，贸易顺差或者拥有丰富的大宗商品。

第三类优势来源于在生产价值链上某些环节的专业化生产。这通常发生在诸如电子、汽车零部件和服装等行业。

对于中国而言，相对于第一产业和服务业，其制造业部门在出口市场上具有显示性比较优势，在国内产业上发展程度也更好（Wang 和 Huang，

2011）。一方面，新中国成立六十年来，中国已经建立了一套相对成熟的制造业体系。在机械制造业、金属冶炼业、家用电器业和纺织业上，中国具有标准的，尽管不必然是最先进的技术（Li，2007b）。这些行业成熟的技术十分符合中国和其他欠发达国家的需要。

另一方面，中国对外直接投资获得了国内强大的支持。中国本身市场巨大，这意味着中国企业如果在海外市场亏损，其可以通过国内市场的利润来进行弥补。例如，中国消费电子制造商 TCL，一直在海外市场上亏损，但国内市场上的盈利使其仍然能够生存。中国政府十分重视中国企业"走出去"战略。为了促进中国企业对外直接投资，政府政策支持围绕五个领域：为企业进行海外直接投资提供激励机制；简化行政审批流程，包括更加透明的制度和将权限下放；放松资本管制；提供海外投资机会的信息和指引；减少投资风险（Buckley 等，2008；Luo 等，2010；Lu 等，2010）。

中国的民营企业有其自身的独特优势。它们规模小，管理结构简单，适应能力强，以及具有企业家精神。它们集中分布在那些具有较高竞争性，劳动密集型行业，并且它们比国有企业具有更高的生产率（Dougherty，Herd 和 He，2007）。同时，相对于国有企业，民营企业更容易被东道国社会所接受，尤其是投资在那些战略性资源和高技术部门。

然而，中国制造业企业特属于行业和特属于母国的优势并不能弥补它们在特属于企业和所有权优势的缺失。相反，前者是一把双刃剑，尤其是牵涉政府的参与。原因有三：第一，企业有时不得不在从政府获取资金支持和潜在失去自主决策的可能性之间作出平衡（Child 和 Rodrigues，2005）；第二，政府在企业对外直接投资活动的参与可能会受到东道国当局的抵制，因为东道国会担忧中国投资者背后的政治动机；第三，强有力的政府金融和政策支持可能导致国内企业在进行海外投资时过于匆忙，他们的投资决策可能不是基于其自身的技术和管理能力或者是投资机会本身，而很可能是基于便宜的银行贷款和政府补贴（Lu 等，2010）。

## 四 动机和进入模式

中国企业应该在积累了足够的特属于企业和所有权的优势后再进行海外直接投资吗？答案是：不一定。现有的对外直接投资理论是基于发达国家跨国企业的投资经验。然而，Dunning's OLI 分析框架并不能很好解释这些跨国企业是如何获取其最初的竞争性优势的，也不能解释后起的跨国企业如何赶超先行的跨国企业（Li，2003，2007a；Mathews，2002，2006；Yeung，1994）。

随着日本和亚洲四小龙（中国台湾，韩国，中国香港和新加坡）的崛起，人们发现，来自这些国家的跨国企业最初并不拥有核心竞争力。相反，他们还有资源孱弱的劣势，试图与技术和商业主流寻求联系（Matthews，2002）。

如今的中国企业所处的环境与他们又不一样。

一方面，经济全球化意味着跨境的商品、服务、资本和劳动力流动的壁垒逐渐减少，从而降低跨国经营的成本。再加上中国政府通过提供低成本的资金和财政补贴的政策支持，以及东道主国家为了吸引外商直接投资而提供的优惠性政策，使得中国企业能够在其积累足够的特属于所有权优势之前从事海外直接投资。

另一方面，经济全球化还意味着各国经济与全球经济的融合。这导致本国存在激烈的竞争压力，企业无法再躲在保护主义壁垒的背后生存（Bartlett 和 Ghoshal，2000）。尤其对于中国的民营制造业企业，他们一方面面临来自外商投资企业的激烈竞争，另一方面无法完全享受国有企业从政府获得的支持（Buckley，Clegg 和 Wang，2002；Child 和 Rodrigues，2005）。这使得民营企业有强烈的动机到海外进行直接投资，获取诸如研发设施、技术、品牌、分销渠道和管理经验等战略性资产，从事"资产修正"型对外直接投资，而不是传统的"资产利用"对外直接投资。

除了寻求技术、品牌、分销渠道外，中国制造业企业对外直接投资还有如下动机。

"制度逃逸"（Witt 和 Lewin，2007）：许多中国企业到海外投资是为了避免仅仅在国内市场经营的竞争性劣势（Boisot，2004）。这些劣势包括地方保护主义、较难获取资金、缺乏知识产权保护以及高技术和知识性人才的供给不足等（Zhang，2005）。

寻求市场：对机械和电子产品、家用电器等制造业产品而言，国内市场已经日趋饱和。据估计，中国制造业部门产能过剩达到 40%（Li，2007b）。这些产品在其他国家的市场上仍然有较大需求，这类需求通常通过出口来满足。然而，非关税壁垒和其他贸易保护主义仍广泛存在，尤其是在此次金融危机后，且越来越多的针对中国（Peng等，2008）。为了绕过这些贸易壁垒，拥有更多出口经验的企业更可能从事海外直接投资（Buckley等，2008）。

提高效率：中国持续高速的经济增长部分归功于较低的劳动力成本。然而，近年来，中国劳动力成本呈现持续上涨的趋势，同时，工业用地的使用费用也增加，对环境保护的要求也愈发严格。这些因素增加了中国制造业企业在国内的生产成本，迫使它们在海外寻求更加便宜的生产区位。事实上，中国目前已经成为越南最大的外商投资者。

寻求自然资源：国内有限的自然资源和日益高涨的国际市场价格，使得中国制造业企业有动机到海外市场寻求诸如石油、天然气、木材等原料。

为了识别中国制造业企业对外直接投资的主要动机，我们将从国家发改委网站上收集到的 74 个项目信息根据 Dunning（1993）和 Buckley 等（2006）的定义进行分类，结果如表 4 所示。

表 4　中国制造业企业对外直接投资动机[①]

| | | 获取市场 | 获取自然资源 | 获取技术 | 获取其他战略性资产[②] | 提高生产效率 |
|---|---|---|---|---|---|---|
| 民营企业 | 投资数量（个） | 10 | 3 | 14 | 9 | 10 |
| | % | 21.7 | 6.5 | 30.4 | 19.6 | 21.7 |
| | 投资额（亿美元） | 3.09 | 2.938 | 6.217 | 22.722 | 2.193 |
| | % | 8.3 | 7.9 | 16.7 | 61.1 | 5.9 |
| 国有企业 | 投资数量（个） | 11 | 1 | 13 | 2 | 1 |
| | % | 39.3 | 3.6 | 46.4 | 7.14 | 3.5 |
| | 投资额（亿美元） | 5.72 | 1.776 | 10.425 | 2.743 | 0.25 |
| | % | 27.35 | 8.49 | 49.85 | 13.12 | 1.20 |
| 总　计 | 投资数量（个） | 21 | 4 | 27 | 11 | 11 |
| | % | 28.38 | 5.41 | 36.49 | 14.86 | 14.86 |
| | 投资额（亿美元） | 8.815 | 4.714 | 16.642 | 25.465 | 2.443 |
| | % | 15.18 | 8.12 | 28.65 | 43.85 | 4.21 |

①制度逃逸型对外直接投资在没有进行深入的案例分析的情况下，较难确定，因此没有纳入本书的考量范围。

②其他战略性资产指的是有助于增加或者完善特属于企业优势的资产，主要包括品牌、分销渠道等。

资料来源：基于作者从国家发改委网站上收集的数据的计算。

可见，对于中国制造业企业而言，不管是民营企业，还是国有企业，对外直接投资的主要动机都在于获取技术和其他战略性资产。寻求市场是第二重要的动机，28%的投资项目和15%的投资额是为了开拓或扩大海外市场。相较而言，获取自然资源不是主要驱动力，只有6.5%的民营企业和3.4%的国有企业从事这类海外投资。这一发现并不与抓人眼球的中国企业在海外买石油、铁矿石和其他自然资源的报道相悖。正如前文所述，这74个投资项目是在剔除了在采矿业、发掘业和石油开采业上投资后纳入研究样本的。本文主要的研究对象是制造业企业，而大量的自然资源寻求型投资是由大型企业集团进行的。

提高生产效率是最次要的对外直接投资动机，尤其是对于国有企业而言。仅仅总投资额的4.21%和国有企业投资额的1.2%是为了提高生产效率而在海外进行直接投资。这与日本海外直接投资初期的情况十分不同。一个可能的原因是中国有广大的内陆区域，随着沿海生产成本的上升，企业可以将生产转移到中西部地区，而不一定要转移到海外。

对于中国制造业企业而言，通常有四种策略获取技术和品牌。

第一个策略是在海外建立研发机构。尤其是在发达国家建立研发分支，这一策略不仅有助于直接获取海外技术，而且还可以享受东道国的技术聚簇和创新中心的外部溢出效应（UNCTAD，2005）。华为1999年以来在包括美国、德国、瑞典、俄罗斯和印度等国建立了17个研发机构，还与世界顶级企业，例如英特尔、德州仪器、高通公司、微软、IBM和惠普合作建立了20多个创新中心。在强大的研发力量的支持下，华为在2009年成为全球仅次于爱立信的第二大通信设备制造商。格兰仕，中国领先的微波炉、空调和小家电制造企业，为了提高技术能力，投资超过两千万美元在西雅图和华盛顿建立研发中心（Deng，2007）。海尔集团，中国领先的家用电器制造商，已经在洛杉矶和波士顿建立了设计和研发中心，试图在东道国获取技术和信息并将其转移回母公司。

第二个策略是与发达国家的东道国在位者建立合资企业。TCL，中国最大的彩电制造商，就是这一策略的典型执行者。2003年11月，TCL和法国汤姆逊公司（Thomson SA）建立合资企业TCL - Thomson Electronics（TTE）生产电视机和DVD机。TCL在合资企业中占股67%，Thomson SA持有余下股份。合资企业TTE生产的电视机在亚洲以TCL的品牌销售，在欧洲和北美以Thomson和RCA品牌销售。合资企业使得TCL可以利用汤姆逊在北美和欧洲的渠道和经验、RCA技术，以及被广泛认可的Nipper商标。合资企业TTE还使得TCL获取汤姆逊在新加坡、墨西哥和欧洲的世界级研发能力。2004年4月，TCL投入5500万欧元与法国移动公司阿尔卡特（Alcatel）建立合资企业，获取55%股权。通过这一交易，TCL得以进入欧洲移动电话市场，并且获取相应的核心技术（Deng，2007）。然而，这一策略的潜在风险是中国企业可能在技术和认同感上被东道国合资方所主导，从而当中国企业发布自身品牌时，外国合资方会加以阻挠和反对，两者变成竞争者（Child和Rodrigues，2005）。

第三个策略是兼并收购海外企业。由于兼并收购为企业获取技术、品牌和建立研发能力提供了快捷的渠道，这一策略已被中国企业广泛使用。最知名的例子是联想在2005年以17.5亿美元收购IBM的个人电脑业务。这一收购使得联想成为世界第三大个人电脑制造商。通过这一交易，联想还获取了全球个人电脑行业领先的"Think"系列家族品牌。联想还可以利用IBM的全球经销渠道和网络，以及在美国北卡罗来纳州的研发中心。同时，联想还被IBM认可为优先的个人电脑供应商，并且使用IBM品牌五年。联想的交易只是中国制造业企业进行海外兼并收购的序曲。从2005年到2009年之间，根据不完全统计，有15起总投资额达9.047亿美元的交易（见表5）。几乎所有兼并收购的目标企业都位于发达国家，尤其在德国和美国，集中在机械工具、家用电器、手机、零部件、纺织业和混凝土机械等行业。

第四个策略是"集聚式对外投资"，这一策略在中国民营中小企业中应用较多。中国民营中小企业的规模小、分布广、经营灵活。当进行海外直接投资时，它们通常会充分利用海外华侨的网络力量以便更好地获取东道国的投资机会和经营风险等信息。中国政府通过在海外建立工业和科技园区，在帮助中小企业集聚式走出去中也发挥了重要的作用。大多数工业和科技园区位于发展中国家，以便转移中国部分劳动密集型行业或产能过剩行业。但也有一些位于发达国家，以便获取当地的技术溢出效应，联络当地产品市场，以及获取消费者信息。

例如，美国中国天津商贸工业园位于美国南卡罗来纳州格林维尔市，建立于2004年，园区总面积30万平方米，总投资1000万美元，该园区的设立旨在帮助中国企业开拓美国市场，推动在美国设立加工装配厂、销售中心

表5 主要的中国制造业企业的海外兼并收购

| 投资企业 | 投资额（百万美元） | 目标企业 | 东道国 | 年份 |
| --- | --- | --- | --- | --- |
| 上海电气实业公司 | 1.2 | 沃伦贝格公司 | 德国 | 2005 |
| TCL集团 | 10.0 | 美国Vedio公司 | 美国 | 2005 |
| 南京汽车集团 | 87.0 | 英国罗孚汽车公司 | 英国 | 2005 |
| 上海保隆汽车科技股份有限公司 | 4.0 | 美国百年企业（Dill工厂） | 美国 | 2005 |
| 丹阳大亚科技集团有限公司 | 7.0 | 美国凯普公司 | 美国 | 2005 |
| 浙江弘生集团 | 5.0 | 德国GROSS纺织机械有限公司 | 德国 | 2006 |
| 无锡尚德太阳能电力有限公司 | 107.0 | 日本光伏生产商MSK公司 | 日本 | 2006 |
| 杭州机床集团有限公司 | 7.5 | 德国aba z&b磨床有限公司 | 德国 | 2006 |
| 大连机床集团 | 13.8 | 德国兹默曼公司 | 德国 | 2006 |
| 四川世纪双虹显示器件有限公司 | 99.9 | 韩国ORION PDP CO. LTD公司（韩国欧丽安公司） | 韩国 | 2006 |
| 哈尔滨量具刃具集团 | 13.0 | 德国凯狮公司 | 德国 | 2007 |
| 新疆金风科技股份有限公司 | 60.4 | 德国能源股份公司（VENSYS ENERGY AG） | 德国 | 2008 |
| 长沙中联重工科技发展股份有限公司 | 250.0 | Compagnia Italiana Forme Acciaico S. P. A. 公司 | 意大利 | 2008 |
| 西安飞机工业（集团）有限责任公司 | 138.9 | 奥地利最大的波音飞机配件公司FACC | 奥地利 | 2009 |
| 北京京西重工有限公司 | 100.0 | 美国德尔福公司 | 美国 | 2009 |

资料来源：基于作者从国家发改委网站上收集的数据的计算。

和贸易机构。两年后，通领科技集团在美国亚特兰大投资3000万美元建立高科技工业园区。除了美国，中国2007年在韩国也建立了工业园，目的是吸引在信息、电子、生物工程和新材料等领域的高科技企业入驻。

## 五 面对的挑战

尽管中国企业海外直接投资在2003年之后显著增加，但这些投资的整体业绩却不尽满意。有研究表明只有30%盈利，40%盈亏基本平衡，而余下的30%则亏损（Ding, 2007）。例如，TCL与法国移动公司阿尔卡特（Alcatel）建立的合资企业就给TCL带来了巨大的损失。

海外投资具有较大的风险，对任何企业如此，对中国企业犹是。缺乏特属于企业和所有权的优势，大量中国制造业企业海外直接投资是为了"修正资产"而不是"利用资产"。然而，即使对于"修正资产型"对外直接投资，正如 Dunning（2000）所指出的，企业也需要具备某些特殊的和可持续的资源和能力。

这些资源和能力与一个企业的"吸收能力"（Absorptive Capacity）密切有关。所谓"吸收能力"是指企业识别和吸收外界信息，并将其应用于自身商业活动中的能力（Cohen 和 Levinthal，1990）。事实上，企业海外投资的真正挑战来源在于投资后的整合。这包括：如何与外国股东建立双赢的关系，如何协调企业层面和国家层面的文化差异，如何组织分散在全球的经营活动，如何与东道国的监管者、工会、雇员以及当地的社区建立良好的关系，如何吸收获取的技术，如何运营并购的品牌等。

中国的制造业企业并没有足够的能力和经验处理以上问题。而中国和东道国在制度上的差异使得中国企业更有可能与外国股东、当地监管者、雇员、当地社区在管理理念、企业文化、激励机制、领导风格、管理流程上产生冲突（Luo 和 Tung，2007）。同时，中国企业落后的公司治理和管理水平削弱了它们整合、吸收、运营所并购的战略性资产的能力。对于国有企业而言，由于产权界定不明，所有者往往抽象而模糊，而管理者则没有足够的激励去经营好企业，也缺乏有效的监管。这些缺陷也不利于其在海外的分支建立有效的公司治理机制。而民营企业，虽然产权界定清晰，但通常受制于个人或者家族的影响，从而不利于吸收人才和形成专业化管理。

中国的制造业企业对外直接投资的另一个挑战是在发达国家有可能面临的进入壁垒。中国与西方社会在意识形态上的差异，常常使得有关于中国及其经济崛起欠缺公允的报道。另外，西方政治体系具有分权的特征，各方相互制约。中国企业投资海外不可避免地会受到不同的政府部门、政治团体、地方政府、利益集团等各方势力的影响（Tang，2009）。这样的环境给不熟悉的中国企业增加了额外的挑战。

然而，进入壁垒并不能完全归咎于东道国。中国企业也应该从自身找原因。不管是国有企业还是民营企业，其公司治理都面临缺乏透明度的问题。东道国外界对于中国投资者无从了解。同时，中国企业也不善于与当地媒体和社区进行有效充分的交流。这类自我封闭的投资习惯不可避免地增加了东道国对于中国企业真实投资动机的怀疑。

同时，中国企业也应该思考一下其能够给东道国作出怎样的贡献。中国政府不遗余力地吸引外商到中国进行直接投资，一个重要的原因是外商企业带给中国的不仅仅是资金，而且是技术、就业，以及其他的正面溢出效应。相反，如果中国企业到海外投资仅仅是为了将技术和资源带回国，也难怪东道国会抵制这样的投资。

因此，进入壁垒的降低取决于，一方面，中国制造业企业如何能够充分的和有效的与东道国各相关方建立良好的公共关系。另一方面，中国企业是否能与东道国目标企业、当地社区建立双赢关系，考虑如何能够在东道国作出更广泛的贡献。

## 六　结束语

中国经济的崛起以及与全球经济的融合举世瞩目，然而，系统地分析中国作为海外直接投资者的研究则既不充分也不完全。本章节试图探讨中国在制造业上对外直接投资的模式、动机和挑战。

与其他行业不同，中国在制造业上的海外直接投资主要是民营企业主导的在发达国家的投资。中国的跨国企业也不同于发达国家的跨国企业，它们缺乏诸如核心技术、管理能力和品牌等特属于企业和所有权的优势。民营企业虽然富有企业家精神，但其在全球的竞争能力还有限，而国有企业仍然在很多方面受制于政府机构的行政性制约。尽管如此，中国制造业企业拥有特属于母国的优势，例如，为配合"走出去"战略，中国政府给予的优惠政策；国内完备的制造业体系；以及在某些制造业行业的比较优势等。

尽管缺乏传统跨国企业所具备的优势，本文发现中国制造业企业海外直接投资的重要动机是获取技术、品牌等战略性资产以及扩大海外市场。不同的进入策略有助于这些目标的实现，近年来，兼并收购海外企业成为日益重要的模式。然而，中国企业能否通过海外投资来提高自身的竞争力既取决于投资企业能否有效地整合和运营获取的战略性资产，又取决于在中国企业和东道国相关方之间能否建立沟通、交流和双赢的桥梁。

中国海外直接投资中制造业的比重较低，且从2003年以来呈现下降的趋势。这部分是因为中国在石油、铁矿石等资源项目上的投资额都巨大。但更为重要的是，这反映了中国制造业企业对外直接投资渠道还不畅通，行政审批仍然繁杂。毫无疑问，中国企业应该尽量避免购买那些价格低廉的"垃圾"企业，以及在投资前做足尽职调查。

中国当前面临着经济增长模式的转变，从传统数量型的增长转变为可持续、包容性和环境友好型的高质量增长。海外直接投资，尤其是在制造业上的投资，是实现这一转型的重要途径。同时还有利于深化国有企业改革、提高民营企业的竞争力。如今跨国企业面临的国际环境既不同于20世纪80年代和90年代日本、韩国等跨国企业所面对的，也不同于50年代和60年代欧美跨国企业所处的。中国企业因此需要寻找符合自身特点的国际化经营模式。基于中国经济发展的经验，遵循着渐进性、分权以及市场驱动的思路，这一模式有待浮现。

## 参考文献

Bain, J. S. (1956), Barriers to New Competition, Cambridge (Mass): Harvard University Press.

Bartlett, C. A. and S. Ghoshal (2000), "Going Global: Lessons from Late Movers." *Harvard Business Review*, 78, pp. 132 – 142.

Beamish, Paul and Wang, Huiyao (1989), "Investing in China via Joint Ventures." *Management International Review*, 29 (1): 57 – 64.

Boisot, M. (2004), "Notes on the Internationalisation of Chinese firms." Unpublished Paper, Open University of Catalonia, Barcelona, Spain.

Buckley, P. J, Clegg, J., & Wang, C. (2002), "The Impact of Inward FDI on the Performance of Chinese Manufacturing Firms." Journal of International Business Studies, 33 (4): 637 – 655.

Buckley, P. J., Cross, A. R., Tan, H., Liu, X. and Voss, H. (2006), "An Examination of Recent Trends in Chinese Outbound Direct Investment." CIBUL Working Paper, Centre for International Business Studies University of Leeds: Leeds.

Buckley, Peter, Jeremy Clegg, Adam Cross, Xin Liu, Hinrich Voss, and Ping Zheng (2007), "The Determinants of Chinese Outward Foreign Direct Investment." Journal of International Business Studies, 38, 499 – 518.

Buckley, P. J. et al. (2008), "Historic and Emergent Trends in Chinese Outward Direct Investment," *Management International Review*, 48 (6): pp. 715 – 748

Chang, S. J. (1995), "International Expansion Strategy of Japanese firms: Capability Building through Sequential Entry." Academy of Management Journal 38 (2): 383 – 407.

Cheung, Y., & Qian, X. (2009), "The Empirics of China's Outward Direct Investment."

CESifo working paperno. 2621. Munich, Germany

Child, J. and Rodrigues, S. B. (2005), "The Internationalization of Chinese Firms: A Case for theoretical extension?" Management and Organization Review 1 (3): 381 – 410.

Cohen W. M. and D. A. Levinthal (1990), "Absorptive Capacity: A New Perspective on Learning and Innovation." *Administrative Science Quarterly*, vol. 35, no. 1, pp. 128 – 152, 1990.

Deng, Ping (2003), "Foreign Direct Investment by Transnational from Emerging Countries: the Case of China." Journal of Leadership and Organizational Studies 10 (2): 113 – 124.

Deng, Ping (2004), "Outward Investment by Chinese MNCs: Motivations and Implications." Business Horizons 47 (3): 8 – 16.

Deng Ping (2007), "Investing for Strategic Resources and its Rationale: the Case of Outward FDI from Chinese Companies." Business Horizons (2007) 50, 71 – 81.

Ding Gang (2007), "Chinese Firms' Operating Global: Status Quo, Problem and Strategy", in Chinese Multinational Enterprises to the World for 2007, China Economics Publishing House, 77 – 82.

Dougherty, S., Herd, R., & He, P. (2007), "Has a Private Sector Emerged in China's Industry? Evidence from a Quarter Million Chinese Firms." China Economic Review, 18 (3): 309 – 334.

Dunning, J. H. (1958), American Investment in British Manufacturing Industry, London: George Allen and Unwin, reprinted by Arno Press, New York.

Dunning, J. H. (1981a), "Explaining the International Direct Investment Position of Countries: towards a Dynamic or Developmental Approach," *Weltwirtschaftliches Archiv*, 117, pp. 30 – 64.

Dunning, J. H. (1981b), International Production and the Multinational Enterprise. London: Allen & Unwin.

Dunning, J. H. (1993), *The Globalization of business*, Routledge: London and New York.

Dunning, J. H. (2000), "The Eclectic Paradigm as An Envelope for Economic and Business Theories of MNE Activity." International Business Review, 9 (1), 163 – 90.

Dunning, J. H. (2001), "The Eclectic (OLI) Paradigm on International Production: Past, Present and Future." International Journal of the Economics of Business, 8, 173 – 90.

Dunning, J. H. (2006), "Space, Location and Distance in International Business Activities." Paper Presented at Annual Meeting of European Academy of International Business, Fribourg, Switzerland.

Dunning, J. H., C. Kim and D. Park (2007), "Old Wine in New Bottles, A Comparison of Emerging Market TNCs Today and Developed Country TNCs Thirty Years Ago." SLPTMD Working Paper. Oxford University: Oxford.

Huang Mengfu (2010), The Investigation of Chinese Private Firms' Going Abroad, China Financial and Economic Publishing, 2010.

Hymer, Stephen (1976), The International Operations of National Firms: A Study of Direct Foreign Investment, Cambridge: MIT Press.

Li, P. P. (1994), "Strategy Profiles of Indigenous MNEs from the NIEs: The Case of South Korea and Taiwan." International Executives 36 (2): 147–170.

Li, P. P. (2003), "Toward A Geocentric Theory of Multinational Evolution: The Implications from the Asian MNEs." Asian Pacific Journal of Management 20, 217–242.

Li, P. P. (2007a), "Towards an Integrated Theory of Multinational Evolution: The Evidence of Chinese Multinational Enterprises as Latecomers." Journal of International Management, 13, 296–318.

Li Guifang (2007b), Chinese Firms Overseas Direct Investment Analysis Report, China Economics Publishing House.

Liu, H. and Li, K. (2002), "Strategic Implications of Emerging Chinese Multinationals: the Haier case study." European Management Journal 20 (6): 699–706.

Lu Jinyong and Zhimei Zhang (2007), "Enterprises Own Intellectual Property Rights and Going Global Strategy", Chinese Firms Overseas Direct Investment Analysis Report, China Economics Publishing House.

Lu Jiangyong, Xiaohui Liu, and Hongling Wang (2010), "Motives for Outward FDI of Chinese Private Firms: Firm Resources, Industry Dynamics, and Government Policies," Management and Organization Review.

Luo Yadong and Rosalie L Tung (2007), "International Expansion of Emerging Market Enterprises: A Springboard Perspective." Journal of International Business Studies (2007) 38, 481–498.

Luo, Y., Xue, Q., & Han, B. (2010), "How Emerging Market Ggovernments Promote Outward FDI: Experience from China," Journal of World Business, 45 (1): 68–79.

Matthews, J. A. (2002), "Competitive Advantages of the Latecomer Firm: A Resource-based Account of Industrial Catch-up Strategies." Asia Pacific Journal of Management, 19, 467–88.

Mathews, J. A. (2006), "Dragon Multinationals: New Players in 21st Century Globalization," *Asia Pacific Journal of Management*, 23, pp. 5–27.

Nolan, P. (2001), China and the Global Economy. Basingstoke, UK: Palgrave.

Peng, M. W., Wang, D., & Jiang, Y. (2008), "An Institutional-based View of International Business Strategy: A Focus on Emerging Economies." Journal of International Business Studies, 39 (5): 920–936.

Prahalad, C. K., Yves L. Doz. (1987), The Multinational Mission: Balancing Local Demands and Global Vision, New York: The Free Press.

Safarian, A. E. (1966), Foreign Ownership of Canadian Industry, Toronto: McGraw Hill Company of Canada, Ltd., 1966.

Tang Haihua (2009), "Chinese Firms' Overseas Direct Investment: Risk Analysis and Solution." In Report on the Development of Chinese Firm Going Abroad 2009, People's

Publishing House, 381 – 390.

UNCTAD (United Nations Conference on Trade and Development) (2005), World investment report, 2003—2005. New York7 UNCTAD.

Wang Bijun and Yiping Huang (2011), "Chinese Overseas Direct Investment: Is There a China Model?", China & World Economy, (2011), forthcoming.

Wang Huiyao (2006), "Ten Models of Chinese Enterprises Going Global." International Economic Cooperation Research, Chinese Ministry of Commerce (in Chinese), April, 2006

Witt, M. A., & Lewin, A. Y. (2007), "Outward Foreign Direct Investment as Escape Response to Home Country Institutional Constraints." Journal of International Business Studies, 38 (4): 579 – 594.

World Investment Report (2006), "FDI from Developing and Transition Economies: Implications for Development," Geneva, United Nations.

Wu Hsiu-Ling and Chien-Hsun Chen (2001), "An Assessment of Outward Foreign Direct Investment from China's Transitional Economy." *Europe-Asia Studies*, 53 (8), pp. 1, 235 – 54

Yeung, H. W. (1994), "Third World Multinationals Revisited: A Research Critique and Future Agenda." Third World Quarterly 15, 297 – 317.

Zhang, J. (2005), "China's Corporate Cost Advantage is a Myth." Financial Times, April 29, 19.

# 中国的石油困境

——北京寻求能源安全面临的挑战和机遇

Andrew B. Kennedy

## 一 简介

若中国崛起是 21 世纪最重要的故事之一,那么中国不断增长的对能源的需求是其最突出的情节之一。2000~2009 年,随着中国经济的超速运转,中国的能源消费量增长了一倍以上。据估计,在此期间,中国占了世界能源需求的 63%(BP,2010:40)。中国现在消耗了世界煤炭的 47%,水电资源的 19%,石油的 10%(BP,2010:38)。根据国际能源署(IEA)2009 年的数据,中国超过美国成为了世界最大的能源消费国(IEA,2010b:602)。

中国对能源需求的飞速增长使得其政府和知识精英越来越关注中国的能源安全问题。传统上,"能源安全"被定义为——一个国家获得足够的、价格合理的以及可靠的能源供应(IEA,2007:160)。实际上,《人民日报》在 2000 年仅仅一次提到"能源安全",而在 2008 年到 2010 之间,《人民日报》发表了 476 篇文章,其中均用到了这个术语[①]。对于许多中国观察家来说,在这点上,中国最大的问题就是,能源的对外依存度日趋上升以及能源进口所隐含的外部不稳定性。而其他人持一种较为现代的观点,该观点突出了中国国内能源需求的挑战,主要是其电力行业的不可靠性以及由于过度依

---

① 《人民日报》电子数据库,来自澳大利亚国家图书馆电子资源系统。

赖煤炭而带来的环境成本。在这两种情况下，人们担心，中国必须去面对能源问题所带来的日趋增多的挑战（Kennedy，2010）。

本文着眼于介绍中国寻求能源安全特别是石油安全的行动。虽然煤炭在中国能源结构中依旧占据主导地位，但石油对中国构成了独特的挑战。实际上，中国现在十分依赖外部石油供应，而且比其他能源的对外依存度高得多。2009年，中国进口了不到4%的天然气，但是却进口了53%的石油（BP，2010：24，27；IEA，2010b：135）。两种能源的进口量在今后几十年中有增长的趋势，但在可预见的将来，特别是在中国似乎拥有大量页岩气储备后，中国依然会更多依赖于石油进口，而不是天然气进口。并且，天然气的替代品还有许多，它们可以被用来生产化工原料和发电。相反，尽管中国国内对替代燃料汽车的兴趣持续高涨，但还没有现成的能源能够替代石油成为交通运输燃料。中国因此变得越来越依赖外部世界提供这种重要资源。

下面的分析透露了中国石油困境规模的更多细节，描绘出了一幅未来中国石油需求的轨道，指出政府控制石油需求的能力是有限的。然后，文章评估了中国政府在石油进口量不断增加的情况下，所寻找的加强能源安全的道路。虽然政府十分认真对待这个挑战，但所采取的政策迄今为止主要着眼于单方面努力去提高国内石油生产能力以及同产油国签订双边供油协议。正如下面所讨论的，一些政策并没有从根本意义上加强中国的能源安全，而其他的政策存在局限性，或者还不够成熟。本文的结论是，中国需要加强同其他主要石油进口国的多边合作，以期在未来进一步加强自身的能源安全。

## 二 中国的石油困境

中国对石油的需求量不断增加。与2000年中国480万桶/日的石油消耗量相比，2009年这个数字激增到860万桶/日（BP，2010：11）。国际能源署估计，到2035年，中国的石油需求量将超过1500万桶/日，成为世界上最大的石油消费国（IEA，2010b：105）。

中国不断增长的石油需求首先反映了其交通运输业的急速发展。中国的汽车市场在2009年成为世界上最大的汽车市场，其汽车销售总量达到1360

万辆。而在2010年，总销量超过了1800万辆①。

航空旅游也变得越来越流行，国内航空公司的航班总量在2003到2009年间几乎翻了一番，达到175万驾次（Liang等，2010）。展望未来，国际能源署预计，随着越来越多的中国人拥有私家车，以及航空旅游变得更加流行，与交通运输相关的石油需求在2008到2035年间会增长3倍。若果真如此，到2035年，交通运输用油量将占中国石油需求总量的64%——大于2008年的40%和1990年的25%（IEA，2010b：670）。

中国日益增长的石油需求，以及它近乎停滞的国内石油生产，意味着中国石油进口量在未来几十年内将持续上升。2009年，中国石油进口量为430万桶/日，占其石油供应量的53%（图1）。国际能源署估计，到2035年，中国的石油进口量将接近1280万桶/日，占其石油供应量的84%（IEA，2010b：135）。中国将因此比今天更容易遭受国际石油供应中断威胁的影响，也将为石油进口付出更多代价。若石油价格在2035年达到113美元/桶，则像国际能源署预测的那样，中国的石油进口成本将超过5250亿美元。

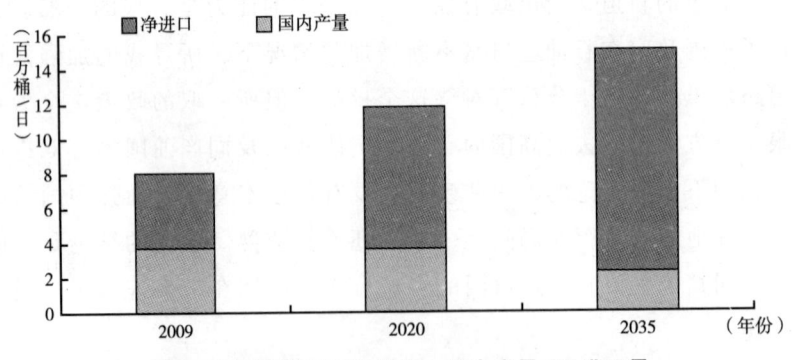

图1　中国未来的石油供给：国内产量 VS 进口量

资料来源：IEA，《2010年世界能源展望》。

可以肯定的是，中国政府正在努力控制中国石油需求量的增长，以及中国石油对外依存度的提高。举例来说，从2004年开始，中国开始采纳了一

---

① 《2010年中国汽车销量达到1800万，领先优势进一步扩大》，彭博新闻社，2011年1月10日，<http://www.bloomberg.com/news/2011-01-10/china-2010-auto-sales-reach-18-million-extend-lead-update1.html>，《中国汽车销量超过美国成为世界第一》，路透社，2011年1月10日，<http://www.reuters.com/article/2010/01/11/us-autos-idUSTRE60A1BQ20100111>。

些世界最严格的燃油经济性标准，其严格程度甚至超过了同样采用这些标准的欧洲和日本（Oliver 等，2009）。2010 年，北京将替代燃料汽车产业设为七大战略产业之一，2015 年前，将大力推进该产业的发展①。中国的电动汽车（EV）产业已经取得长足发展，实际上，政府官员希望，到 2020 年，中国每年能够生产 100 万辆电动汽车（Fang 和 Wang，2010）。中国高速铁路的迅速发展也为遏制中国日益增长的石油需求作出了贡献。

尽管这些都是减少石油需求的重要步骤，但在可预见的未来，它们不会降低中国对进口能源的依赖程度，只是限制需求的增长速度。实际上，即使中国成功地在 2015 年后发展电动汽车，中国也仍然将依赖于石油进口，到 2030 年，只能满足其 2/3 的原油需求（Mckinsey and Company，2009：79）。虽然这离中国领导人所担心的 80%～90% 的对外依存度还有一定距离，但却大大高于现在的依存水平。此外，必须指出的是，中国政府并没有尽其最大的努力去遏制本国的石油需求。尽管中国现在采取了一个比原来更为灵活的方法来制定燃油价格，但它们仍然受到中央政府的管制，以减轻对通货膨胀的影响。实际上，决定能源价格的权力依旧归国家发展和改革委员会（NDRC）所有，国家发改委是一个负责宏观经济调控和控制通货膨胀的机构，但它却不负责能源改革。而国家能源局（NEA）则相反，它处于一个很尴尬的地位，其未来能否提升至部级机构，从而获得更多决定能源价格的权力，还是个未知数。

总而言之，虽然中国使出了浑身解数来控制国内石油需求，但中国在未来几十年内注定要越来越依靠外部世界来获得石油。因此，中国领导人寻求多元化的供给方政策来保证中国在未来能够获得持续的石油供应。关于这点我们将在下一节中具体讨论。

## 三 中国寻求石油安全的努力

中国的供给方政策目的在于解决其对进口石油的依赖程度不断提高的问题，该政策包括多项令人印象深刻的举措，其中包括支持本国的国家石油公

---

① 《中国为新战略产业设立增长目标》，2010 年 10 月 19 日《中国日报》，< http：//www.chinadaily.com.cn/business/2010 - 10/19/content_ 11427572.htm >。

司（NOCs）进行国际扩张，使石油供应的渠道多元化。此外，还有加强自身的海军实力以及建立本国的战略石油储备（SPR）。接下来的讨论将逐条分析这些举措。

这10多年来，中国政府一直鼓励国家石油公司和其他的国有企业（SOEs）"走出去"——即到海外去投资，以便获得对国外自然资源更大的控制权。国家石油公司自身早已十分渴望到国外去扩大其石油储备以及提高企业利润。例如，最早从20世纪80年代末开始，中国石油天然气集团公司（CNPC）就已经着手寻找在国外投资的机遇了，尤其是在国内机遇看起来相对渺茫的时候。政府对国有石油企业国际扩张的支持始于20世纪90年代末。那时候，政府寻找办法将一些国有企业转变为具有国际竞争力的公司。同时，政府支持力度随着本国对进口石油的依赖程度不断提高而日趋加强。有人认为，中国企业在国外生产石油，是更为安全的石油供给来源。其安全性要高于在国际市场上购买石油（Downs，2006：35~39）。

在过去10年中，这些国家石油公司都力图充分利用政府的支持。对外投资不仅来自于三大主要国家石油公司——中国石油天然气集团公司（CNPC），中国石油化工集团公司（SINOPEC）和中国海洋石油总公司（CNOOC），还包括一些规模较小的能源企业，比如中国化工进出口总公司和中信能源有限公司。总的来说，2002~2010年间，中国企业参与了43起独立的外国石油和天然气的并购交易——这些交易的价值在650亿美元左右[①]。结果，这些国家石油公司现在在全世界31个不同国家都有自己的业务。虽然它们的大部分石油产量集中于哈萨克斯坦、委内瑞拉、苏丹和安哥拉，但它们在其中20个国家的石油生产量是相同的。截至2010年第一季度，国家石油公司的海外石油总产量已经达到136万桶/日——几乎是中国2009年石油日净进口量的1/3（Jiang和Sinton，2011：17，39~40）。

但这其中仍存在一个问题：国家石油公司的国际扩张究竟在多大程度上提高了中国的能源安全？国家石油公司的投资在过去10年内的确促进了全球范围内石油产量的扩大，即便是在石油市场呈现出紧缩态势，石油价格上涨时也如此。从这个意义上来说，国家石油公司的投资不但加强了中国的能

---

[①] 请注意，此总额指的是投资本身，不包括相关促进投资的交易，比如中国的银行在最近几年内贷给石油生产国的一些贷款。"贷款换石油"协议将会在下部分讨论。

源安全，而且还加强了其他主要石油消费国的能源安全。但是，这些投资对全球石油产量的提高是有限的。如上文所述，国家石油公司的海外石油总产量在 2010 年初已经达到 136 万桶/日，但 2009 年全球原油产量只有不到 6800 万桶/日（IEA，2010b：119）。

除了为扩大全球石油供应量作出小小的贡献外，国家石油公司的"走出去"战略能否提高中国的能源安全还是个未知数。例如，事实证明，国家石油公司未必将其在海外生产的石油输送回中国，而宁愿让市场来决定石油该卖到哪里。例如，中国在委内瑞拉生产的石油就没有输送回中国。究其原因，不但因为两国之间的路途太遥远，而且因为委内瑞拉的原油同中国的炼油能力不相匹配。中石油在哈萨克斯坦生产的一些石油也在国际市场上出售。虽然苏丹和安哥拉出口到中国的石油数量十分可观，但国家石油公司在这些国家所生产的石油实际上能有多少输送回中国，仍是个未知数（Jiang 和 Sinton，2011：18~19）。

在供应危机出现时，没理由假设国家石油公司所生产的石油会由于某种原因，能够更便宜或更多地供给中国使用。阻断中国原油供应链的物理破坏将以同样的方式影响外国和中国公司。而当石油价格居高不下时，国家石油公司也不会愿意给中国客户任何折扣的。实际上，国家石油公司应对 2008 年前原油价格上涨的方法是，减少向中国市场供应精炼石油，结果造成中国加油站的石油供应普遍出现了短缺。出现这种情况的原因是，价格控制不允许它们将增加的炼油成本转嫁到消费者身上（Downs，2010：184）。在这件事情中，国家石油公司所展现的自主权显示了政府控制其活动的能力是十分有限的——这种调控限度反映了国家石油公司的政治特权，以及中国在这方面治理能力的薄弱（Downs，2006：16~24）。今天，中国一些高级官员了解到，国家石油公司的运作更多是受利益驱动而非爱国主义，其海外资产的扩张未必能加强中国的能源安全（Bradsher，2010）。

甚至有人担心，国家石油公司的国际扩张实际上是在损害中国的福利和安全。一些分析家指出，国家石油公司通常需要付出更高的价格，才能获得外国油田的股权，而这多亏了中国政府慷慨地向石油公司提供财政支持。倘若如此，它们的扩张会被看作是以损失国家福利为代价，去充实石油公司的腰包。不过，最近的分析显示，这项指控子虚乌有。比如，Bo Kong（2010：92）认为，类似超额偿付的问题似乎仅仅发生在国家石油公司国际扩张的初期，那时候它们的并购经验相对不足。更多最新的分析表明，没有迹象显示国家石油公司进行过系统或蓄意的超额偿付（Jiang 和 Sinton，2011：17）。

对国家石油公司更为强烈的批评是，它们的国际扩张往往导致中国同"无赖国家"纠缠在一起，从而恶化了中美关系和中欧关系。几年前，中国同苏丹建立了密切关系——试图支持中石油在该国的活动——使得西方评论家将 2008 年北京奥运会称为"大屠杀奥运会"（Economy 和 Segal，2008）。这个批评很明显刺痛了中国：中国随后尽更大的努力去支持国际社会解决苏丹危机。最近，国家石油公司在伊朗持续的利益存在和经济活动，使得美国将来制裁中国石油公司的可能性增大。国家石油公司可能认为，它们在伊朗投资所获得的利益要高于美国制裁所带来的损失，因此，它们会游说中国政府支持它们（Downs 和 Maloney，2011）。但是，随着北京已经在多个问题上——从人民币币值到朝鲜海事纠纷，开始避免中美关系的恶化，很难想象伊朗问题再起更大波澜符合中国国家利益。

总的来说，国家石油公司"走出去"似乎并没有在很大程度上加强中国的能源安全。虽然它对全球原油的生产作出了边际贡献，但它不能保证中国可以获得更多的石油供给，并且这也不意味着中国能够在石油供应危机中有更多可用的石油。另外，有人认为，国家石油公司超额偿付资产的行为可能做得太过火了，会使中国更加贫困，并且有证据显示，国家石油公司导致中国的国际关系变得更加复杂。总之，国家石油公司的扩张对于公司本身来说，是一个积极的发展，但是很难说这件事情对于中国总体是一件好事。

## 四　石油供应渠道多元化

温斯顿·丘吉尔曾经发表过一句著名的论断"石油的安全和可靠需依赖于获得渠道的多元化"（Yergin 引证，2006：69），在过去 20 年里，中国的确是在遵循该建议。1995 年，两个地区提供的石油——波斯湾地区和亚太地区——占了中国原油进口总量的 88%（Downs，2006：31）。在亚太地区，中国石油供应主要来自印度尼西亚，该国大约占了中国石油进口总量的 1/3。到 2005 年，中国已经明显地使其进口组合多元化了。2005 年，非洲国家占中国进口总量的31%。而且,中国同样从美洲国家和独联体国家进口了大量石油。如俄罗斯,所提供的石油占中国进口总量的10%（Downs, 2006：31）。尽管如此,中国获得的石油是有限的。在2005年,如同10年前那样,中国仍然十分依赖中东地区的石油,大约46%的进口石油来自波斯湾地区。此外,因为中国现在严重依赖非洲,其程度不亚于中东。这使得它相对以前更依赖于一个单一的咽喉要道——马六甲海峡,大约80%的石油进口要经过这个海峡。即使在2010年,这个情况依旧如此:中国77%的进口原油仍然来自非洲和波斯湾地区（图2）。

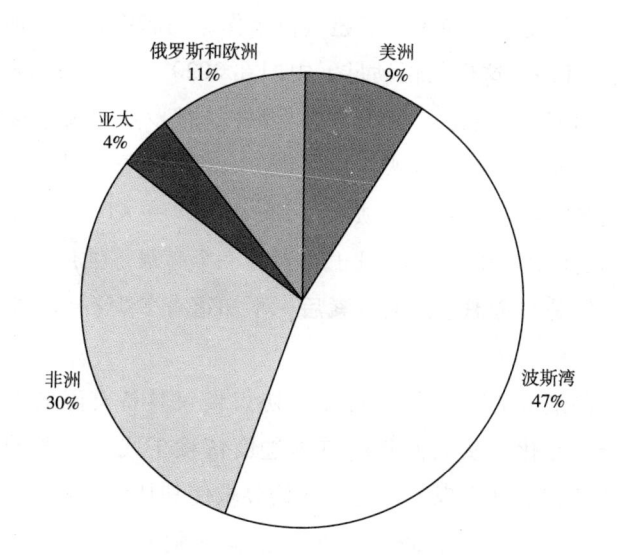

**图2　2010年中国原油进口量（按地区计）**

注：由于进位关系,有关数字的总和可能不等于100%。
资料来源：Lin F. 2011, *Xinhua China Oil*, Gas & Petrochemicals (OGP)。

正是在此背景下,最近几年,中国通过一系列"贷款换石油"、"天然气换石油"协议,力争更进一步使其能源进口组合多元化。特别是在全球金融恐慌时（2009~2010年间）,中国国有银行将价值770亿美元的贷款贷给9个不同的石油和天然气生产国——它们全部位于中东地区之外（Jiang和Sinton, 2011：41）。作为回报,中国的国家石油公司得以同这些国家签订一系列协议,从而扩大它们的国际业务。同俄罗斯签订协议后,俄罗斯允诺在20年内通过新的输油管道每日向中国提供30万桶石油,这些商业输油从 2011 年 1 月 1 日开始。与此同时，中国也同巴西签订了协议，巴西承诺在 2009 年每日供应中国 15 万桶石油，在 2010~2019 年间每日供应 20 万桶。而同委内瑞拉签订的协议，规定在 2010~2020 年间，每日安排中国购买 45 万桶石油。即使在这样的情况下，中国都将以市场价格来购买这些石油（Downs，2011：39~53）。

通过建立新的石油供应关系，"贷款换石油"协议有可能进一步加强了中国的能源安全。在这方面特别值得注意的是新建的中俄输油管道。俄罗斯先前每日通过火车向中国运送 20 万桶石油，这条新管道能够增加额外 30 万桶的运输能力。但是，即使中国能超负荷运作，完成将管道供油能力扩大到每日 60 万桶的目标，这也仅仅满足了中国在 2020 年计划进口石油的 7.5%（IEA，2010b：135）。因此，在可预见的将来，俄罗斯也无法取代波斯湾地区成为中国最主要的石油供应伙伴。并且，一些中国学者认为俄罗斯作为一个能源供应伙伴的可靠性也令人质疑（Zhao，2007：41）。虽然中国也积极同委内瑞拉和巴西进行接触，并且正在兴建一个高级炼油厂，以便炼制委内瑞拉的原油，但是在考虑了距离因素后，不知道有多少石油能够从美洲运回中国。

因此，中国最近的"贷款换石油"协议仅仅具备有限的潜力来进一步使其进口组合多元化，从而使其进口不过度依赖于几个主要的石油供应伙伴。大概是注意到了这个现实，北京开始寻求使其从中东和非洲地区的石油运输路线多元化的方法。2009 年，中石油同缅甸签署了一份谅解备忘录，试图构建一条并行的石油天然气管道，将印度洋与中国云南省连接在一起。值得注意的是，这条输油管道将允许一部分中国的原油运输绕过马六甲海峡直达中国，这将缩短 1200 公里的路程（Jiang 和 Sinton，2011：34）。但是，这个在 2009 年开始运行的输油管道每日 44 万桶的输油能力仅仅能承担中国从非洲和中东地区进口石油 14% 的输油任务。而且这个百分比注定会随着中国石油进口的增长而降低。中国也开始参与到巴基斯坦铁路和公路等基础设施的建设中来，从而将阿拉伯海沿岸的巴基斯坦港口同中国西部连接起来。该举动引起了人们的猜测，即中国正在同波斯湾地区的国家建立更为紧密的联系（Harrison，2010）。但是，就运输石油而言，这种联系将受到比缅甸输油管道更大的限制（Erickson，2010）。据估计，铁路系统每日仅能运送 17.5 万桶石油，这还是假设铁路系统完全发挥作用的情况下。这样一来，运输石油的成本将大大提高，使其毫无经济竞争力。并且，这条铁路会经过易发生雪崩、洪水、地震和暴乱的山区。若从经济和安全角度考虑，在这条线路建立输油管道同样也会遇到许多麻烦。

总而言之，自20世纪90年代以来，中国在某种程度上成功地实现了其石油供应组合的多元化。但在未来几年内，中国从波斯湾和非洲地区进口的石油仍将继续在中国石油进口中占大头。而且，考虑到中国缺乏其他输油渠道，大部分石油进口仍将完全通过海路运输到中国。在此背景下，也就不奇怪为什么中国要竭尽全力来保障其海洋运输石油的安全了。

## 五　保护石油供应渠道

中国对海洋运输的进口石油依赖度的不断增加引发了各种对运油的海上交通线（SLOC）安全的担心。油轮可能会成为海盗或恐怖分子的目标，特别是不得不通过狭窄的咽喉要道时。中国学者同样担心，在台海军事冲突中，美国海军及其盟军可能切断中国的海洋石油运输。其中，他们尤其担心中国从中东和非洲地区所进口的石油的安全，因为中国严重依赖这些地区提供石油，并且这些石油的运输都需要经过狭窄的马六甲海峡。中国出现"马六甲困境"，意味着中国严重依赖该海峡来运输石油，而且，这种依赖在事实上也同时给中国带来了显而易见的石油安全挑战。

上述令人关切的问题，与中国对海洋贸易日渐增长的依赖程度更紧密地联系在一起，在最近几年内激起了中国发展自己的蓝水海军的欲望。虽然到目前为止，中国人民解放军海军（PLAN）的现代化军事建设主要着眼于提升潜艇能力和围绕中国周边区域的封锁任务，但近几年来，他们的视线开始转移到在更远处执行任务。在此指引下，中国迅速复原瓦格良号（Varyag）航母，这艘苏联航母于1998年购得，现可能用于军事训练以及作为将来航母的模型。有学者认为，中国海军可能会在这10年中建造一艘50000吨~60000吨的常规动力航母，并且会在2020年建造一艘核动力航母（Collins和Erickson，2011）。中国军方官员和学者同样积极讨论了中国海军将需要何种海外支援网络，以在远离中国海岸的地区执行护航任务（Chase和Erickson，2009：8~11）。军事和安全官员在最近几年同样更为直接地参与到中国能源政策的制定中来。例如，中国国家能源委员会（NEC）的21位成员，包括中国人民解放军总参谋部副总参谋长和国家安全部部长（Bradsher，2010）。

蓝水海军究竟要发展到何许程度才能够加强中国的能源安全？强大的军事力量将允许中国挑战美国的海洋霸权，并为中国打破美国主导的封锁提供有力支持。但是，中国要花很长时间才能形成这种军事实力，而且这也将耗费巨额资金。不过，这笔钱也不是很值得去花，因为美国封锁的威胁很大程度上是一种幻想。美国将极不可能尝试去建立这样一种封锁，因为倘若中国经济随之崩溃，也会不可避免地对美国经济产生不利影响。考虑到两国在经济上的依赖程度不断提高，美国将不会对中国施加太大的压力，因为两国处于一种"相互经济毁灭"的状态。即使美国试图封锁中国，也不会成功（Collins和Murray，2008）。如果在远离中国海岸的地区——围绕马六甲海峡——实施封锁，将很难区分开往中国的油轮和开往其他国家的油轮，其中包括开往日本和韩国的油轮。一艘油轮可能会同时向几个国家运送石油，并且油轮上石油的所有权在航行期间很容易变更。若在靠近中国的海域实施封锁行动，相反，实施封锁的船只将很容易受到来自中国潜艇和陆基部队的攻击。将这几点综合到一起，美国及其盟国试图对中国实施石油封锁和封锁成功的可能性微乎其微[1]。

相反，从中国能源安全的立场来说，一个适度的海军力量并着眼于更为有限的任务，毫无疑问更为有效。尽管这将使得中国海军无法同美国海军竞争，但它将允许中国支援国际力量，以打击盘踞在主要运输线路周围的海盗和恐怖分子。实际上，中国海军最近开始支援这种努力——尤其是从2008年末开始参加多国在索马里海岸附近共同打击海盗的行动。2011年2月，中国政府自豪地宣布，中国海军护航舰队已经护送了多达3400艘中国和外国船舶通过这些海域，同时还从海盗手中营救了33艘船舶[2]。可以肯定的是，海军巡逻仅仅是这个问题的解决方案之一，同样重要的是船舶如何采取措施来保护自己，以及通过长期努力建立索马里境内的政治秩序。即便如此，当务之急仍是加强海军巡逻，因为现在在东非海岸，受到海盗影响的海域面

---

[1] 请注意，一些中国学者能理解美国所面临的困难。参见Zhao（2007：36~38）。
[2] 《中国海军再赴索马里海域护航》，《人民日报》网络版，2011年2月22日，< english.peopledaily.com.cn/90001/90776/90883/7295227.html >。

积几乎和西欧一样大[①]。这对于中国在未来发挥更大的影响力是一个良机。

总而言之,在未来,中国崛起的海军力量加强该国能源安全的程度取决于其发展方向和所执行的任务类型。若中国建立一支海军来挑战美国霸权,那将会付出高昂代价,并且会疏远其和亚洲其他国家的关系,同时也不能应付有可能突然出现的威胁。而相反,如果中国着眼于发展更为有限的能力,这将允许中国以最近参加的多国打击海盗的行动为基础,建立自己的蓝水海军。而且,这样做也使得中国能和国际社会共同面对今天的实际挑战。

## 六 建立国内战略石油储备体系

中国同样正在积极建立自己的战略石油储备,以加强自身的能源安全。该建设分三个阶段进行[②]。第一阶段现已完成,据报道,中国储藏了1.02亿桶石油——以2009年的水平来计算,足够满足中国24天的净出口需求。第二阶段现正进行中,据报道,中国正在扩大其石油储备,计划增加另外1.7亿桶石油。第三阶段预计在2020年完成,主要内容是将中国的战略石油储备增加到5亿桶。以2009年水平来计算,这将可以满足中国116天的石油进口,但若用2020年规划水平来计算,仅仅能支撑63天。作为对战略石油储备的补充,中国的石油企业同样有其自身的商业石油储备。据中国媒体在2011年3月的报道,商业石油储备的数量为1.68亿桶,但这个数字还未得到证实(Zhou 和 Shen,2011)。

中国在战略石油储备体系上的投资具有为其能源安全作出巨大贡献的潜力。战略石油储备将在未来出现石油进口中断时,为北京提供一个新的政策选项。自1950年以来,世界共发生了10次重要的石油供应中断事件,其中4次发生在2001至2010年间(IEA,2010a:11)。2011年,中东地区的政治动荡进一步凸显了石油供应中断的危险,并导致石油价格进一步攀升。总而言之,建立战略石油储备体系的成本很高,对中国来说,这更是一笔价值连城

---

[①] 《无法阻止他们:尽管绞尽脑汁来打击索马里海盗,但他们对世界海运造成了更大威胁》,经济学人,2011年2月3日,< www. economist. com/node/18061574? story_ id = 18061574&fsrc = rss >。

[②] 《背景资料:中国的战略石油储备计划》,路透社,2011年1月20日。

的投资。

尽管如此，中国的战略石油储备体系若能同其他国家的战略石油储备体系一起协作，那将是一个更为有效的金融工具。国际能源署的成员需维持相当于净进口90天需求的石油储备，2009年末，成员国总的石油储备达到42亿桶（IEA，2010a：7）。在未来的供应危机中，北京可能会发现，它在利用储备石油的同时，其他主要的石油进口国也在利用自身的石油储备，因为石油供应中断会同时影响许多国家，而不可能仅仅影响中国。如果中国的行动与这些国家不协调，或者如果中国的反应不够透明，石油贸易商更可能变得疑惑而不是安心，而市场的不稳定将持续。因此，北京同其他主要石油进口国建立一个更为强大的合作关系是非常重要的——这点会在下面详细讨论。

## 七　寻求加强多边合作的机遇

迄今为止，中国主要依赖于单边和双边的举措，来提高其能源安全度。中国鼓励石油企业到海外去投资，同新的石油供应商建立关系，寻求建立一支蓝水海军，以及开始建立其石油储备体系。先前的讨论表明，这些举措很难大幅缓解中国的"石油困境"。在未来，中国应当采取一个全面的措施——向多边行动倾注更多精力。接下来的讨论尤其着眼于同国际能源署进行更多合作的可能性。

从20世纪70年代开始，国际能源署已经成为主要的石油进口国协调应对石油供应中断威胁的最主要的机构。在面对危机时，该机构支持成员国协调努力来限制需求，并向市场供应额外的储备石油（IEA，2010a：6）[①]。随着中国成为世界第二大石油消费国和石油进口国，该组织现在将中国吸纳为成员国是顺理成章的事情。但是，虽然中国在最近几年作为"主要对话伙伴"参加了国际能源署召开的多次会议，但中国仍游离于该组织之外。

国际能源署的一些特性使得中国成为其成员国的难度增大。首先，1974年成立国际能源署的协议中规定，该组织的成员国必须从经济合作与发展组织（OECD）中选出，而中国却不是经合组织的成员国，并且中国在未来几

---

[①] 国际能源署同样允许在危机中协调燃料转换和石油增产，但这些机制在现在不如过去可行。

年也没有加入经合组织的意愿。因此,这似乎排除了中国获得成员国身份的可能性。不过,美国已经释放出信号,为了维护该机构的相关利益,准备为中国开绿灯。2008年末,布什政府表示支持中国加入国际能源署,并且奥巴马政府也明确表示,美国欢迎中国获得国际能源署的成员国身份[1]。中国缺少经合组织的成员国身份并不能被视为一个无法克服的障碍,只不过令事情变得较为复杂且难以处理。其次,中国的石油储备还没有达到国际能源署的标准。之前我们提到过,国际能源署规定成员国储备的石油总量必须能满足相当于净进口90天的需求。但是若包括日益增长的战略石油储备和工业储备,中国可能距离这个目标已经不远了。2009年,国际能源署总干事田中伸男(Nobuo Tanaka)预计中国总的石油储备能够满足相当于净进口86天的需求[2][3]。最后,国际能源署理事会能否改革其投票结构以满足其27个成员国和潜在的成员国的需求仍是个问题,其中潜在的成员国不仅包括中国,还包括印度和俄罗斯(Colgan,2009:8~9)。虽然这是一个棘手的问题,但并不妨碍中国寻求国际能源署的成员国身份。中国需要弄清楚,若它加入后,它所希望的这项改革能够得到落实。

中国成为国际能源署成员国的最大障碍大概是北京本身对加入该组织犹豫不决。据报道,中国官员担心,加入国际能源署将损害其自由地在其认为合适时使用战略石油储备的权利。并且他们也忧虑中国达不到国际能源署所要求的透明度等级[4]。因此,国际能源署还需在这些关键点上使中国安心。首先,虽然国际能源署理事会在理论上有权力通过多数投票做出合法的决议,但实际上,这意味着需要促进成员国之间达成协议,通过协商一致做出决定是惯例(Keohane,1984:217~240;Scott,1994:184~188)。此外,实际上,国际能源署无权强制执行它的决议,因此它如何使中国遵守一个北京不会支持的协议仍旧未知。其次,虽然加入国际能源署将给中国强加新的报告要求,但提高其能源产业的透明度将有利于减少不确定性,从而使国际

---

[1] 《参议院外交委员会听证会的主题:提名坎贝尔为负责东亚和太平洋事务的助理国务卿》,*Federal News Service*,2010年6月9日;Kennedy,2010:141。

[2] 请注意,中国官员后来认为田中的估计过高。参见《中国官员否认国际能源署关于中国石油储备能支撑86天的评估》,*Asia Pulse*,2009年7月6日

[3] 《中国离国际能源署又进了一步》,*Oil & Gas News*,2009年7月19日。

[4] 该观点基于作者2009年3月对北京的中国国家智库的能源专家的访谈。

市场变得更为活跃。实际上，甚至一些中国专家开始认为中国必须加入国际能源署。根据他们的观点，这不仅仅会提高主要能源消费国之间的国际合作，而且会增强中国在能源领域的声音，并使其他国家对中国在能源市场和整个能源体系影响力的提高安心（Wang, 2009; Zhao, 2008）。

当然，中国在短期内成为国际能源署正式成员的目标似乎过于远大了。国际能源署改革以接纳中国，以及中国对加入该组织犹豫不决，都是中国加入国际能源署的巨大障碍，并且这些障碍不是很快就能克服的。但是，若中国和国际能源署希望在未来更好地合作，那它们之间需要建立一个更为密切的关系。一种可能性是，中国会在未正式加入国际能源署之前深化和该组织之间的磋商——共享更多的信息，以及建立一个沟通机制以便在紧急情况下使用（Colgan, 2009：12）。这将会是积极的一步，并且这也有助于减少供应危机中的混乱局面。然而，这却不会给予中国在该组织内的发言权，而且会比中国成为正式成员更使世界不放心中国在能源领域的轨道和意图。基于这些原因，中国的长期目标应该是成为国际能源署的正式成员。

## 八　结论

中国解决其"石油困境"的政策在最近几年从基本无效到发展不完全。但其对国家石油公司国际扩张的支持毫无疑问是其最无成效的政策。这对于石油公司本身来说是好事，但对于加强国家能源安全来说，基本没什么用处。中国试图使其进口石油的地区来源多元化，这才是一个更为有效地寻求能源安全的方法。并且北京在这点上已经取得了不少成就。即使如此，中国在未来数年内仍将高度依赖从中东和非洲地区进口的石油——以及马六甲海峡这条关键的运输线路。这就为中国提出了一个问题：如何确保这些货物的安全。中国建立蓝水海军的努力使其有能力更有效地去保护石油运输免遭海盗和恐怖分子的威胁，尤其是在同其他国家合作的情况下。然而，就目前的情况来看，北京是对这种类型的任务感兴趣，还是对与美国及其盟国争夺海洋霸权感兴趣，仍不得而知。最后，中国自身战略石油储备体系的发展是一个重要且必要的步骤，这将在未来出现石油供应危机时给予中国新的选项。但是，若北京希望有效地利用其战略石油储备体系，它在未来将需要同主要石油进口国进行更为密切的合作。

上述最后一点提出了一个值得关注的问题，即中国如何寻求能源安全。正如上文所提到的那样，中国迄今为止采取的是单边和双边并行的举措来减少其所受石油供应震荡的影响。若中国与其他石油进口国，特别是与的国际能源署寻求更多的合作，将使中国建立起一个多边的举措来加强其能源安全。在短期内，中国可以加深其与国际能源署的磋商级别并使其能源行业更加透明。长期来看，中国可以寻求该组织的成员国身份。在未来出现石油供应震荡时，这些多边接触可以给北京提供更多信息和更大的影响力。根据最近一系列事件来分析，石油供应震荡随时会发生。更广泛地说，更大规模的双边接触将证明，随着中国崛起的故事继续上演，北京正在寻求同国际社会合作的方法。

## 参考文献

Bradsher, K. (2010), "Security tops the environment in China's energy plan", *The New York Times*, 17 June, < http://www.nytimes.com/2010/06/18/business/global/18yuan.html >

British Petroleum (BP) (2010), *BP Statistical Review of World Energy 2010*, British Petroleum, < http://www.bp.com/productlanding.do?categoryId = 6929&contentId = 7044622 >

Chase, M. and Erickson, A. (2009), "Changes in Beijing's approach to overseas basing?", *China Brief*, vol. 9, no. 19 (24 September), pp. 8 – 11.

Colgan, J. (2009), *The International Energy Agency: challenges for the 21$^{st}$ century*, GPPi Policy Paper Series No. 6, Global Public Policy Institute, Berlin.

Collins, G. and Erickson, A. (2011), "Grading China's military plans", *The Diplomat*, 9 April, < http://the-diplomat.com/flashpoints-blog/2011/04/09/grading-chinas-militaryplans/ >

Collins, G. and Murray, W. (2008), "No oil for the lamps of China?", in G. Collins, L. J. Goldstein and A. S. Erickson (eds), *China's Energy Strategy: The impact of Beijing's maritime policies*, Naval Institute Press, Annapolis, Md, pp. 387 – 407.

Downs, E. (2006), *China*, Foreign Policy Studies Energy Security Series, December, Brookings Institution, Washington, DC, < http://www.brookings.edu/experts/downse.aspx >

Downs, E. (2010), "China's energy rise", in B. Womack (ed.), *China's Rise in Historical Perspective*, Rowman and Littlefield, Lanham, Md.

Downs, E. (2011), *Inside China, Inc.: China Development Bank's cross-border energy deals*, John L. Thornton China Center Monograph Series No. 3, The Brookings Institution, Washington, DC.

Downs, E. and Maloney, S. (2011), "Getting China to sanction Iran: the Chinese-

Iranian oil connection", *Foreign Affairs*, vol. 90, no. 2, pp. 15 – 21.

Economy, E. and Segal, A. (2008), "China's Olympic nightmare: what the Games mean for Beijing's future", *Foreign Affairs*, vol. 87, no. 4, pp. 47 – 56.

Erickson, A. (2010), "Still a pipedream: a Pakistan – to – China rail corridor is not a substitute for maritime transport", *China Signpost*, no. 13 (22 December), < www. andrewerickson. com/2010/12/still-a-pipedream-a-pakistan-to-china-rail-corridor-is-not-a-substitute-formaritime-transport/ >

Erickson, A. and Collins, G. (2010), "China's oil security pipe dream: the reality, and strategic consequences, of seaborne imports", *Naval War College Review*, vol. 63, no. 2, pp. 89 – 112.

Fang, Y. and Wong, J. (2010), "China electric vehicles to hit 1 million by 2020: report", *Reuters*, 16 October, < http: //www. reuters. com/article/2010/10/16/retire – us – autos-china-idUSTRE69F0J820101016 >

Harrison, S. (2010), "China's discreet hold on Pakistan's northern borderlands", *International Herald Tribune*, 26 August, < http: //www. nytimes. com/2010/08/27/opinion/27 ihtedharrison. html >

International Energy Agency (IEA) (2007), *World Energy Outlook 2007*, Organisation for Economic Cooperation and Development, Paris.

International Energy Agency (IEA) (2010a), *IEA Response System for Oil Supply Emergencies 2010*, International Energy Agency, Paris, < http: //www. iea. org/publications/ free_ new_ Desc. asp? PUBS_ ID = 1912 >

International Energy Agency (IEA) (2010b), *World Energy Outlook 2010*, Organisation for Economic Cooperation and Development, Paris.

Jiang, J. and Sinton, J. (2011), *Overseas investments by Chinese national oil companies: assessing the drivers and impacts*, Information Paper Prepared for the Standing Group for Global Energy Dialogue of the International Energy Agency, February, Paris, < www. iea. org/papers/ 2011/overseas_ china. pdf >

Kennedy, A. (2010), "China's new energy-security debate", *Survival: Global Politics and Strategy*, vol. 52, no. 3, pp. 137 – 58.

Keohane, R. (1984), *After Hegemony: Cooperation and discord in the world political economy*, Princeton University Press, Princeton, NJ.

Kong, B. (2010), *China's International Petroleum Policy*, Praeger Security International, Santa Barbara, Calif.

Liang, D., Lu, Y. and Zhang, T. (2010), "What's clogging China's air traffic pipeline?", *Caixin Online*, 13 October, < http: //english. caing. com/2010 – 10 – 13/ 100188152. html >

Lin F. (2011), "China's 2010 Petroleum Net Imports Up 16 pct to 254 mln t," *Xinhua China Oil, Gas & Petrochemicals*, 21 February.

McKinsey and Company (2009), *China's Green Revolution: Prioritizing technologies to achieve environmental and energy sustainability*, February, McKinsey and Company, New York, <

http://www.mckinsey.com/locations/greaterchina/mckonchina/reports/china_green_revolution.aspx>

Oliver, H. H., Gallagher, K. S., Tian, D. and Zhang, J. (2009), "China's fuel economy standards for passenger vehicles: rationale, policy process, and impacts", *Energy Policy*, vol. 37, pp. 4720-9.

Scott, R. (1994), *The History of the International Energy Agency. Volume 1: Origins and Structure*, Organisation for Economic Cooperation and Development, Paris.

Wang, L. (2009), "Zhongguo yu Guoji Nengyuan Jigou—Yi Xiang Guifan Yanjiu [China and the International Energy Agency—a normative analysis]", *Guoji Guancha* [*International Survey*], no. 4, pp. 11-17.

Yergin, D. (2006), "Ensuring energy security", *Foreign Affairs*, vol. 85, no. 2, pp. 69-82.

Zhao, H. (2007), "Maliujia Kunju yu Zhongguo Nengyuan Anquan Zai Sikao [Rethinking the Malacca dilemma and China's energy security]", *Xiandai Guoji Guanxi* [*Contemporary International Relations*], no. 6, pp. 36-42.

Zhao, H. (2008), "Guoji Nengyuan Zuzhiyu Duobian Nengyuan Waijiao [International energy organisations and multilateral energy diplomacy]", *Guoji Shiyou Jingji* [*International Petroleum Economics*], no. 10, pp. 12-17.

Zhou, Y. and Shen, J. (2011), "Tianjin oil storage facility in train", *China Daily*, 5 March, <http://europe.chinadaily.com.cn/business/2011-03/05/content_12121641.htm>.

（黎建良 译）

# 促进全球碳公平与绿色增长

——中国在应对全球气候变化中的角色

张永生

## 一 引言

气候变化是当今世界面临的最大危机之一。应对气候变化的实质,是要逐渐摆脱对传统化石能源的依赖,建立以可再生能源为基础的发展方式。因此,应对气候变化是人类自工业革命以来面临的最深刻的发展方式的变革。解决全球气候变化问题需要所有国家共同努力。

但是,这种共同努力遇到了两个突出障碍。第一,目前缺乏一种有效的国际治理结构。既有的国际秩序更多地反映发达国家的利益,而处理全球气候变化则关系到发展中国家的未来发展空间。如果国际气候谈判结果取决于各国力量的较量(arm-twisting),而不是基于公平的原则,则很有可能带来不公平的结果(Garnaut, 2008, ch9)。这种结果虽然也可能遏制气候变化,但却更有可能是以发展中国家的长期不发展为代价。第二,代表未来方向的低碳发展模式还未能成为一种普遍的现实,各国更多地将减排视为一种负担,希望能够在应对全球气候变化中搭便车(free-rider)。不仅如此,现有理论的局限对解决全球减排问题也产生了误导,未能充分认识到减排对于促进经济增长的巨大好处。现有关于减排问题的主流分析认为,减排与增长相互冲突,全球减排问题是一个在减排收益与成本之间如何取得平衡的问题(比如,Nordhaus, 1993; Stern, 2007)。这种将减排视为一种负担的传统分析,使得全球谈判的重心集中在各国如何分担减排负担上

(burden-sharing),而不是如何共同协作探索更有效率的低碳绿色发展模式。

因此,既有的国际秩序需要一种新的平衡力量,以避免形成一种不公平的国际气候制度,进而解决全球气候变化问题,并实现全球共同繁荣,而不是以发展中国家的长期贫困为代价来解决全球气候变化。与此同时,全球需要探索代表未来方向的低碳绿色发展模式,以使人类彻底解决气候变化问题,并为实现全球的共同繁荣提供可能。实际上,中国在这两个方面均发挥着非常关键的角色。如果没有中国的努力,全球碳公平不可能实现。在探索低碳绿色发展方面,中国正积极推动发展方式转变,通过在国内大力减排、调整经济结构和发展新能源,促进低碳绿色经济发展。

但是,由于两个方面的主要原因,中国在应对全球气候变化中的积极作用未能被国际社会充分认识,甚至有时候被曲解。比如,米利班德在哥本哈根会议后对中国的评论(Coates and Macartney,2009)。第一,如果要将全球长期温度目标控制在 2℃,则意味着从 2010 年到 2050 年只有 750 Gt $CO_2-e$ 的排放空间,相当于全球按 2008 年排放量只能排放 25 年左右(WBGU,2010)。因此,要达成全球减排协议,只有两种可能的结果,一是 2℃的目标被突破,二是发达国家或发展中国必须有一方做出重大让步。因此,全球减排协议难以达成,并不是由于中国等发展中大国的障碍,很大程度上是由于发达国家历史排放过多,导致全球未来排放空间不够,而发达国家又想在不改变自己既得利益的条件下达成全球减排协议的结果。第二,中国已成为全球最大的排放国之一,且根据"共同但有区别的责任"原则,现阶段中国不承担强制减排义务。一些西方国家由此对中国施压。对于中国而言,要求中国在目前发展阶段大幅度减排,显然十分不公平。

显然,中国在应对全球气候变化乃至维护全球国际秩序中的作用被大大低估,其所作所为甚至在一定程度被曲解。无论是发达国家还是发展中国家,都需要重新审视各自在应对全球气候变化中的角色,以及自己在国际气候谈判中的立场。第一,发达国家同发展中国应更多地从对方角度思考问题,理解对方立场和关切。第二,摒弃目前将减排视为负担分担的传统思维方式,各国应致力于通过合作共同探索绿色低碳发展模式。不能将国际气候谈判视为一场零和游戏,而应充分认识到应对气候变化意味着重大历史机遇，让减排成为促进技术创新、经济增长的动力，为全球带来更大的福祉并实现共同繁荣。

在接下来的部分，我们将依次回答如下问题。首先，揭示全球碳公平和绿色增长对解决全球气候问题的含义，以及中国在其中需要扮演何种角色。其次，讨论中国对促进全球碳公平方面发挥的作用。再次，讨论中国在探索绿色发展上作出的世界性贡献。最后，对解决全球气候变化问题的前景及中国在其中的作用进行展望。

## 二 碳公平与绿色增长

由于未来碳排放的空间有限，要解决全球气候变化问题，有两种可能的情形（scenario）。一是通过维持现有发展模式和世界发展格局来控制全球温室气体排放。在此情形下，发达国家不需要大幅改变其现有发展模式和消费模式，只需在现有基础上适当减排；与此同时，发展中国家未来没有足够的排放空间，经济长期处于贫穷状态。二是建立新的低碳发展模式。发达国家需要大幅改变其现有发展方式和消费模式，而发展中国家则采用低碳发展模式摆脱贫穷。在这种情形下，人类实现共同发展和繁荣。

显然，第二种情形对全球而言是最优结果。它可以同时取得两个目标：一是控制全球温室气体排放；二是促进所有国家的经济发展，实现共同繁荣。但是，由于发达国家和发展中国家在气候谈判上力量严重不平衡，在发达国家的主导下，发展中国家更有可能成为国际气候谈判的牺牲者，未来将没有足够的发展空间，从而有可能长期锁定在贫穷落后状态。不仅如此，按照发达国家的减排承诺，发达国家只需要边际地降低其排放，不需要大幅改变他们既有的高排放发展方式和消费模式。在缺乏强大外部减排压力的情况下，发达国家将缺乏足够的动力向低碳发展模式转变。如果最具技术创新能力的发达国家失去转型动力，则未来全球低碳模式出现的机会将大大降低。因此，从发达国家既有的立场出发，虽然也能实现全球减排，但对发展中国家以及全球并不是一个最优的结果。

按照哥本哈根会议上发达国家的"高减排承诺"提议，2050年将全球碳排放减少到1990年的50%，其中80%的减排量由发达国家承担，而发展中国家只需要承担20%。这个承诺看起来似乎是发达国家作出了很大贡献，但实际并非如此。从公式"发展中国家排放量＝全球未来排放空间－发达国家排放空间"可知，给定未来全球排放空间以及发达国家的减排量，则发展中国家的未来排放空间就给定。将全球长期温度目标控制在2℃意味着，从2010年到2050年全球只有750 Gt $CO_2$-e的排放空间（WBGU，2010）。按照发达国家的提议，即使发达国家承担全球减排量中的80%，发展中国家也将明显缺乏足够的排放空间（Khor，2009）。

可见，要实现第二种情形，必须以全球碳公平（carbon equity）为前提。显然，按照既有的国际秩序，这种碳公平难以达到。因此，世界需要一个重要的力量来维护发展中国家的正当权益，以在国际气候变化谈判中取得碳公平。在全球气候变化问题上，包括中国在内的发展中国家是在维护自己的权利，而一些发达国家，则更多的是在维护自身的利益。中国致力于追求碳公平的努力，有助于全球取得绿色发展和共同繁荣的结果。在探索低碳发展模式方面，中国同样有可能作出世界性的贡献。因此，对于中国在全球气候变化中的作用，不能用发达国家既得利益的标准来衡量，而应从全球和历史的视角来衡量。

## 三　全球碳公平和中国的作用

"共同但有区别的责任"（common but differentiated responsibilities）原则是处理全球气候问题的根本原则。但是，由于缺乏对"有区别的责任"进行明晰界定，发达国家往往强调"共同的责任"，而发展中国家则更多地强调"有区别的责任"。尤其是，中国目前已是全球最大的排放国之一，且作为发展中国家不承担强制减排义务，一些发达国家由此认为这不公平。那么，究竟什么才是真正的碳公平？实际上，只要将"有区别的责任"加以清晰界定，则碳公平的问题就有了清楚的答案。

### （一）全球碳公平的含义

国务院发展研究中心课题组（DRC，2009）提出了全球温室气体减排的理论体系，以及碳预算账户（Carbon Budget Account，CBA）的全球减排解决方案。由于温室气体具有流动性和惰性，目前大气层中的温室气体大约

70%均为发达国家工业化后排放，故全球碳预算应包括历史排放和未来排放两部分。一个国家的人均排放如果排放超过世界人均水平，则意味着其不仅对他国造成净的负外部性，而且挤占了他国的排放空间或发展空间，应对他国进行补偿。各国初始排放权的分配，应按照人均累计排放权相等原则（per capita principle of accumulative emission entitlements）进行分配。

第一步，根据全球长期目标确立全球碳预算总额。碳预算总额包括历史排放和未来排放两部分。第二步，按人均原则在各国公平分配全球碳预算，并根据各国分配的初始排放额度和实际累积排放量，为各国建立碳预算账户，并进行动态管理。第三步，在排放账户基础上建立开放兼容的国际合作和国内减排机制，各国通过国内减排行动和国际合作实现目标时点各自账户平衡。此外，还需要建立相应的报告、登记、核查与遵约机制。

根据该理论，DRC课题组用直接法和间接法两种测度方法，分别测度了各国的"有区别的责任"。所谓直接测度法（direct measurement），是指将全球碳预算按人均相等原则在各国进行分配，得到各国初始排放额度，而各国迄今的实际排放量，则直接按其历史累计排放量计算。所谓间接测度法（indirect measurement），是指全球碳预算仍然按人均相等原则在各国进行分配，得到各国初始排放额度；不同的是，各国迄今的实际排放量，则用各国人均GDP作为替代变量来测度。这两种方法各有优点。结果均显示，发达国家目前存在着大量的账户赤字，而发展中国家则存在较多的账户盈余。目前发达国家作出的减排承诺，均远远低于他们应该承担的责任。下面简要介绍两种不同测度方法的结果。

**1. 直接法测度的各国"有区别的责任"**

根据 Meinshausen 等（2009），1850~2050年间，如果温升超过2°C的概率限定在25%，则全球 $CO_2$ 人为排放总预算为2040$GtCO_2$；如果温升超过2°C的概率限定在50%，则全球总预算为2477$GtCO_2$（见表1）。从表2可见，温升超过2°C的概率为50%的情景下，附件I国家目前账户赤字为384$GtCO_2$，而非附件I国家目前账户盈余为1598$GtCO_2$。这意味着，发达国家现在不仅没有排放额度，而且需要从发展中国家购买大量额度，才能维持其现有生产和消费。发达国家目前做出的减排承诺，远远小于他们应承担的减排责任。

表1　温升超过2°C的不同概率水平下全球 $CO_2$ 总排放预算（1850~2050）

| 项　目 | 温升超过2°C的概率 | |
|---|---|---|
| | 25% | 50% |
| 1850~1999年全球排放预算 | 1040 | |
| 加上:2000~2049年的全球排放预算 | 1000 | 1437 |
| 等于:1850~2049年的全球总排放预算 | 2040 | 2477 |

资料来源：根据 Meinshausen 等（2009）和 CAIT 7.0 测算。

表2　温升超过2°C的概率为50%的情景下的碳预算账户（$MtCO_2$）

| | 初始排放预算<br>（1850~2049） | 实际排放量<br>1850~2006 | 碳预算账户余额<br>（2006） |
|---|---|---|---|
| 世界 | 2477032 | 1258612 | 1218420 |
| 附件 I 国家 | 482593 | 867044 | -384451 |
| 非附件 I 国家 | 1967720 | 369177 | 1598543 |

注：有关地区的合计和全球的量不完全相等，主要是计算误差。
资料来源：根据 CAIT 7.0 和 Meinshausen 等（2009）计算而来，参见 DRC（2010a）。

## 2. 间接法测度的各国"有区别的责任"

目前关于分配各国碳排放权的各种方案，都是直接用各国实际碳排放量进行测度。这种测度方法有其优点，但也存在着一些问题，包括历史排放数据的准确性、权威性、历史起点、历史转移排放、技术进步因素，等等。由于世界人均 GDP 和人均历史累计二氧化碳排放存在高度线性相关关系（见图1），国务院发展研究中心课题组（2010）使用间接法，用当前人均 GDP 替代历史实际排放测度各国"有区别的责任"，则可以较有效地克服直接法存在的一些问题。但是，由于人均 GDP 国际比较等方面存在一些方法学上的问题，这一测度方法在实际运用时仍然有待完善。

我们用间接法初步将人均 GDP 应用于排放量居前20位的主要国家，并将结果同用直接人均历史排放数据进行测量（以下简称"直接法"）的结果相比较（见表3）。总体来看，用间接法测算的大部分国家的碳预算账户余额同直接法的结果差别并不大，但也有个别国家余额差别较大[①]。

---

[①] 两种测量办法结果差异较大的国家主要有两类：第一类是间接法测算账户余额有较大增加国家。在发展中国家中，南非这样的国家账户余额提高了40.1%。由于南非的转移排放较高，这个结果看起来比直接法测算的结果更为合理。在转型国家中，俄罗斯等（转下页注）

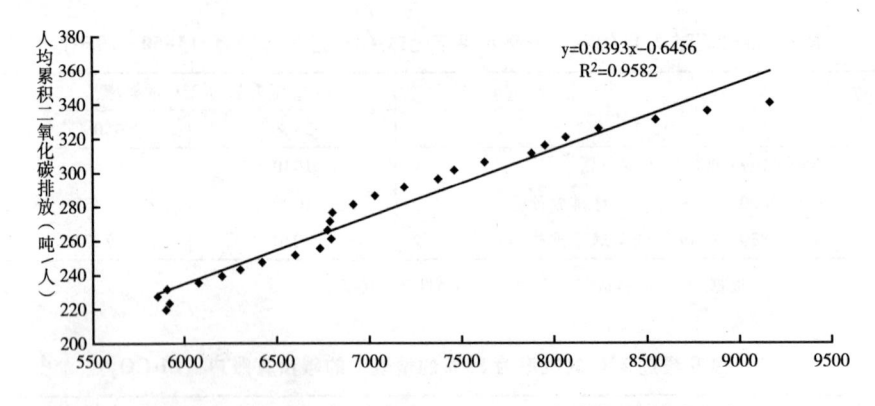

**图 1　世界平均的人均 GDP 和人均历史累积二氧化碳排放**

资料来源：根据 CAIT 8.0（WRI, 2010），WDI（2010）绘制，参见 DRC（2010b）。

**表 3　温升超过 2°C 的概率为 50% 的情景下的各国碳预算账户余额（1850～2050）碳预算账户（MtCO$_2$）**

|  | 初始排放预算（1850～2049） | 碳预算账户余额（2006） |
| --- | --- | --- |
| 世界 | 2477032 | 1218420 |
| 附件 I 国家 | 482593 | -314918 |
| 非附件 I 国家 | 1967720 | 1533338 |

说明：直接法测算的实际历史排放量起点为 1850 年。1850～2049 年全球总预算按温升超过 2°C 的概率限定在 50% 设定，对应的全球总预算为 2477GtCO$_2$。参见 Meinshausen 等（2009）。

尽管上述两种方法各有一些不足，但它们的结果均显示，发达国家存在大量的排放赤字，而发展中国家则存在大量的账户盈余。这种结果真实地代表了发达国家和发展中国家之间"有区别的责任"。这种有区别的责任，不会因为国际气候谈判是采取双轨还是单轨而改变。在各国"有区别的责

---

（接上页注①）资源型国家的账户余额有很大幅度上升。在发达国家中，美国和英国的账户余额分别增加了 14.5% 和 28.4%。这种提高有其合理性，因为这些国家早期使用较落后技术的历史排放较高，而当代人从这些早期排放的受益相对变小，间接法考虑了技术进步的因素，使其历史责任相对下降。德国的账户余额上升了 25.4%。这同其作为制造大国转移排放较高有较大关系，看起来也是合理的。第二类是间接法测算账户余额有较大减少的国家。比如，西班牙、法国、日本等国用间接法测算账户余额较直接法测算的账户余额大幅减少。这些国家的典型特点是新能源使用比重较高、低碳化程度较高。由于间接法隐含的假定是现阶段各国的低碳程度相同，往往会高估了目前低碳化程度较高国家的历史责任。这需要在今后进一步研究解决。

任"得到明晰界定后,发达国家需要从发展中国家购买排放额度,以维持其发展,发展中国家则通过向发达国家出售多余的排放额度获得资金和技术。

**(二) 关于碳公平的代表性争辩（argument）**

但是,由于"共同但有区别的责任"原则中关于"有区别的责任"模糊不清,一些发达国家并未清楚地意识到自身在全球减排问题上究竟应该承担多少责任,一些人甚至认为发达国家在全球减排中作出了更大贡献,而发展中国家尤其是新兴发展中大国,则是全球减排中的阻碍因素。尤其是,下面两个事实强化了发达国家的这种印象。首先,在《京都议定书》中,发达国家率先承担了强制减排义务,而发展中国家则不承担强制减排义务。其次,由于中国已是世界上最大的排放国之一,而且排放量仍然在快速增长,一些人认为是中国,而不是由于他们过多的历史排放造成了目前的全球减排困境。我们的测算则表明,只要将模糊不清的"有区别的责任"明晰化,则可以发现,发达国家目前所做的减排努力,远远低于他们应该承担的责任。因此,将全球达不成减排协议的责任归结为主要发展中大国的做法,更多的是一种以西方国家为中心的论调。

下面一些反映发达国家视角的代表性观点,有助于说明发达国家和发展中国家何以在碳公平问题上产生分歧。

**1. "我们的祖先不知道温室气体排放的危害,故我们不能为祖先的排放负责"**

这种辩白可以理解,但却并不令人信服。第一,由于温室气体在大气层中存在几百年,祖先的排放目前仍然留存,并且危害着对气候变化最脆弱的广大发展中国家。第二,根据"客观责任"（objective responsibility）的法律原则（比如美国）,污染者不能声称其对环境造成的危害不知情而免于处罚。

**2. "让当代人为其祖先的排放负责不公平"**

第一,当代社会的发展水平和生活水平取决于其祖先的排放。如果没有祖先的大量排放,则发达国家的当代人不可能有富裕的生活。当代人是祖先排放的受益者。第二,由于祖先的排放仍然在大气层中存在,如果发达国家不为此承担责任,就意味着发展中国家必然要承担后果。

3. "发展中国家不应纠缠于历史问题，而应该避免我们过去所犯的错误，大力进行减排"

第一，历史责任和未来排放是两个不同的问题。前者关系到每个国家的权利，后者则是每个国家现实中选择何种工业化道路的问题。无论发展中国家走何种工业化道路，都不改变其排放权利。第二，如果不追究历史问题，则发展中国家不会有足够的发展空间。

而且，让发展中国家不犯发达国家过去的错误是一个伪命题。如果有新的更好的工业化道路，发展中国家自然会自发地跟进，不需要发达国家来劝说。现在的问题是，绿色低碳模式即使在发达国家，也还没有成为一种广泛的现实。这种新的低碳模式，更多地需要发达国家率先示范，然后发展中国家才能跟进。在这种模式成为一种广泛的现实之前，它会被视为一种风险。简单地劝说发展中国家不要犯发达国家过去的错误并不令人信服。

4. "我们是民主国家，议会不可能批准我们承担如此多的历史责任，或者同意我们大幅减排"

这种争辩反映了一个现实，但没有任何正当性。一个国家的减排责任，同一个国家是否民主没有任何关系。这个现实也意味着，我们需要一个更有效的全球治理结构。如何建立一个更民主而有效的全球治理结构，是我们解决全球公共问题面临的一个挑战。

5. 关于历史责任的起点问题

一个颇受认同的争辩是，1990年应该作为测度各国历史责任的起点，因为IPCC的评估报告是在1990年发表。但是，这种争辩似是而非。

首先，"共同但有区别的责任"早在1992年就已确立。其中"有区别的责任"反映的是各国的历史责任，是基于工业革命以来到1992年期间各国累积对环境造成的不同影响，而不是指1990年到现在这一期间各国的碳排放。

——根据《里约宣言》(1992), "In view of the different contributions to global environmental degradation, States have common but differentiated responsibilities. The developed countries acknowledge the responsibility that they bear in the international pursuit of sustainable development in view of the pressures their societies place on the global environment and of the technologies and financial resources they command." (Principle 7).

——《联合国气候变化框架公约》（UN *Framework Convention on Climate Change*;）也有类似的话语："parties should act to protect the climate system 'on the basis of equality and in accordance with their common but differentiated responsibilities and respective capabilities'."

其次，发达国家自工业革命后排放的温室气体，目前仍然在危害发展中国家。理论上，各国历史责任的时点应始于工业革命。在实际操作上，历史起点可以在基于发达国家和发展中国家双方可接受的基础上共同协调确定。

## 四 绿色增长和中国的贡献

应对全球气候变化，根本上要依靠绿色低碳增长模式减少温室气体排放。在"十二五"规划中（2011~2015），发展方式转变是一个主线。中国目前进行的这种转变有两个含义。一是从过去的不平衡转向平衡发展。这种转型很大程度上是以西方高收入社会的发展为目标。二是探索蛙跳式地进入绿色发展模式的可能性。目前，中国在探索绿色发展中作出了积极的努力，作出了在2020年将单位GDP碳排放强度在2005年基础上降低40%~45%的承诺，以及2020年可再生能源在一次能源消费中的比重达到15%的承诺。此外，中国制定了雄心勃勃的新兴战略性产业发展规划，包括新一代信息技术、节能环保、新能源、生物、高端装备制造、新材料、新能源汽车等产业。目前，中国超过美国和德国，成为世界上最大的可再生能源投资国。中国在绿色增长方面的努力，对于全球探索未来发展模式有着十分积极的意义。

### （一）减排如何促进经济发展

在传统分析中，全球减排更多地被视为一个各国如何分担减排负担（burden-sharing）的问题。给定技术水平与分工结构，单位产出的排放难以有效降低，减排很大程度上意味着产出的减少。全球减排的成本包括两部分：减排的直接成本以及减排导致的产出减少。全球减排的好处主要是，它会带来损失的减少。在新古典边际分析的框架下，最优的减排水平就是上述减排好处与减排成本的有效折中（efficient trade-off），即减排边际成本等于边际收益（比如，Nordhaus，1993；Stern，2007）。由于减排好处存在外部性（externalities），各国减排的好处和成本不对称，故各国都尽量争取搭便车。而且，由于减排的好处要在未来才显现，一些讨论将重点放在如何确定未来好处的贴现率（discount rate）。如果减排政策过于严格，则会由于减排成本超过减排好处使得减排不划算。

但是，张永生和史鹤凌（2010）的研究则显示，如果减排会导致经济非连续地跳跃到一种更有效率的低碳绿色分工模式，则结论就会大不相同，减排就会促进而不是阻碍经济的增长。首先，从成本而言，减排虽然有直接成本，但这种成本会促进低碳经济的成长，而减排由于可以带来分工结构由高碳向低碳转变，并不一定会带来产出的下降。其次，从减排收益而言，减排不只是会减少因气候变化带来的损失，更是会带来一种新的、更有竞争力、效用更高的结构。这样，全球减排的谈判就不再是一个各国如何分担负担的问题，而转变成为一个各国如何通过国际合作创造并抓住未来发展机遇的问题。也就是说，传统分析将绿色和增长视为一种对立的关系，而不是将绿色作为增长的来源内生于增长理论之中。实际上，绿色可能成为增长的一个新来源。那些率先实行严格减排措施的国家，将有可能率先转向更有竞争力的低碳经济，在国际竞争中居于主导地位。

在国家减排政策和市场竞争的推动下，新的最终产品、新的制造品会不断出现，产业链条会不断拉长，且旧的产业会不断退出。这正是熊彼特所说的创造性毁灭（creative destruction）。这些变化可以单独出现，也可以同时呈现。比如，在最终消费品方面，电机替代传统的汽油内燃机而制造成电动汽车。在中间产品方面，使用风能、核能或者二氧化碳捕获和储存技术，使得单位发电产生的二氧化碳减少。而一项新技术的使用，必然带来整条产业链的变化。电机的产业链不同于汽油内燃机生产的产业链，风能、核能发电的产业链和以燃烧煤炭产生电能的产业链完全不同。

这意味着，低碳产业体系的不断发展和壮大，会成为经济增长的强大动力。随着低碳产业从幼稚产业起步不断成长，一个未来的低碳产业体系将逐渐呈现在我们面前，由此带来人类社会发展方式和生活方式的巨大变革。这个新的低碳产业体系包括以下几个主要方面。

——低碳能源：包括风能、太阳能、水电、生物质能、核能、海洋能、页岩气（shale-gas）等。

——传统高碳能源的低碳化利用：比如煤的清洁化利用。

——低碳能源的上游制造业和服务业：各种低碳能源制造设备及服务。

——新兴低碳产业：包括基于可再生能源的产业（如电动汽车及其产业链），以及传统高碳产业的低碳化改造。

——服务部门：新型服务业（比如碳资产管理）及传统服务业。

——现代低碳农业体系。

——低碳城市规划和交通体系。

——绿色基础设施。

——低碳消费方式和生活方式。

**（二）中国在促进绿色增长方面的潜在优势**

——落后国家转型成本较低（国际、国内），有可能通过"蛙跳"方式直接发展绿色低碳产业。直观地说，发达国家的传统化石能源供给能力和传统产业体系已经充分形成，如果要发展低碳产业体系，则必须以淘汰传统产业体系的生产能力为代价，而发展中国家则由于传统产业体系还未充分形成，淘汰传统高碳产业体系的问题并不特别突出。

——庞大的市场优势为绿色低碳产业发展提供了良好条件。"市场大小决定分工"（market extent determines division of labor）（Smith，1776）。中国庞大的市场规模，是发展低碳产业的独特优势。

——在绿色竞争中同发达国家站在相近的起跑线上。虽然中国在技术创新上总体处于追赶的地位，但在一些方面也有可能作出创新型贡献。

——经济处于高速增长中，对能源的新增需求巨大。中国未来的新增需求，很大程度上可以由绿色能源和绿色产品来满足。

但是，发展中国家通过"蛙跳"方式向低碳经济转变的潜在优势，并不一定能够变成现实。这些潜在后发优势的发挥，根本上有赖于市场化节能减排新机制的有效建立和中国能否通过深化改革建立起更有国际竞争力的制度。我们的研究显示，经济由高碳结构向更有竞争力的低碳结构转变，除了取决于国家采取严格减排措施以外，还取决于一个国家的制度好坏导致的交易效率的高低。归根到底，全球新一轮绿色低碳经济的竞争是制度的竞争。采取严格的减排政策，加上有竞争力的制度，才是一国率先转向更有竞争力低碳经济的充分条件。

因此，中国一方面要在国际上争取自己应有的排放空间，另一方面又要在国内采取严格的减排措施，并加快推进体制改革，将气候变化危机转化成自身发展和转型的重大历史机遇，推动向绿色低碳发展模式的转变。

## 五　全球气候问题的未来走向

我们的研究对于分析全球气候变化谈判的前景以及全球气候变化问题的解决有着十分有趣的含义。根据我们的分析，全球气候变化谈判的前景并不乐观，但全球气候变化问题的解决却相对乐观。中国在解决全球气候问题上发挥着独特的作用。

### (一) 国际气候谈判前景不乐观

根据《哥本哈根协议》，应将温度控制在较工业革命前2℃以下。这一目标意味着，从2010年到2050年，全球只能够再排放750Gt $CO_2-e$ (Meinshausen等，2009)。按照目前全球超过30Gt $CO_2-e$ 的年排放量，未来全球的排放空间只够排放25年左右。这意味着，在现有技术和经济增长模式下，除非发达国家或发展中国家一方做出重大让步来达成全球减排协议，否则2℃的温控目标很难达到。因此，在可预见的将来，国际气候谈判不太可能取得重大进展。

### (二) 全球气候问题的解决前景相对乐观

虽然国际气候谈判的前景不乐观，但解决全球气候问题的前景却较为乐观。正如我们模型揭示的，那些率先采取严格减排措施的国家，将率先从目前依赖传统化石能源的高碳模式非连续地跳到以可再生能源为基础的更具竞争力的低碳绿色发展模式，并在未来的国际竞争中居于主导地位。这会迫使其他国家不得不跟进采取同样严格的减排措施，从而全球气候变化问题会最终得到解决。

### (三) 自上而下 VS 自下而上的全球解决方案

目前的谈判是用"自上而下"的方法解决全球减排问题。按照"自上而下"的解决方案，先设定全球温控目标，然后将与之对应的全球碳排放空间/或减排任务在国家间公平分配。这种方案具有其正当性。某种程度上，这种自上而下的解决方案意味着碳公平。但是，由于缺少一种有效的国际治理结构，碳公平在国际现实政治中遇到很大阻力（比如，美国受国内政治左右的国际政策，决定其不可能接受深度减排目标）。一些人因此对这种"自上而下"的解决方法失去信心，进而寄望于"自下而上"的方法来解决全球减排问题，即由每个国家自己设定目标（比如，Howes，2010）。

那些率先采取严格减排措施的国家，将会率先转向更有竞争力的低碳绿色发展模式，从而其他国家不得不跟进，否则它们会在国际竞争中落败。因此，全球气候问题最终会以这种"自下而上"的方法得到解决。但是，这并不意味着在国际谈判中应放弃"自上而下"的谈判模式。原因在于，如果没有"自上而下"的国际谈判给各国施加强大减排压力，各国不可能以一种自觉的方式去为了全球利益而最大限度地采取严格减排措施，因为在低碳模式被证明更有竞争力且可行之前，通过减排实现低碳模式会被视为一种风险。虽然本文证明发展中国家更有向低碳模式转型的优势，但由于它们对摆脱贫穷的渴望和对风险的憎恶远甚于发达国家，它们更不可能冒险采取有可能牺牲经济成长的严格减排措施。发达国家如果没有来自"自上而下"谈判带来的减排压力，它们也不可能自觉地采取严格的减排措施。因此，全球气候问题"自下而上"的解决之道，却深深地依赖于"自上而下"的国际气候谈判。这是全球气候变化谈判和全球减排面临的一个困局（dilemma）。

## 六 结语

全球气候变化问题的解决需要以实现碳公平为前提，而绿色发展则是解决全球气候变化问题的根本出路。在这两个方面，中国都发挥着不可替代的作用。如果没有中国在国际气候谈判中坚决维护发展中国家利益，则全球碳公平就难以实现，发展中国家未来的可持续发展将受困于有限的碳排放空间。同时，如果没有全球碳公平，发达国家也就缺乏足够的动力去探索绿色发展模式，全球未来要转向绿色发展模式也就遥不可及。

由于代表未来方向的低碳发展模式还没有成为一种普遍的现实，加之现有理论的局限，目前减排更多地被视为一种负担，未能充分认识到减排对于促进经济增长的巨大好处。这使得全球谈判的重心，更多地集中在各国如何分担减排负担上，而不是如何共同协作探索更有效率的低碳绿色发展模式。

无论是发达国家还是发展中国家,都需要重新审视各自在全球气候变化中的角色,以及自己在国际气候谈判中的立场。第一,发达国家同发展中国应更多地从对方角度思考问题,理解对方的立场和关切。第二,摒弃目前将减排视为负担分担的传统思维方式,各国通过合作共同探索绿色低碳发展模式。目前的国际气候谈判不应被视一场零和游戏,减排可以带来绿色发展,带来更大的福祉和全球共同繁荣。

**参考文献**

Coates, S., and Macartney, J. (2009): "China to blame for failure of Copenhagen climate deal, says Ed Miliband", *The Times*, December 21, 2009.

Garnaut, R. (2008), *The Garnaut Climate Change Review*, Cambridge University Press.

Howes, Stephen. (2010), "The international effort on climate change: Unravelling or shifting gear?", ANU East Asia Forum, 24 October 2010.

Khor, Martin (2009), "Blame Denmark, not China, for Copenhagen failure", guardian. co. uk, Monday 28 December 2009.

Meinshausen, et al. (2009), "Greenhouse-gas emission targets for limiting global warming to 2 degrees centigrade", *Nature*, Vol 435 p. 1158.

Nordhaus, William D. (1993): "Reflections on the Economics of Climate Change", *The Journal of Economic Perspectives*, Vol. 7, No. 4 (Autumn, 1993), pp. 11 – 25.

Smith, A. (1776), *An Inquiry into the Nature and Causes of the Wealth of Nation*, Reprinted, University of Chicago Press, 1976.

Stern, N. (2007), *The Economics of Climate Change: The Stern Review*, Cambridge University Press, Cambridge.

WBGU (2009) "Solving the Climate Dilemma: Carbon Budget Approach", A report of German Advisory Council for Global Change.

国务院发展研究中心课题组(2009):《全球温室气体减排:理论与解决方案》,《经济研究》第3期;

国务院发展研究中心课题组(2010a):《碳预算账户方案:测算结果及其含义》,DRC"应对气候变化"课题报告;

国务院发展研究中心课题组(2010b):《碳预算账户方案:一个新的测算方法》,DRC"应对气候变化"课题报告;

张永生、史鹤凌(2010):《减排如何促进经济发展》,国务院发展研究中心2010年"应对气候变化"课题报告。

# 全球金融危机后的中美经济关系

Geoffrey Garrett

## 一 引言

全球金融危机对中美关系已造成了三方面的深远影响。首先，欧洲和日本正处于比美国更艰难的时期，而印度的发展至少落后中国15年，因此中国和美国便成了事实上的"两国集团"(de facto G2)，而这几乎是自发形成的。其次，中国追赶美国的步伐正在加快。至21世纪20年代中期，尽管那时中国仍然不如美国富有与强大，但预计中国将超越美国成为世界第一大经济体。再次，全球金融危机时期，中美两国分别与世界其他各国之间的经济失衡已得到了缓解，但并不如一些人预测的那般，金融危机也能缓解两国之间的巨大经济失衡。

因此，亚太世纪的前半叶将由一个逐渐上升的中国与逐渐衰退的美国主导。这两个国家在价值观与利益上都有着巨大的不同，却又处于一种严重失衡但紧密依存的经济关系中，它们将并肩站在世界各国的前列。中美两国的举动——单独的、合作的、在区域与多边论坛上的、相互冲突的——将越来越多地规范各种全新可能性的全球影响范围。这些可能性不仅仅体现在经济和安全方面，还包括许多新的挑战，如来自可持续性方面的挑战。

什么是中美关系的可能方向：地缘政治冲突，经济竞争，还是紧张共存？针对中美关系的激烈争论，权威专家认为，建立在经济依存上的紧张共存似乎是最可能的结果。

今日的中美关系与20世纪后半叶的美苏关系之间有一个清晰的相同点

和一个重要的不同之处。相同之处在于,中美两国的核心原则与世界观之间可能存在持久分歧,这必将使另一场紧张而长久的地缘政治上的对抗成为可能。不同点则在于,中国已深深融入世界经济并与美国经济息息相关,而苏联当时并不是世界资本主义经济的一部分,它与美国的经济联系几乎不存在。如今聪明的投资者称,在20世纪后半叶,相比于政治上的相似,与"冷战"时期不同的经济差异更为重要。

悠久的历史表明中美经济的融合将成为维持中美关系稳定的强大动力。从康德(Kant)和科布登(Cobden)[①]开始,自由主义者就相信经济纠葛降低了武装冲突发生的概率。这是"二战"后美国开放型经济观念的指导原则,尽管这并不包括共产主义世界。比尔·克林顿和老布什似乎也相信经济纠葛在地缘政治上的力量,在苏联解体后,他们坚决支持中国融入到世界经济体系中。

然而,许多人如今认为中美经济关系严重失衡,不仅无法起到抑制地缘政治冲突的作用,甚至将成为世界两大巨头冲突的源头。这便是尼尔·弗格森(Niall Ferguson,2009)说我们如今仿佛生活在"一战"刚结束的岁月的原因。

迄今为止,中美经济关系中持续发生的碰撞与矛盾激化更像是释放压力的阀门,而不是时刻威胁着即将逃离掌控的大火——最坏的情况便是引发另一场世界大战。似乎有充分的理由怀疑,经过20多年对两国矛盾重重的关系进行精明管理之后,因为其中巨大的利害关系,两国首脑仍将继续对双方的摩擦进行控制。

不可否认,后金融危机时代的中美关系面临着巨大的挑战,但这些挑战会因为冲突的潜在代价而减少。正如亨利·基辛格(2011)指出,中美关系永远不可能发展成为第二次"冷战",因为,"最重要的事实是,这两个国家中的任何一个都不会凌驾于另一个之上,而且两国之间的冲突将使它们的社会疲惫不堪"。中美关系的巨大利害关系——两国经济纽带的优势以及武装冲突的负面效应——应使我们相信,中美两国能处理好它们之间的关系。

---

[①] 理查德·科布登(Cobden, Richard)(1804~1865年),英国政治家。他被称为"自由贸易之使徒"(Apostle of Free Trade),是英国自由贸易政策的主要推动者(译者注)。

本文的剩余部分如下：下一部分将描述中美在金融危机前后的经济轨迹，介绍中国大规模抵御危机措施的成功之处，以及表现不佳的美国与其同样有效的财政与货币刺激政策。第三部分将对两国持久的经济失衡进行分析。即使在后金融危机时期，中美两国都开始缓解各自与世界其他国家的经济失衡，两国之间的经济失衡仍然存在。第四部分强调这些经济失衡对两国经济关系而言，并不如通常认为的那样重要，因为它们掩盖了两国私营成分的紧密依赖性。最后一部分回顾了中美双方在处理经济紧张关系时的历史，尤其在后金融危机时期。这些历史让我们相信，在世界两个最强大的国家之间，稳定而不是冲突，将继续成为两国关系的主题词。

## 二 自发而成的"中美两国集团"

由于美国过于宽松的货币政策与监管体系，全球金融危机孕育而生。在亚洲各国无封顶的信贷支持下，美国的次贷危机愈演愈烈，迅速通过全球资本主义市场一体化扩散至欧洲，随后由于世界贸易大幅缩水而席卷全球。后金融危机时代，自由、充满冒险精神的资本主义失去了它的光辉，债务和赤字困扰着西方世界，新兴经济体正在反思其对出口的依赖以及是否为西方各国债务提供资助。

但万变不离其宗。后金融危机时期的基本发展轨迹与之前是一致的——始终朝着一个由世界最强的美国，和新兴国家中最大、发展最迅猛的中国相互影响、共同主导的世界前行。虽然不论中国还是美国都不会为双方关系扣上这样一个宏大的名目，但这个事实上的两国争霸集团已在形成过程中，而且这个过程几乎是自发完成的。

全球金融危机后，美国的经济复苏体现在两个方面。一方面，实体经济表现良好，美国的GDP已从2008年第四季度的急剧下降，最低-6%的低谷，回升至历史常态，达到3%左右（见图1）。同样的，股票市场也重新获得了它在金融危机时期损失的大部分市场价值（见图2）。事实上，这两部分的恢复，尤其是GDP的回升，都展现了美国在大萧条之后经济复苏所表现出的基本V型曲线。

然而，美国的复苏在两个最突出的政治经济数据上却表现得不尽如人

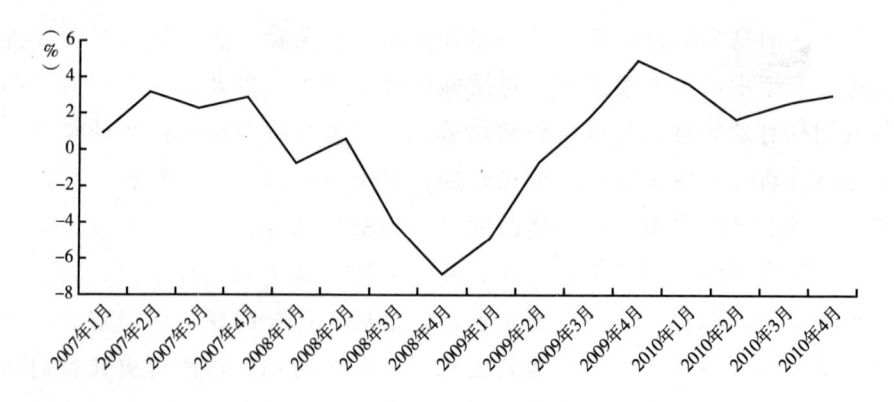

图 1　美国 GDP 变化情况

资料来源：美国经济分析局。

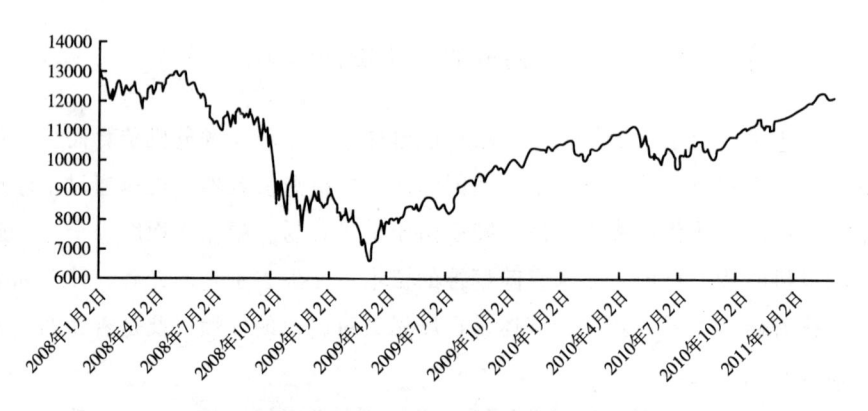

图 2　美国证券市场（道琼斯工业平均指数）

资料来源：道琼斯公司。

意：失业率和房价。华尔街可能已辉煌如旧，但缅因街①仍踽踽前行。在 2008 年初至 2009 年底这段时间内，失业率已翻倍上升至 10%，随后缓慢下降，但最终仅降至比 9% 略低（见图 3）。而在 2000 年至 2006 年翻了一番之后，美国的房价在随后的两年半中下降了 30%，之后房价基本持平（见图 4）。

解读这些数据的方法至少有两种。乐观人士认为房价和失业率总是美国经济复苏的滞后指标，它们很快就会回升——即使不以任何接近 V 型曲线

---

① 缅因街：泛指小企业、小作坊和平民百姓，也指平民阶层及他们的生活（译者注）。

图 3　美国失业率

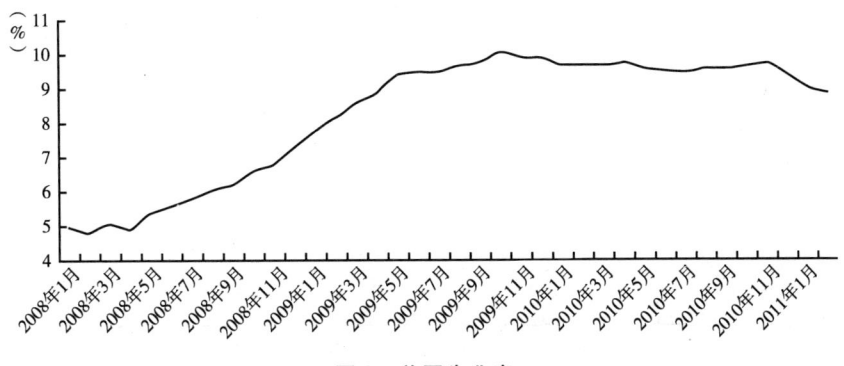

资料来源：美国劳工统计局。

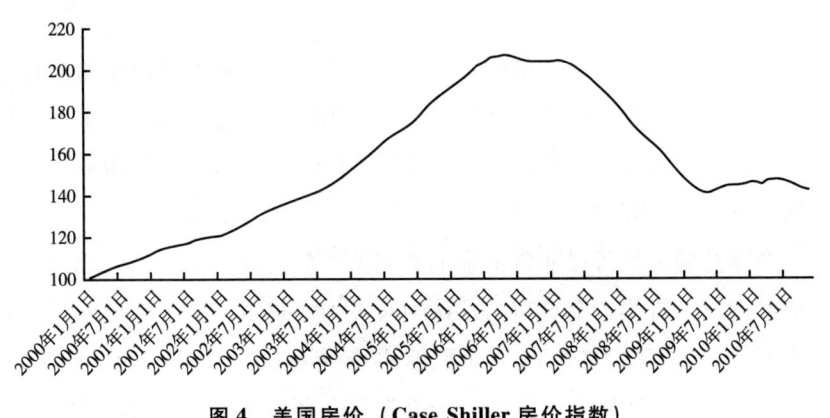

图 4　美国房价（Case Shiller 房价指数）

资料来源：标准普尔 Case Shiller 房价指数（20 个城市）。

方式的回升。悲观主义者则称失业率和房价走向更倾向于 L 型曲线，最近的糟糕形势仍将在长时间中持续。然而事实则可能在两者中的某处。

对于未来美国经济而言，后金融危机时代不断上涨的债务和赤字更令人担忧（见图5）。金融危机时期，美国通过了大量财政刺激政策，但这些政策也导致 2009～2010 财政年度的预算赤字超过 10%。美国福利制度正处在人口老龄化定时炸弹和"二战"后婴儿潮的围困之中，但是短期刺激政策仅仅增加了福利制度两大组成部分——保障退休人员生活的社保养老金和老年人医疗保险制度——的财政不可持续性。

奥巴马政府的预算规划在 2014 削减年度赤字至 4%（根据独立国会预算办公室），并使其在 2020 年末回升至 5% 以上。如之前的几任总统一样，奥巴

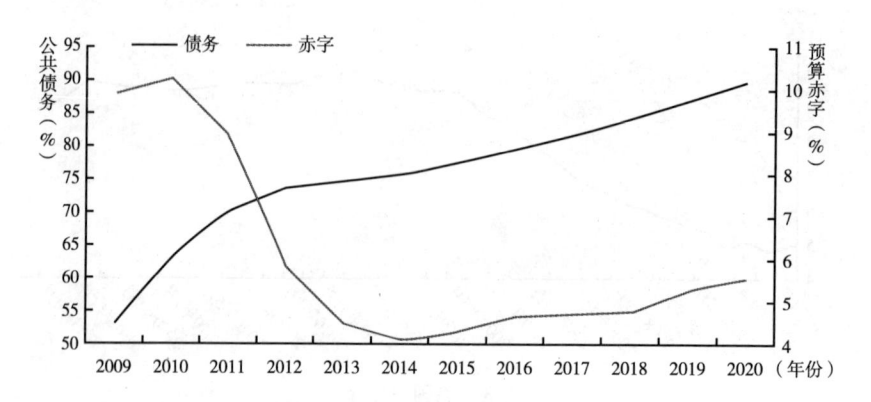

**图5  美国预算赤字和公共债务（%，GDP）（2009~2020）**

资料来源：国会预算办公室对奥巴马2011年预算的估计。

马不愿意相信，对医疗保险和社会保障制度进行大刀阔斧的改革是不可能的——但行使投票权的公众仍坚定地站在不作为的立场上。然而，金融危机时期的大量补救措施以及福利制度上的无所突破，使得美国公共债务预期将翻倍，从2009年的仅超过GDP的50%，到2020年将增加到GDP的90%。

从全球金融市场可以非常清晰地看到美国的财政未来。在全球金融危机前、中、后三个阶段，金融市场都认为对美国而言阻力最小的道路是扩大其财政赤字，长达10年之久的美元贬值便是其表现。从2000年到2002年，美元贸易加权指数实际是上涨的——首先是千年（Y2K）问题并没有实现，然后是"9·11"恐怖袭击之后的航空领域依旧安全（见图6）。

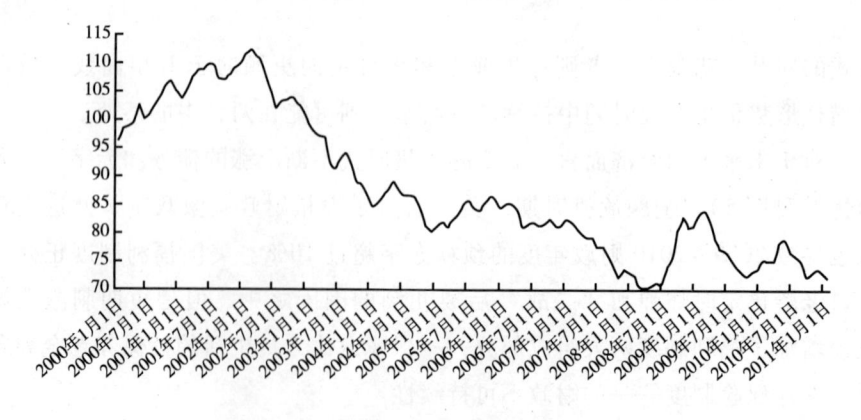

**图6  贸易加权美元指数**

资料来源：Feeleral Reserve Bank of St Louis。

然而在随后的6年中，美元贬值达30%。在金融危机时期，美元一度短暂回升——可能因为资产被遣返回美国，也因为美元是世界货币的事实。但是从那时起，美元似乎又进入了长期下跌期，如今的美元仅是其10年前价值的2/3。

总而言之，美国的经济状况非常复杂。GDP在金融危机的低谷之后已有所回升，公司资产负债表上有数万亿美元等着寻找到合适的投资项目。但是美国的财政问题确实存在，有人担心，过去曾一度挽救美国于债务危机中的创新精神以及灵活的劳动力市场将不再行之有效。然而，就此预测美国经济将很快从世界经济悬崖上跌落也过于鲁莽。由于亚洲逐渐崛起以及美国渐渐放缓其发展脚步，长时间内更为可能的情况将是美国经济呈现相对下滑趋势。但结合美国的军事霸权以及其文化政治影响力仍比其他国家更显著的事实，马克·吐温的说法似乎十分贴切：谈论美国的终结便是过分夸大。

显而易见，中国经济的轨迹大不相同。从20世纪70年代末开始，连续30多年平均两位数的增长是一个史无前例的经济奇迹。当然，中国也面临着许多挑战，如大规模城市化、内部发展、环境污染、能源安全、快速老龄化以及必将寻求政治变革的大量中产阶级。然而，中国强盛的国力一次次证明，人民对追求美好生活源源不断的动力以及他们与生俱来的商业触觉是一对足够强大的组合，足以成功应对这些挑战。

许多人担心这次全球金融危机将终结中国神话。中国长期依赖"出口带动经济增长"这柄利剑，而当金融危机时期全球贸易大幅紧缩时，这把剑也悬在了中国的头顶。但是史书告诉我们，全球金融危机并不是中国神话的丧钟。事实上，中国能成功避开世界贸易不景气带来的潜在灾难性影响，便是这场充满奇迹的危机中令人惊叹的表现之一。

2007年初，中国经济涨幅达到了令人兴奋的13%，但这个数字毫无疑问是不稳定的。随着2008年全球经济开始面临真正压力，中国经济涨势陡然下滑，2009年第一季度的涨幅仅略超过6%（见图7）。但短短12个月之后，涨幅又回到了12%，随后稳定在10%。

中国并不对世界贸易崩盘免疫，但其影响在中国却被稀释了：2008至2009年，世界经济整体下滑30%，而中国仅下降了15%（见图8）。令人印象深刻的是，全球经济衰退对中国的影响仅持续了12个月，2010年中国的贸易水平又回到了快速增长的轨迹上，与21世纪初期水平持平。

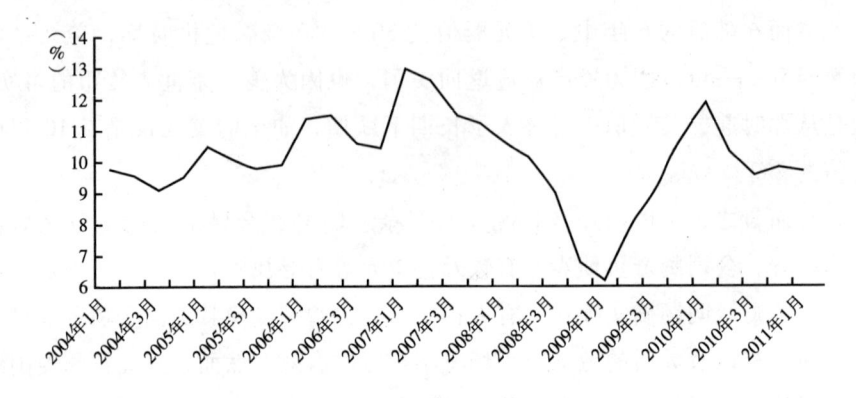

图 7  中国 GDP 增长率

资料来源：贸易经济网。

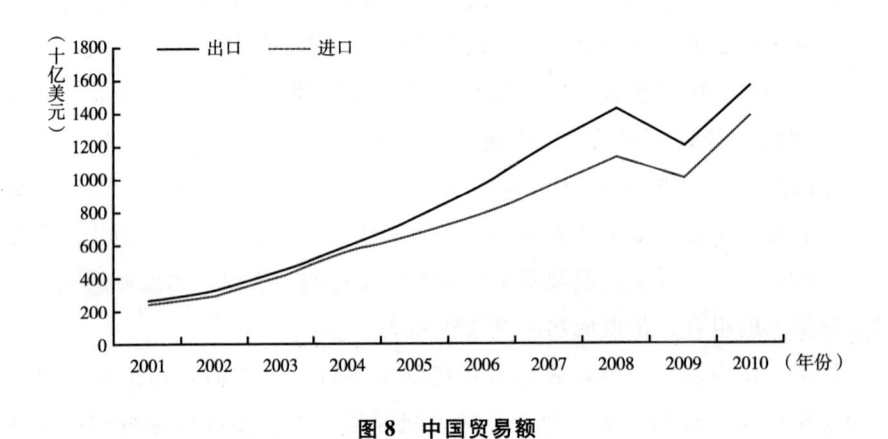

图 8  中国贸易额

资料来源：中国国家统计局。

中国成功抵御危机的秘诀在于大量财政刺激政策的连环出击以及银行借贷的急剧增加。2009 年是不断抵御危机的一年，根据国际货币基金组织对该年度的最佳预测，相比于美国的财政刺激政策，中国自主决定的财政刺激政策在 GDP 中占更大比重：中国的财政刺激投入将占 GDP 的 5.8%，而美国仅占其 GDP 的 3.8%（IMF，2009）。更令人难以置信的是，尽管中国并没有一家银行已破产或面临破产，中国仍向其金融体系投入了和美国几乎一样多的财力（占各自 GDP 的 21%）。如果将这两个数字相加以衡量该国为抵御全球金融危机所作的努力（相对其经济规模），在主要的 20 国集团中，中国排名第三，仅次于饱受金融危机摧残的日本和英国，高于金融危机的中心——美国。

在金融危机浪潮中,中国主要的经济挑战是通货膨胀(见图9),这并不令人感到惊奇。从2002年至2008年,中国的通货膨胀率从零上涨至6%,而由于此次金融危机的巨大冲击,2009年的通胀率回落至零。当所有的钱都流入中国经济体系时,一个负面影响也随之而来:中国的通胀率很快回升——2010年已超过3%,预计在2011年达到5%。

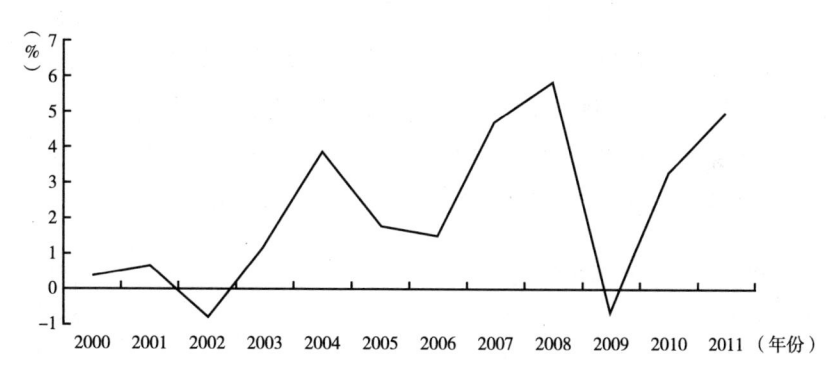

图9 中国通货膨胀率(占消费者价格指数比例)

资料来源:国际货币基金组织。

尽管如此,中国应对此次金融危机的最好总结,便是这个国家出色地完成了1978年后中国经济神话面临的最大挑战。并且这很大程度上是依靠了国内政策的调度,而不是来自于国际社会的帮助。

因此,中国仍在兴奋地攀登世界经济排名的阶梯。2010年,按市场汇率计算GDP,在总体经济规模上中国已超越日本成为世界第二大经济体,而金砖五国(巴西、俄罗斯、印度、中国和南非)的最佳结果便是中国最终将在21世纪20年代中期取代美国的地位。国际货币基金组织目前预测,以购买力平价计算2016年的GDP,中国便会超越美国(IMF,2011)。高盛集团目前尚不愿意预测何时美国将沦为第三大经济体或美国是否会滑落至第三位;但大致可以预计,美国将被印度超越,尽管这种情况在21世纪后半叶才有可能出现。

全球金融危机之后,中国与美国显然已成为了世界上两个最重要的国家,两国之间的差距也已缩小。中美关系的全球影响早已十分深远,如今这种影响比以往更为巨大。

## 三 中美经济失衡

将所知的全球金融危机经济现象结合在一起，我们可以发现世界确实朝着两国争霸的局面前进，而且这几乎是自发形成的。中美经济关系非常重要，但它也严重失衡。

目前，金融危机之前用来衡量中美关系的两个关键指标的整体统计结果已众所周知：中国政府购买的美国国债（国库券）量快速增长；美国对中国产品的大量消费。2000~2008年，中国政府对美国国债的持有量增加了5倍多，2008年的持有量超过了5000亿美元。而美国对中国的贸易逆差同期增加了2倍多，在2008年超过了2500亿美元（见图10）。

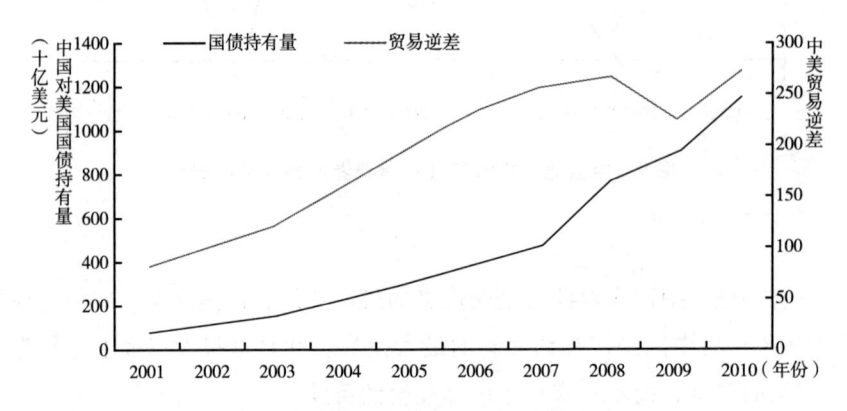

**图10 中美贸易逆差及中国对美国国债持有量**

资料来源：美国贸易统计，美国联邦储备局。

同时，我们也清楚地意识到这些失衡中固有的相互依赖性。通过买入美元以及以美元计价的证券、保持美国的低利率以及美国债务融资消费的繁荣，中国使其货币相对美元迅速升值。这虽然让中国制造的商品从美国货架上纷纷下架，但也使中国多年来保持两位数的增长成为可能。

长期以来，经济学家们不断谴责这些失衡，并将其描述为"不可持久的"。然而，在金融危机发生之前，不论中国还是美国都不想阻止这场狂欢，而音乐仍在飞扬——两国经济都从这些失衡中获益不少，至少在短期内确是如此。随着金融危机的发生，这乐声戛然而止。著名评论员，如《金融时报》的马丁·沃尔夫（2008）指出，中美经济失衡是金融危机背后主要的偶然因素之一。

然而,金融危机也带来一线希望:通过迫使中国更多地依赖国内经济增长而不是依靠出口带动经济增长,以及通过抑制美国消费者的旺盛食欲,金融危机将自然地缓解中美经济失衡。多消费、少节流、少投资,中国表现得越来越美国化;少消费、多节流、多投资,美国表现得愈发接近中国。美国对中国的进口量将缩水,而出口量将有所增加。中国购入的美元以及美国国债量将减少,人民币对美元将有所升值。中美经济失衡将从不稳定的依存共生向更加平衡与稳定的相互依赖发展。

初步证据表明,这样美好的愿景或许已走到了尽头。特别是在2009年,美中贸易逆差10年来首次下滑,降幅超过了400亿美元。尽管美元作为世界货币的长期可行性令人十分担忧,但中国政府仍在2009年增持美国国债,并超越日本成为了美国政府最大的海外债主。

随后到2010年,中美经济失衡能够快速大幅缓解的幻想伴随着一声重击回到了现实中。两国之间的双边贸易逆差增长超过500亿美元,而中国对美国国债持有量增长也超过了1000亿美元。如今,中美经济比以往更加庞大、愈发失衡。

双边失调反映的关键问题是,经济失衡的轨迹是否折射了中美两国各自与世界各国的关系,或它们是否是从这些关系出发的?也就是说,对于中美关系是否有不同的解读,或这是否是这两国各自经济更为宽广的发展轨迹的双边展现?如果后两个问题的答案是肯定的,那么关注中美经济失衡的理由便少了,从本质上而言,显然应更关注两国各自的国民经济。

然而证据却是不统一的,数据也能支持中美经济关系必然存在奇特之处这一解读。

美国对世界其他国家的贸易逆差(即不包括中国)在2006年达到峰值6000亿美元——几乎是同年美中贸易逆差的3倍(见图11)。2009年,随着金融危机的深化,美国对世界其他国家的贸易逆差减少了一半,然而它对中国的贸易逆差仍在2006年的水平浮动。最终,在2009年,美中贸易逆差达到了2660亿美元,仅比同年美国对世界其他国家的贸易逆差总和少500亿美元。

换言之,2009年,美中贸易逆差占美国对世界各国贸易逆差总和的50%。2010年,随着美国经济开始复苏,其贸易逆差上涨超过1500亿美

崛起的中国

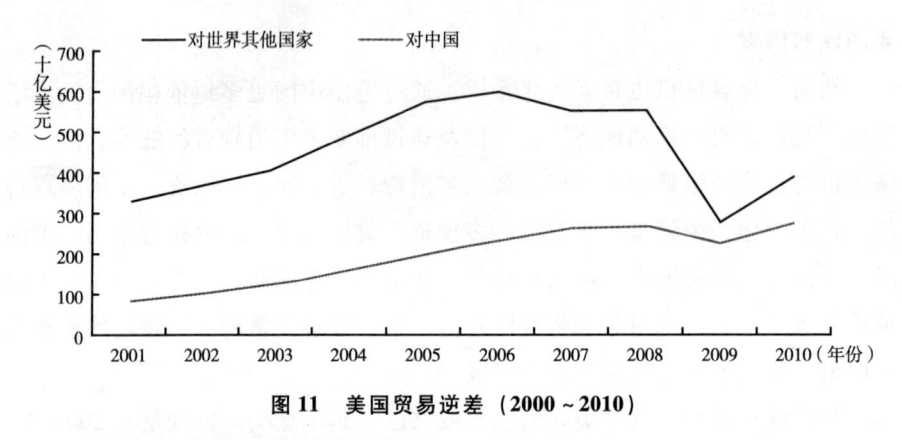

图 11　美国贸易逆差（2000~2010）

资料来源：美国人口普查局（对外贸易）。

元。尽管这些涨幅的2/3来源于中国之外的国家，但美中双边贸易逆差仍是美国对世界其他国家贸易逆差的3/4。

在中国的贸易数据中，美国也显得很独特（见图12）。除美国外，中国对世界其他国家的贸易逆差仅出现在2001年至2006年，以及2009年至2010年。2010年，中国对世界其他国家的贸易逆差是900亿美元——相比2001年的610亿美元有所上涨。从这10年来看，中国对世界其他国家基本保持相对少量的贸易逆差——这与中国是一个不断积累更多贸易顺差的国家的普遍认知相去甚远。

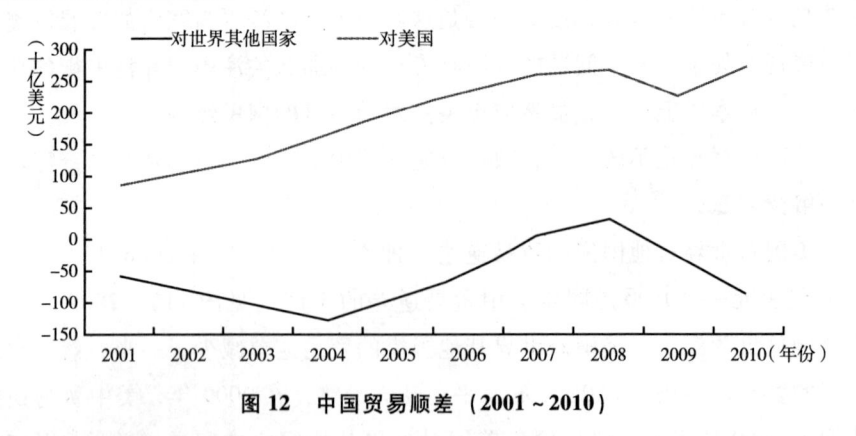

图 12　中国贸易顺差（2001~2010）

资料来源：US-China Business Council。

然而在同一时期，中国对美国始终保持顺差状态——从2001年的830亿美元到2010年的2730亿美元，贸易顺差量增加了2倍多。只有当美国被计算在内时，才能在数据中得出中国是一个贸易顺差大国的传统结论。

在过去 10 年中，美国国债的海外持有量增加了 3 倍多，几乎达到了 4.5 万亿美元——相当于美国 GDP 的 30%（见图 13）。2001 年，中国持有的美国国债量为 780 亿美元，不到世界其他国家的持有量的 1/10。而到 2007 年，中国的持有量已直线增长至 5000 亿美元，大约是世界其他国家持有量总和的 1/4。

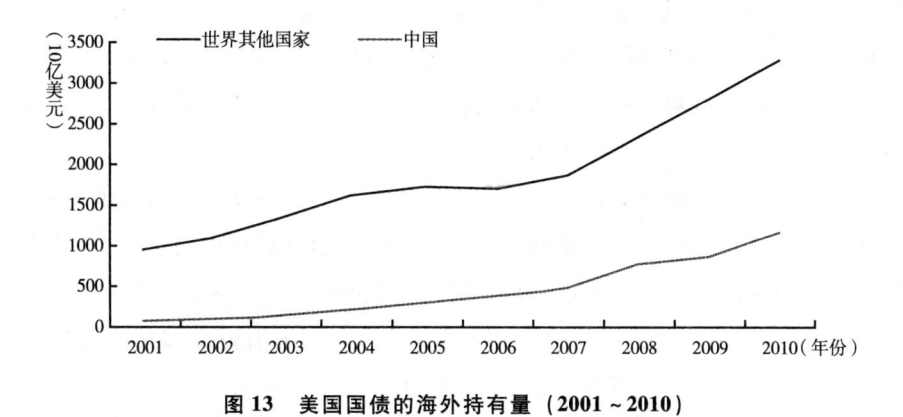

**图 13　美国国债的海外持有量（2001～2010）**

资料来源：美国财政部。

由于金融危机时期美国在其摇摇欲坠的国内经济中投入了接近 2 万亿美元，美国国债的海外持有量直线飞涨。尽管其利率接近零，并且美元在全球市场上遭遇"围攻"，但世界各国仍愿意购买美国国债，因而，持有量达到了一个前所未有的水平。

2007～2010 年间，中国的持有量增加了一倍有余，在 2010 年底达到了 1.16 万亿美元。同时，此 3 年间其他国家的持有量总和增加了 75% 至 3.3 万亿美元。目前，中国持有的美国国债占所有海外持有量的 1/4 强——这个数字小于媒体炒作的数量，但由于美国与其最大的海外债主之间存在巨大的发展差距，这一数量仍是十分庞大的。而现在，中国便是美国国债的最大海外持有国。

将图 11～图 13 的数据综合分析，我们便能得出三方面内容。第一，与人们所知的一致，美国对世界各国都存在着巨大的贸易逆差，并向它们借款无数。第二，中国的总体贸易地位可能比人们认为的更平衡。但是，第三，在过去 10 年中，不论就绝对数字，还是相比于两国各自与世界其他国家的关系而言，中美经济失衡已愈发严重。中美经济关系的规模及其失衡之处，都是这个世界从未有过的。因此，分析两国经济以及关注两国双边关系的独特之处是十分重要的。

美国国内私人需求自金融危机以来便大幅缩减，随着财政刺激政策连续出击，以及银行紧急救市政策的出台，稍许弥补了经济的冷却。美国将面临的财政危机很容易推测，但由于美国普通民众在金融危机浪潮中拼命固守他们的福利政策，同时华盛顿的党派分裂使得美国的政治体系处于近乎难以管制的状态，因此仍难以明确这个国家是否具有面对这些挑战的政治意愿。美国是否以及如何应对这些挑战将对其世界经济地位——其贸易差额、对外借贷以及美元的坚挺——产生重大影响。

中国不遗余力地将其经济重心放在国内经济上——尤其是通过庞大的财政刺激政策以及银行借贷刺激其经济，使中国走出金融危机的影响。尽管中国的银行在金融危机时期依旧坚挺，但中国政府掀起了一股国有银行借贷狂潮，仅 2009 年首季度的新增贷款便超过了未来 3 年所有财政刺激计划总和，甚至多于 2008 年银行贷款总额，虽然那已是中国历史上最大的贷款量（Leow，2009）。

近年来，中国国内消费水平也快速增长，但仍赶不上投资水平。目前，中国的投资量占 GDP 的 45%——从全球标准看，这是一个相当高的比例。全球金融危机期间，中国的投资比以往更倾向于基础设施建设以及国有企业。

中国政府不断表示希望调整国内经济结构，使其从投资型向消费型转变。然而，中国对此次金融危机的应对却表明，其政府总是期望投资能使其经济充满活力，以保持增长态势和充分就业。用以提升中国普通民众消费水平的各种各样的改革——包括一个更开放、更有效的零售金融体系，和为病人以及老年人提供支持的更有力的国家福利体系——似乎仍遥不可及。中国能否成功完成从依赖出口带动经济增长到国内需求拉动经济增长的接力，将对其在未来数十年内的世界经济地位产生重要影响。

## 四　私营成分的相互依赖性

中美两国如何处理各自的问题不仅将影响两国关系，也将影响它们与世界其他经济体之间的关系。中美经济失衡的独特之处在于那与两国总体经济轨迹同样突出重要的部分,其中贸易数据尤其令人烦恼。美国已经有能力大幅缩减其对世界其他各国的贸易逆差,但这并不包括中国。中国与世界其他国家持续保持小额贸易逆差状态,但其对美国大量贸易顺差的增长之势似乎没有上限。

为何中美关系如此特殊?传统观念将其归咎于中国——尤其是中国在人民币对美元汇率上的调控——对美国的不公平竞争,并因而抢夺了美国人的工作。这样的观点在金融危机前的美国中部很常见,在其失业率持续保持两位数水平之后变得更加流行。

在过去10年中,美国在制造就业机会上投入了400亿美元,同期,美中贸易逆差大幅增长,并成为新闻头条。因而很容易在两者之间寻找因果关系。以下是美国参议员谢罗德·布朗(Sherrod Brown)描绘的2009年3月时他所认为的美国中部地区的图景:

> 俄亥俄州的制造商保障员工的最低工资标准,这里有洁净的空气、干净的工作地、完善的产品安全规定,这都有助于保持员工身体健康、拥有较高生产力,并且保证客户的安全。中国的制造商并没有最低工资标准,同时,污染当地水源、允许员工使用危险而有缺陷的机械是常事。俄亥俄州的制造商缴纳税收、健康保险、社会保险,员工享有探亲假,而当一个工厂即将倒闭时,他也会提前给予倒闭通知。中国的制造商常常雇用童工。俄亥俄州的制造商没有政府补贴,而中国制造商常获得开发新技术或出口援助政府补贴。中国制造商从政府对其货币的操纵中获利,为此他获得了40%的成本优势[①]。

当然,就中国对于外资进入其国内市场的限制以及中国对美国知识产权的侵犯而言,关于中国"不公平竞争"的批评是有些道理的。但固定而偏低的人民币汇率并不是中美经济失衡的全部。

从2005年起,根据《经济学人》[②]指出,由于在流通领域中国的通货

---

① < http://brown.senate.gov/newsroom/press_releases/release/?id=83a8362f-5b7f-4901-9659-37957ac77798 >

② 《名义上便宜了还是实际上贵了?》,《经济学人》2010-11-04。

膨胀水平比美国更高，因此人民币的名义汇率升值超过25%，而实际汇率则上升了50%左右（见图14）。为缓解21世纪上半叶中美两国之间不断扩大的经济失衡，2005年中至2008年中，中国政府允许人民币对美元汇率稳步升值。深陷于金融危机的混乱与广泛不确定性中，中国政府决定重新定位人民币对美元的价值。然而当中国政府确信金融危机最严重的影响已经过去，人民币对美元再次逐渐升值，目前已升值5%。

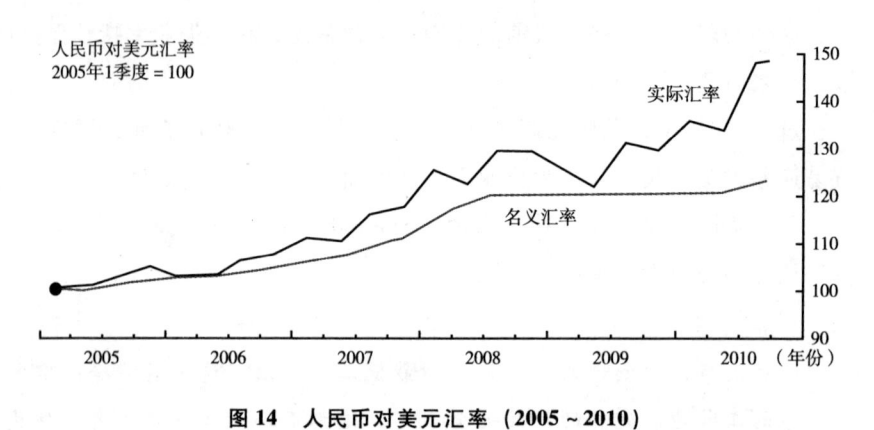

**图14 人民币对美元汇率（2005~2010）**

资料来源：*The Economist*；Bureau of Labour Statistic；CEIC；Thomson Reuters

尽管人民币强势升值，但中美贸易失衡仍不断扩大。这个事实表明，在中美贸易关系中，汇率操纵并不是全部，甚至只是其中的一小部分。那么，隐藏在不断扩大的贸易失衡背后的是什么？有一个答案是中美两国商人都相信但甚少公开表示的，即总体贸易数据被严重误导且低估了美国的获利情况——此处有两个原因。

首先，中国出口的大部分都与在中国经营的跨国公司相关。根据近期的一则对2005年数据的系统研究显示，跨国公司的外国子公司提供一半的中国出口商品，跨国公司（MNCs）与中国企业合作的中外合资企业则提供中国出口商品总量的25%（Manova，2011）。换言之，中国出口的商品只有1/4是真正的"国货"。

其次，许多在中国经营的跨国公司参与全球供应链，把在其他国家（尤其是亚洲国家）制造好的配件在中国装配成最终产品。如在2010年，中国对日本和韩国的贸易逆差远超500亿美元，对台湾的贸易逆差甚至更大——这三个地区都是高附加值产品的生产商，这些产品最终将在中国完成装配并出口到世界其他国家（中美商会，2011）。

外国公司认为产品是"中国装配"，而中国人却认为产品是"中国制造"，这样的情形在苹果公司的 iPhone 手机上体现得最为清晰。2009年，官方贸易数据显示，1100 万部 iPhone 手机由中国运送至美国，这些 iPhone 的总价值略高于 20 亿美元，而其中仅有价值 1 亿美元的零部件是在美国制造的。因此这些 iPhone 为美中贸易逆差官方数字增加了 19 亿美元。

普遍认为，iPhone 的部分零配件在其他地方制造，而它的所有利润却流向了苹果总部、硅谷以及其大多数美国股东。然而，一项由来自亚洲开发银行的研究人员主持的新研究发现了每一部 iPhone 背后写的"加利福尼亚设计，中国装配"显示的经济事实（Xing 和 Detert，2010）。根据这项研究，德国、日本、韩国制造的组件占了 iPhone 那 200 美元售价的 2/3，而中国完成一部 iPhone 的组装——由一家在大陆经营的台湾公司富士康负责——仅值 6 美元，低于美国组件运送到中国装配的运送成本的一半（见图 15）。

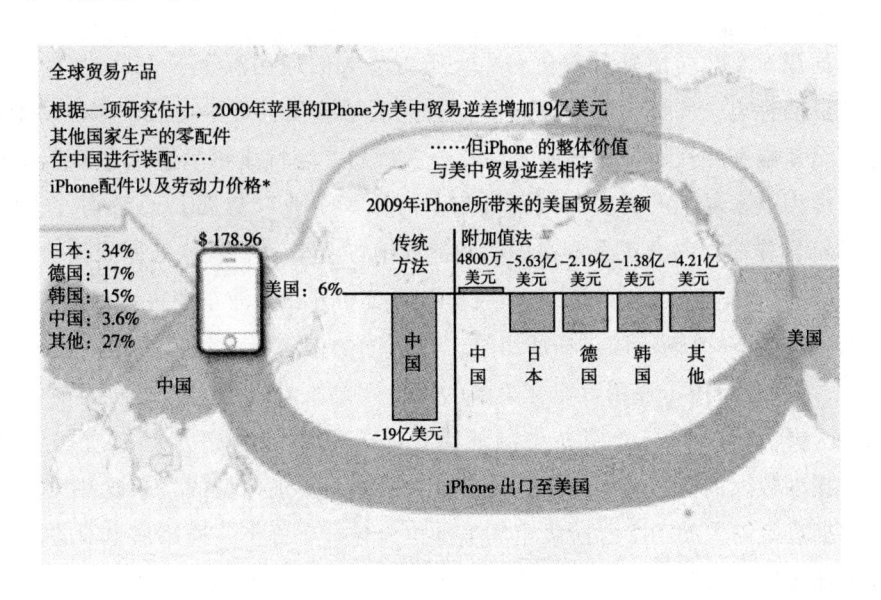

**图 15　iPhone 供销链**

\* 估计数据，由于取整并非 100% 精确

资料来源：Y. Xing, N. Detert. 2010。iPhone 如何扩大美中贸易逆差 ADB1 工作文件 257. 东京，亚洲开发银行研究所。

因此，这些iPhone从美国运到中国产生的实际净出口额仅为5000万美元，而不是贸易数据上显示的20亿美元的逆差额。德国、日本和韩国是中国的净出口国。苹果公司从iPhone的零售销售额上赚取的利润高达50%，这也推动了它在纳斯达克指数上的出色表现，但以上这些并没有计算在那高额利润中。

美国人应该为iPhone庆祝，不仅由于个人从iPhone上获得的价值，更因为美国经济通过"苹果"动力而创造的价值。如果美国人想抱怨iPhone全球化带来的危害，他们应该更担心为什么磁盘驱动器、存储卡和显示屏来自德国、日本和韩国而不是美国。从最重要的经济意义上来说，iPhone在中国装配而成的事实仅是故事的一小部分——尽管这只是从美中贸易数据中挑选的一个信息。

对于美中贸易失衡的常见评论，首先有两方面回应，一是近年来人民币对美元大幅升值，二是如苹果这样的跨国公司是中国发挥装配平台职能的主要受惠方。对于贸易失衡传统评论的最终反驳是美国的跨国公司从中国崛起中获得了巨大好处，不仅仅将中国作为出口平台，并且在中国生产、直接进入中国市场销售。

通用汽车公司便是可效仿对象。历史悠久的通用汽车——20世纪美国制造业的标志——被奥巴马政府从金融危机的暗无天日中挽救出来。目前，它已重新赢利并开始归还政府救助资金。然而，底特律和华盛顿的亲密无间并非通用汽车复苏的真实原因：其与上海汽车工业（集团）总公司（上汽集团）合作成立的合资企业在中国制造并销售汽车和卡车。

当2003年上汽通用五菱汽车股份有限公司开始在浦东销售首批汽车时，它的销量为20万辆。同年，通用汽车在美国的销售量大约是500万辆（图16）。随后7年内，通用汽车在美国的销量大幅下降，但它在中国的销量却直线上升。2010年，通用在中国的销售量——250万辆——超越美国。同时，据多数人估算，考虑到低廉的劳动力成本、更加新型的生产设备，以及中国拥有足够大的中上层阶级市场来承担全球汽车价格，通用在中国的生产规模比美国的大。

当然，通用汽车在中国可做的有限。在其中国业务中，通用不可能持有大部分股份；通用公司明白，在中国制造汽车也意味着中国本土公司将学习它的技术；同时，通用也了解中国政府希望能建立自己的全球一流的汽车制

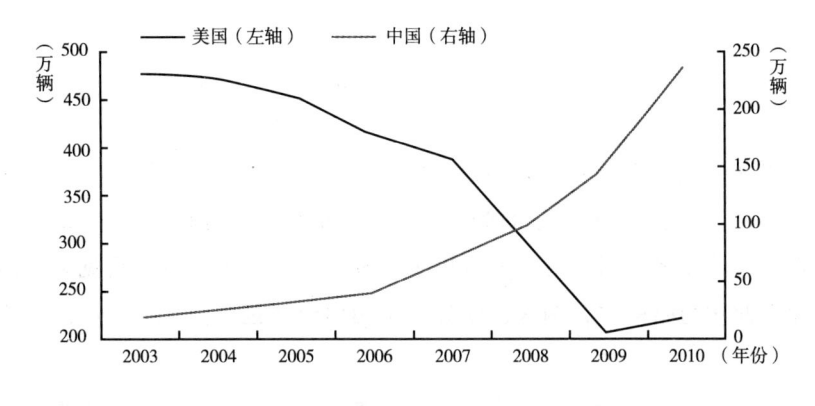

图16 通用汽车销售量（2003~2010）

资料来源：通用汽车公司。

造品牌。然而，就中国市场的规模以及未来增长而言，通用汽车在中国仍是不可阻挡的，并将保持其势头直到中国本土企业的出现。

相比于官方贸易数据，苹果以及通用汽车的例子更接近中美经济关系的实质。但不论是这两家企业还是美国政府都不愿意透露其中奥妙——因为这在美国民众中只会引来"工作在哪里"的质问。中国政府更愿意将全球经济的新现实告诉美国人，然而将美国企业在中国土地上大获成功的事实公之于众似乎并不能说服中国民众，这是政府为了他们的利益而寻求的发展之计——而不是为了推动本土创新。

的确，想在中国经商的美国企业面临重重困难——最主要的便是市场准入限制以及对知识产权较弱的执行力度。中国政府期望创建数百个世界一流企业，因此其产业政策在消费支出上越来越倾向于本土企业而非外国企业。在诸如银行、证券、电信、法律服务以及保险等主要产业领域，外国公司几乎全部或部分被拒之门外（Ahrens，2010）。

然而，美国的跨国公司明白，由于中国的消费中产阶级快速增长以及其极具成本竞争力的生产流程，它们不可能生活在中国的影响之外。它们正在尝试如何能更便利地在中国经商，并且不将东道国逼得太紧（中美商会，2010）。

美国政府正伺机而动，目前，其对中国的高层次经济外交不仅关注如何提高跨国公司的市场准入率，同时也为受中美经济失衡不利影响的美国民众在美国进行诉讼。

## 五　处理中美关系

中美两国经济面临的最大挑战更关乎两国国内经济，而非其经济关系。由于中美两国皆已从应对危机阶段转向了复苏阶段，因此在 2009 年 7 月两国举行首次战略经济对话时，希拉里·克林顿和蒂姆·盖特纳会见了中国代表。而在此次会晤前夕，两人已明确表示国内经济是两国最大的经济挑战：

> 随着我们渐渐恢复，我们必须采取额外的步骤为今后几年的平衡与可持续发展奠定基础。这对美国而言，将包括重建储蓄、加固金融体系，以及加大在能源、教育、医疗保险上的投入，使我们的国家变得更高产、更繁荣。对于中国，这意味着金融体系的持续改革与发展，也包括刺激国内需求增长以减少中国经济对出口的依赖。提升个人收入、加强社会安全网这些措施既能回答为何中国人觉得有必要存储，还能对中国内需以及世界经济提供强有力的刺激（Clinton 和 Geithner，2009）。

然而，总结克林顿和盖特纳提出的挑战，无外乎是改变两国经济的 DNA。未来可预见，美国面临的最大国内经济挑战将是奥巴马总统所说的"财政可持续性"。美国国债受奥巴马政府抵御金融危机政策的巨大影响，仅稳定国债便需要削减税收，或增加中央政府近 1/3 的花销，抑或增加美国 7%~9% 的 GDP 支出（Auerbach 和 Gale，2009）。

奥巴马总统的 2011 财政计划预计到 2020 年财政赤字约为 GDP 的 5%——增加国债发行量，在 10 年内从 GDP 的 50% 左右上升至 90%。他提出的最重要财政改革便是终止布什对于美国富人削减税收的政策——其本质上不足以扭转财政不可持续性的曲线。国会中新得势的共和党人已经有一个计划，基于大量削减支出，能够基本平衡预算而不需要终止削减税收。但他们发现大多数美国人不愿意接受共和党这样为平衡预算而进行的大刀阔斧的改革——尤其是事实上对于老年人医疗保险的私有化。对美国而言，阻力最小的途径便是保持美国财政计划的大量赤字，这在美元的跌势中最能得到反映。

中国的挑战是美国危机的镜像。不似挥霍无度的美国人，中国人存钱以备不时之需。紧密结合的大家庭是因为，当他们生病、老去或失业时，照顾他们的是家庭而不是政府。即便中国人想花钱或是借款，消费者社会需要的零售金融服务在中国充其量只是雏形。

中国政府有能力建立一个有效的社会安全网以及改变监管环境使其有利于针对顾客的零售银行业、信用卡业以及保险业的发展。但是政府却更喜欢对基础设施、国有企业以及国有控股企业进行投资，并将国有银行作为首选中介。

这一战略对中国政治及经济都有所帮助。由于始终关注生产力的推动，中国政府能够履行它的隐性承诺，即充分就业以及提高所有人民的生活水平。民主贯穿了中国巨大的消费主义中产阶级发展过程，而中国政府对于这种民主的历史也同样了解。中国的领导人从戈尔巴乔夫的"公开性"和"改革"中学到了许多，他们不会轻易重蹈苏联天真的开放之路。

考虑到从根本上重组中美两国经济的困难之处，将经济失衡归咎于另一方、并作为自身经济面临挑战的原因，对于两方而言都是一个很大的诱惑。当雷曼兄弟公司破产之后引发的首轮恐慌有所缓解，两国对于金融危机直接后果的反应似乎便是如此。

2009年上半年中美两国之间的公开争端逐渐增多，此后以美国为首，中国紧随其后，不断这样的情况已不令人惊奇。

美国方面，2009年初期，盖特纳在他的提名听证会中透露称，中国确实"操纵"其货币汇率。奥巴马总统明白这将引起一套需要美国对中国进行"报复"的法律程序，为了避免出现这种局面，他称财政部长说错了。

中国对于盖特纳的外交"失礼"反应迅速并激烈。总理温家宝非常担心中国持有的美国国债，他说，鉴于这次金融危机，"我们当然有理由担心我们资产的安全"。一周后，中国人民银行行长周小川提出新全球储备货币，"它与个别国家无关，并能保持长期稳定，因此能够消除由使用以信用为基础的国家货币所引起的固有缺陷"（Anderlini，2009）。他并没有指名道姓地指出美元，但我们都很清楚他忧虑的重点。

由于双方都明白这是在玩火，因此对于美元疲软以及人民币操纵风波的公开争端很快平息。然而，关于贸易保护主义的争论很快便代替了对于货币的相互嘲弄。

仅因为中国进口产品给美国产品以及就业机会带了不利影响，便利用美国贸易法第 421 节以及中国在加入世界贸易组织时协议上的模糊之处来提高中国产品进入美国的关税。这是乔治·W. 布什不愿意做的事，而当奥巴马决定这么做的时候，美国便打响了这场论战的第一枪。在这个案例中，产品是轮胎，而关税高达 35%，推动这项法案的游说集团来自美国汽车工人联合会。

然而更重要的是这个法案所设定的先例。中国和世界都拭目以待，奥巴马是否能抵御贸易保护主义的诱惑并且收回竞选时提到的确实带有贸易保护主义色彩的言辞。在轮胎案中，奥巴马对此睁一只眼闭一只眼，这无疑为纺织和钢铁生产商考虑向奥巴马提起类似的诉讼壮胆。

中国的反击非常迅速。中国政府启动世贸组织争端解决程序，声明指出美国向中国市场倾销鸡肉和汽车配件——将目标对准美国经济中的两个组成成分，这两个行业在金融危机时接受美国政府津贴补助。一个月后，他们将尼龙也列入潜在倾销产品名单。

但在 2009 年这些有关货币以及贸易保护主义的小摩擦中最有趣的是，它们并没有失控，并没有如许多人预计的那般发展成贸易战或货币战。相反，回首那些落后封闭的年代，中美两国冷静人士也推行柔和的经济外交，这成为了金融危机前数十年的特色。

中国期望与日本、韩国和台湾地区保持真诚的交流，但这其中又不失夸大成分。同时，中国也希望能维护其在东亚的利益。随着中国成功摆脱了金融危机，而美国仍处于纸上谈兵的困惑中，中国对这两个期望的实现越来越有信心。因而在 2010 年，中美竞技的舞台已从经济转移到了地缘政治的领域。美国对此的回应是在西太平洋进行越来越多的军事演习，以及强调其与许多在这个地区的以市场经济主导的民主政体共享的价值与利益——不仅仅与澳大利亚、日本和韩国，还包括印度和印度尼西亚——但不包括中国。

此外，有预言称中美两国的地缘政治上的紧张将全面爆发，但没有证据显示如此——一如他们此前的情形。

放眼未来，似乎有理由期望中美经济摩擦随着时间的流逝将从贸易领域转移至两国之间的投资问题上。

金融危机前，中国的主权财富基金以及其半国营企业希望收购美国的企业。然而美国的反应十分激烈——这在 2005 年夏天的国会风暴中表现得最为鲜明，以致中国海洋石油总公司不得不撤销其对一家小型美国石油和天然气公司（Unocal）的竞价。从那时起，中国便在美国的公司控制权市场中保持低调，并在如百仕通（Blackstone）公司这样的影子银行对制造企业的明显收购，以及对于典型美国中产阶级就业机会的获取中选择较少数股权。

由于人民币似乎将继续对美元升值，因此继续对外直接投资并在美国掀起采购浪潮对中国的经济诱惑非常大。结合金融危机对于美国资产价格的连续打击，以及对美国国债的影响，中国对其持有的美国国债的安全十分担心。但很难想象美国的反应将是友好的。

在中国，政府对其市场的严密监管给希望在中国立足的美国企业带来许多障碍——如果外资对中国政府所谓的"国家经济安全"有威胁，中国政府有能力抑制这些潜在外资，这样的能力也增加了不少阻碍。美国企业对能够满足中国不断增长的中产阶级需求的预期垂涎不已，并且他们愿意竭尽全力深入中国市场。沃尔玛目前是中国最大的零售商，但是这家以反对建立劳工组织闻名的企业，不仅不愿意其中国员工建立工会，也不愿意他们在沃尔玛召开共产党有关会议；通用汽车是中国最大汽车制造商，但它的合资企业仍被其中国合作伙伴（上汽集团）所控制；美国银行仍为其在中国设立分行孜孜不倦地努力，但也已证明即使是想获取少量股权也是不可能的。

中美两国之间地缘政治竞争也注定将在未来激化。然而好消息是，可能引起中美军事对峙的潜在触发点明显正在减少。台湾地区与中国经济的一体化有助于继续建立台湾地区与大陆之间更紧密的联系。日本和中国或许会在争议岛屿上有所交锋，然而人人都知道日本未来经济与中国密切相关。近年来，超乎多数人的预期，中美就遏止朝鲜核野心问题上合作密切。西藏似乎无法取代台湾的重要地位。在打击伊斯兰极端分子的问题上，包括争论不休的制裁伊朗问题，中国或许并不总会与美国合作。但这关乎外交上的合作，而非白热化的军事竞争。

## 六 结论

中美关系中似乎存在两条底线。一方面，两国之间的摩擦不可避免。中国迅速崛起；美国日渐衰退，即使这速度比通常估计地慢许多。两国在价值观与利益上有着深刻而持久的差异，而两国的经济失衡又非常巨大，并且似乎将长期存在。中国国防开支的增长比其震惊世界的经济涨势还要迅猛，这让美国鹰派对中国仅用于自卫的军事目的保持怀疑。

另一方面，两国一次次地成功缓解了两国关系中或将失控的紧张局势——任何时候，这都比重蹈金融危机覆辙更好。两国似乎达成共识，相互吐露两国的真正难题是双方合作经商的必要条件，而这些真正的难题通常都着眼于国内民众。因此，我们似乎可以合理地解释两国之间不可避免的频繁冲突更像释放压力的阀门，而不是发展成森林大火的局部小火灾。

双方都认同，两国经济关系的利益是巨大的。对美国而言，中国不仅仅是美国创新的廉价装配工，它也是世界上增长最快的中产阶级消费市场。而对中国，美国不但是作为其杀手锏的最终消费者，而且它还是科技和知识的储藏室。即使中国的繁荣削弱了其劳动力成本优势，这些科技与知识也能帮助中国保持其经济的生产力和效率。双方也了解，一旦两国真正产生冲突并最终发展成战争，代价将是毁灭性的。

中美两国之间这种高度务实的态度有赖于双方领导人。近年来，两国均历经了多代领导人的执政，目前两国已能应对这项挑战。此次全球金融危机带来了比以往任何时候都高的风险，并增加了中美之间的潜在摩擦点。然而，经济一体化以及规避军事冲突带来的巨大成本将对两国的利益带来更多的好处，因而两国的冷静人士将对此密切关注。

## 参考文献

Ahrens, N. (2010), *Innovation and the Visible Hand*, July, Carnegie Endowment for International Peace, Washington, DC.

American Chamber of Commerce in China (2011), *2011 American Business in China White Paper*, American Chamber of Commerce in China, Beijing.

Anderlini, J. (2009), "China calls for new reserve currency", *Financial Times*, 23 March.

Auerbach, A. and Gale, W. (2009), *The Economic Crisis and the Fiscal Crisis: 2009 and beyond*, 19 February, Brookings Institution, Washington, DC.

Clinton, H. and Geithner, T. (2009), "A new strategic and economic dialogue with China", *Wall Street Journal*, 27 July.

Ferguson, N. (2009), "What 'Chimerica' hath wrought", *The American Interest*, January-February.

International Monetary Fund (IMF) (2009), *The State of Public Finances*, July,

International Monetary Fund, Washington, DC.

International Monetary Fund (IMF) (2011), *World Economic Outlook*, January, International Monetary Fund, Washington, DC.

Kissinger, H. (2011), "Avoiding a US-China cold war", *Washington Post*, 14 January.

Leow, J. (2009), "Fitch sounds alarm on Chinese lenders", *Wall Street Journal*, 22 May.

Manova, K. (2011), Firm exports and multinational activity under credit constraints, Ms., Stanford University, Calif.

US-China Business Council (2011), *US-China Trade Statistics and China's World Trade Statistics*, US-China Business Council, Washington, DC, and Beijing, < http://www.uschina.org/statistics/tradetable.html >.

Wolf, M. (2008), "How imbalances led to credit crunch and inflation", *Financial Times*, 17 June.

Xing, Y. and Detert, N. (2010), *How the iPhone Widens the United States Trade Deficit with the People's Republic of China*, Asian Development Bank Institute, Tokyo.

（范欣怡 译）

# 认真消除中美贸易摩擦的重要性

胡永泰

## 一 引言

当《华尔街日报》于 2011 年 4 月 1 日刊登题为"中国会议凸显货币冲突"的报道时，这并不是愚人节的一个玩笑。由于中美双边贸易不平衡对美国经济造成的冲击涉及面已经从美国失业问题（Scott, 2007）扩大为美国金融市场的动荡（Guha, 2009）。"恶中国"的情绪非常高涨，甚至连《纽约时报》都省去矛盾修辞手法，直接称人民币兑美元的汇率为"典型性以邻为壑的竞争性贬值（强调）"。

不仅英语语言在讨论中美经济关系中受了伤害；历史也发生了错误的转折。尼古拉斯·拉迪（Nicholas Lardy）说："美国是瘾君子。我们沉迷于消费……中国是供应商。他们提供信贷使我们过度消费。"①

无法忽视的是，19 世纪的鸦片战争就是上述事实的佐证，只不过现在侵略者和受害者二者身份发生扭转，这种历史的转变确实让人始料不及。为了继续尼古拉斯做出的历史类比，我将对卡尔·马克思最著名的作品的第一段进行一段演绎——即中国的理智之光——在 2011 年 4 月探讨世界的状态和我的观点。

---

① 《温特学院：中美两国成为连体婴》，圣克劳德州立大学供稿，2009 年 3 月 2 日，http://www.stcloudstate.edu/news/newsrelease/default.asp? storyID = 28126

一个幽灵正困扰着世界——它就是货币战争。20 国集团会议（G20）将在 2011 年 11 月 3 日和 4 日在戛纳聚首，试图通过结成一个圣洁的同盟将这个幽灵驱走：美国的总统，中国共产党总书记，美国财长盖特纳，法国财长拉加德，日本专家和德国夏尔巴人。货币战争由于中美贸易不平衡问题而存在。G20 有没有可能退化成 G2，而中国死守汇率，与其他国家的抗议针锋相对呢？G20 难道不能使出政治手腕，使全球经济复苏，走上可持续发展之路吗？如果中国能与其他 G20 成员达成这样的结果，那么这将是中国和 G20 对全球经济复苏。

## 二 汇率一元论之外的论调

仅凭美国庞大的贸易逆差和中国庞大的贸易顺差均无法真实反映中国的经济状况。然而，二者能够反映出两国的经济状况（及世界其他地区）（Woo，2008）。不容置疑的是，由于央行的不断干预，在外汇市场中，人民币的价值被低估了；而另一点不容置疑的是，美国的低储蓄率致使美国借用国外资金投资，填补其庞大的政府财政赤字，而美国政府并没有形成一个可靠的方案，随着经济的复苏来减少预算赤字。直白地说，只有中美双方均采取正确的措施，才能真正实现一个公平减少贸易不平衡的方案。

鉴于贸易不平衡是由一系列因素造成，简单地说，有效的解决方案需要运用多种政策工具。不仅要有人民币兑美元的升值，还要有大的政策上的改变，比如降低中国的贸易壁垒，美国削减预算赤字，美国进出口银行扩大贸易信贷设施等。

颇受好评的"广场协议"（Plaza Accord）（1985 年 9 月签署），使日元大幅升值，但因在全球金融市场中掀起轩然大波，仅 17 个月后，它就重蹈与 1987 年签署的"卢浮宫协议"（Louvre Accord）的覆辙，成为博物馆中的一件展品。随着世界开始走出 2008～2009 年的全球金融危机，此时向金融市场推崇此类做法是不负责任的。

更重要的是，人民币兑美元汇率的大幅升值对降低美国贸易赤字是否有效，是令课本书以外的世界生疑的事。当日元兑美元汇率从 1985 年的

238.5日元兑1美元升至1988年的128.2日元兑1美元（据国际货币基金组织，增值86%），对缓解美日间的贸易失衡却收效甚微（见表1）。美国贸易逆差占国内GDP从3.5%降至2.8%（下降0.7个百分点），而日本贸易顺差占国内GDP从3.4%降至2.6%（下降0.8个百分点）。美日贸易不平衡变化最大，所占国内生产总值从3%降至1.6%（下降1.4个百分点）。

表1  1984~1988年日元升值期间的美日贸易平衡状况

|      | 日元/美元 | 美国贸易平衡（占美国GDP百分比） | 日本贸易平衡（占日本GDP百分比） | 美日双边贸易平衡（占日本GDP百分比） |
| --- | --- | --- | --- | --- |
| 1984 | 237.52 | -3.13 | 2.64 | 2.63 |
| 1985 | 238.54 | -3.51 | 3.43 | 2.98 |
| 1986 | 168.52 | -3.80 | 4.12 | 2.60 |
| 1987 | 144.64 | -3.61 | 3.29 | 2.17 |
| 1988 | 128.15 | -2.75 | 2.61 | 1.61 |

资料来源：贸易数据来自纽约联合国国际贸易统计资料库，国内生产总值数据来自华盛顿特区国际货币基金组织国际金融统计资料库。

1985年，日本的出口商品在美国市场的售价大幅提高之后，美国贸易赤字没有因此而明显减少。原因如下：首先，美国的客户转而从第三世界国家进口类似产品；其次，为了保住美国市场，日本企业将生产转移到其他亚洲国家进行。由于这些新的海外生产基地从日本引进大量的资本和设备，日本的贸易顺差也并没有实质性的变化。

由于超过60%的中国出口商品均产自外资工厂，如果人民币重现1985~1988年间日元升值的场景，许多外国投资者会将生产经营转移到世界其他地区去。如果美国不采取行动提高低储蓄率和削减预算赤字，纵然有第二个"广场协议"，也不会减少美国现有的贸易赤字，并将致使美国将从国外借来的资源进行重新分配，引发新一轮全球金融市场动荡。

均衡汇率的经济学定义是央行不参与的前提下产生的结算汇率。结算汇率以国际收支为零进行定义，而不以双方贸易的账面平衡情况（或当前账面平衡情况）为零定义。这意味着尽管汇率失调是基于基本均衡汇率的概念进行定义的，它也空有其壳，因为基本均衡汇率与结算汇率并不相同。

2011年11月美国财长盖特纳在首尔的G20峰会上提出，每一个G20成员国应该防止贸易不平衡持续超过国民生产总值的4%，这对缓解经济环境不景气下以生产能力低下和全球失业率居高不下为代表的贸易紧张，是切实可行的办法。盖特纳的提案在当前全球形势下，具有良好的经济和政治意义，原因如下：①避免基于均衡汇率理论（FEER）对人民币进行衡量的伪科学及人民币大幅升值和美国贸易赤字大幅下降论调的不科学性；②每个国家自由选择政策工具，使贸易不平衡处于可控状态；③杜绝以邻为壑的政策对缓慢复苏中的国际经济产生破坏性影响。

## 三　中国应何去何从

中国作为一个发展中的经济体向发达国家提供贷款，这着实是件不寻常的事。特别是当估算均显示中国的资本回报率比美国高得多。这种反常结果导致：①中国在政治和经济上压倒一切的首要任务是为庞大的劳动力队伍创造就业机会；②对稚嫩产业进行保护的观念已经深入人心（又被称为"自主创新"），加快了中国积累资本的速度。压低汇率对加快出口企业、进口竞争企业成长十分有益，剩余劳动力从农村走入城市为企业成长提供人力资源。

推动出口、压制进口是中国贸易顺差背后的根本原因。从短期来看，政府应减少贸易障碍，让更多的进口商品进入中国，提高人民生活水平。中国还应增加几种新型输入方式，例如教育服务业和旅游业。拥有大量外汇储备作支撑，中国应扩大奖学金和助学贷款计划，使得符合条件的中国人到国外接受更好的大学教育和培训课程。然而，若非为了生产目的，中国不太可能增加这种类型的输入，因此，这也仅是一种假想。

此外，中国应认识到以培育高新技术产业为目的的本土自主创新计划，其实质是将产品收入从消费者转嫁给制造商，这是一个不公平的机制。全球大多数本土自主创新方案，实施效果并不理想。它们催生的行业不具备国际市场竞争力。这表明大多数本土创新计划要么是被"边学边干"的观点误导，要么是出于对竞租行为的考量。这种误导还导致另一个不幸的结果，即强调外国对中国进口壁垒和侵犯知识产权的不满，加重了对中国出口贸易进行自卫性反击。鉴于最受保护的产业不会成长为最具有竞争力的世界级行业，大多只是以此躲避国外竞争的竞租行为。中国可以做到既不弱化技术改造能力，又能大幅减少本土自主创新的规模。

从长远看，中国的根本任务是改革国有银行系统的垄断地位，将储蓄转用于国内投资。另一种异常现象是，在华外国私人银行面临的法律限制和针对经营活动的非正式禁令比国内银行少得多。如不对国内私人银行进行优化升级，将很难满足劳动力密集度比大型企业大得多的中小型企业的融资需求。一个现代化、多元化的金融部门是确保中国储蓄资金过度外流，并保持快速创造新就业机会的方案之一。

中国应通过削减投资和促进消费实现消费性增长。消费主导的经济增长意味着较低增长率[①]。投资率较低，则产能提高较慢。这一建议实则希望中国放缓实现工业化国家水平的步伐。这一有缺陷的再平衡建议是基于不加批判地使用GDP核算身份提出的，其中，国内生产总值等于需求各组成部分之和。建议的提出者没有意识到，当国内生产总值大部分用于消费，小部分用于投资，则仅能保证现有承载能力的充分使用，而不能保证生产能力的增长速度。在今后一段时期内，国内生产总值的水平，取决于投资下一阶段资本存量的现阶段资金数量。

中国要实现经济再平衡，要做到两点。首先不靠牺牲国内资本积累，而靠消除贸易顺差，增加消费。在2011年4月的情况下，中国政府应该不再依靠削减投资遏制通胀，而是快速使人民币升值。将人民币升值作为对抗通货膨胀的主要手段，意味着以接受暂时的高失业率来换取未来的永久性低失业率。这是因为，出口制造业通常比投资项目需要更多的劳动力。出口减少了10亿元人民币，会比投资项目上减少10亿元人民币导致更多的失业。将今日投资的钱用于拓展未来的产能，意味着未来创造的就业机会将获得永久性增加。中国也应降低进口壁垒，因为廉价的进口将刺激消费，帮助控制通货膨胀。

其次是改变投资方向，使出口型投资转向辅助人力资本形成、加快农村人口城市化的投资。城市化进程可以成为与出口行业同样重要、持久的增长动力（Woo和Zhang，2011）。中国要在百姓负担得起住房的基础上推进城

---

[①] 例如，Lardy（2007：10）写道，更期望看到增长途径是通过"降低国民储蓄率"，并降低"过高投资率"。后者是走上消费驱动增长路径的先决条件。

市化。过去10年间房地产业快速增长，不单体现出投机性需求，也体现出百姓被压制的住房需求和随着工业化、城市化进程高速发展体现出的住房需求[①]。大量从农村来到城市的新定居者不符合银行按揭贷款要求，所以产生了许多投资者将已购买的多处房产租给务工人员，期望租金随着租房者收入的增长而增加。从这个意义上说，住房需求已经被投机者利用。

我们建议中国研究香港和新加坡的低成本公租房计划，建立一个国家住房计划，使新生定居人口在租房达7个年头后，可以享有以建筑成本价格购买这些住房的优先权。这种"未来的主人翁"模式的城市化，可防止投机导致的高空置率升级到不良贷款问题。中国能负担得起大规模的公共房屋计划，这是因为，在其他国家主要难题不是结构问题，而是土地成本问题，而在中国，土地多为国有[②]。

## 四 实现共同繁荣所需的理智与情感

为了控制住保护主义情绪，在美国进行重要改革也是必需的。众所周知，通胀后，美国蓝领工人的工资在过去20年间几乎没有增长，这种停滞对保护主义起到了推波助澜的作用，也将矛头直指全球化竞争的加剧。现实情况是，美国公司为雇用蓝领工人付出的越来越多，但并没有转化成工人实实在在带回家的工资。因为，随着劳动报酬的增加，不断上升的医疗保险费消弭了工资的增长。如果没有医疗保险的通胀，工人拿回家的薪水会因在过去20年中发生的技术创新创造高劳动生产率而出现显著增长。美国总统奥巴马使更多的工人群体享受医疗保险，但对控制医疗成本问题，他没有提出任何有力的实施办法。削减预算赤字和因此产生的贸易赤字将是一件难事，除非进行医疗改革，控制医疗成本。

美国和中国除了各自对贸易不平衡引起的全球性关系紧张有所作为外，双方也应该携手合作，防止削弱世界贸易组织的自由贸易体制。具体来说，

---

① 如果投机性需求是楼市炒高的主要原因，租金不会有大幅上升（因为投机性的投资者往往会租出空置房）。相反，2010年3月，北京的租金价格比2009年3月上涨19.6%。见《中国日报》"调查显示房价仍然过高"的报道，2010年5月12日，http：//www.chinadaily.com.cn/metro/2010 - 05/12/content_ 9839054.htm。

② 应该指出的是，住房建设是劳动力相对密集行业，而家居装饰是劳动力高度密集行业。

中国已经从 WTO 体系受益匪浅，但其并未主动起到应有的作用，推动多哈谈判向前发展。巴西和印度在贸易谈判中担当了发展中国家阵营领导的角色。2007 年 6 月在波茨坦举行的四国集团会议上（G4：美国，欧盟，巴西和印度），巴西和印度收回早期提出的制造业关税，以换取发达国家对农业补贴进行的削减，这些国家更青睐与中国进行进口贸易。

美国对保护多边自由贸易体系意志较弱，中国此时应在多哈回合谈判中表现更加活跃，进一步放开国际贸易限制。这种作用将非常符合中国的利益，因为巴西现在正绕过多边贸易自由化与欧盟进行自由贸易协定（FTA）的谈判。越来越多像巴西这样的国家对多边贸易慎而又慎，避免降低关税使像中国这样的低成本生产者从中得利，并不断寻求与发达国家签订符合双方利益的双边贸易协议。因此，中国作为一个负责任的利益攸关者，中国此时加入多边自由贸易体系正逢其时。

对世界经济而言，特别需要美国和中国在许多方面（如汇率政策、财政预算赤字、放松双边和全球贸易管制、遏制盗版行为、社会安全等方面）启动经济协调，使收支往来不平衡低于国内生产总值的 4%。如果两国不通力合作，在解决贸易不平衡问题上无法携手，那么我们不可能在短时间内看到两国在对全球气候变化的协议（多边），加强核不扩散或消除贫困等方面的新进展。总之，如果在贸易等争议较少的问题上不能充分运用外交界的政治智慧，则在那些更重要的目标上就无法取得进展。如果这些问题中的任何一个取得了进展，那也一定是在经历了充满对抗性的漫长过程之后才能得以实现。

高度对抗性的结果不一定就是获得进展，相互麻痹或公开冲突，也是对抗的常见结果。许多专家都指出，20 世纪的"强国"（前 50 年是德国和日本，后 50 年是苏联）与现在的"强国"都发生过灾难性战争。对中国，作为一个在 21 世纪出现的世界强国的悲情预测，忽略了一个事实，即在 20 世纪崛起的最强国是美国（而不是德国，日本或苏联）。美国是全球稳定的推动力量。总之，如果现在的各强国家能有技巧地（不是放任自流）容纳一个新兴的中国，中国有可能成为全球体系中一个负责任的利益相关者。因此，我们不应放弃希望（这一点被澳大利亚国立大学 China Update 项目的分析师多次指出），中美能够从维护自身利益出发，做到认真合理地缓和双边紧张关系，确保一个充满希望的未来。

## 参考文献

Guha, K. (2009), "Paulson says crisis sown by imbalance", *Financial Times*, 1 January 2009, < http://www.ft.com/cms/s/0/ff671f66-d838-11dd-bcc0-000077b07658.html >

Lardy, N. (2007), "China: rebalancing economic growth", in F. Bergsten, B. Gill, N. Lardy and D. Mitchell (eds), *The China Balance Sheet in 2007 and Beyond*, Center for Strategic and International Studies and the Peterson Institute for International Economics, Washington, DC.

Scott, R. E. (2007), *Costly trade with China: millions of U. S. jobs displaced with net job loss in every state*, EPI Briefing Paper No. 188, Economic Policy Institute, Washington, DC.

Woo, W. T. (2008), "Understanding the sources of friction in US-China trade relations: the exchange rate debate diverts attention away from optimum adjustment", *Asian Economic Papers*, vol. 7, no. 3, pp. 65–99.

Woo, W. T. and Zhang, W. (2010), "Time for China to move from macro-stability to macrosustainability: making macro-stimulus work and maintaining its effects", *Journal of Asia Pacific Economy*, vol. 15, no. 4 (November 2010), pp. 349–368.

(王宇 译)

# 中澳经济关系

Christopher Findlay*

## 一 引言

中国的崛起与改革掀起了澳大利亚国内大规模结构变革的浪潮。尽管澳大利亚的人均收入远高于中国,但中国持续快速的增长将一系列政策难题摆在了澳大利亚面前,特别是管制改革问题。许多难题都与中澳利益关系的主要领域有直接联系,而澳大利亚应对的方式也将影响中澳关系的发展。然而这其中也存在着风险,繁荣的状况或许难以持久,同时,中国崛起带来的机遇将被浪费。

中国将持续高速发展这一观点得到了广泛认同①,然而中国也面临着一系列结构性挑战,它如何应对这些挑战对中澳关系也将产生影响。

资金以及人口流动性的增加是两国关系变化中的一部分。中国是澳大利亚的一大投资商,并且目前两国之间存在着显著的人口流动。引言的目的在于记述这些发展的一些方面;下一部分回顾了近期出现在贸易与投资流动中的变化,以及澳大利亚具有的丰富自然资源的特点;随后的一部分

---

* 感谢 David Kai Du 帮助搜集数据,感谢 Kym Anderson 对一些内容的讨论。任何错误均由作者自负。
① 太平洋经济合作理事会(PECC)在地区现状 2010~2011 报告中预期,相比于 2010 年 10.5% 的经济增长速度,中国在 2011 年和 2012 年经济增长将为 9.5% (PECC, 2010)。在该报告的意见领袖调查中,对于中国经济(相比于过去 12 个月)在未来 12 个月内的增长这一问题,46% 的受访者认为增长较快至更快,只有 19% 受访者认为经济增长将较弱至更弱。

将就对外直接投资流动与人口流动进行讨论；本文最后讨论了澳大利亚面临的三大挑战，即"当下"挑战、"繁荣终结"的挑战、"新机遇"的挑战。

## 二 贸易与投资流动

中澳两国高度互补，同时中国对于世界贸易而言也越来越重要。因此，当中国超越出口目的地日本与进口来源地美国而成为澳大利亚最大的商品贸易伙伴，人们丝毫不觉得惊奇。

2010年，澳大利亚出口至中国的商品价值为584亿澳元（占出口总额的25%），从中国进口的商品总价值达393亿澳元（占进口总额的19%）。图1和图2分别显示了出口与进口前五位国家所占比例。中国在2009年成为了第一大出口终端，印度不断增长的重要性也值得注意。在进口环节，中国的份额不断上升，而日本与美国的比重则逐渐下降。东南亚国家联盟（东盟）经济体逐步增长的比重同样值得关注。

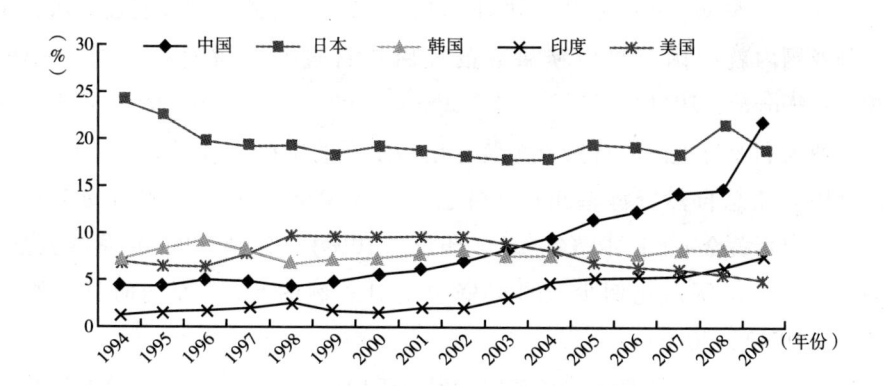

**图1 澳大利亚出口前五位国家比例**

资料来源：环亚经济数据有限公司，纽约。

2009年，中国是世界最大出口国，占世界出口总额的9.6%，也是世界第二大进口国，占世界进口总额的7.9%（世界贸易组织，2010）。中国对澳大利亚出口量在澳大利亚进口总额中所占的比例是其占世界进口总额比例的3倍多，这为紧密的中澳关系提供了进一步说明。

2009~2010年间，澳大利亚出口至中国的主要产品为铁矿石（250亿澳

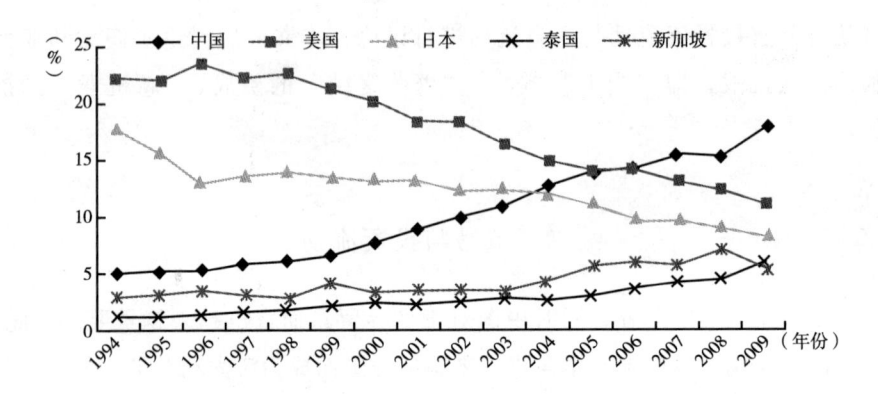

图 2　澳大利亚进口前五位国家比例

资料来源：环亚经济数据有限公司，纽约。

元）、煤（50 亿澳元）、铜（17 亿澳元）、羊毛（15 亿澳元）；服饰、电脑、电信设备和玩具是澳大利亚进口的主要商品（DFAT，2010b）。然而，中国出口至澳大利亚的商品种类繁多——例如，尽管新鲜食品仅占出口额的一小部分（小于 1%），但它们对于澳大利亚的夏天非常重要，并且值得我们关注。2001 年早期，中国的苹果"自 1921 年起首度"进驻澳大利亚商店，澳大利亚国内就中国苹果对澳果农的威胁进行过一场激烈的争论（AAP，2011；Murphy，2011）。

澳大利亚与中国的自然资源贸易已有了新的定位。截至 2009 年，中国占澳大利亚总自然资源输出的 1/4 强（金属矿产、矿藏、燃料和金属材料——包括黄金），日本（20%）、印度（10%）、韩国（9%）紧随其后。1999 年，中国所占比例少于自然资源出口总额的 5%，而当时日本则占23%（DFAT，2010a）。

另一方面，尽管两国关系密切，但对于中国而言，澳大利亚这个贸易伙伴并不重要。对于中国而言，澳大利亚仅位于其出口国排名的第 11 位，不到中国出口量的 2%（澳大利亚在世界商品进口总量中的份额为 1.3%，并在世界上排名第 19 位）。作为进口来源地，澳大利亚的排名略高——第七位，占进口额 4%（澳大利亚占世界商品出口总额的 1.2%，排名第 23 位）。

此外，中澳服务业关系也有所深化。目前，中国是澳大利亚的最大出口国。2009 至 2010 年，澳大利亚对中国的"服务性出口"价值 58 亿澳元，占出口总额的 11%；"服务性进口"为 16 亿澳元，占进口总额的 3%。服务性出口主要为教育相关旅游（海外学生在澳大利亚的消费）和其他个人旅游——或旅行团；进口主要项目为旅游（澳大利亚人去中国旅游）和运输（如海运）。中国在服务性进口来源国重要性排名中仅名列第8，对中国的服务类销售似乎被澳大利亚严重忽略。本段中所呈现的数据为跨境交易，而非来自境外服务分支机构的销售量。

近年来，从中国引进的国外投资数目激增。截至2009年，中国在澳大利亚投资储量（直接投资与有价证券组合）达到166亿澳元，其中直接投资储量为92亿澳元。就储量规模而言，中国并不在澳大利亚首要海外投资国之列（2009年外资引进总额接近2万亿澳元，其中美国与英国总和占1/2、日本占5%），然而就资本流入而言，2009年中国名列第5，仅次于美国、英国、荷兰和日本。根据澳大利亚统计局数据，表1显示，2009年资本流入价值上升至近50亿澳元。澳大利亚在中国的投资虽然存在波动，但总量仍处于小规模：至2009年，所有资金储备为63亿澳元，其中直接投资为24亿澳元。

表1　中国对澳大利亚的外资投入

单位：百万澳元

| 中国对澳大利亚投资额 | 2005年 | 2006年 | 2007年 | 2008年 | 2009年 |
| --- | --- | --- | --- | --- | --- |
| 外资总额 | 30 | 1281 | 2681 | 2489 | 7845 |
| 直接投资 | -58 | 244 | 23 | 3187 | 4991 |

资料来源：澳大利亚统计局（2009）。

## 三　丰富的自然资源

澳大利亚贸易的组成与走向变化反映了世界对于自然资源与食物的需求不断增长。目前，自然资源出口占总出口额的57%，而2005年这个数据仅为41%（Christie等，2011）。这种转变体现了价格与数量上的变化。

自从建立联邦政府之后，澳大利亚的进出口比例从未如此之高（Stevens，2011）。自2005年起，铁矿石的价格以年均23%的速度上涨，煤价年均涨幅为8%（以澳元为单位）[①]。澳大利亚进出口比例超过20世纪平

---

① 21世纪早期，食物价格已有所增长，这是自20世纪70年代以来物价回落的反弹。

均水平65%，并超过20世纪进出口比例发展趋势预测值85%（Stevens，2011）。因此，澳大利亚名义上国内生产总值超过其实际水平13%（Stevens，2011）。

自2005年起，铁矿石出口量以每年10%增长，煤出口量的年增长为5%。贸易领域主要的结构性变化体现在铁矿石对中国出口量的激增（自2005年起增长了4倍，达到2.5亿吨）、2007年对中国焦煤出口量的增长在2亿~3亿吨（高于对印度出口的稳步增长），以及2010年热煤出口量有所上涨。中国已成为澳大利亚液化天然气（LNG）第二大出口目的地国。

中国的崛起以及印度相对小幅度的发展势头推动着自然资源价格走高（Orsmond，2011）。中国崛起不仅意味着工业化，也包括农村劳动力的就业与随之而来的快速城市化进程（Song，2010）。目前，中国已迈入了宋立刚教授所言的工业化中期，相较于更偏向劳动密集型的早期阶段，此阶段对能源与矿产的需求更为显著。这引起了"中国自2002年起国内对能源与资源需求的骤增"，而需求的骤增也导致价格水平走高以及矿产资源短期供应灵活性降低。虽然中国拥有资源的绝对数量相当可观，但其人均拥有量则较为短缺，这使得中国对于资源的需求越来越大。中国对资源的海外购买量便能反映这一点。宋教授指出，中国在2003年已转变成为石油净进口国，在2009年成为煤炭净进口国。

与此同时，由于中国的工业化进程引起了矿产与能源价格走高，工业化进程也使得制成品供应量增加而价格始终偏低。考虑到澳大利亚的生产要素与贸易模式，自然资源价格走高而制成品价格持平甚至走低这样的转变对澳大利亚非常有利。以上总结的中澳贸易往来组成恰能体现这一点。

宋教授质疑这种繁荣将维持多久。假设GDP涨势依旧迅猛，宋教授提出钢铁的库兹涅茨曲线，根据此曲线，中国将于2014年迎来其人均钢铁消费峰值，如果中国仿照日本的脚步，这个时间点将更靠后。目前，中国的钢铁产量为6亿吨，而2024年预计产量将达到10亿吨，这意味着钢铁需求将大幅增长以及其他矿产能源需求也将持续上扬。然而，澳大利亚的问题是其供给该如何应对全球市场。下文对此问题与澳大利亚国内结构性调整所带来的后续相关问题进行了详细讨论。

本文的主题为，中澳关系的变化不仅将引起澳方国内结构性革新，也将带来澳大利亚国内政策的争议。资源租赁税便是一例。资源领域的高价格水平导致了高额利润的产生，这使得资源租金分配问题争论纷纷，并引发了税收政策的大幅调整。令人担心的是，新的税收政策并不能解决先前税务政策中的问题，而同时也带来了新的问题。

先前，澳大利亚对于资源项目的征税以企业所得税与专利税的形式进行，并和销售业绩挂钩，州政府对特许开采税进行管理。资源类企业担心高价格高利润将会引起更高的特许开采税税率，而当价格下降时税率仍难以回落。由于特许开采税的存在，矿场更倾向于提早关闭，因此该税收效率低下。2010年5月，澳大利亚政府提出了一种基于利润的税收，该税收的最初版本引起了极大争议。随着政府内部的革新，资源行业谈判得出了该税收仅适用于煤炭业与铁矿石业的新版本。[①] 州政府继续收取即时支付的特许开采税，而包括用于支付特许开采税的信贷等损失以一个指定的利率结转。当利润低下，并且利润纳税不足以支付特许开采税信贷，矿场仍将继续迅速关闭。对于新税收的其他评论认为，新税收不利于矿主降低成本、引起更高的资本密度、最终使产量持平并阻碍高风险项目（Pincus，2011）。也有人认为该税收对一些类型的企业降幅不如其他企业明显。

## 四 资本流动：矿产投资

关于资本流动的数据不仅可以在澳大利亚统计局找到，批准报告与公告中均有所体现。批准报告中的数据来自于外国投资审查委员会（FIRB），同时，这些数据一如既往地胜过澳大利亚统计局发布的实际资本流动数据（见表2）。

2005~2006时期，外国投资审查委员会认可的中国直接投资项目猛增超过70亿澳元，相比于历史同期，下一年的直接投资额始终位于较高水平。2007~2008年，投资许可项目总值回到了2005~2006时期相同水平，而在2008~2009年间翻了两番。这发生于全球金融危机期间，2008~2009时期中国许可投资项目仅57个，然而矿产领域的许可项目价值却大幅增长。随着金融危机的发生，投资项目总许可数也有所下滑——从2007~2008年间

---

① 见Ergas等（2010）新税收评估；Pincus（2011）总结。

表2 中国对澳大利亚投资项目数，外国投资审查委员会
许可通过，以行业划分（1993~2010）

单位：百万澳元

| 年份 | 数量 | 农业，林业和渔业 | 制造业 | 矿产勘察和资源加工 | 房地产 | 服务旅游业 | 总计* |
|---|---|---|---|---|---|---|---|
| 1993~1994 | 0 | 0 | 0 | 0 | 0 | 0 | 0 |
| 1994~1995 | 927 | 0 | 1 | 42 | 426 | 52 | 522 |
| 1995~1996 | 267 | 0 | 6 | 52 | 137 | 31 | 225 |
| 1996~1997 | 102 | 10 | 3 | 5 | 176 | 17 | 210 |
| 1997~1998 | 0 | 0 | 0 | 0 | 0 | 0 | 0 |
| 1998~1999 | 0 | 0 | 0 | 0 | 0 | 0 | 0 |
| 1999~2000 | 259 | 35 | 5 | 450 | 212 | 10 | 720 |
| 2000~2001 | 0 | 0 | 0 | 0 | 0 | 0 | 0 |
| 2001~2002 | 237 | 0 | 47 | 20 | 234 | 10 | 311 |
| 2002~2003 | 0 | 0 | 0 | 0 | 0 | 0 | 0 |
| 2003~2004 | 170 | 0 | 2 | 971 | 121 | 5 | 1100 |
| 2004~2005 | 206 | 2 | 0 | 39 | 181 | 42 | 264 |
| 2005~2006 | 437 | 0 | 223 | 6758 | 279 | 0 | 7259 |
| 2006~2007 | 874 | 15 | 700 | 1203 | 712 | 11 | 2640 |
| 2007~2008 | 1761 | 0 | 0 | 5448 | 1491 | 121 | 7479 |
| 2008~2009 | 57 | 0 | 82 | 26416 | n.a. | 59 | 26599 |
| 2009~2010 | 1766 | 0 | 198 | 12946 | 2421 | 717 | 16282 |

n.a. 不适用　　*包括金融领域项目。

资料来源：Drysdale 和 Findlay（2009）数据更新，国库部（若干年）。

的8354个滑落至2008~2009年间的604个。2009~2010年间，尽管金融危机影响了总体许可投资情况，但中国投资许可项目价值仍超过160亿澳元。自2005~2006阶段起，中国投资许可项目总价值略超600亿澳元，其中530亿澳元（将近90%）是矿产或自然资源上的项目。

2008~2009阶段，虽然中国在矿产领域内的投资许可项目价值确实是最大的，但总体而言，中国仍次于美国与英国排名第三。例如，同时期内，美国投资许可项目总值为1970亿澳元，但矿产领域项目价值仅为670亿澳元，占总额的34%。尽管如此，美国对矿产的投资项目价值仍然高于中国。

其他中国参与的外国直接投资项目数据可在泽发数据库（Zephyr）中收

藏的项目公告信息中查询①。2007~2010 年间，资源行业内完成了 89 起企业并购"交易"，总价值据报告显示为 360 亿澳元左右。这个数据远高于澳大利亚统计局公布的资本流动数据，但仍少于外国投资审查委员会公布的许可项目总值。除了评估方法，导致这些差异的其中一个原因是对外资的定义不同——投资也可能由总部设在其他国家的中国企业执行。泽发数据库的报告日期显示，中国投资者的关注点正在转移：铁矿石是 2007 及 2008 年的投资主流，2009 年石油变得愈发重要，2010 年的投资项目主要与黄金有关。

交易中涉及的中国企业的所有权问题也在审查之列。澳大利亚政策的又一争议与项目产出的中国消费者以及中国国有企业进行的投资有关。通过查阅交易涉及企业的网站以及其他资料，可估算出 2007~2010 年间公共所有权所占比例的下限为 73%，尽管其上限可高达 84%。正如 Drysdale 与 Findlay（2009：374）所言：

> 中国国有企业越来越受国内市场制度管制，它们更倾向于通过国有银行系统获得国内信贷，然而考虑到曲解因素，在愈发商业化的领域，国有控股企业在国内外相继上市，其中在香港上市企业已越来越多。中国企业的组织与管理正处于转型期，并向着一个由市场经营机构管理的体系发展。

的确，最新的"十二五规划"（2011~2015 年）需要更多的上市公司。根据泽发数据库（Zephyr）数据显示，2010 年投资额远低于上一年的数目，2010 年完成交易总值仅为 2009 年的 1/4；由于多种原因，这些数据的真实性难以保证，例如外国投资审查委员会数据仅截止到 2010 上半年。然而总体而言，2010 年中国外资流出仍在增长，包括企业并购行为②。对澳大利亚投资额的减少（如果此数据为真）反映了中国投资者投资策略上的

---

① 见 <https：//zephyr2.bvdep.com/version-201138/Home.serv? product=zephyrneo>。另一个数据来源见 "Every project that has Chinese investment"，*Mayne Report*，23 <June 2010，http：//www.maynereport.com/articles/2009/09/09-1244-6609.html> 所做的工作是相互检查 *Mayner* 的列表与 *Zephyr* 列表，发现两份列表中共有两项未在另一个列表中。
② 根据联合国贸发会议数据，中国流出的外国直接投资额从 2009 年的 565 亿美元增长至 2010 年的 680 亿美元，企业并购活动从 215 亿美元上升至 292 亿美元。

巨大调整，任何这样的调整最有可能与澳大利亚政策实施中的不确定性相联系。Drysdale 和 Findlay（2009）认为，自然资源项目中的"附加条件"将使"中国对自然资源的直接投资所受到的待遇不确定性"扩大，"而这在一定程度上可能会对该领域的潜在增长性造成危害。随着中国工业原料市场的扩张，其经济增长带来了许多利益，而这些附加条件将影响澳大利亚对于中国经济增长的好处进行充分而有效地获取"（p.378）。这些"附加条件"最初于2008年执行，并引起了一些投资项目的撤销。他们表示这些附加注意事项并不是必须的；然而，这些条件以一种新的形式被收入2011年1月的最新条款中。人们希望看到，中澳当局安排两国政府间就解决竞争政策问题以及公司管理和财务透明问题的日常咨询（Drysdale 和 Findlay，2009）。

## 五 人口流动

双边关系的一个重要方面便是人口流动。19世纪后期，中国人是澳大利亚最大的亚裔群体，但在20世纪80年代早期，华裔群体所占比例却降至一个低谷（Hugo，2008）。至2006年，中国人再次成为最大的亚裔群体，占总人口的1%。自1950年起，来自中国的移民情况为：20世纪50年代有小幅迁徙，此后20年几乎没有任何人口流动，由于1989年后学生可获得暂时保护签证，20世纪90年代中期出现了"大规模移民"，这些移民随后成为了永久居住者（Hugo，2008）。

近几年，在澳定居人数又大幅增长，20世纪90年代早期华裔移民数在总移民数中仅位列第十，在2005~2006年间，华裔移民数已上升至第三位（Hugo，2008）。表3表明，"海外"华裔入境人口已从2001~2002年间近7000人次增长至2009~2010年间近17000人次，并占总入境人口数的12%。

海外入境并不是人口增长的唯一渠道。2009~2010年间，澳大利亚增加了33%的永久定居者。这些人来自于"内陆"——原先的临时居住人口申请为永久移民。表3也阐明了自2001~2002时期起的内陆定居情况。2001~2002时期，通过此种渠道获得居留权的中国人仅为3000多人次，在2009~2010时期，这样的华裔已增长至近9000人次。这些人占总华裔人口增量的比例为32%~45%，而这些华裔居民占近13%的总内陆定居人口数。

表3 澳大利亚常住华裔人口（2001~2010）

| 年份 | 内陆 数量（人） | 占总内陆常住人口增量百分比 | 海外入境人口 数量（人） | 占总海外入境人口百分比 | 总计 数量（人） | 占总人口增量百分比 | 内陆人口占总人口增量百分比 |
|---|---|---|---|---|---|---|---|
| 2001~2002 | 3180 | 13.4 | 6708 | 6.2 | 9888 | 7.5 | 32.2 |
| 2002~2003 | 3369 | 10.5 | 6664 | 7.1 | 10033 | 8.0 | 33.6 |
| 2003~2004 | 4532 | 11.8 | 8784 | 7.9 | 13316 | 8.9 | 34.0 |
| 2004~2005 | 4903 | 11.2 | 11095 | 9.0 | 15997 | 9.6 | 30.7 |
| 2005~2006 | 7403 | 15.4 | 10581 | 8.0 | 18084 | 10.1 | 40.9 |
| 2006~2007 | 9811 | 18.9 | 12009 | 8.5 | 21820 | 11.4 | 44.9 |
| 2007~2008 | 8249 | 14.5 | 12959 | 8.7 | 21208 | 10.3 | 38.9 |
| 2008~2009 | 7889 | 11.8 | 15803 | 10.0 | 23692 | 10.6 | 33.3 |
| 2009~2010 | 8722 | 12.8 | 16644 | 11.8 | 25366 | 12.1 | 34.4 |

资料来源：Hugo（2008）数据更新，澳大利亚移民局（若干年）。

结合两种方式，2009~2010年间，华裔人口数增加了25000多人次，即增加了总华裔人口数的12%。该年度中国首次与英国旗鼓相当，成为两大移民国家；其他重要移民国为印度（超23000人次）和新西兰（超18000人次）。此前，印度裔移民数量自2007~2008年起均超过华裔。

2009~2010年间，澳大利亚国内140610人次的海外入境人口中，近75%人口来自于移民计划，剩余的为新西兰公民与通过人道主义项目入境人口。通过移民计划入境人口中，59%为技术移民，其余为家庭移民。1995~1996年度，技术移民比例低于1/4，此后，澳大利亚移民政策的定位便有了大幅转变（Hugo，2008）。近期公布的数据中并不包括中国，但Hugo（2008）报告指出2003~2004年度华裔移民有60%为技术移民（并不包括内陆增加人口）。同时，Hugo也提及，技术类（管理人员和专业人员）前三位职业中华裔移民的数据，并指出需注意中国留学生在澳大利亚申请永久移民的规模。

前往澳大利亚的非永久性人口流动也很重要，并且十分有趣。临时入澳人士可以是游客（观光客、短期商务访问人士、探访亲友人士）、临时居民（包括长期商务访问人士、管理人员、专业人士、技术人员等，停留时间在3个月至4年）和留学生（包括将回国的留学生）。临时入澳人口的数据在表4中有所体现。

表 4 临时入澳人口总数及华裔临时入澳人士（2005～2010）

单位：人，%

| 年 份 | 原国家 | 游客 | 临时居民 | 留学生 |
| --- | --- | --- | --- | --- |
| 2005～2006 | 中 国 | 263811<br>(7.1) | 9105<br>(2.8) | 63415<br>(20.5) |
|  | 总人数 | 3730555 | 321631 | 309780 |
| 2006～2007 | 中 国 | 300235<br>(7.9) | 11381<br>(3.1) | 73191<br>(20.9) |
|  | 总人数 | 3804735 | 368546 | 350097 |
| 2007～2008 | 中 国 | 320796<br>(8.7) | 13300<br>(3.2) | 90908<br>(22.2) |
|  | 总人数 | 3702370 | 420045 | 409136 |
| 2008～2009 | 中 国 | 290876<br>(8.2) | 13174<br>(2.8) | 107294<br>(22.1) |
|  | 总人数 | 3534280 | 474827 | 485342 |
| 2009～2010 | 中 国 | 303920<br>(8.4) | 14578<br>(3.1) | 128685<br>(26.3) |
|  | 总人数 | 3612606 | 466971 | 489766 |

注：括号中为占总数的百分比。
资料来源：澳大利亚移民局（若干年）。

自 2005 年起的 5 年内，中国游客数在 3000 人左右浮动，约占总临时入澳人数的 8%。然而，在 21 世纪头 10 年初期，华裔短期入澳人数是原先的 2 倍多（Hugo，2008：表9）。临时居民（包括较长期的商务人士）数量有所增长，但仍维持在总人数的 3% 左右；2009～2010 年度，中国位于临时入澳人数排名的第十位。在短期商务访问人数排名中，中国更为靠前（Hugo，2008）。

## 六 留学生

在澳大利亚，来自中国的留学生数目在过去 5 年中已翻了一番，并且华裔留学生占总留学生数量的比例已超过 1/4。图 3 显示了一个较长时间阶段内留学生数的变化。

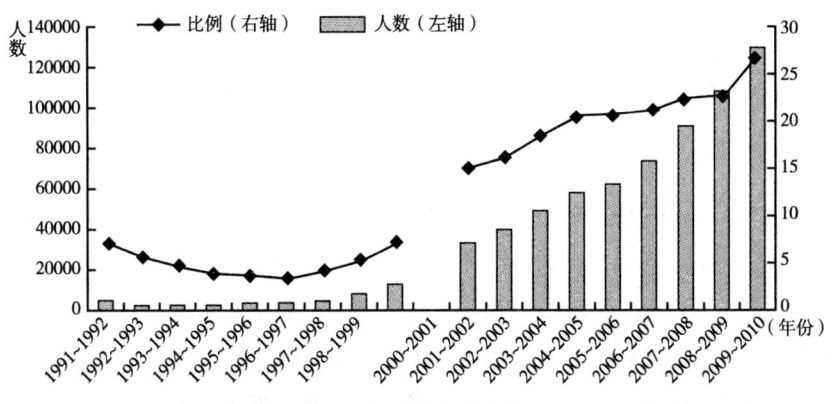

图 3　澳大利亚境内的华裔留学生数（1991~2010）

注：2000~2001 年度无数据。
资料来源：澳大利亚移民局（若干年）；Hugo（2008）。

澳大利亚境内的中国留学生数在 21 世纪最初的 10 年内增长了 11 倍多（见表 5）。21 世纪初，华裔留学生比例低于 6%，至 2005 年，该比例已增长至 20%，此后华裔留学生比例始终保持此规模。Hugo（2008）强调了中国非永久性移民（尤其是留学生）与最终定居于澳大利亚的人之间的联系。他认为，处于澳大利亚移民政策正转而偏向技术移民这样的环境下，由于在澳生活经验所带来的价值、地方教育在语言能力上的贡献，以及对于雇主而言在澳大利亚工作的能力所代表的价值，人们更倾向于选择这一方法成为永久定居者。

表 5　澳大利亚境内中国留学生以及总留学生数
（至 2010 年 3 月 31 日）

| 年份 | 中国留学生数(人) | 总留学生数(人) | 中国留学生比例(%) |
| --- | --- | --- | --- |
| 2000 | 7415 | 130801 | 5.7 |
| 2001 | 7420 | 102331 | 7.2 |
| 2002 | 13565 | 110572 | 12.3 |
| 2003 | 23991 | 186102 | 12.9 |
| 2004 | 35576 | 204794 | 17.4 |
| 2005 | 43367 | 213892 | 20.3 |
| 2006 | 49831 | 234844 | 21.2 |
| 2007 | 55550 | 265999 | 20.9 |
| 2008 | 70106 | 327188 | 21.4 |
| 2009 | 81567 | 400656 | 20.4 |
| 2010 | 94310 | 425861 | 22.1 |

资料来源：澳大利亚移民局（若干年）；Hugo（2008）。

中国国内的估计表明,2010 年末,约有 127 万中国学生生活在海外[1]。当然,在 2010 年,有 284700 名"新生开始他们的海外求学之旅",2009 年以来,该数据上涨了 24%[2]。2007 年,最大留学目的地国为美国(16%),英国(14%)和澳大利亚(13%)紧随其后。

作为留学目的地国家,相比于其他竞争对手(尤其是 2001 年之后的美国),澳大利亚有其过人之处,并且它正蓬勃发展;2005 年后,学生更乐于在"地区性"大学就读;中国出境学生总体有所增加,这些因素结合内陆移民范围,促使在澳大利亚的中国留学生的重要性不断加强。

时下澳大利亚面临一个严峻的国内政策问题,即如何处理留学生签证问题。移民风险,即由移民澳大利亚的人不遵守签证条件所带来的风险,似乎是签证政策的一个重要决定因素。人们担心移民者表面上是为了诸如学习这样的原因,但实际上抱着另一个目的,如工作或定居。为了规避此类风险,根据学生不同的签证申请要求,他们被划分至不同风险等级。此风险等级分为五级:"1 级评估等级风险最低,5 级最高。签证评估等级越高,申请签证的学生所需要提供的支持其相关能力的证明就越多"(澳大利亚移民局)。

近日,一些中国学生签证的签证评估等级从 4 级降低为 3 级;目前,对中国学生而言,签证分类如下:海外学生英语强化课程(ELICOS)——3 级;一般中小学课程——4 级;申请职业教育与培训(VET)课程——4 级;高等教育课程——3 级;研究类研究生课程——2 级;非证书、文凭、学位类课程——3 级。研究生被划分为较低移民风险,这有助于扩大与澳大利亚开展研究合作的范围。尽管有报道称中国家庭决定送他们的孩子去海外求学的年龄越来越小,但在校生的签证评估却更加严格(Ning,2011)。

学生签证申请者还将接受后续测试来检测这些学生是否是"真正的"学生,包括在澳生活费的担保证明(2010 年 1 月起由 12000 澳元上涨至 18000 澳元)。此外,自 2010 年起,移民首选职业名单以及移民打分体系也

---

[1] 联合国教科文组织估计中国境内留学生占总高等教育入学人数的 1.7%。
[2] 'China: more than 1.2 million Chinese studying abroad', *University World News*, no. 168, 24 April 2011, < http://www.universityworldnews.com/article.php?story=20110421200341899 >; Jia 2011; 'Market data snapshots: People's Republic of China', *Australian Education International*, vol. 16, May 2007, < http://www.aei.gov.au/AEI/Publications AndResearch/MarketDataSnapshots/MDS_ No16_ China_ pdf. htm >。

出现了一些变化。

由于发放这些类别的签证存在一定风险，因此风险评估需要考虑所关注事件发生的后果与落实到位的风险甄别系统的影响。前往澳大利亚求学或培训的人或许会在澳工作或定居，这样的"问题"需要与风险管理措施的实施成本相权衡，而风险管理措施的目的便是阻止所有学生的出入境活动。

Knight的《学生签证计划战略审查》（Knight Review）（澳大利亚政府，2011）对学生签证进行了审查。这份审查讨论文件对风险评估过程以及该过程中增加申请澳洲留学学生负担的部分进行质问，其中增加学生负担的方面包括签证申请流程的耗时、资金担保证明以及申请费用。澳大利亚在其他方面似乎并不严苛，比如工作时间上的限制。

Dee（2010）对学生流动对于这些条件的灵敏度进行了描述，她发现，留学生政策制度与学生的行动之间在统计上存在着一个显著的联系。Dee对一个经济体进行了考量，这个经济体对于她测验样本中处于平均水平的学生设置了学生流入方面的限制。她发现如果这个经济体决定完全解除限制，它将吸引2.5倍甚至更多的学生。同时，影响留学生祖国商业存在的政策对学生流动也有显著影响。她的报告指出，若一源经济体寻求海外招生，那么对外国大学学生流入设置障碍能增加该经济体的学生数。反之，若一源国家面临着学生流动方面的阻碍，那么它需要考虑改变其商业存在的政策。

在这一套政策中也存在着资金分配间的联系。Dee推想，出口国（国际学生东道国）设置的一些障碍（如数量限制上的条例）是否也有助于提供此类服务的机构收取更高的费用。通过此种方法，它们能获取任何可能存在的资金，并能使用这笔收入交叉补贴，为其他活动进行资助，包括研究项目等。一种更有效的方法是直接为研究提供资金，而不是通过出口税的征收提供交叉补贴。

## 七 旅客

旅游业在资本流动与人口流动这两方面都有所增长。澳大利亚旅游助理部长Nick Sherry预期，中国将成为入境人口最多的国家与年度入境人口总消费最高的国家（Sainsbury，2011）。日前，中国称其为澳大利亚最有价值的"旅客"市场（逗留时间在一年内的旅客），2010年度中国游客估计花费达25亿澳元，这一数据相比于2009年增长了21%。2010年华裔旅客数为453800人次（相比于2009年增长24%），而其花销占旅客总花销的13%[①]。如今，华裔"旅客"在澳逗留天数多于其他任何国家，英国在旅客逗留时间排名上仅名列第二。然而，来自新西兰、美国与英国的散客人数却高于中国。

过去10年间，中国流出人口增长了近两倍——2000年流出人口为920万人次，2009年已达2500万人次（澳大利亚旅游局，2010）[②]，澳大利亚旅游局数据显示，其中前往澳大利亚人口占1.4%（世界旅客仅有0.6%选择澳大利亚作为目的地）。对一组确定的竞争者（包括西欧、美国、加拿大、新西兰和南非），澳大利亚在旅游市场上的份额为11.5%（320万总离境人口）。

在该领域，澳大利亚也存在争议政策，即中澳航空运输服务处理问题。澳大利亚一直致力于达成中澳航空容量开放协议的"最终目标"，目前其座位容量水平保持上升，2010年每周往返航班座位总数为14500个，2011年2月已增加到18500个，预计在2012年2月增加至22500个。

日前，中澳达成一项航空服务协议，如果航空公司在支线机场提供中途停留业务，协议将允许航空公司在主要目的地之间往返的航班每周增加座位数2500个。Sandilands（2011）指出，在澳大利亚严格限制的制度下，提供此类服务的国外运营商没有能力带动当地交通，因此，为国内市场注入竞争因子的机会就此丧失。同时，该协议也使国际乘客远离运营国内航线的航空公司，而这些航空公司本将搭载此类乘客。

至2012年2月，直飞服务的座位量将达到每年单程120万座次。由于存在许多方式到达中国目的地，例如经过新加坡与香港，因此很难精确估算"澳大利亚—中国"航线上的客流量，故也无法将其与直飞服务提供的座位数相比较。然而，2010年，澳大利亚统计局数据估计，到达澳大利亚的中国居民与前往中国的澳大利亚居民之和为790400人。相比于120万个座位，

---

① 有时这些访客数据指旅游数据；然而此处访客的定义包括前往澳大利亚学习与进行商务活动的人。

② 世界银行指标显示出境旅游人数越来越多，而澳大利亚旅游局的数据仅包括至少在中国以外地区度过一晚的旅行。例如，白天前往香港的旅行并不在内。

这个数字表明直飞服务的载客量仍有盈余。即便如此，开放航空容量的协议仍在两个方面具有优势。其一，无须进一步的谈判便能保证增长；其二，人们预期旅客将经由中国前往其他目的地或由其他地方抵达中国，这增加了对区域与全球网络的竞争力。

例如，Sandilands（2011）指出，中国是一个重要的中转站，恰好位于澳大利亚到欧洲的航线之间，或者说，中国是东欧及俄罗斯前往澳大利亚的一条较长线路中的一部分。最新的中澳理解备忘录允许澳大利亚运营商在中国之外的其他地点设立服务，使得这条通往欧洲的线路成为现实。问题在于，欧洲与中国都不得不对此表示赞同，并且在欧盟—澳大利亚开放航空容量协议的最新谈判中，据报道称欧盟已要求将对澳洲航空外国所有权的限制上升至协议内容的一部分（Creedy，2011）。中国崛起与澳大利亚对此的应对措施暴露了澳大利亚政策体系中存在的缺陷，而这些航空运输市场的问题恰能为此提供进一步有趣的阐释。

## 八 澳大利亚面临的挑战

本文之前的内容已提出税收、学生签证、航空政策与资源租赁税方面的法规问题，而随着中澳关系的发展，这些法规问题也越来越重要。随着时间的推移，在经济结构方面，澳大利亚还面临着一系列更艰巨的挑战，它们是"当下"挑战、"繁荣终结"挑战与"新机遇"挑战。

"当下"挑战与应对全球市场上矿产能源的价格走高相关。全球市场价格水平的攀升也使这些资源在澳大利亚市场上的价格不断增长，而百姓的收入也因此更高，同时这也为资源再分配带来很大的压力。由于汇率灵活，澳大利亚应对能源价格走高的方法事实上表现为澳元的升值。百姓收入增长之后，需求量也越来越大。为应对逐渐增大的需求，其他贸易品有所收缩，而非贸易品领域则相应扩张。

由于使用了汇率机制进行调控（另一种选择为通货膨胀），这种调整的代价相对较低。然而，如果生产要素市场更加灵活——例如，允许改变整个行业的相对工资，或提高流动性——那么，代价将会更低。澳大利亚持续推进的改革为提升其劳动力市场的灵活度作出了重要贡献。这便是"当下"挑战的第一部分，该挑战还包括移民管理（包括华裔移民）及其与学生入学的相关内容。

如果工资上涨的一部分能通过税收与合并成为主权财富基金——其中一些将在海外投资，那么资源价格走高所带来的部分影响（并不是全部）将被消除。尽管现在的家庭与政府都比以往更节约，但到目前为止这样的事仍未发生。如 Stevens（2011）指出，在家庭与企业层面上，将"大部分收入存储"似乎正在发生。

同时，向全球市场开放的贸易领域必须进行调整，并且这些调整的代价十分高昂。若这些开放领域能提升其生产力，调整所需的成本将有所减少；它们可向一些领域释放生产要素，这些领域的表现为出口量呈现增长态势、但仍有机会长期持续经营。这需要新技术与全新处理事务方法的支持。企业层面上的应对之道便是"当下"挑战的第二部分。

近期，澳大利亚国内关于寻求生产力增长新方法的争论愈演愈烈——这对承受着转型压力的行业而言尤其重要，包括其他存在出口的非资源性行业，如教育和旅游。日前，吉拉德政府发布的《贸易政策声明》中用一大章内容说明"拼凑经济"（patchwork economy），并对为何重新刺激经济增长的经济改革计划如此"重要"进行讨论。在当前飞速发展的环境下，进行调整以促进生产力的提升比以往更为简单。

因而在短期内，澳大利亚的政策体制改革是应对中国物资需求增长的重要方法。

从更为长远的角度考虑，供应方面与满足中国的大量资源需求的生产商的应对方面则存在问题。据报载（Fitz Gerald，2011），高盛投资公司日前预测，至2015年，铁矿石价格将从每吨170美元降至每吨80美元。这大致与以下事实相关：久而久之，居高的世界价格水平将促使新企业不断投身到这些繁荣的行业中。存在许多矿产资源的情况下，将会有许多替代供应商，而新企业的加入将引起世界价格水平再度回落——甚至降至最初的价格水平。由于许多企业在低价供应上存在竞争力，或许澳大利亚的企业仍将继续提供货物——换而言之，他们并不是边际供应商。但这个行业将因此停止增长并停止从其他行业引入要素。

因收益要素变得更加低廉，个人收入也将有所下降。消费模式上的调整与灵活的真实（与名义）汇率的贬值相关。随之而来的是资源从非贸易领域回流至贸易领域的再分配（除了矿产与能源）。

在这第二轮调整中，先前缩水的行业或许将有所复原。然而不论是先前的缩水还是之后的回复都将有极大代价，除非这两次动作满足以下两个条件：①这是预期发生的；②缩水与恢复的代价是可以减少的。这便是"繁荣终结"挑战。Stevens（2011）对这个从长远看将发生的故事进一步评论，他指出，当下结构调整模式可能发生反弹，而降低为应对这反弹所付出的代价需要保持灵敏性与适应经济状况的能力。此观点再次强调在短期内推进提高生产力的改革所带来的价值。

第三个挑战是如何利用新的机遇，这些机遇源于中国的结构性革新，Zhang（2011）在他的十二五规划回顾中有所讨论。他认为，这个新的计划预示着中国新的发展模式。他观察了一段时间，发现一些呼吁早已存在，呼吁中国从 GDP 和出口导向型的发展模式向更关注国内生活与减少环境影响的发展模式转变。由于风险与失衡不断加剧，他认为，这些呼吁目前更为急需。"十二五"规划要求提高产出的消费水平与服务水平[①]，降低每单位产出对水与能源的消耗，减少二氧化碳排放量，提高非化石能源的使用，提升社会服务、垄断政策和"已有所提升的政府效率与信誉"的管理水平。这些方面的革新并不会减缓城市化进程，也不会降低带来大部分资源需求的西部地区工业化水平。但它们确实为澳大利亚贸易带来了新的机遇，尤其是服务领域（包括 Zhang 称存在机遇的行业——医药、教育、金融和银行业），但也与政府机制建立相关——机制的计划、实施与运作。澳大利亚的贸易不仅将从对中国革新推动力的理解中获利，而且将从这些商业机遇产生的政治环境——尤其是应用于服务领域的管理制度——中得益。

国际贸易与投资体系的规章建立了一个框架，在这个框架下有可能抓住机遇。这个框架的一个要素是自由贸易协定（FTA），澳大利亚就该协定自 2005 年起便与中国进行协商。2010 年 7 月进行了第十五轮谈判，从这些讨论的总结出版物中可看出，达成这项协定仍有许多工作需完成。谈判的重点并未清晰地围绕中国经济可能发生的结构调整与其所带来的机遇，我们也无法看出谈判旨在解决本文提出的和中澳经济关系新方面中突出的管理问题——即外国直接投资、学生签证和航空运输航线容量的管理政策问题。

最近的贸易政策声明评论指出，中澳自由贸易协定陷入了僵局。2011

---

① 由于不计算许多非正式活动，服务性出口的官方数据可能低估了它的规模。

年4月中旬，年度部长级经济联委会上，两国贸易部长会面并讨论"重启谈判"的计划。

关于谈判毫无进展的解释有很多，包括处理双边协定中的敏感领域时遇到的困难。以下国际评论观点提供了另一套解决方案。在对世界贸易组织（WTO）而非自由贸易协定的评论中，Hoekman 认为重要的是贸易成本——降低贸易成本有助于企业进入新的市场并制造新的产品："随所谓外延边际而生的扩张是一个重要机制，通过扩张，贸易才能支持更高的经济增长"。Hoekman 表示[①]，"相比于少量降低影响现有贸易流的已使用关税"，或许，减少不确定性与预期成本的法规与贸易政策绑定"对企业投资决定与贸易协定的福利效应而言更加重要"。他呼吁采取行动从现有的评论中挤出"水分"（或减少与现实政策的差距），延伸服务承诺，降低贸易成本。

中澳关于贸易体系的讨论出现了新的焦点，而这些观点恰恰指明了新焦点所体现的价值；此次讨论的结果也许会被收录在双边协议中，然而就承诺的性质而言，此次讨论将应用于所有贸易伙伴，同时也能为世贸组织程序提供一些开创性材料。

## 九　结论

在中国发展的现阶段，澳大利亚从中国经济增长中已大大获利。中国已成为了澳大利亚最重要的贸易伙伴以及带动澳大利亚资源出口增长的重要推动者。而中国本身在工业产品上的竞争力为澳大利亚提供了低成本进口货物，并进一步推动澳大利亚贸易发展。

对澳大利亚而言，这些转变伴随着三项重大挑战，它们还提出了澳政策法规安排中的缺陷。目前为止，澳大利亚对此种情况的应对措施缓慢而笨拙。

澳大利亚面临的"当下"挑战是将应对短期矿产价格变动所作的调整的成本控制在一个较低水平。其中的贡献者包括一些改革，这些改革为经济增加了灵活度，并刺激缩水的行业加强其生产力。更直接的政策反应并未十分集中于这些问题——虽然最近争论日趋激烈——而是关注于税收。人们重

---

[①] 见 Hoekman 的声明：< cuts-tradeforum@ googlegroups. com >（4月5日）。

新考虑了资源行业的税收方式,并进行了一系列政策革新。最终,在较大的政治动荡之后,政府出台了一套新的税收体系,但仍无法确定先前的特许开采税中存在的根本问题在这套新体系中是否得到了解决。

同时,中澳经济关系的范围正在转变,开始变得包括越来越大的人口与资本的流动量。此种转变突出了澳大利亚进一步经济改革的领域,这些改革与人口资本流动中存在的障碍有关。外国直接投资政策、旅客(尤其是学生)签证政策和航空运输航线容量分配政策必须得到重视。在一定程度上,这些政策如同税收争论一般,与获取和再分配中国经济增长带来的利润密切相关。

虽然目前矿产价格相对较高,但从更长远的角度而言,人们预期资源价格将走低,同时,目前调整政策面临压力。适应此种转变是第二项挑战——即终结繁荣。而应对这项挑战再次强调了短期经济变革的价值。

此外,中国经济结构正在转变,并为澳大利亚提供了一系列新的商贸机遇。而澳大利亚能抓住多少机遇——例如在服务业——由两国相关贸易体系的部分特征决定。关于自由贸易协定的谈判试图改变这个贸易体系,但目前为止几乎没有进展。新的焦点——关注于中国可能发生的变革及其前景、目前澳大利亚政策调节体系中存在的问题——或许能提供新的讨论途径。这不仅能创造双边利益,还能为全球性协议计划作出宝贵的贡献。

## 参考文献

Australian Associated Press (AAP) (2011), "Protests as Chinese apples arrive", *ninemsn. com.* au, 17 January 2011, < http: //news. ninemsn. com. au/national/8197616/protests – as – chinese – apples – arrive > .

Australian Bureau of Statistics (ABS) (2009), *International Investment Position*, *Australia*:*Supplementary statistics*, Cat. no. 5352. 0, Australian Bureau of Statistics, Canberra.

Christie, V., Mitchell, B., Orsmond, D. and van Zyl, M. 2011, "The iron ore, coal and gas sectors", *RBA Bulletin*, (March Quarter), pp. 1 – 8.

Creedy, S. (2011), "Europe puts brakes on Qantas China expansion plan", *The Australian*, 21 April 2011.

Dee, P. (2010), "International student movements and the effects of barriers to trade in higher education services", in C. Findlay and W. Tierney (eds), *Globalisation and Tertiary*

*Education in the Asia-Pacific*, World Scientific Publishing, Singapore and London.

Department of Foreign Affairs and Trade (DFAT) n. d., *China Fact Sheet*, Department of Foreign Affairs and Trade, Commonwealth of Australia, Canberra, < http://www.dfat.gov.au/geo/fs/chin.pdf >.

Department of Foreign Affairs and Trade (DFAT) (2010a), *Australia's Resources Exports, 1999 – 2009*, Department of Foreign Affairs and Trade, Commonwealth of Australia, Canberra.

Department of Foreign Affairs and Trade (DFAT) (2010b), *Trade in Services Australia 2009 – 10*, Department of Foreign Affairs and Trade, Commonwealth of Australia, Canberra.

Department of Immigration and Citizenship (DIAC) n. d., *Student Visa Assessment Levels*, Department of Immigration and Citizenship, Commonwealth of Australia, Canberra, < http://www.immi.gov.au/students/student – visa – assessment – levels.htm >.

Department of Immigration and Citizenship (DIAC) (Various years), *Immigration Update*, Department of Immigration and Citizenship, Commonwealth of Australia, Canberra.

Department of Treasury (Various years), *Foreign Investment Review Board Annual Report*, Department of Treasury, Commonwealth of Australia, Canberra, < http://www.frb.gov.au/content/publications.asp? NavID = 5 >.

Drysdale, P. and Findlay, C. (2009), "Chinese foreign direct investment in Australia: policy issues for the resource sector", *China Economic Journal*, vol. 2, no. 2, pp. 133 – 58.

Ergas, H., Harrison, M. and Pincus, J. 2010, "Some economics of mining taxation", *Economic Papers*, vol. 29, no. 4 (December), pp. 369 – 83.

FitzGerald, B. (2011), "Iron ore price train is coming to a stop", *Sydney Morning Herald*, 14 March, < http://www.smh.com.au/business/iron – ore – price – train – is – coming – to – a – stop – 20110313 – 1bsxn.html >.

Government of Australia n. d., *A new resource tax regime*, Fact sheet, Commonwealth of Australia, Canberra, < http://www.futuretax.gov.au/documents/attachments/factsheet _ resource_ taxation.pdf >.

Government of Australia (2011), *Strategic review of the Student Visa Program*, Discussion Paper, Commonwealth of Australia, Canberra, < http://www.immi.gov.au/students/student – submissions/_ pdf/student – discuss.pdf >.

Hugo, G. (2008), "A changing diaspora: recent trends in migration between China and Australia", *Chinese Southern Diaspora Studies*. Volume Two, pp. 82 – 103.

Jia, C. (2011), "Students go overseas in record numbers", *China Daily USA*, 18 April, < http://usa.chinadaily.com.cn/china/2011 – 04/18/content_ 12342187.htm >.

Murphy, S. (2011), "China nibbles Australian apple market", *Landline*, ABC TV, 11 March 2011, < http://www.abc.net.au/news/stories/2011/03/11/3161289.htm >.

Ning, Y. (2011), "More students choose to study abroad", *China Daily*, 25 April, < http://www.chinadaily.com.cn/bizchina/2011 – 04/25/content_ 12384782.htm >.

Orsmond, D. (2011), "Domestic demand growth in emerging Asia", *RBA Bulletin*, (March Quarter), pp. 31 – 4.

Pacific Economic Cooperation Council (PECC) (2010), *State of the Region 2010 - 11*, Pacific Economic Cooperation Council, Singapore.

Pincus, J. (2011), "Taxing issues surrounding the economics of mining", *The Conversation*, 1 April, < http://theconversation.edu.au/articles/taxing - issues - surround - the - economics - of - mining - 626 > .

Sainsbury, M. (2011), "China tourists to bring in $6bn", *The Australian*, 13 April, < http://www.theaustralian.com.au/news/nation/china - tourists - to - bring - in - 6bn/story - e6frg6nf - 1226038117189 > .

Sandilands, B. (2011), "Qantas, Shanghai-Paris, China eastern, Cairns-Sydney?", Plane Talking Blog, *blogs. crikey. com. au*, 8 March.

Song, L. (2010), China's rapid growth and development: an historical and international context, Paper presented at the 2010 Paftad Conference, Peking University, December.

Stevens, G. (2011), "The resources boom", *RBA Bulletin*, (March Quarter), pp. 67 - 71.

Tourism Australia (2010), Outbound Market Share Analysis—China, April, *Tourism Australia*, Sydney.

Tourism Research Australia (2010), *International Visitors in Australia, Quarterly Results of the International Visitor Survey*, Tourism Research Australia, Department of Resources, Energy and Tourism, Commonwealth of Australia, Canberra.

United Nations Conference on Trade and Development (UNCTAD) (2011), *Global Investment Trends Monitor*, No. 6, 27 April, United Nations Conference on Trade and Development, Geneva, < http://www.unctad.org/templates/Page.asp?intItemID =5516&lang =1 > .

United Nations Educational, Scientific and Cultural Organisation (UNESCO) (2010), *Global Education Digest 2010*, UNESCO Institute of Statistics, Montreal.

World Trade Organisation (WTO) (2010), *International Trade Statistics 2010: World trade developments in 2009*, World Trade Organisation, Geneva, < http://www.wto.org/english/res_ e/statis_ e/its2010_ e/its10_ world_ trade_ dev_ e.htm > .

Zhang, Y. (2011), "The impact of China's 12th Five Year Plan", *East Asia Forum*, 24 April, < http://www.eastasiaforum.org/2011/04/24/the - impact - of - china - s - 12th - fve - year - plan > .

(范欣怡 译)

# 中国在非洲的发展援助：
# 性质、对象、目的及规模

Deborah Brautigam

## 一　引言

中国对非发展援助已经出现了迅速增长，这或许是我们谈论起中国对外援助时所能取得的唯一普遍共识①；而研究者们对中国官方援助的性质、主要援助对象、提供援助的理由、援助数额及其影响等问题则都存有分歧。这些问题为何如此重要呢？首先，了解中国对外援助对于理解中国的外交政策及经济方略非常重要，因为这些信息可以告诉我们中国政府如何运用政策工具，并希望借此达到什么样的目的。同时，相关信息还有助于我们更为准确地比较中国与其他援助者及出资者的行动。最后，对于那些关心中国是否会随着自身崛起而转化、改革或维持既有国际准则和秩序的人们而言（Kim，1999），发展援助更提供了一个特别有趣的研究案例。对外援助的国际秩序和准则，并非被锻造于某个全球性机构之中，而主要是由经合组织（OECD）的发展援助委员会（Development Assistance Committee，DAC）所制定的——中国却并不是该组织的成员国。因此，想要回答关于中国如何影响这些国际秩序与准则的问题，我们就必须可靠地认知中国以捐赠者身份所采取的实际行动。

本文的组织结构如下：首先简要介绍经济发展与合作组织对官方援助所使用的多种分类标准，以便为探讨中国在非洲的资金建立一套通用话语；其

---

① 除非特殊说明，本文中的"非洲"指包括北非在内的整个非洲大陆。

次，本文介绍了中国为运作官方资金而使用的多种手段，并且解释了为什么中国在非洲的资金中只有一小部分可以被认为是官方发展援助；然后，本文比较了中国和经合组织发展援助委员会24个成员中部分国家的官方发展援助数量，并且通过讨论两个新近发生的案例来说明发展援助与其他经济外交手段之间的差别；最后，本文认为近来许多通过替代性指标来估测和分析中国"对外援助"的尝试，不仅误入歧途，而且得出了许多具有误导性的结论。

## 二 什么是援助

如图1所示，国际发展资金的大厦是由许多种不同的资金流所构成的；而"官方发展援助"（official development assistance，ODA）和"其他官方资金"（other official flows）这两种资金流则与我们的研究目的相关。本文采用发展援助委员会成员国于1972年商定的标准定义来界定"官方发展援助"（ODA）这个概念，即：提供给发展中国家（指人均收入低于一个被周期性校正的界限的国家）和那些主要旨在推动受援国福利与经济发展的多边组织的优惠资金（OECD 2008）。属于官方发展援助范畴的资金必须具有本质上的优惠性（即必须包含一定数额的真实政府补贴），而属于官方发展援助范畴的贷款则必须包含不低于25%的以10%优惠利率计息的补助性成分。尽管只有优惠性的资金与贷款才符合官方发展援助的定义，但各国政府同样可以提供其他形式的官方资金，包括：提供给本国企业以补贴或者担保它们

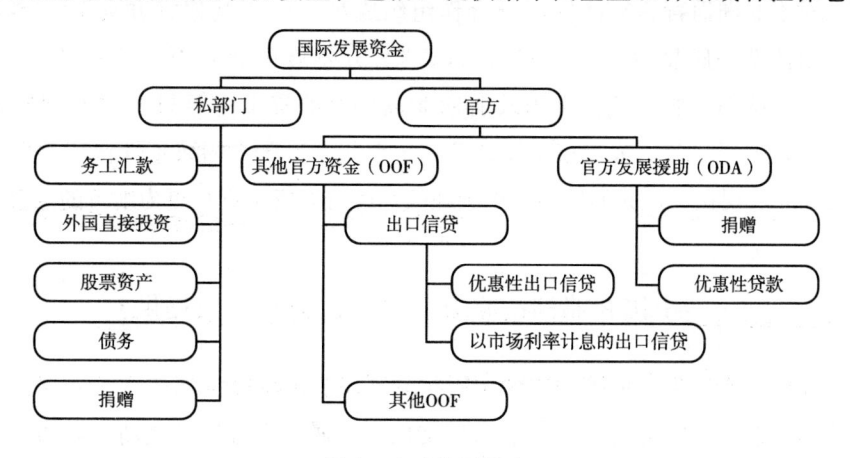

**图1 全球发展资金**

对援助接受国进行投资的资金、军事援助以及出口信贷（OECD，2008a，2010）；这些经费被报告为"其他官方资金"（other official flows），简称OOF。"其他官方资金"包括那些不具备"本质优惠性"（confessional in character），或者补助性成分所占比重低于25%的贷款以及"以促进出口作为主要导向的官方双边转移支付"（无论其中补助性成分所占的比例有多高）；同时，依定义，其他官方资金还应包括出口信贷（OECD）。

中国通过直接赠款、无息贷款和固定低息的优惠信贷等3种手段向非洲国家提供相当于官方发展援助的资金。这些资金被用于提供面向非洲学生的中国政府奖学金（每年大约资助5500名学生）和对体育场馆、政府建筑、电信网络以及其他基础设施的总承包建设，还被用于资助中国医疗队、农业和其他部门的技术援助小组、短期培训项目、青年志愿者以及由中国出口产品构成的实物援助。

尽管中国的对外捐赠和无息贷款由商务部负责，但是中国对外援助的资金却主要由中国进出口银行和中国国家开发银行提供。这两家政策性银行均组建于1994年，同属中国政府为支持自身发展目标而建立的一整套职能部门的组成部分。中国进出口银行管理向非洲国家提供的优惠性贷款，然而这只是该银行所有职能中很小的一个部分。一家信贷评级机构在其于2006年对中国进出口银行所作的评审中指出：2005年底，优惠性贷款只占中国进出口银行资产的3%（Standard和Poor's，2006）。中国国家开发银行并不提供优惠性贷款，而且该银行的贷款利率一般比中国进出口银行要高。

对于非洲而言，经济发展与合作组织成员国以"其他官方资金"形式提供的援助一般显著低于这些国家以"官方发展援助"形式提供的资金。然而，中国却并非如此。中国政府向非洲提供的资金主要属于"其他官方资金"而不是"官方发展援助"的范畴，那些来自于中国政策性银行的资金尤其如此。现在，让我们转而对中国在非洲的官方资金进行更为细致的观察。

### 三 中国在非洲的官方资金：以何种手段提供？

如同上文所提到的那样，中国提供给非洲官方资金由属于官方发展援助范畴的直接赠款、无息贷款和优惠信贷以及不属于官方发展援助范畴的最惠出口信贷、以市场利率计息的买方出口信贷和中资银行的商业贷款构成。同时，中国通过中非发展基金向中资公司提供证券投资基金以支持这些企业在非洲进行投资，还建立了另一个基金以向非洲中小企业提供总额不超过10亿美元的贷款。尽管中非发展基金由于被用于支持中国企业而不能被算作官方发展援助，但如果中国对非洲中小企业提供的资金附带适当的优惠条款，那么这笔资金满足官方发展援助的定义要求。

### （一）官方发展援助：直接赠款、无息贷款和债务豁免

直到优惠信贷这种援助手段于1995年被引入以前，直接赠款和无息贷款一直是中国向非洲提供官方发展援助的主要手段。中国国务院于2011年4月发布了关于中国对外援助的第一本白皮书（State Council, 2011）。根据这份报告，大约四成的中国对外援助是通过直接赠款的方式来提供的；然而，这些直接赠款却很少被作为预算援助（budget support）。无息贷款也是中国对外援助的主要手段之一；而北京于2000启动的债务豁免项目，则旨在消解那些逾期未偿的无息贷款。该项目已经免除了255.8亿人民币（合37.6亿美元）的债务，其中的189.6亿元人民币（合27.9亿美元）为非洲国家所欠债务。尽管债务豁免属于官方发展援助，但如果被豁免的债务最初就是作为对外发展援助贷款（而非出口信贷或者其他非官方发展援助贷款）而提供的，那么这部分金额不能被重复计算为官方发展援助。

### （二）官方发展援助：优惠信贷

只有那些大规模使用中国产品（至少50%）和服务（即中资公司作为建设者）的大型工程（最小规模为2000万元人民币，合240万美元），才有可能获得优惠信贷。自1995年该项目启动以来，截至2009年底，中国已经提供了大约108亿美元的优惠信贷，这些基本上可以肯定已经落实的信贷被用于支援"位于76个国家的325个项目，其中142个项目已经完成"（State Council, 2011：5）。以上数字表明，有56%的优惠信贷支援项目现正处于在建或者计划阶段，这不仅说明此类项目的数量在最近出现了显著增长，也揭示了为何中国承诺的优惠信贷数额要远高于其实际支付的款额。该白皮书并未给出提供给非洲的信贷在中国全部对外优惠信贷中所占的比率，但却提供了对于各产业信贷的比例：其中61%的贷款流向了经济基础设施部门，16%流向了工业部门，9%流向了能源和资源发展部门（State Council, 2011：6）。

中国在非洲的优惠信贷项目已经取得了迅速的增长。截至2005年底，中国进出口银行仅为55个非洲项目累计提供了8亿美元的优惠信贷（Broadman，2006）；但仅仅两年之后，该银行在非洲的援助项目已经增长至87个，而累计优惠信贷额度也已经增至15亿美元。2006年末，中国领导人宣布中国进出口银行将在2007年至2009年间对非洲提供20亿美元的优惠信贷以及30亿美元的最惠出口信贷。这些声明在3年之后已经全部落实，而中国政府再次承诺将在未来3年内向非洲提供100亿美元的优惠信贷及最惠出口信贷，这些承诺将在2012年前落实。

中国也对外提供不属于官方发展援助范畴的其他官方资金，与此相关的贷款主要包括三类：买方出口信贷（包括最惠买方信贷）、以市场利率计息的官方贷款，以及为中国企业提供的战略信贷额度。中国进出口银行和中国国家开发银行都提供以市场利率计息的官方贷款，并且都允许出口资金融通。

### （三）其他官方资金：买方出口信贷

中国进出口银行向中国出口商提供短期信贷（卖方出口信贷）以帮助这些企业进行对外销售，该银行同时向外国采购商提供长期信贷以支持中国产品和服务的出口。一小部分买方出口信贷以最惠利率提供，利率通常固定为2%或者3%。作为出口信贷，这些贷款并不属于官方对外援助的范畴，尽管从结构上看它们与中国进出口银行以优惠信贷手段提供的援助非常相似。然而，绝大部分长期信贷的计息方式是在伦敦银行同业拆借利率（London Interbank Offered Rate，LIBOR）的基础上附加额外利率；就已经公开的数据来看，最低信贷利率为伦敦银行同业拆借利率附加1%（即100个基点）。中国进出口银行行长李若谷于2007年宣布该银行将在其后3年时间内向非洲提供约200亿美元的贷款，据悉此项承诺已被落实。

### （四）其他官方资金：以市场利率计息的官方贷款

中国国家开发银行（CDB）也以有竞争力的利率提供政策性贷款。该银行传统上主要在中国国内开展业务，但最近几年来也开始向海外拓展。据报导，截至2007年3月，中国国家开发银行已经向30个非洲项目提供了资金，总额大约为10亿美元（新华社2007年5月14日消息）。三年半之后，该银行一位官员在接受新华社采访时宣布：截至2010年9月，中国国家开发银行承诺提供超过 100 亿美元的资金以支持非洲国家的各种项目,并且已经"向分布在超过 30 个非洲国家的 35 个项目提供了 56 亿美元"(《人民日报》2010 年 11 月 17 日消息)。这反映了中国国家开发银行对非业务的迅速扩张;同时,2010 年的项目数量也说明 2007 年数据所指涉的是承诺额而非实际支付金额。根据新华社 2010 年的采访信息,在目前已经发放的贷款中,获得比例最大的国家是南非、安哥拉和博茨瓦纳。中国国家开发银行并不提供官方发展援助,该银行所发放的贷款一般采用在伦敦银行同业拆借利率(LIBOR)基础上附加额外利率的方式计息,附加额度一般至少为 200 个基点。

**(五) 战略信贷额度和卖方信贷**

中国的政策性银行的另一项业务手段是向中国的龙头企业——即政府确信具备跨国竞争能力的企业——提供战略信贷额度。例如,中国国家开发银行在 2009 年 3 月向中兴通讯公司(ZTE)提供了额度为 150 亿美元的一揽子资金以支持其拓展海外业务;两个月后,中国进出口银行又向中兴通讯公司提供了价值为 100 亿美元的信贷额度。而中兴通讯公司的竞争对手华为技术有限公司也从中国国家开发银行获得了 300 亿美元的战略信贷额度。

这些战略信贷额度创造了一个由卖方出口信贷、买方出口信贷、进口信贷(以供企业进口外国技术)和最惠外国贷款构成的金融平台;利用平台中的各种金融工具,中资企业得以确保其海外业务的稳定——一般通过卖方直接向买方提供供货商融资的方式而实现。例如,中兴通讯公司得以采用伦敦银行同业拆借利率(LIBOR)上浮 150 个基点的利率向埃塞俄比亚政府的千年电信计划提供一笔 15 亿美元的资金(信息来源于 2011 年进行的个人交流);而华为技术有限公司也向一家巴西企业提供了宽限期为两年的、以伦敦银行同业拆借利率(LIBOR)上浮 200 个基点计息的资金。与其他形式的非优惠信贷一样,这些战略信贷额度显然并不属于官方发展援助。

## 四 中国在非洲的官方资金:投向何处?规模多大?

中国第一部关于对外援助的官方白皮书只对那些与官方发展援助最为相似的对外援助手段进行了介绍。该白皮书指出,"截至 2009 年底,中国已经提供了总额达到 2562.9 亿元人民币(合 377 亿美元)的对外援助,其中包括

1062亿人民币（合156亿美元）的直接赠款、765.4亿人民币（合113亿美元）的无息贷款以及735.5亿人民币（合108亿美元）的优惠信贷";该白皮书还披露：2004~2009年间，中国对外援助的平均年增长率为29.4%（State Council, 2011: 3)[①]。尽管该白皮书所披露的信息有限，但这却是中国政府第一次如此公开透明地公布其对外援助数额，该数额包括贷款、直接赠款和优惠信贷。白皮书中的信息显示：仅在2009这一个财年，中国政府就将其所有对外援助中的大约一半（46.7%）落实到了非洲（State Council, 2011: 12)，这与中国领导人早先在声明中对非洲国家承诺的援助一脉相承（见表1）。

表1 中国领导人宣布的对外援助数额

| 年份 | 领导人 | 援助种类 | 金额（以人民币计算(元)） | 金额（以美元计算(美元)） |
| --- | --- | --- | --- | --- |
| 2008 | 温家宝总理 | 2007年对非直接赠款 | 23.77亿 | 3.13亿 |
| | | 2007年对非无息贷款 | 7亿 | 0.92亿 |
| | | 对非优惠信贷 | n.a. | n.a. |
| | | 1950~2006年对非援助总额 | 440亿 | 58亿 |
| | | 1950~2006年对外援助总额 | 2065亿 | 272亿 |
| | | 其中：直接赠款 | 908亿 | 120亿 |
| | | 贷款 | 1157亿 | 152亿 |
| | | [对非援助占对外援助总额的22%] | | |
| 2011 | 国务院 | 1950~2009年对外援助总额 | 2562.9亿 | 376.5亿 |
| | | 其中：直接赠款 | 1062亿 | 156亿 |
| | | 无息贷款 | 765.4亿 | 112.5亿 |
| | | 优惠信贷 | 735.5亿 | 108亿 |
| | | [贷款总额] | 1500.9亿 | |

n.a. 指不适用。

注：对于2006年与2007年的数据，人民币与美元的兑换比率按1美元=7.6元人民币计算；对于2009年的数据，人民币与美元的兑换比率按1美元=6.8元人民币计算。数据指总的承诺额度，但不包括债务豁免。

资料来源：Brautigam (2011); State Council (2011)。

那么，在非洲大陆内部，中国的援助又流向哪些地方呢？表2提供了部分解释。图中的白色方格表示某非洲国家在某年度与"台湾当局"保持

---

[①] 根据商务部的官方解释，这些数据为承诺额度，而不是实际支付数额（作者2011年5月3日与中国商务部进行的个人邮件交流）。

中国在非洲的发展援助：性质、对象、目的及规模

表2 关于中国对非新增援助承诺的分年统计（1960~2007）

213

崛起的中国

续表

| 年份\国家 | 毛里求斯 | 多哥 | 布基纳法索 | 加蓬 | 冈比亚 | 几内亚比绍 | 尼日尔 | 博茨瓦纳 | 科摩罗 | 莫桑比克 | 圣多美和普林西比 | 佛得角 | 塞舌尔 | 利比里亚 | 吉布提 | 津巴布韦 | 莱索托 | 安哥拉 | 科特迪瓦 | 纳米比亚 | 厄立特里亚 | 南非 |
|---|---|---|---|---|---|---|---|---|---|---|---|---|---|---|---|---|---|---|---|---|---|---|

注：□ 经济和技术合作协定
● 贷款协定
\* 于1959年建交
数据来自公开资料，可能存在遗漏。阴影部分表示该年该国与中国人民共和国保持外交关系。

214

"外交"关系,而灰色方格则表示某非洲国家在某年度与中华人民共和国保持外交关系。如我们所见,中国对非洲国家的援助协议一般伴随着双方外交关系的建立而签订。所有与北京保持外交关系的撒哈拉以南非洲国家都从中国获得了援助,尽管中国提供给有些国家(例如南非)的仅仅是诸如修建几所小学这样的象征性援助。不仅如此,通过在下表中对尼日利亚和刚果民主共和国(DRC)的情况进行观察,我们可以发现中国似乎很少向那些拥有丰富资源的国家提供大规模官方发展援助。中国提供的直接赠款和无息贷款非常平均地分布于各非洲国家,而优惠贷款则主要提供给那些具有偿还能力的国家——或是由于受助国家(毛里求斯、纳米比亚、博茨瓦纳)具有中等发达的收入水平,或是由于受助项目建成后具备创收能力。

中国向非洲提供了多少援助呢?通过对中国的预算支出情况以及媒体公告和报导进行仔细分析,加上对中国政府官员的访谈,我们可以对中国向非洲提供的援助数额进行估计(更多细节信息,参见 Brautigam,2011)[①]。图2 将中国在 2008 年向非洲提供的官方援助金额与其他主要捐助国所报告的官方发展援助金额进行了对比。

2008 年,中国很可能向非洲提供了大约 12 亿美元的官方发展援助资金,而同一时期世界银行对非洲的援助金额为 41 亿美元,美国对非洲的援助金额为 72 亿美元,法国对非洲的援助金额为 34 亿美元。2009 年,中国向非洲提供的援助可能增长到了 14 亿美元。以上数据虽然非常贴近现实,但却不仅远小于一些研究者的估计,也远低于其他研究者用以估测中国对外援助数额的替代性指标。中国政府采用有竞争力的商业利率计息的出口信贷额度向许多非洲国家提供资金,以支持中资公司在这些国家获得合同,这在很大程度上与日本早年的对华经济贸易行为类似(Brautigam,2011)。那么,这种经贸行为的实质是什么呢?我们应当如何理解中国在非洲使用的这些经济手段呢?为什么这些手段不符合官方发展援助(ODA)的定义呢?

在下一节中,我们将讨论此类一揽子协议中的两项,揭示中国资金的运

---

① 鉴于中国对外援助的年度增长速度迅猛,其所承诺对外援助额度与实际支付数额之间的差别远大于经合组织(OECD)成员国。根据一位中国官员的估计,近些年来,中国进出口银行所承诺的优惠信贷额度大约为已经实际支付金额的两倍,而直接赠款和无息贷款的支付速度一般而言则迅速得多。由商务部所控制的对外援助的承诺额度与实际支付金额则更为接近。如需了解相关估计的细节信息与更多数据,参见 Brautigam(2011)。

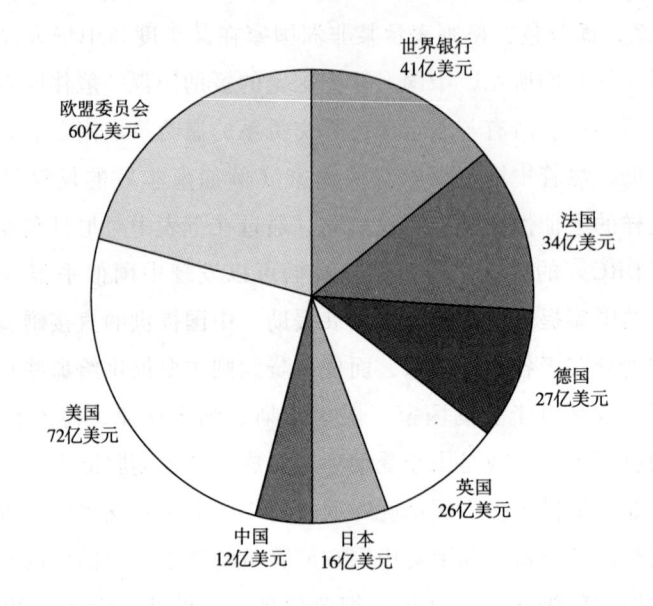

**图 2　2008 年对非官方发展援助**

注：图中数据为实际支付金额。经济合作与发展组织（OECD）数据来自该组织发展援助委员会（DAC）的统计，中国数据为作者估测。

资料来源：Brautigam（2011）。

世界银行 41亿美元
欧盟委员会 60亿美元
法国 34亿美元
德国 27亿美元
英国 26亿美元
日本 16亿美元
中国 12亿美元
美国 72亿美元

作方式，解释为什么应该理解这些资金的使用条款而不应该将它们全部臆断为"中国对外援助"。有些由中国提供的大规模合作协议被认为是官方发展援助，然而实际情况却复杂得多。

## 五　案例研究：加纳和刚果民主共和国

### （一）加纳的布维大坝

中国水利水电建设集团公司于 2007 年开始兴建作为加纳政府重点工程的布维大坝。这座在环保方面引起争议的水坝设计发电量为 400 兆瓦，建设资金来源于与中国进出口银行商定的两笔相互独立的贷款。其中一笔为买方出口信贷，额度为 2.92 亿美元，偿还期限为 12 年，优惠期为 5 年，以通行的商业参考利率（Commercial Interest Reference Rate，CIRR）附加 1.075% 作为利率进行计息；另一笔贷款似乎是优惠信贷或者最惠出口信贷，额度约为 2.7 亿美元，采用2%的固定利率计息（Government of Ghana, 2008; Habia, 2009）。发展援助委员会（DAC）所制定的规则建议对此类混合信贷中的各个组成部分分别进行报告："其中一部分是相当于官方发展援助的'软性'贷款，另一部分则属于商业贷款"（Ahmad, 2008）。经济合作与发展组织（OECD）所制定的规则允许采用这种"附带条件的援助"来支持那些无法吸引商业贷款的项目，但要求其成员国对援助的内容及条款进行报告，以便具有同样意向的其他成员国能够提供附带同样条款的资金参与竞争（Brautigam, 2010）。

与中国进出口银行向安哥拉等国发放的一些规模更大的信贷相类似，提供给布维大坝的资金是一笔由资源进行担保的贷款；这笔贷款的担保物并非石油或矿产，而是供出口销售的可可豆（Brautigam, 2011）。James Habia（2009）的研究揭示了更多细节。中国通用技术公司与加纳可可委员会签订了一笔年销售4万吨可可的贸易协定（其中3万吨为主产期收获的可可，1万吨为间作期收获的可可），协定有效期与贷款偿还期相同——即20年。2008~2009年度，加纳共生产了703000吨可可豆。假设这些可可豆全部用于出口，其中大约有6%会被用于偿还贷款。就算中加双方对可可豆的销售价格进行了协商，相关细节也并未被公之于众；而以货品作为担保的类似贷款协定，一般也只会披露担保货品的具体数量而非价格。中国进出口银行行长李若谷声明，该银行以货品作为担保的信贷在估值时，对担保货品按照市场价格进行核算（Brautigam, 2011）。

中国进出口银行同时要求加纳电力公司与布维大坝签署电力购买协议，并将由该协议所产生的净收益存入一个为偿还贷款所专门设立的代管账户。双方初步商定，将未来的每千瓦时电价确定于0.035美分~0.055美分（Habia, 2009）。根据世界银行提供的数据，非洲的平均电价大约为每千瓦时0.13美分，远高于上述该协议中的价格（World Bank）。虽然目前这份电力购买协议中的定价看起来非常合理，但关于该价格在大坝使用过程中将如何进行调整的信息却并不透明（Habia, 2009）。

这个案例说明了许多问题。首先，它显示了中国官员怎样整合不同金融手段以便为一项大型工程提供资金；其中部分资金或许属于官方发展援助的范畴，但并非所有资金都是如此。该案例还有助于我们洞察中国银行确保其贷款安全性的方式；较之采用其他手段，这些方式帮助中国银行获得了更多债务融资。加纳将在今后数年内通过向中国出口可可豆的方式来偿还贷款，而这些资源显然将无法被用于满足该国的其他需求。至于该协议是否会对加纳人民真正有利，则要等到大坝建成并且以合理的成本进行发电、同时其造成的社会与环境影响减轻之后才能一目了然。

## （二）刚果民主共和国的采矿和重建

2007年，两家中国工程公司——中国铁路工程总公司和中国水利水电建设集团公司——与刚果民主共和国签署了一项大规模发展协议。在最初的协议中，中资银行确定将向刚果提供两笔相互独立的各30亿美元的信贷额度，用于对这个毁于战火的国家进行修复或者重建；该贷款将由两国合资开发的钴铜矿所产生的部分利润进行偿还，而建立钴铜矿的经费也将由中国资本提供。后来，刚果民主共和国的其他发展伙伴出于对该国债务清偿能力的可持续性产生担忧而施加了压力，中刚基础设施贷款方案被削减为单笔30亿美元信贷。

最初协议中的两笔贷款原计划资助以下基础设施建设项目：修建3402公里铺面道路，其中包括连接刚果民主共和国各主要城市（卢本巴希、布卡武、戈马和金沙萨）的高速公路和桥梁；在金沙萨首都区内修建和重建450公里道路；新建或恢复3213公里铁路；建立并装备145个健康中心、31座医院、5000套廉价住房和两所大学[1]。出现在一份更为晚近的清单中的项目则包括：重建两座机场和两套配电系统，以及建设两座用于水力发电的大坝[2]。

这些贷款有何条款呢？一家名为华刚矿业股份有限公司（Sicomines）的合资企业将被建立起来，刚果方面持有32%的股份，主要持股法人为其国有的自然资源开发企业刚果国家矿业总公司（Gécomines）；中国方面则将通过一个主要由两家中资工程公司控制的财团持有68%的股份。华刚矿业股份有限公司投资所产生的利润则将被用于偿还该企业开采矿藏所举借的贷款以及与此无关的基础设施建设项目。

---

[1] *Convention de Collaboration entre la République Démocratique du Congo et le Groupement d'Entreprises Chinoises*：*China Railway Group Limited*，*Sinohydro Corporation relative au Developpement d'un Projet Minier et d'un Projet d'infrastructures en République Démocratique du Congo*，April 22，2008.

[2] *Convention de Collaboration entre la République Démocratique du Congo et le Groupement d'Entreprises Chinoises*：*China Railway Group Limited*，*Sinohydro Corporation relative au Developpement d'un Projet Minier et d'un Projet d'infrastructures en République Démocratique du Congo*，April 22，2008.

对于基础设施建设项目的信贷利率被设定在相当于伦敦银行同业拆借利率（LIBOR）附加 100 个基点的水平上。中刚合资的钴铜矿开采公司估计需要 32 亿美元发展资金，这笔资金中的 11 亿美元由中国财团以无息股东贷款（prêt d'actionnaire）的方式提供，其余 21 亿美元则来自利率固定为 6.1% 的贷款①。

刚果民主共和国的其他捐赠国对这家中刚合资企业深感忧虑，部分原因在于刚果政府最初承诺对该企业包括矿藏开采成本在内的所有贷款资金进行主权担保。鉴于刚果政府当时正在通过重债穷国倡议计划（Highly Indebted Poor Countries，HIPC）申请对其大量政府债务进行豁免，该国与中国所签订的协议似乎没有让新债权国履行老债权国正在承担的责任。中刚基础设施协议须经刚果民主共和国议会批准；在一次面向议会的讲话中，该国基础设施、公共工程和重建部长指出这笔贷款虽然"并非优惠信贷"，但由于估值时采用的内部收益率（Internal Rate of Retune，IRR）超过了 19%，故将"为确保该国清偿债务能力的可持续性提供所可能获得的最佳条件"（DRC, 2008）。而当时并未披露但后来得以澄清的信息却显示：合同中规定，需要进行财务分析以保证中国投资者确实能够获得 19% 的内部收益率，否则该协议就需要进行修订②。

在经过持续一年的搁置期后，中国与刚果民主共和国同意后者不再对与矿业项目相关的贷款进行主权担保。由国际货币基金组织（International Monetary Fund，IMF）主导的刚果债权人集团则同意刚果政府对 30 亿美元的基础设施信贷资金进行主权担保，但不同意其对矿业公司进行担保，而刚果民主共和国则同意不再提出对于第二笔 30 亿美元基础设施信贷的要求。

该协议的问题在于它的非优惠信贷资金条款。国际货币基金组织和世界银行的债务可持续性框架（Debt Sustainability Framework，DSF）是对重债穷国（HIPC）进行债务减免的前提条件，而该框架不允许刚果民主共和国接

---

① *Convention de Collaboration entre la République Démocratique du Congo et le Groupement d'Entreprises Chinoises: China Railway Group Limited, Sinohydro Corporation relative au Developpement d'un Projet Minier et d'un Projet d'infrastructures en République Démocratique du Congo*, April 22, 2008.

② *Convention de Collaboration entre la République Démocratique du Congo et le Groupement d'Entreprises Chinoises: China Railway Group Limited, Sinohydro Corporation relative au Developpement d'un Projet Minier et d'un Projet d'infrastructures en République Démocratique du Congo*, April 22, 2008.

受非优惠信贷。中国财团同意负担超出 2008 年 4 月 22 日利率（约 4.4%）的实际贷款利率（即伦敦银行同业拆借利率上浮 100 个基点）[1]。考虑到这项调整，国际货币基金组织宣布这笔 30 亿美元基础设施贷款中的捐赠成分在 42% ~46%（IMF，2010）。国际货币基金组织在债务可持续性框架下的定义要求针对任何前重债穷国（post – HIPC country）的优惠贷款中所含的捐赠成分不低于 35%。根据该组织的标准，中国提供的基础设施贷款如今已经满足了"优惠信贷"的标准，这使得刚果民主共和国作为重债穷国得以继续享受债务豁免。

然而，国际货币基金组织对于捐赠比例的计算却建立在诸多假设之上；其中最为重要的一点在于，该组织是模拟可能发生的最坏情况来进行计算的。在这种情况下，中刚合资的矿业公司将在 25 年内无法获取任何净利润，而贷款利息则会在此期间不断累加，债务最终将由进行主权担保的政府予以偿还[2]。尽管这笔贷款严格来说并不属于官方发展援助，但是高达 42% ~ 46% 的捐赠比例却使其看起来很像"对外援助"；然而，对于这个捐赠比例的计算，却离不开前文提到的那个假设。换句话说，国际货币基金组织的假设造就了一个 25 年的优惠期。这种做法并非不正确，因为除非华刚矿业在 25 年时间内未能获得盈利从而无法偿付基础设施贷款，刚果政府的主权担保并不会陷入风险之中。然而，从这种显然不同寻常的假设出发而对捐赠比例进行的计算，却给人们造成了中国贷款条款宽松大方的印象，但实际情况显然并非如此。

不仅如此，刚果政府已经提议把中国财团为建立华刚矿业而同意向其支付的 2.5 亿美元签约奖金算作财政预算支援（finance 'au titre d'appui budgétaire'），从而将这笔资金近似理解为捐赠国所提供的预算支援赠款

---

[1] Avenant No. 3 à la Convention de Collaboration Relative au Developpement d'un Projet Minier et d'un Projet d'Infrastructures en République Démocratique du Congo du 22 Avril 2008 – 2009, October.

[2] 信息来源于作者与国际货币基金组织前高级官员在 2001 年 4 月 7 日和 11 日进行的个人邮件交流。国际货币基金组织进行计算的假设为："第一，矿业公司无法取得任何净利润，根据协议，负有担保责任的政府将清偿贷款；第二，利息累积递增"（IMF，2010）。然而，关于矿业公司无法获得任何净利润的假设看起来似乎不切实际。若是按照预测的那样假设矿业公司可以盈利，并且采纳国际货币基金组织的优惠信贷比例计算方法（IMF n. d.），作者发现：参照 2011 年 3 月通行的美元商业利率计算，一笔额度 2.5 亿美元、无优惠期、利率 4.4%、偿还期 25 年的贷款当中的优惠成分所占比例仅略高于 20%。

(DRC, 2008)。国际货币基金组织同意在进行相关计算时将全部签约奖金作为基础设施贷款捐赠比例的一个部分，而不将其与华刚矿业挂钩（IMF, 2010)。自然资源开采项目协议中通常涉及签约奖金，而公共工程和基础设施建设项目却并非如此；因此，刚果民主共和国及其传统债权人实际上将复杂的中国贷款协定简化为了它们更为熟悉和可以接受的类型来进行理解。

那么，这笔贷款是否符合发展援助委员会（DAC）对于官方发展援助的定义呢？如果我们用经济合作与发展组织对于优惠信贷的定义来审视这笔贷款，答案显然是否定的；因为中国政府提供的贷款是采用基于作为商业利率的伦敦银行同业拆借利率（LIBOR）进行计息的。依照经济合作与发展组织发展合作理事会（OECD's Development Cooperation Directorate）对于贷款捐赠成分的计算方法（OECD, 2011)，这笔基础设施贷款的捐赠成分为33.8%（假设利率为4.4%，偿还期为25年，无优惠期限，不包含签约奖金)；而即便这种计算方法，也还是建立在一个使贷方显得更为崇高的假设之上：该方法不采用以伦敦银行同业拆借利率（LIBOR）外加100个基点的方式来计算这笔贷款的利息，而认定贷款利率不会超过4.4%的上限。但实际上，当实际利率高于4.4%时，差额部分并不会被贷款银行所豁免，而将由控股华刚矿业的中国财团进行支付；因而，这种利息优惠安排属于商业决定，而非对外援助。

最后，在刚果民主共和国的中国人显然自己也不认为这笔用货品进行担保的贷款属于"发展援助"。位于刚果首都金沙萨的中国大使馆于2009年7月公布了一份包含所有中国自2007年以来提供给该国的发展援助的清单，该清单上只有两笔分别价值2.5亿元人民币（合3700万美元）与2.45亿元人民币（合3600万美元）的优惠性贷款，用于华为技术有限公司和中国通信建设集团有限公司所负责的电信项目；另有3笔共计1.2亿元人民币（合1800万美元）的无息贷款（Embassy of China, 2009)。

## 六 为何我们有时错得如此离谱？

尽管中国近些年来增加了其信息的透明程度，其关于对外援助的官方声明仍然非常有限。与经济合作与发展组织成员国和其他许多不属于该组织的国家不同，中国政府并不向发展援助委员会（DAC）报告其对外援助金额或其他援助资金额度。这使得许多研究者试图通过媒体报道或者其他公开数据寻求替代性指标以估计中国对外援助的规模；新近出现的两个案例可以揭示为什么这些学术努力有可能会得出具有误导性的结果。

**（一）通过媒体报道估测援助额度**

美国国会下属研究机构——国会研究服务处（Congressional Research Service，CRS）——的一组研究人员试图通过他们所收集的媒体报道估测中国对外援助的数额（Lum 等，2009）。他们首先假定中国的对外援助活动缺乏规划，认为中国"在缺乏中央决策系统、专门机构使团以及有序资金计划的情况采用专案的方式其对外援助进行管理"。事实上，这些假设都是不正确的。考虑到中国政府仍在实施五年计划，我们或许不难理解：中国的对外援助其实是由一个高度集中的系统所控制的，通过年度预算进行支付，主要由商务部援外司组织执行，并且根据年度计划和运算而非以专案形式进行决策（Brautigam，2011）。

美国国会研究服务处的研究人员在确定中国的发展援助不符合经济合作与发展组织所确定的"官方发展援助"定义要求之后，就按自己的方法对中国援助进行了宽泛但不可靠的界定。他们认为"中华人民共和国的许多海外经济投资不应该被视为外国直接投资，而应当被计算为对外援助，因为这些投资由双边协议进行担保，从而既不会对参与其中的中资企业带来任何风险，也不会帮助中国企业获得对于海外资产的所有权"。这些研究人员随后委托纽约大学的一组学生为其搜集所有关于中国"承诺提供援助、贷款或者政府支持的投资项目"的媒体报道，并将这些信息整合为一个数据库。这些研究人员由此绘制了一系列表格，将他们所估测出来的数额巨大的中国"对外援助"与经济合作与发展组织成员国的官方发展援助进行了比较。

美国国会研究服务处的研究方法存在两个明显的问题。首先，包括石油企业在内的许多在海外进行投资的中国公司均为国家所有，中国的主要银行亦为国家所有；仅仅因为这些企业与政府有所联系或者因为它们的投资发生在发展中国家，就将这些企业的投资行为笼统地归结为对外援助，既不符合逻辑，也不符合常理。经济合作与发展组织的成员国从未将那些由其国有企业提供的出口信贷、商业贷款和商业投资作为官方发展援助；正如上文所提到的那样，这些来自于政府的资金并不符合"官方发展援助"的定义，因而被报告为"其他官方资金",简称 OOF[①]。如果我们采取同样方式来界定中国和西方的"官方发展援助",那么中国在 2007 年仅向非洲提供了 8.5 亿美元官方发展援助(Brautigam,2011)。

该方法还导致美国国会研究服务处对中国援助的目的进行了具有误导性的分析。例如,因为将"国家支持的投资"(state-sponsored investment)界定为"对外援助"(foreign aid),这些研究人员总结道:"中国提供对外援助的动机主要在于对自然资源的需求"这个结论(CRS,2009:5)。尽管自然资源确实是驱动中国在非洲进行投资的首要因素,但中国的发展援助却被平均分配于每个与北京保持外交关系的非洲国家(Brautigam,2008;2009);中国的对外援助关联于外交关系而非自然资源。而且,基于媒体报道而对数据进行计算要求对报道材料的真实性进行仔细调查。正如一家专注非洲的政策风险咨询机构的首席执行官 Remi Bello 所指出的那样,"请牢记,在非洲只有 2%~4% 的谅解备忘录(memorandums of understanding,MOU)最终成为了实际项目"(Zoninsein,2010)。

### (二)将经济合作定义为"援助"

另有一些学者陷入了使用"对外经济合作"(foreign economic cooperation)数据作为替代性指标来估计中国援助的误区(Biggeri 和 Sanfilippo,2009;Sanfilippo,2010)。这种将经济合作数据视同对外援助的做法,最早可以追溯到 2005 年;当时,《经济学人》(*The Economist*)杂志宣称中国在 2002 年已经向非洲提供了额度为 18 亿美元的发展援助[②]。这份报告中所谓的"官方援助数据"被世界银行和国际货币基金组织所出版的多种材料所采用并

---

① 具体说来,美国国会研究处所采用的界定标准并不常用,但即便采用这些标准中的任何一条,也不能将经济合作与发展组织成员国所提供的由国家支持的投资界定为官方发展援助。例如,官方双边协议或许会保证一项投资不得被没收,但这并不足以使得此项投资成为"援助"。认为中国公司的投资不会面临风险的这种假设本身就存在问题;即便不对此假设进行纠缠,一国政府对投资企业风险是否进行控制也与该投资是否满足官方发展援助的定义完全无关。没有任何经济合作与发展组织成员国将其对于企业向国外进行投资的帮助计为官方发展援助的一部分。最后,尽管诸如政府贷款这样不以获得海外资产所有权为目标的"投资"不应该被算作对外国进行的直接投资,但除非这些资金满足对于官方发展援助的各项严格要求,否则它们并不能被算作"对外援助"。这些资金应当被直接算作"其他官方资金"。
② 参见:"Forget Mao, let's do business: China and Africa",刊登于 2005 年 2 月 7 日的《经济学人》杂志。

复述（Broadman 等，2006；Wang，2007）；而实际上中国从未发布过任何关于其 2002 年对外援助的数据，他们所公布的数字只是表明其给予非洲的对外经济合作资金为 18 亿美元（Brautigam，2011：179）。

那么，什么是"对外经济合作"呢？其实，中国政府每年都在包括《中国统计年鉴》在内的许多年鉴中公布其对外经济合作的数据①。根据官方定义，这些数据反映了"由中国工程承包企业所承建的项目"的营业额（收入），包括："第一，由外国投资者提供资金的海外工程建设项目；第二，由中国政府通过其对外援助项目提供资金的海外项目；第三，中国使馆、贸易代表处和其他驻外机构的建设项目"（NBS，2009）。换句话说，正如笔者在另一部著作里所提到的那样，这些数据包括：

> "中国承建企业在非洲兴建的所有项目，无论这些项目的出资者是世界银行、非洲发展银行（Africa Development Bank，ADB）、非洲国家的政府、雇佣中国承建企业的其他公司，还是中国政府。中国企业赢得了世界银行在非洲的主要建设合同中的大约 1/4，以及非洲发展银行主要建设项目合同中的大约一半。将中资企业的营业额也算成中国对非洲国家发展援助的一部分，就如同是将美国对非洲国家的援助额等同于在非洲获得建设合同的贝泰公司（Bechtel Corporation）、福陆集团（Fluor）及凯洛格-布朗-路特公司（Kellogg Brown Root，KBR）等美资企业的营业额，将瑞典对非洲国家的援助额等同于在非洲获得建设合同的瑞典堪雅建筑集团（Skanska）的营业额。"（Brautigam，2011）

20 世纪 70 年代末期，中国开始转向世界市场，而中资公司也开始为本国以外的客户承建在非洲的项目。例如，作为中国官方新闻通讯社的新华社曾经于 1991 年指出，"非洲国家获得了 140 亿美元的对外援助资金，中国企

---

① 这些数据可以在《中国统计年鉴（2008）》中"对外经济合作"部分的"按国别（地区）分对外经济合作完成营业额"子目中找到。"对外经济合作"部分同时也包含了一个关于中国公司对外直接投资的子目。许多参考或引用这些数据的研究者声称他们相信经济合作数据包含了对外直接投资数据（World Bank，2008：xiii，7）；鉴于该数据仅仅指涉基于合同的营业额，我们并不清楚这些研究者基于何种理由做出上述判断。统计年鉴所提供的定义显示：对外直接投资并未被计入合同完成营业额中，而是在"对外经济合作"这个宽泛的标题下对其进行了区别于合同完成营业额数据的单独列示。

业希望通过承建由这些资金援助的项目中来获取利润"（参见 1991 年 2 月 26 日的新华社报道）。

在尼日利亚，中国承建商自 1979 年开始获得合同（Brautigam，2011：64）。据报道，在 2000 年到 2008 年间，中国工程公司通过在尼日利亚建设的数百项工程获得了总额为 61 亿美元的收入①。在过去 10 年间，一家知名的中国企业承建了尼日利亚政府不同部门的数十个工程；与之相比，中国政府给予尼日利亚的官方发展援助则相对少得多——据估计从 2000 年到 2008 年的总数额不超过 2.2 亿美元（如果将一笔额度为 2 亿美元的用于通信卫星项目的最惠信贷也算作发展援助的话，这个数字将上升到 4.4 亿美元）②。

经济合作数据不应该被理解为"对外援助"的另一个证据是：中资企业将其在那些与中国没有外交关系的国家所获得的合同也报告为经济合作，而中国政府并不向这些国家提供任何官方援助或者其他资金。2007 年，此类国家包括斯威士兰、冈比亚、布基纳法索、中非共和国和马拉维，中资公司在这些国家总计获得了 25 笔合同（Ministry of Commerce，2008：218）。中国官方统计中还报告了那些在富裕国家中进行的经济合作项目。2009 年，中资公司从与澳大利亚的经济合作中获利 11.5 亿美元，而从与德国的经济合作中获利 5.204 亿美元（NBS，2010）。中资企业在资源丰富的安哥拉、利比亚、沙特阿拉伯和阿拉伯联合酋长国等国家中完成了价值数十亿美元的经济合作项目；而中资公司之所以在这些国家开展建设，是因为他们有足够的竞争力来赢得工程建设合同，而不是因为他们正在实施

---

① 本数据是对 1998~2009 年间各年度的《中国商业年鉴》所报告的营业额进行简单加和所得到的，并未根据通货膨胀率对数据进行调整。信息来源于中华人民共和国商务部。
② 中国官方对外援助被用于两项农村电话工程、一项钻探工程、抗疟疾训练、禽流感预防、建设 1 所医院、一个疟疾治疗中心和 4 所小学，并且向由世界粮农组织运作的南南合作项目中的 500 名志愿者提供了资助。而至少 50 名尼日利亚籍在华留学生的费用，以及 300 名尼日利亚人在中国进行短期培训和学习的开销，在估计援助金额时则未被计入。2002 年，尼日利亚还从中国获得了价值 2.3 亿美元的非优惠出口信贷，用于建设两座 335 兆瓦的燃气发电站（信息来自作者在 2009 年 5 月与尼日利亚政府官员进行的私人邮件和电话交流）。中国进出口银行于 2007 年承诺向尼日利亚提供的 5 亿美元最惠出口信贷在此期间并未生效，因而没有被计入中资公司的营业额中。中国虽然允许诺向尼日利亚提供那种我们在其他非洲国家所能看到的由资源进行担保的大宗信贷，但这些许诺截至统计时尚未成为现实（Vines 等，2009）。

援助项目。

尽管如此,许多研究者还是将"对外经济合作"数据作为"对外援助"数据的替代指标(Berthélemy,2009;Bhaumik 和 Yap Co,2009;Sanfilippo,2010:602)。在一篇最近发表的论文中,作者试图检验在非洲的中国对外直接投资与中国政府援助战略之间"可能存在的一致性关系"(Sanfilippo,2010)。这篇文章采用"经济合作"数据作为估计对外援助的替代性指标,并且假定中国政府"或许会利用国际经济合作条款以促使受援国使用中国援助的款项来吸引中国投资者"(Sanfilippo,2010:602)。但正如上文所指出的那样,"经济合作"数据并不指代中国政府所提供的资金,这些数据只反映中国承建商的营业额或者他们所获取的盈利。虽然这些数据中包含了那些援助项目的额度,但"经济合作总额"并不应该被简单理解作"援助额"的同义词。正如尼日利亚案例所显示的那样,用经济合作总额估计援助总额的做法很可能导致对中国援助规模的显著高估。

研究者们总是希望了解中国对外援助的方方面面,而只有将中国对外援助的金额纳入跨国数据库才能对此进行计量研究,这些想法都是可以理解的;但是,使用经济合作数据作为对外援助的替代性指标所进行的分析,却仅仅只能告诉我们中国企业在哪些地方获得了合同。

## 七 小结

本文提出了以下问题:什么是对外援助,中国向哪些地方提供援助,中国为何提供援助,以及中国向非洲提供了多少援助。为了回答这些问题,本文首先将对外援助定义为"官方发展援助"(official development assistance),随后讨论了中国政府为促进本国在海外的经济利益以及进行经济外交而采用的多种经济手段。近些年来,中国给予非洲的官方发展援助数额虽然增长迅速,但规模仍然不大;如果将这个数字与其他国家给予非洲的发展援助相比较,我们就会发现中国仍然是一个有节制的中等规模的援助国,尽管我们可以预期该国提供的发展援助数额将在未来持续增长。

中国推动其经济走向全球的努力是通过多种政策工具共同实现的,我们在上文中已经对其中的一些进行了讨论。本文所做的分析显示,较之其他经济合作与发展组织成员国的经历,中国在非洲的经济活动与日本的外向型发展方式更为类似。中资银行相信他们自己的行动可以将非洲丰富的农产品和矿产品资源与其自身的发展联系起来，他们认为这些资源是财富的源泉，因而并未给予那些以资源进行担保的贷款优惠利率。对于中国人来说，如果将贷款使用于生产性项目，即便是那些因为资源贫乏而使得资产负债表并不好看的国家有时也具备在未来偿还债务的能力，只不过这种能力往往被低估了而已；而对于这些国家偿债能力是否具有可持续性的担心，则有待于将来的事实进行检验。无论是对于需要学习如何策略性地应对那位充满渴望的新发展伙伴的非洲国家而言，还是对于非洲国家那些认为其改善受助国治理和经济政策的努力可能遭遇重挫的传统伙伴国来说，中国与非洲不断密切的关系都带来了巨大的挑战。不过，对于中非关系各个维度更为准确的描述，以及对于中国在非洲发展援助和经济合作真相的透彻理解，对所有利益相关者而言，都将是有益无害的。

## 参考文献

Alesina, A. and Dollar, D. (2000), "Who gives foreign aid to whom and why?", *Journal of Economic Growth*, vol. 5 (March), pp. 33 – 63.

Berthélemy, J. – C. (2009), Impact of China's engagement on the sectoral allocation of resources and aid effectiveness in Africa, Paper prepared for African Economic Conference 2009: Fostering Development in an Era of Financial and Economic Crises, United Nations Economic Commission for Africa (UNECA), 11 – 13 November 2009, Addis Ababa, Ethiopia, viewed 19 August 2010, < http://www.uneca.org/aec2009/papers/ AEC2009BackgroundPaper.pdf >

Bhaumik, S. K. and Yap Co, C. (2009), *Chinese state's economic cooperation-related investment: an investigation of its direction and some implications for outward investment*, William Davidson Institute Working Paper No. 966 (August), University of Michigan, Ann Arbor.

Bloomberg (2011), "Huawei's 30-billion credit line opens doors in Brazil, Mexico", Businessweek, 24 April 2011, viewed 30 April 2011, < http://www.businessweek.com/news/2011 – 04 – 24/huawei – s – 30 – billion – china – credit – opens – doors – in – brazil – mexico.html >

Brautigam, D. (2008), *China's African Aid: Transatlantic challenges*, April, German Marshall Fund of the United States, Washington, DC.

Brautigam, D. (2010), *China, Africa, and the international aid architecture*, Working Paper No. 107 (April), African Development Bank, Tunis.

Brautigam, D. (2011), *The Dragon's Gift: The real story of China in Africa*, Oxford

University Press, UK.

Broadman, H. with Isik, G. , Plaza, S. , Ye, X. and Yoshino, Y. (2006), *Africa's Silk Road: China and India's new economic frontier*, 1 November, The World Bank, Washington, DC.

Democratic Republic of the Congo (DRC) (2008), *Contribution of the Minister on the Occasion of the Presentation of the Accords Signed Between the Government of the Democratic Republic of the Congo and the People's Republic of China*, 9 May, Ministry of Infrastructures, Public Works, and Reconstruction, Kinshasa.

Embassy of China (2009), *Aides au Developpement Chine-RDC*, 9 July, Embassy of China in the Democratic Republic of the Congo, Kinshasa.

International Monetary Fund (IMF) n. d. , *Concessionality Calculator*, International Monetary Fund, Washington, DC, viewed March 2010, < http: //www. imf. org/external/ np/pdr/conc/calculator/default. aspx >

International Monetary Fund (IMF) (2010), *Democratic Republic of the Congo: Staff report for the 2009 Article IV Consultation, request for a three-year arrangement under the Poverty Reduction and Growth Facility, and request for additional interim assistance under the Enhanced Initiative for Heavily Indebted Poor Countries*, March 2010, International Monetary Fund, Washington, DC, viewed October 2010, < http: //www. imf. org/external/ pubs/ft/scr/2010/cr1088. pdf >

Kim, S. S. (1999), "China and the United Nations", in E. Economy and M. Oksenberg (eds), *China Joins the World: Progress and prospects*, Council on Foreign Relations Press, New York.

Kuziemko, I. and Werker, E. (2006), "How much is a seat on the Security Council worth? Foreign aid and bribery at the United Nations", *Journal of Political Economy*, vol. 114, no. 5.

Lum, T. , Fischer, H. , Gomez-Granger, J. and Leland, A. (2009), *China's foreign aid activities in Africa, Latin America, and Southeast Asia*, 25 February, CRS Report for Congress, Congressional Research Service, Washington, DC.

Manuela, A. (2010), "Nigeria secures agreement for refineries", *Engineering News-Record*, 16 June 2010.

Ministry of Commerce various years, *China Commerce Yearbook*, Ministry of Commerce, Beijing.

Ministry of Commerce (2008), *China Commerce Yearbook 2008*, Ministry of Commerce, Beijing.

National Bureau of Statistics (NBS) (2009), *China Statistical Yearbook 2009*, China Statistics Press, Beijing.

National Bureau of Statistics (NBS) (2010), *China Statistical Yearbook 2010*, China Statistics Press, Beijing.

Organisation for Economic Cooperation and Development (OECD), n. d. , *Glossary*, Organisation for Economic Cooperation and Development, Paris, viewed 22 May 2009, < www. oecd. org/document/19/0, 3343, en_ 21571361_ 39494699_ 39503763_ 1_ 1_ 1_ 1_ , 00. html >

Organisation for Economic Cooperation and Development (OECD) (2008a), *Is it

ODA?, Fact Sheet, November, Organisation for Economic Cooperation and Development, Paris, viewed 6 March 2011, < http: //www. oecd. org/dataoecd/21/21/34086975. pdf >

Organisation for Economic Cooperation and Development (OECD) (2008b), Personal email communication with a senior official regarding Ghana credits, 17 November, Data Collections Unit, Statistics and Monitoring Division, Development Cooperation Directorate, Organisation for Economic Cooperation and Development, Paris.

Organisation for Economic Cooperation and Development (OECD) (2010), *International Development Statistics: Other official flows*, 13 April, Organisation for Economic Cooperation and Development, Paris, viewed 6 March 2011, < http: //www. oecd-ilibrary. org/development/data/oecd-international – development – statistics/other – official – flowsoof_ data – 00075 – en; jsessionid = 1f4rgdb5f6jo3. delta >

Standard & Poor's (2006). "Bank Credit Report: Export – Import Bank of China", August 2006.

State Council 2011, *China's Foreign Aid*, April, Information Office of the State Council, People's Republic of China, Beijing.

Vines, A., Wong, L., Weimer, M. and Campos, I. (2009), *Thirst for African Oil: Asian national oil companies in Nigeria and Angola*, August, Chatham House, London.

Wang, J. – Y. (2007), *What drives China's growing role in Africa?*, IMF Working Paper No. 07/211 (August), International Monetary Fund, Washington, DC.

World Bank (2011), *Energy in Africa: Overview*, The World Bank, Washington, DC, viewed 2 April 2010, < http: //go. worldbank. org/ZD42IOATZ0 >

Zoninsein, M. (2010), "Nigeria secures agreement for refineries, *Engineering News-Record*, 16 June.

（陶郁 译）

# 当巨人遇见巨人：中印发展比较[*]

Peter E. Robertson[**]

## 一　引言

当中国和印度走出第二次世界大战的泥潭时，这两个国家就如同两位被内部冲突折磨得疲惫不堪的巨人；到1962年，在中国和印度共同的喜马拉雅山边界上，这两个国家之间爆发了一场战争。初始基础薄弱的中印两国，为应对冷战时期不利的国际环境而走上了两条截然不同的发展路径：印度采用了以市场为基础的社会主义发展模式，而中国则采用了共产主义和集体主义的发展模式。

本章旨在提问：究竟哪种增长理论能够帮助我们理解中印两国各自发展经历与未来预期中的相似之处与不同之处。该问题因为如下几个原因而十分重要。

首先，尽管目前已有许多对中国的成功与印度的崛起进行解释的流行理论，却没有任何理论能够告诉我们一个国家完成从发展中经济体到发达经济体这个转型所需要的全部必要条件。理解这点，不仅对于理解中印两国在未来可能遭遇的发展瓶颈与障碍非常重要，对制定能够适用于其他国家的合理的发展政策也不可或缺。

---

[*]　The clash of Titans 通常被翻译为"诸神之战"，但本文主要是对中国和印度这两个国家进行比较，因此题目在英文字面意的基础上进行了意译，希望符合翻译要求。

[**]　作者感谢来自 Rod Tyers 和 Jane Golley 的意见，并受益于与他们进行的有见地的讨论。

其次，作为世界上人口最多和次多的两个国家，中国与印度的持续经济增长将以一种与众不同的方式逐步改变自19世纪末美国崛起以来就未曾改变过的世界经济与地缘政治格局。而目前西方世界在政治上的主导权能否得以维系，或许也将取决于作为英国前殖民地与西方民主制度实践地的印度在经济上能否与中国相抗衡。

为了思考已经发生和将要发生的经济增长情景，我们需要用一个理论框架来整合各种想法。基准模型（benchmark model）是一种可以被同时应用于思考长期增长与短期转型的新古典增长模型。在下文中，通过谨慎地运用这一模型，本章将对中印两国在经济增长上的相对表现提出大量新的见解。具体来说，本章将会特别探讨以下几个问题：第一，投资率的提升对于中国经济增长的作用非常有限，特别是自20世纪80年代以来尤其如此；第二，中国和印度在投资率上的差异并不能够解释两国在经济增长表现上的差异；第三，新的证据显示人力资本积累是中国经济增长的重要源泉，因为人力资本积累不仅提升了劳动生产效率，也诱发了实物资本积累。

既有的增长核算研究倾向于强调实物资本积累和剩余生产率提升对经济增长的贡献，本文的研究成果与此并不一致。相反，本文这些新的研究成果为我们提供了一条探索经济增长驱动因素与作用效果的新思路，因而也为我们理解不同政策对于中国和印度这两个巨大经济体的影响方式提供了新的见解。

## 二 中印两国经济增长的典型事实

### （一）人均国内生产总值的长期增长

图1展示了中印两国的经济增长轨迹，图中不仅标示了中印两国自1952年以来各年度的人均国内生产总值（gross domestic product，GDP），而且还提供了美国在同期的数据作为参考，数据依据美元购买力平价（purchasing power parity，PPP）进行计算。关于中国的数据有两组，均来自于佩恩表[①]（Hetson等，2011）。第一组数据是基于中国官方价格指数以及

---

[①] 佩恩表（英文名称为Penn World Table，简称PWT），是由美国宾夕法尼亚大学学者建立并维护的一个跨国经济数据库，该数据库的网址为http：//pwt. econ. upenn. edu。——译注

国际比较项目（International Comparison Program，ICP）2005 年基值来构建的；第二组数据是基于 Madison 和 Wu（2005），Wu（2010）及其他论文对第一组数据中官方价格指数的修正来构建的。

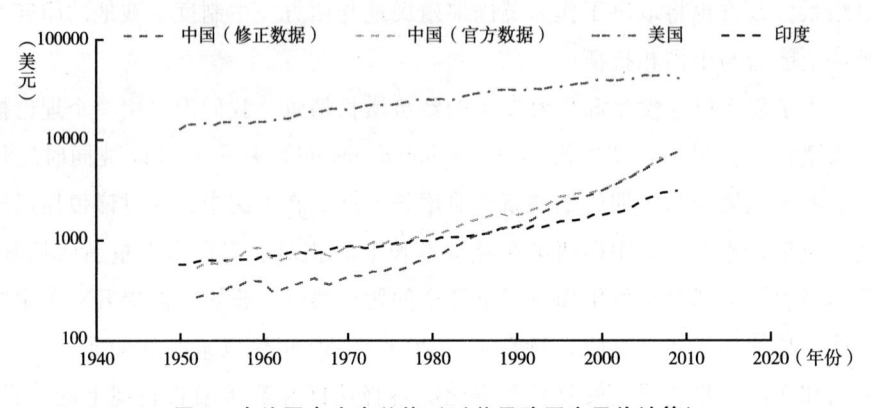

图 1　人均国内生产总值（以美元购买力平价计算）

资料来源：Heston 等（2010）。

第二组数据所进行的修正，主要针对中国在 1980 年以前的经济增长率。根据官方数据，中国在 1952 年的人均国内生产总值仅仅相当于印度的一半。在 1952 年到 1978 年间，中国的年均增长率为 3 个百分点，而印度的年均增长率则与美国相同，都是 2 个百分点。但是，在 1978 年到 2010 年间，中国的年均增长率达到了 8.5 个百分点，其人均国内生产总值于 1986 年赶上了印度，而此时距离中国开始进行改革开放还不到十年[①]。

然而，那组被修正的数据却为我们讲述了一个与上述情形大相径庭的故事。这组数据显示，中国在 1952 年的人均国内生产总值与印度相同。而中国在 1952 年的人均收入水平越高，就意味着 1978～2010 年的实际增长率越低。具体来说，被修正的数据表明：在改革开放以来的 1978～2010 年间，中国的年均增长率为 6.5 个百分点，而不是官方数据所显示的 8.5 个百分点。

Madison、Wu、Wang 和 Meng 都认为，较之于根据中国官方数据所测算出的经济增长率，他们对经济增长率所作出的相对更低的估计应该更为可靠——因为官方数据显示中国 1952 年人均国内生产总值的购买力平价为 282 美元，这个数字远远低于最基本的生存线；而与中国相比，同样贫穷的

---

① 原文如此。——译注

印度在当年的人均收入以购买力平价计算后却相当于 612 美元（Madison 和 Wu，2008；Wang 和 Meng，2001）。Herton（2008）也认为，如果采用中国的官方经济增长率进行计算，那么意味着印度在 1952 年时远比中国要富裕，但是这种结果却令人难以置信①。Herton 引述了 Kravis（1984）、Ruoen 和 Kai（1995）等学者早先研究的成果以支撑自己的论断，而这些研究都显示中国在 1952 年要比印度更加富裕。特别值得关注的是，Kravis（1981）的研究显示，中国在 1952 年的人均国内生产总值相当于美国的 12%，而印度却只相当于美国的 6%②。

通过对中印两国的能源使用情况进行比较，图 2 提供了支持上述论断的更多证据。该图展示了中国人均能源使用量相对于印度人均能源使用量的倍数。尽管图中的数据仅能回溯到 20 世纪 70 年代，但还是明确地显示中国当时对于公路交通的能源需求量与印度相同——这与官方数据不同，后者显示此时的中国应该远比印度贫穷。不仅如此，当时中国的总体能源消耗水平大约是印度的两倍。这些数据直观地告诉我们，至少到 20 世纪 70 年代为止，中国的工业化程度已经不在印度之下。这样看来，官方数据显著地低估了中

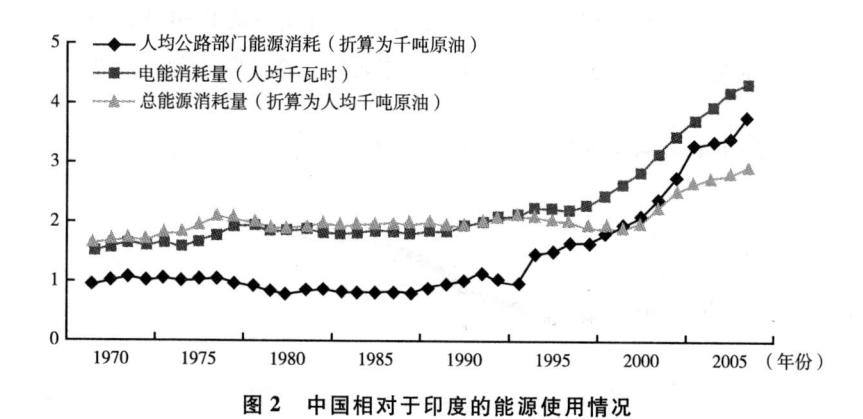

图 2 中国相对于印度的能源使用情况

资料来源：世界银行（多个年份）。

---

① Heston（2008）指出，关于印度国内生产总值增长情况的数据远比关于中国的数据可靠，因为印度拥有更为详尽的物价调查数据。
② Garnaut 和 Ma（1993）认为，虽然世界银行的报告显示 1990 年以美元计算的中国国内生产总值与印度国内生产总值相差不多，但食品消费结构却表明前者实际上大约是后者的三倍。同时，请参考 Clements 和 Chen（2010）的论文，作者认为关于食品消费额占总消费额比例的数据同样表明官方数据低估了中国目前的人均国内生产总值水平。

国的基础财富水平,从而高估了中国在改革开放以来的经济增长率,因而似乎并不可信。

从修正后的中国国内总值数据我们可以看出:中印两国的初始经济增长表现非常相似;但是与印度相比,中国的经济增长过程却不甚稳定,时而繁荣时而萧条。中国经济的第一次严重衰退出现在"大跃进运动"以及三年自然灾害期间,而中国经济的第二次衰退则出现于"文化大革命"期间。对于中印两国进行比较的许多研究,都重点关注中国为合作化失败所付出的代价[1]。

### (二) 单位工人国内生产总值的增长

除了计算人均国内生产总值以外,对中印两国进行比较的另一种方法是观测单位工人的平均国内生产总值(GDP per worker)。这种方法更加强调对生产率的测量,与增长理论所使用的各项概念的关系更为密切。基于佩恩表所提供的数据,图3分别报告了中印两国劳动人口占总人口的比例(Heston 等,2010)。1952年,大约有41%的印度人口在工作,而中国同期的工作人数却大约占到了总人口的50%;而当中国的工作人口比率从1950年的50个百分点上升到目前的60个百分点时,印度的工作人口比率却基本保持不变。

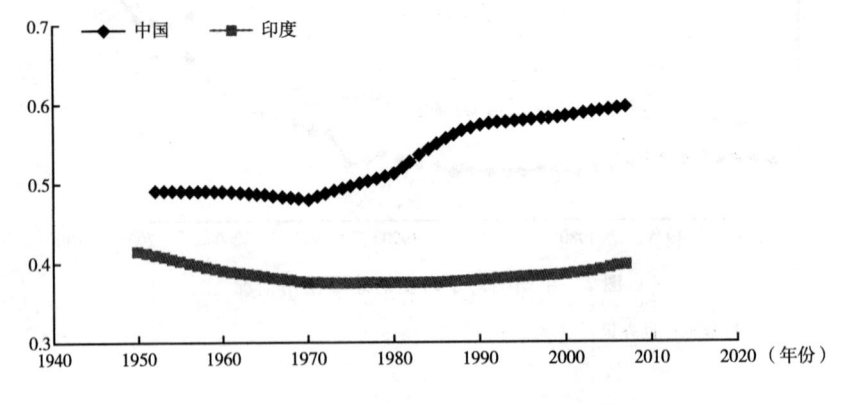

图3 工作人口在总人口中所占的比例

资料来源:Heston 等(2010)。

---

[1] 例如,Gilley(2005)和 Swamey(2005)认为应当下调对中国的经济增长率估计,并强调应当重视中国经济政策的社会成本——这些做法更有利于使印度获得相对于中国更高的评价。

正如 Golley 和 Tyers（2011）所讨论的那样，中国抚养比率的下降源于中国因为生育率下降而导致的人口结构转型。而未来中国的抚养比率将会上升，而印度的抚养比率则会下降，这也将对中印两国的发展前景产生潜在影响。

然而，通过对以往的增长率进行比较，我们可以发现，在中国，单位工人对国内生产总值贡献的增长速度并不像人均国内生产总值的增长速度那样快。即便如此，尽管工人数量正在快速增长，中国 2007 年的单位工人国内生产总值还是达到了 1952 年的 10 倍，而同一时期印度在这个指标上只增长到 5 倍；换句话说，中国的增长速度是印度的两倍。

### （三）相对成就

当把中印两国置于更长的时间段内进行比较时，评论家们认为，由低劣的经济管理方法所导致的大规模饥荒也应该被视为中国为其经济发展政策所付出的巨大代价。

尽管如此，中国在"文化大革命"结束以来的经济发展经历，仍然要比印度出色许多。即便我们对于中国国家收入数据中的系统误差进行调整，并且着眼于单位工人国内生产总值而非人均国内生产总值这个指标，中国的经济增长速度仍然是印度的两倍[1]。

不仅如此，中国出色的经济增长还使得该国在降低死亡率、营养不良与贫困等方面取得了同样出色的成就。例如，Ravillion（2009）发现，在 1981 年到 2005 年间，中国的贫困人口指数（poverty headcount index）下降了 5 个百分点，而印度在同期只下降了 1.4 个百分点[2]。根据 Ravillion（2009）的研

---

[1] 如果采用官方数据进行计算，那么中国经济在改革开放后增长了 27 倍，超过印度经济增长水平的 5 倍。

[2] Ravillion（2009）认为中国在 1981 年的贫困人口大约占总人口的 80%，而印度在 1980 年的贫困人口大约占总人口的 60%。这似乎是基于世界银行国际比较计划（International Comparison Program, ICP）的数据所计算的，而国际比较计划的数据则是基于对中国人均经济增长率的官方估算而非调整以后的数据得出的。因此，Ravillion（2009）估计，中国 1981 年人均国内生产总值的购买力平价为 543 美元，而印度 1981 年人均国内生产总值的购买力平价则为 901 美元；因此，印度当年的人均收入要比中国高 60 个百分点。然而，根据佩恩表第 7 版（Penn World Table Vol.7）所提供的修正数据，中国在 1981 年要比印度富裕 17 个百分点。如果 Ravillion 论文中对中国贫困率的估计基于人均国内生产总值和购买力平价水平的官方数据，那么该论文有可能高估了中国在 1981 年的贫困率，从而高估了中国在此后削减贫困的速度。

究，中印两国在削减贫困问题上的差异，几乎完全可以用两国经济增长率的差异来解释①。

## 三 经济增长的源泉

### (一) 增长核算

在明确了中国和印度在经济增长上的表现差异之后，下一个问题就是探讨两国的经济增长中是否存在着可能导致关键政策差异的显著特征。对于国家经济增长进行研究的主要工具是增长核算（growth accounting）。Bosworth 和 Collins（2008）的研究构建了中印两国从 1978 年到 2004 年的经济增长账户，因而对于后续讨论非常有用。

具体来说，他们认为中印两国的单位工人实际产出水平可以被表示为一个柯布—道格拉斯生产函数（Cobb-Douglas production function）（见方程（1））。

$$y = k^{\alpha}(Ah)^{1-\alpha} \qquad (1)$$

在方程（1）中，$k$ 表示单位工人的实物资本，$y$ 表示单位工人的产出，$h$ 表示单位工人的人力资本，$A$ 是一个被折算为劳动力单位的生产率指标。给定任意两个时期，将这两个时期的人均国内生产总值分表标记为 $y$ 和 $y'$，我们可以构建出 $y$ 和 $y'$ 的比值；而将这两个时期的收入水平分别表示为方程（1）等号右边各个部分的乘积，我们就可以对二者进行比较（见方程（2））。

$$y'/y = (k'/k)^{\alpha}(h'/h)^{1-\alpha}B'/B \qquad (2)$$

在方程（2）中，我们将 $A^{1-\alpha}$ 计为 $B$，表示全要素生产率（total factor productivity，TFP），即被折算为产出单位的生产率②。同时，对方程（1）进行对数求导，我们就可以得到被经常使用的增长核算方程（见方程（3））。

$$\hat{y} = \alpha\hat{k} + (1-\alpha)\hat{h} + \hat{B} \qquad (3)$$

---

① 具体来说，他发现贫困率下降相对于人均收入增长的弹性，在印度大约为 0.7，而在中国则高达 0.8。
② 当 $y$ 和 $y'$ 表示不同国家的收入水平时，该函数又被称为"发展核算方程"（Hsieh 和 Klenow，2010）。

在方程（3）中，$\hat{B}$ 为"索罗残差"（Solow Residual）。

通过运用方程（3），Bosworth 和 Collins（2008）发现，就比例而言，实物资本与其他投入对中印两国经济增长的贡献是相似的。在方程（3）中，$a\hat{k}$ 表示实物资本对于经济增长的贡献率，$(1-\alpha)\hat{h}$ 表示人力资本对于经济增长的贡献率，而索罗残差则表示全要素生产率对于经济增长的贡献率。对中国而言，假设 $\alpha=0.4$，那么实物资本对于经济增长的贡献率大约为 44 个百分点，人力资本对于人均国民生产总值增长的贡献率为 4 个百分点，而以索罗残差形式表示的全要素生产率对于经济增长的贡献为 49 个百分点。对印度而言，实物资本、人力资本和全要素生产率对于经济增长的贡献率分别为 39 个、12 个和 48 个百分点。

这样看来，人力资本对印度经济增长的贡献率略高于对中国经济增长的贡献率，实物资本对中国经济增长的贡献率稍高于对印度经济增长的贡献率，而在这两个国家中，以索罗残差形式表示的全要素生产率对经济增长的贡献都接近一半。然而，Bosworth 和 Collins（2008）也注意到，就绝对数值而言，印度的实物资本积累速度远低于东亚经济体在其迅猛增长时的实物资本积累速度；而中国的实物资本积累速度则与后者相一致，其最近的发展速度甚至超过了后者在创造"东亚奇迹"期间的经济增长速度。

强调实物资本积累对于中国经济增长的贡献，与认为中国经济受益于其高投资水平的普遍观点相一致。而通过对中国和印度进行比较研究，学者们也常会发现两国的投资率存在差异，并以此作为解释印度经济增长表现不如中国的证据（例如，Bardhan，2006；Basu，2009）。毋庸置疑，这些研究结论认为：实物资本积累对经济增长的作用远比人力资本积累更为重要，而这种效应在中国比在印度更为突出。

### （二）理解实物资本积累的源泉

新古典增长模型认为资本积累是内生的；换句话说，新古典增长模型认为，实物资本积累的比率不受政策变量的直接影响。在最简单的新古典增长模型——索罗—斯旺模型（Solow-Swan Model）中，实物资本积累的比率取决于投资率、由单位工人资本现值相对于稳态值的比例所决定的收敛速率（convergence rate），以及包括人力资本在内的所有对生产率有影响的因素。由此看来，虽然增长核算显示中印两国各有大约 40% 的经济增长是由实物资本积累所驱动的，新古典模型却告诉我们，实物资本积累依次取决于以下几个因素：投资率的变动程度（标记为 $i$），生产率的变动程度（标记为 $s$），人力资本的变动程度（标记为 $A$），以及趋向于稳态的收敛程度（标记为 $h$）。

我们还应该注意，由于部分实物资本的积累实际上源于人力资本的积累，因而人力资本对经济增长的实际贡献程度要超过增长核算结果所显示的比例[1]。由此，使用新古典增长模型不仅使我们得以重新排列各种因素对于经济增长的贡献程度，而且为我们提供了观察和分析增长过程的另一种视角。正如我们在下文中即将分析的那样，这种方法将凸显人力资本在中印两国经济发展过程中所扮演的重要角色。

## 四 投资的作用

### （一）水平对变化

为了将投资率上升的效应从其他影响实物资本积累的因素中分离出来，我们可以再一次参考索罗—斯旺模型。方程（4）表明了这个模型的稳态均衡条件。

$$sy/k = (1+n)(1+g) - (1-\delta) \tag{4}$$

在方程（4）中，$s$ 为投资率，$\delta$ 表示物质资本的折旧率，$1+n=L_{t+1}/L_t$ 是劳动投入的年度增长率，而 $1+g=A_{t+1}/A_t$ 表示生产率的年度增长率[2]。在上文中，我们已经建立了用于进行增长柯算的柯布—道格拉斯生产函数，于是有 $y=k^\alpha(Ah)^{1-\alpha}$；由此，我们可以得到方程（5）。

---

[1] 例如，在新古典模型中，人力资本对经济增长的贡献可以被分解为直接贡献和间接贡献两个部分，直接贡献可以被直接反映，而间接贡献则可以通过测量人力资本对于实物资本积累的作用来获知。可以这么进行计算的原因在于 $h$ 的增加会提升物质资本的平均产量，也会诱使资本进行积累。因此，其中的一部分应当被归功于人力资本的贡献。

[2] 请注意，此处的生产率是用通常标记为 $A$ 的哈罗德中性单位（Harrod-neutral unit）来测量的，这与通常标记为 $B$ 的希克斯中性单位（Hicks-neutral unit）不同，二者的转换方法为 $B=A^{1-\alpha}$。我之所以对二者进行交替使用，是因为哈罗德中性单位更为常用，也更为有用，而使用希克斯中性单位则是进行增长核算的传统习惯。不过，由于我们已经建立了一个柯布—道格拉斯生产函数，哈罗德中性单位、希克斯中性单位或者同时使用两种单位测算生产率，结果没有任何差别。

$$y = (s/\chi)^{\alpha/(1-\alpha)} Ah \tag{5}$$

在方程（5）中，$\chi \equiv (1+n)(1+g) - (1-\delta)$[①]。该方程显示了均衡状态下投资率、人力资本、生产率与产出之间的关系。因此，如果一个经济体的投资率水平从 $s$ 变化为 $s'$、人力资本水平从 $h$ 变化为 $h'$、生产率水平从 $A$ 变化为 $A'$，并且由此从初始均衡状态发展到了新的均衡状态，那么该经济体人均收入的增长情况就可以由方程（6）计算出来。

$$y'/y = (s'/s)^{\alpha/(1-\alpha)}(A'/A)(h'/h) \tag{6}$$

我们可以使用以上公式对中印两国人均国内生产总值的长期变化情况进行跨时段比较[②]。首先，我们应当注意在趋向均衡状态的过程中，$s$ 是恒定的，所以方程（6）等号右边的第一部分可以被简化为 $(s'/s)^{\alpha/(1-\alpha)} = 1$。于是我们可以发现，在趋向均衡状态的过程中，人均收入的增长仅取决于生产率的增长比例，即 $y'/y = (A'/A)(h'/h)$。因而，该模型能够告诉我们一个著名的结论：长期经济增长率并不等同于收入水平，也与投资水平无关。所以，由这一标准模型我们可以知道，中国相对于印度的高投资水平无法成为解释其经济增长率更高的理由——这与许多关于中国高增长率的非正式讨论得出的结论完全相反。

而投资率的变化或许有助于解释为什么中国的经济增长率比印度更高。新古典增长模型显示，如果一国的投资率正处于增长中，那么在其他因素相同的情况下，实物资本积累的比率将超过经济增长率。如同图4中基本索罗—斯旺曲线所揭示的那样，一个更高的投资率 $s$ 可以提升均衡状态下单位有效工人的资本率。由于 $sy/k$ 是恒定的，$s$ 上升为 $s'$ 的过程必定伴随着 $y/k$ 的下降，因此 $y$ 的增长速度不如 $k$ 快。所以，在其他因素不变的情况下，投资率 $s$ 的增长将会带来实物资本积累率的增长，也将提升实物资本在增长核算时表现出的贡献率。那么，我们的问题仍然是：Bosworth 和 Collins (2008) 所发现的实物资本对中印两国发展的巨大作用，到底在多大程度上是由两国投资率的增长所引致的？

---

[①] 要想得到这个形式，可以将生产函数等号两边同时除以 $y^{\alpha}$，对 $y$ 进行求解以后，将其代入稳态值等式 $k/y = s/\chi$。

[②] Hall 和 Jones (1999) 在跨国研究中使用过类似的稳态分解方法；然而，他们并没有明确地使用索罗—斯旺模型去分析 $s$ 的变化，而只关注了 $Y/K$ 的变化。

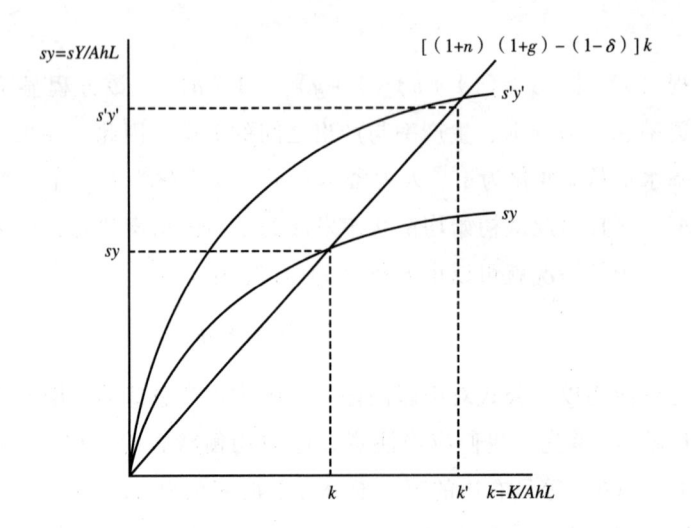

图4 索罗—斯旺模型中的资本积累

## （二）投资数据

为了更为细致地观察实物资本积累对中印两国经济增长所发挥的相对作用，图5比较了中国和印度的投资率——更为具体地说，是以真实美元购买力平价指数计算的固定投资总额在以真实美元购买力平价指数计算的人均国内生产总值中所占据的比例。图6显示，官方数据表明，在1952年，中国的投资率为国内生产总值的17%，这个指标在1978年上升到了国内生产总

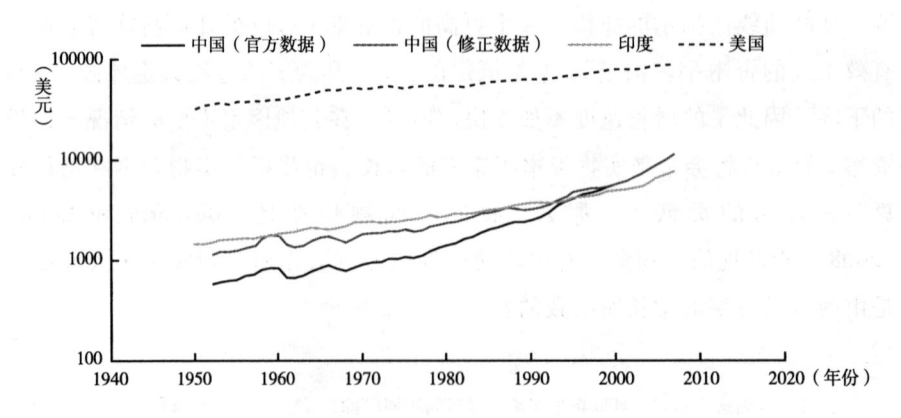

图5 单位工人的国内生产总值（以美元购买力平价计算）

资料来源：Heston等（2010）。

值的33%；中国的投资率在这个水平上保持到20世纪90年代，之后又继续稳步提高了10个百分点，最终上升到国内生产总值的40%以上。

相反，虽然印度在1952年时的收入比中国更高，但其投资率却只占国内生产总值的10%，这个指标到2003年翻了一番，达到了20%。印度投资率的显著攀升仅仅发生在2003年以后，而如今其投资率已经占到国内生产总值的32%。因此，通过对中印两国进行简单对比，我们就会发现中国的投资率水平要高出印度很多，尽管最近几年里印度显著地缩小了这种差距。总的来说，印度的投资率大约增长了3.2倍，而中国的投资率则增长了2.7倍。通过观察这些指标，我们可以发现，印度在投资率的增长速度上似乎超过了中国。

如果我们使用对消费品价格进行调整后得到的关于中国的非官方数据进行比较，结果就更加引人注目了。如图6所示，修正后的数据显示中国真实投资占产出的比率在1952年就达到了40%，这说明中国的投资率远比印度当年的投资率水平高，但却没有随着时间推移而增长。

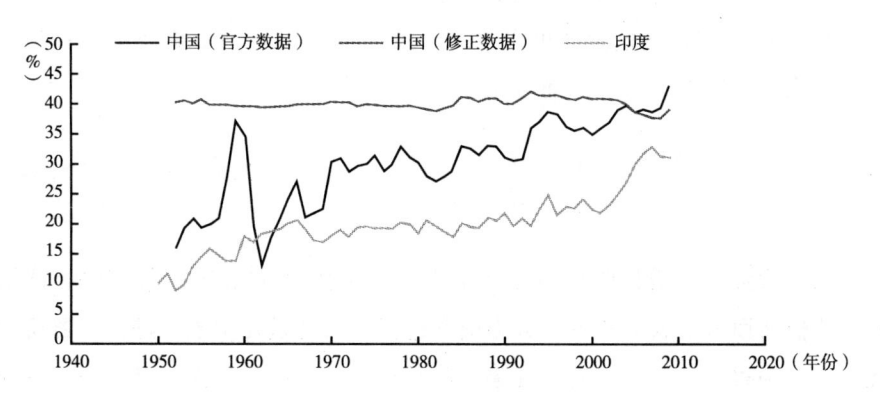

**图6　固定投资总额在国内生产总值中的比重**

资料来源：Heston 等（2010）。

### （三）对投资的影响进行量化

那么，投资率提高到底能在多大程度上解释中印两国的经济增长呢？按照跨国增长核算文献的普遍做法，我们假定 $\alpha = 1/3$，那么，在生产率和人力资本不变的情况下，从一个均衡状态移动到另一个均衡状态的增长可以被表示为 $y'/y = (s'/s)^{1/2}$。正如我们在前文中所看到的那样，如果使用官方数据进行计算，中国自1952年以来的投资率变化倍数为 $s'/s = 2.7$。那么，即使作最好的估计，在1952年到2009年间投资率增长只能驱动中国人均国内生产总值增长 $2.7^{1/2} = 1.64$ 倍。鉴于中国实际上的人均国内生产总值在此期间增长了大约12倍，以上计算进一步确认了投资率上升对于中国经济增长的贡献非常有限①。印度投资率的增长幅度略高于中国，为3.2倍，可以拉动其人均国内生产总值增长1.8倍。考虑到该国的实际人均收入增长幅度为5.3倍，投资率对于印度总体经济增长的贡献较为可观。因此，无论是就相对比例而言还是就绝对数额而言，投资率上升对于经济增长的贡献在印度都比在中国更大。这说明，那些能够鼓励投资或者储蓄的政策——例如印度的银行改革——在印度比在中国对于经济增长起到了更大的作用。

因此，我们可以总结，中印两国不同的投资率增长幅度并不能帮助我们解释两国经济增长的不同经历。无论是就相对比例还是就绝对数额而言，投资率增长对于印度都比对于中国更为重要。此外，如果实物资本对收入的贡献率接近 $\alpha = 1/3$，我们同样可以总结，投资率增长只是影响经济增长的一个相对次要的因素，对中国而言尤其如此。

## 五 人力资本

由于投资率的增长似乎不能在很大程度上解释中国或者印度的经济增长，我们转而考虑人力资本。人力资本包括工人通过在学校中进行学习所掌握的技巧和素质，以及他们的健康、经验和训练。因此，人力资本是一种财产，它的价值相当于人们通过进行相关投资后所获得的更高收入与未经投资前原本收入的差值。

图7、图8展示了中印两国小学和中学的入学率。这两个图告诉我们，

---

① 虽然大多数研究假定实物资本对收入的贡献率为0.3或者0.4，偶尔也有研究认为实物资本对于收入的贡献远高于这个水平。例如，如果我们假定 $\alpha = 0.5$，以印度为例，索罗—斯旺模型显示3.2倍的投资率上升将会带来3.2倍的人均国内生产总值增长。这使得投资率上升成为能在很大程度上解释印度人均国内生产总值增长5倍的重要因素。然而，即便在这种情况下，中国2.7倍的投资率增长仍然只是解释其人均国内生产总值增长12倍的次要因素。

中国在 1952 年时的入学率就要高于印度，而两国在这个指标上的差距有不断扩大的趋势。2010 年，中国完成小学教育的人口在总人口中占 85 个百分点，接受过某种程度教育的人口在总人口中占 93 个百分点；相比而言，印度完成小学教育的人口只在总人口中占 65 个百分点，而接受过某种程度教育的人口在总人口中只占 67 个百分点。

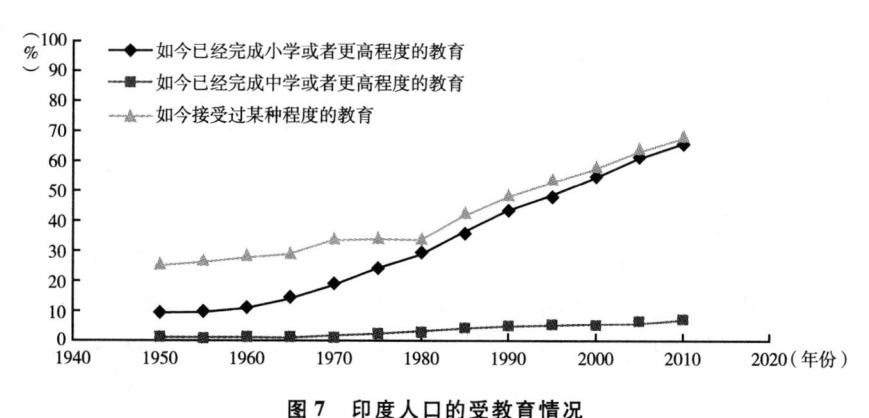

**图 7　印度人口的受教育情况**

资料来源：Barro 和 Lee（2010）。

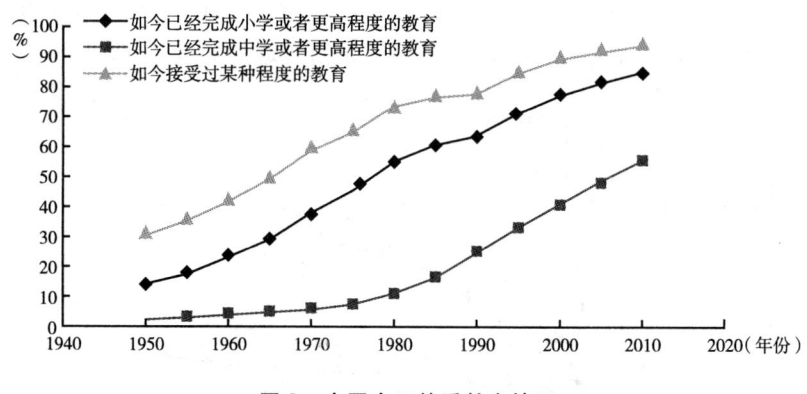

**图 8　中国人口的受教育情况**

资料来源：Barro 和 Lee（2010）。

图中数据同样显示了中印两国正在接受中学教育和已经完成中学或者更高程度教育的人口比例。中国完成中学教育的人口在总人口中所占的比例达到了 55%，相对而言，印度完成中学教育的人口在总人口中所占的比例只有 6.7%，两国间的差距非常巨大。

尽管印度的总体教育程度不如中国，但就正在进行小学教育的人口比例的增长程度而言，印度却比中国稍快——前者在 1952 年到 2010 年间增长了 7.2 倍，而后者只增长了 6.2 倍。因此，印度小学入学率的增长速度比中国更高。

然而，中印两国在接受中学教育的人口占总人口比例这个指标上的差距却更为引人注目。印度具有中学以上教育程度的人口占总人口的比例攀升迅速，在 1952 年至 2010 间，受过中学教育的人口从印度工人总数的比例从 0.7% 上升到了 6.7%，增长了 8.6 倍。然而，这样的增幅却与中国相形见绌。中国同期受过中学教育的人口从占工人总数的 2% 上升到了 55%，增长幅度为 26.5 倍。

不过，上述几个获得率（attainment rate）指标都是流量指标（flow variable），它们虽然可以为我们揭示中印两国在教育上的投资比例，却不能告诉我们两国所积累下来的教育存量。为了衡量人力资本存量，Barro 和 Lee（2010）将上述几个获得率转化为一个测量劳动力平均受教育年限的指标，结果展示在图 9 中。在 1950 年到 2005 年间，印度劳动力的平均受教育年限从 0.98 年上升到了 4.7 年，增幅为 3.8 倍；与之相比，中国劳动力的平均受教育年限从 1.5 年上升到了 7.6 年，增幅为 4 倍。这样看来，中印两国人力资本存量的增幅在上述时间段内是相当接近的。

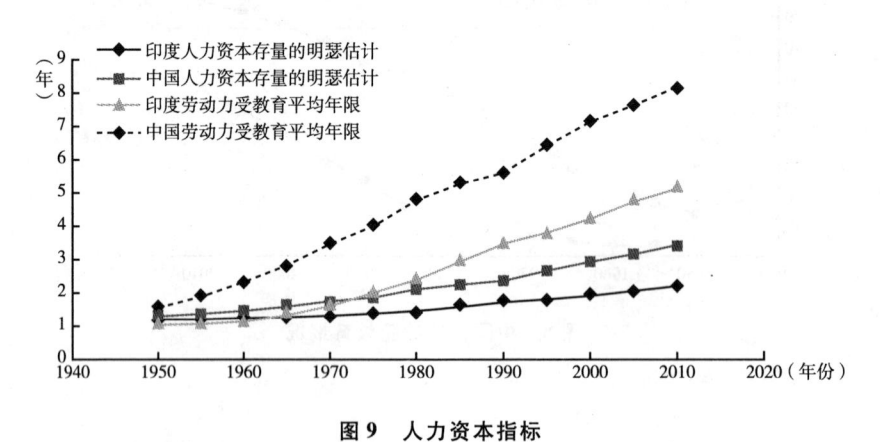

**图 9 人力资本指标**

资料来源：Barro 和 Lee（2010）。

然而，要想使得以上指标对我们的研究具有意义，就需要将受教育年限转化为与生产率成正比的人力资本数量。遵循 Rodriguez-Clare（1997）、Bosworth 和 Collins（2008）等学者早先所进行的研究，我们采用明瑟收入回归模型（Mincerian earnings regression）所提供的证据。这些证据表明，人力资本存量（标记为 h）与受教育年限（标记为 t）之间所存在的关系可以被归纳为 $h = e^{\theta t}$，其中 $\theta$ 被估计为 0.15[①]。

图 9 还给出了基于以上简单转化所推算出来的中印两国的人力资本（标记为 h）。通过这个指标，我们可以发现，印度的人力资本率增长了 1.7 倍，而中国的人力资本率则增长了 2.5 倍[②]。中国的数字比印度更高，是因为采用上述方法进行计算时，较之在较低教育程度基础上额外增加的教育年份，在较高教育程度基础上额外增加的教育年份被认为能够更多地增进人力资本存量。

### （一）人力资本的长期影响

虽然以上数值并不是特别巨大，但正如上文所提到的那样，根据索罗—斯旺增长模型，人力资本的增长不仅通过生产函数对于产出具有直接影响，而且对于资本积累也具有间接影响。正如方程 14.6 所显示的那样，人力资本增量对于产出的总贡献率在各种稳态条件下总是线性的，因而在保持生产率（标记为 A）与投资率（标记为 s）不变的情况下，我们可以由方程 14.6 推导出方程 14.7。

$$y'/y = h'/h \quad (14.7)$$

因此，如果人均人力资本倍增，那么长期均衡状态下的人均收入也会倍增。在 1950 年到 2005 年这 55 年期间，印度的人均国内生产总值增长了 4.3 倍，也就是说其年均增长率大约为 $4.3^{1/55} - 1 = 2.7\%$。我们知道，印度人力

---

[①] 明瑟模型为 $w = \beta e^{\varphi t}$，其中 t 为受教育年限，w 为工资率。基于对工资进行回归分析，既有的实证研究发现，每额外多接受一年教育的回报率大约为 $\varphi = 10\%$（Barro and Lee, 2010）。使用先前提到的柯布—道格拉斯生产函数，市场经济体中的工资率可以被表示为 $w = k^{1-\alpha} h^{1-\alpha}$，其中 k 和 h 分别表示单位工人的实物资本和人力资本。推导以上方程，可以得到 $h = e^{\varphi t/(1-\alpha)}$；所以，如果 $\alpha = 1/3$，那么 $\varphi/(1-\alpha) = 0.15$，因而 $h = e^{0.15t}$。然而，如同我们在下文中将要看到的那样，有理由相信对于教育的回报率在中国随时间递增。

[②] 以上数值与 Bosworth 和 Collins（2008）的估计相差不算太大。使用传统增长核算方法将这些变化量转化为年度经济增长率，然后像方程 14.3 那样用劳动力对经济增长的贡献率（$1-\alpha$）对人力资本增长率进行加权，我们就可以发现，如上文所述，该因素对经济增长的贡献是适度的，在中国尤其如此。

资本对于经济增长的年均综合贡献率为 $1.7^{1/55} - 1 = 1\%$；因此，如果向新均衡状态的过渡增长能够充分实现，那么人力资本对于印度经济增长的影响最多可以占到 2.7% 中的 1%。也就是说，印度经济增长的 38% 得益于人力资本增长。使用同样方法对于修正后的中国数据进行计算，我们可以发现，中国经济增长的 41% 得益于人力资本增长。

因此，人力资本可以在很大程度上同时解释中印两国的经济增长，这又一次颠覆了对于增长核算的某些既有观点。本文结论之所以与既有研究存在差异，主要在于两个原因：第一，本文根据 Madison 和 Wu（2008）以及 Heston 等（2010）所做的研究对中国的国内生产总值数据进行了调整；第二，本文考虑了人力资本对于实物资本积累的间接影响作用。

此处进行的分析仅仅是解释性的，然而即便通过这些简单的计算，我们也可以发现人力资本在中国经济增长中的作用可能被传统的增长核算研究所低估了。即便如此，教育年限数据还是提醒我们注意，似乎中国在改革后（1980 年以来）的人力资本增长率并没有比改革前（1950~1980 年）更为迅速。当然，一个自然而然的问题是：是否有关于人力资本的既有研究认为中国的人力资本增长率速度在改革后比改革前更高呢？

### （二）重新审视中国在 1980 年以后的经济增长与人力资本

最近有许多研究认为，中国人力资本的影响力也许要比由平均受教育年限增长量所推算出来的数值更大。尤其是根据 Li 及其合作者的估计，中国的教育回报率从 1985 年的 1% 显著地增长到了 2007 年的 11%[①]（Li 等，2009）。由此，他们发现在 1985 到 2007 年期间，中国的人力资本水平上升了 3.8 个单位，而上文所进行的估计却发现中国人力资本水平同期内的上升幅度只有 1.5 个单位。

使用调整后的佩恩表数据，中国在此期间的单位工人国内生产总值的增幅为 $y'/y = 3.8$。而根据 Li 及其合作者的计算，中国人力资本在此期间的增量也为 $h'/h = 3.8$（Li 等，2010）。因此，如果 Li 及其合作者的测算正确，调整后的中国单位工人国民生产总值增长将可以百分之百地被人力资本增长所解释。

---

[①] 同时也请参见 Whalley 和 Zhao（2010）。

### (三) 人力资本的过渡变动

显然，以上的简单计算不现实地假定：通往一个新均衡状态的全部过渡进程都已经得到了实现。然而，大量新增的人力资本是在最近才产生的，这些人力资本对于实物资本积累的实际作用则可能需要很多年才能真正实现。

幸运的是，通过运用简单的模拟手段，我们不仅可以直截了当地量化上述影响，而且还可以对处于过渡状态的人力资本进行局部转化。具体来说，我们采用 Robertson（2000）所介绍的方法来对索罗—斯旺模型进行模拟，并且使用调整后的佩恩表中关于中国国内生产总值、劳动力和投资额的数据以及 Li 及其合作者论文中的人力资本数据（Li 等，2009）。拥有这些数据以后，设定实物资本在1952年的初始均衡状态，我们就可以计算出一个实物资本存量数据序列。于是，每年的剩余生产力水平（标记为 A）也将被计算出来，从而使得校正后的模型可以精确地重构每年的实际国内生产总值数据，并且与每年可被观测的投资率与人力资本水平保持一致。

有了基点标准，我们就可以考虑构建作为对照的模拟模型；在该对照模型中，人力资本的增长被设定在1985年的水平上，对于其他外生变量（如 s 和 A）则仍旧取其实际值，并且采用索罗—斯旺均衡模型对实物资本水平进行更新。这样，在给定索罗—斯旺模型变动并且保持其余因素不变的情况下，我们就可以对人力资本增长（标记为 h）对于经济增长的贡献进行量化。

图 10 提供了国内生产总值的实际增长情况作为比较的基准曲线，同时也基于索罗—斯旺模型给出了在人力资本恒定于1985年水平的情况下理论

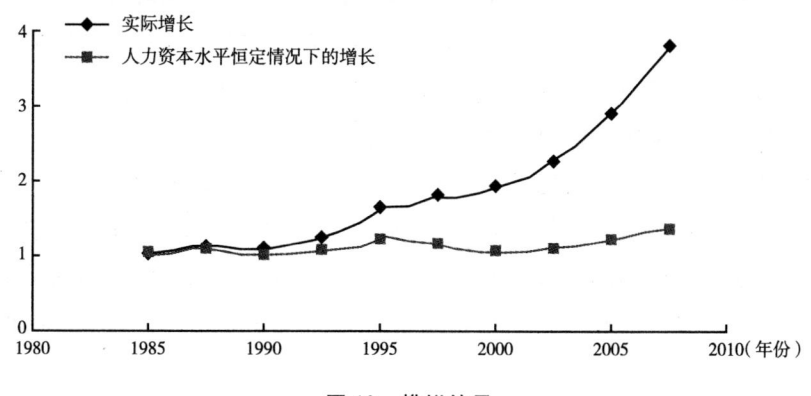

**图 10　模拟结果**

上单位工人国内生产总值在各个年度所应处于的水平，作为对照曲线。如果将1985年的单位工人国内生产总值标记为1个单位，那么对于基准曲线而言，2007年的单位工人国内生产总值则达到了3.8个单位，这意味着中国经济的增长速率为年均6.25%；而如果令$h$恒定于1985年的水平，经济增长速度就会变得非常缓慢——对照曲线显示，中国单位工人的国内生产总值在2007年仅仅增加到了1.35个单位，这意味着年均经济增长速率仅为1.3%。

这样一来，在中国经济每年6.25%的增长率中，有4.9%的增长率可以用Li及其合作者所测量出的人力资本来解释（Li等，2009）；换句话说，中国自1985年以来的经济增长中，有78%应该归功于人力资本。因此，即便允许对处于过渡形态的人力资本进行模拟，采用Li及其合作者提供的数据进行测算，我们还是可以发现人力资本对于经济增长具有极其巨大的影响。

### （四）补充说明

Li及其合作者认为，他们所发现的高人力资本增长率主要与中国教育回报率的增长有关（Li et al., 2009）。从字面上理解，他们的估测暗示，在较为晚近的年份里，同样教育时间在中国所产生的人力资本或提升的技能要比早先时更多。因此，他们的研究结果说明，在中国，教育年限与人力资本投资的关系是随着时间变动的，而这意味着存在某种形式的教育技术进步。这个结论非常有趣，因为最近的一些交叉研究——例如Manuelli和Seshadri（2007）的研究认为，不同国家在教育质量上存在的差异可以在很大程度上解释这些国家之间所存在的收入差异。

但是对于Li及其合作者的研究结果，也存在着替代性的解释。一种观点认为，像Liu及其合作者与Zhang及其合作者所强调的那样，较之更为晚近的年份，人力资本在中国早先的计划经济时代可能被低估了（Liu等，2010；Zhang等，2005）。在这种情况下，即便人力资本的边际产量根本没有出现任何显著增长的情况下，人力资本的市场回报似乎仍会增加。因此，劳动力市场组织结构的变化可能对人力资本雇佣的效力产生影响，而这种代表技术进步的影响作用，却很难从人力资本本身增加所带来的影响中分离出来。另外，Li及其合作者所估计出来的教育回报率增长，实际上反映的可能是被收入回归估计所忽略的技术进步或者生产互补因素。

因此，以上争论的焦点在于我们能否获得证明中国教育质量提高的独立证据。如果中国的教育质量以 Li 及其合作者所认为的速率增长（Li et al., 2009），而印度的教育质量则不然，那么上述结果将为中国经济取得巨大成功以及中国经济发展优于印度提供一个直接、恰当的解释。

即便无法获得中国教育质量提升的证据，上述结果也说明，作为中国改革一部分的劳动力市场重组，不仅改善了人力资本的配置结构，也是驱动影响人力资本有效单位的生产率增长的主要源泉。这也许可以被视为对 Li 及其合作者的发现以及由前述模拟方法所得出的结果的一种替代性解读。

以上结论说明：中国目前对高等教育进行大量投资与增加教育部门自主性的战略是恰当的；同理，该结论表明，印度在教育完成率上的障碍给该国经济发展造成了许多制度与结构上的障碍。Basu（2009）和 Yao（2008）强调，在中国，国家在 1978 年以前就已经为后来的经济发展打下了良好的社会基础；而其中最值得注意的一点，就是高水平的社会与经济平等，这也反映在中国较高的识字率上。

相反，如同 Bardhan（2010）所注意到的那样，印度是世界上文盲人数最多的国家，而且存在着巨大的教育不平等。显然，受教育机会的不平等使得提高劳动力平均技术水平变得困难重重。不仅如此，印度的年轻人口比例较高，对教育进行投资刻不容缓，因为如果不这样做，印度就将失去促使大批儿童入学以提升平均教育年限的机会。

当然，以上评论只是一种猜测。但是，如果人力资本累积的作用真的如本文所认为的那么重要，这将对中印两国为提供受教育机会所进行的投资具有重要的现实意义；对于印度尤其如此，因为该国拥有更为年轻的人口、更低水平的城市化程度以及更大程度的不平等。

## 六 结论

新古典增长模型早已被作为理解经济增长过程的理论基础，本文则旨在将中印两国的经济增长置于该模型的框架下进行解释。新古典模型为我们理解与阐述数据设定了严格的规则。例如，在该模型中，经济增长取决于投资率的变化而不是投资率的水平——这提醒我们注意：在分析中国的经济增长时，不应该只关注高投资率，更不能将中国经济增长的原因归结为高投资率。

正如我们在上文中看到的那样，在新古典模型框架下，中国和印度在过去三十多年中投资率变动的差异并不足以解释两国经济增长率的差异。印度投资率的增长速度比中国更快，但其经济增长速度却不如中国。不仅如此，采用新古典模型进行的分析还显示，投资率的增长只能在很小的程度上解释中印两国实物资本的可观测存量。研究者当然可以认为新古典模型不能解释中印两国经济增长的差异，但寻求替代新古典模型的解释框架却并不容易。例如，人们可以轻而易举地用制度、经济外部性和其他各种各样的理论来解释中国经济的增长，但这些理论都无一例外的非常复杂，而且很难为系统的经验测试所成功验证。根据"奥肯剃刀"（Occam's razor）所提供的避繁就简原则，只要相对简单的新古典模型能够解释现实问题，我们就不应该转而考虑那些更为复杂和蹊跷的模型。

其实，新古典模型成功地揭示出了劳动生产率的提高——可能由单位工人人力资本的增加而引致，可能对于经济增长具有巨大的影响，因为人力资本的增加不仅可以直接提升产出水平，还可以通过提升实物资本的平均产量来诱导实物资本进行累积。因此，中印两国很大一部分通常被认为是由实物资本积累驱动的经济增长，其实应该被看做人力资本增加的结果。确实，根据我们对其直接与间接影响的估测，人力资本积累实际上也许能够在很大程度上解释印度自1950年以来的经济增长，而该要素对于中国同期经济增长的解释力度甚至更大。

最后，尽管基于平均教育年限的传统人力资本估计方法显示中国人口平均教育年限的增长速度在改革后并不比在改革前更快，Li及其合作者所进行的估计却认为中国的人力资本在1985年之后出现迅速增长（Li等，2009）。不仅如此，通过进行简单的数字模拟，我们可以发现，人力资本积累所产生的直接和间接效用，或许可以解释中国在1985年至2007年期间单位工人国内生产总值增长中的78%。

上述结果说明，中国和印度在经济增长上的成功可能与两国的人力资本积累具有显著关系，而中国和印度经济增长的不同表现可能也与两国人力资本累积的差异有关。进一步说，中国经济在最近获得成功的关键因素，正是对人力资本的投资以及对教育质量的提升。

对于人力资本的强调，也指出了中印两国在未来经济发展中可能会遇到的障碍。评论家们认为民主制度与冲突应对能力是印度手中的两张"王牌"（Bardhan，2010；Basu，2009）；然而，除非能够更为大力并且公平地对教育进行投资，印度对于其民主制度所进行的投资很可能将付之东流。相反，民主程度不高被认为是中国未来经济增长的最大障碍，但中国已经完成和正在进行的人力资本投资却一定能够使其更为容易地走向更具包容性的政体。更为根本的是，如果中国和印度希望能够完全发挥两国在世界地缘政治与经济舞台上的潜能，它们就必须要让各自的人民在最大程度上接受教育、获取信息，并且参与和分享经济增长的成果，而这只能通过教育以及向人力资本投资提供回报的劳动力市场来实现。

## 参考文献

Bardhan, P. (2010), *Awakening Giants, Feet of Clay: Assessing the economic rise of China and India*, Princeton University Press, Princeton, NJ.

Barro, R. J. and Lee, J. -W. (2010), *A new data set of educational attainment in the world, 1950 - 2010*, NBER Working Paper No. 15902, National Bureau of Economic Research, Cambridge, Mass.

Basu, K. (2009), *Asian century: a comparative analysis of growth in China, India and other Asian economies*, Working Paper No. 209, Bureau for Research and Economic Analysis of Development, Duke University, Durham, NC.

Bosworth, B. and Collins, S. M. (2008), "Accounting for growth: comparing China and India", *Journal of Economic Perspectives*, vol. 22, no. 1, pp. 45 - 66.

Caselli, F. (2005), "Accounting for cross-country income differences", in P. Aghion and S. Durlauf (eds), *Handbook of Economic Growth*, North Holland, New York.

Clements, K. W. and D. Chen (2010), "Affluence and food: a simple way to infer incomes", *American Journal of Agricultural Economics*, vol. 94, no. 2, pp. 909 - 26.

Garnaut, R. and Ma, G. (1993), "How rich is China?: evidence from the food economy", *The Australian Journal of Chinese Affairs*, vol. 30, pp. 121 - 46.

Gilley, B. (2005), "Two passages to modernity", in E. Friedman and B. Gilley, (eds) *Asian's Giants, Comparing China and India*, Palgrave Macmillan, New York.

Golley, J. and Tyers, R. (2011), *Contrasting giants: demographic change and economic performance in China and India*, CAMA Working Paper, Centre for Applied Macroeconomic Analysis, The Australian National University, Canberra.

Hall, R. E. and Jones, C. I. (1999), "Why do some countries produce so much more output per worker than others?", *The Quarterly Journal of Economics*, vol. 14, no. 1, pp. 83 - 116.

Heston, A. (2008), *What can be learned about the economies of China and India from purchasing power comparisons?*, Working Paper No. 229, Indian Council for Research on International

Economic Relations, New Delhi.

Heston, A., Summers, R. and Aten, B. (2011), *Penn World Table Version 7.0*, March, Center for International Comparisons of Production, Income and Prices at the University of Pennsylvania, Philadelphia.

Hsieh, C. - T. and Klenow, P. J. (2010), "Development accounting", *American Economic Journal: Macroeconomics*, vol. 2, no. 1, pp. 207 - 23.

Klenow, P. J. and Rodriguez-Clare, A. (1997), "The neoclassical revival in growth economics: has it gone too far?", *NBER Macroeconomics Annual 1997*, MIT Press, Cambridge, Mass., pp. 73 - 103.

Kravis, I. B. (1981), "An approximation of the relative real per capita GDP of the People's Republic of China", *Journal of Comparative Economics*, No. 5.

Kravis Irving B. (1984), "Comparative Studies of National Income and Prices", *Journal of Economic Literature*, 22, 1, pp. 1 - 39.

Li, H., Fraumeni, B. M., Liu, Z. and Wang, X. (2009), *Human capital in China*, NBER Working Paper 15500, National Bureau of Economic Research, Cambridge, Mass.

Liu, X., Park, A. and Zhao, Y. (2010), *Explaining rising returns to education in urban China in the 1990s*, IZA Discussion Paper No. 4872, Institute for the Study of Labor, Bonn.

Madison, A. and Wu, H. (2008), "Measuring China's economic performance", *World Economics*, no. 2 (9 June), pp. 13 - 44.

Manuelli, R. E. and Seshadri, A. (2007), *Human capital and the wealth of nations*, Department of Economics Working Paper, University of Wisconsin, Madison.

Ravallion, M. (2009), *A comparative perspective on poverty reduction in Brazil, China and India*, World Bank Policy Research Working Paper 5080, The World Bank, Washington, DC.

Robertson, P. E. (2000), "Diminished returns? Investment and East Asia's miracle", *Economic Record*, vol. 76, no. 235, pp. 343 - 54.

Rodrik, D. and Subramanian, A. (2004), *From Hindu growth to productivity surge: the myth of the Indian growth transition*, IMF Staff Papers 52 (2), International Monetary Fund, Washington, DC.

Ruoen, R. and Kai, C. (1995), *An Expenditure-Based Bilateral Comparison of Gross Domestic Product Between China and the United States*, The World Bank, Washington, DC.

Swamy, S. (2005), "Chasing China: can India bridge the gap?", in E. Friedman and B. Gilley (eds), *Asia's Giants, Comparing China and India*, Palgrave Macmillan, New York.

Wang, X. and Meng, L. (2001), "A revaluation of China's economic growth", *China Economic Review*, vol. 12, pp. 338 - 46.

Whalley, J. and Zhao, X. (2010) "The Contribution of Human Capital to China's Economic Growth", NBER Working Paper 16592.

World Bank various years, *World Development Indicators*, The World Bank, Washington, DC.

Wu, H. X. (2010), *Accounting for China's growth in 1952 - 2008 - China's growth performance debate revisited with a newly constructed data set*, Hitotsubashi University Discussion Series,

Institute of Economic Research, Tokyo.

Yao, Y. (2008), The disinterested government: an interpretation of China's economic success in the reform era, Mimeo. , China Center for Economic Research, Peking University, Beijing.

Zhang, J. , Zhao, Y. , Park, A. and Song, X. (2005), "Economic returns to schooling in urban China, 1988 to 2001", *Journal of Comparative Economics*, vol. 33, pp. 730 – 52.

(陶郁 译)

# 中国和印度尼西亚移民工资制度的影响

Paul Frijters 孟昕 Budy Resosudarmo

## 一 简介

根据联合国开发计划署官员贝尔和毛希丁2009年的论述，"一国内部的人口迁徙是最重要的过程，它推动着世界大部分地区人类居住格局的变化，但只有寥寥无几的人试图去对比各国之间的内部人口迁徙"。他们估计，将近8亿人属于内部移民，他们倾向于居住在不同地区，而非他们出生的地方，相比之下，跨国移民仅仅才2亿人。2009年世界银行发展报告称这种内部人口迁徙为促进世界经济繁荣的关键驱动力之一。

人口迁徙的一个重要方面是移民的劳动市场工资同城市在职人员工资的对比。关于人口迁徙的著作一贯认为移民群体是一个选定群体。平均而言，移民的积极性更高，因此，在其他条件相同的情况下，他们在接收劳动市场中应该做得比当地人都要好。可是，大部分研究，在对比移民的劳动市场工资和当地居民工资后，经常会发现，移民的工资要比当地从事相同职业居民的工资少很多。对于这个谜题的解释是移民缺乏对当地劳动市场的了解以及不具备良好的沟通技巧（比如，参见 Borjas，2003；Card，2009；Card 等，2009；Ottaviano 和 Peri，2006），还有雇主方面对移民的歧视（Becker，1971）。

大部分研究分析了跨国移民的收入——这些移民不懂得当地的语言，缺乏对当地信息的了解。歧视的问题应该普遍存在，而且比预期的更为严重，无法有选择地抵消其影响。在分析内部人口迁徙时，选择的积极影响应该更为显而易见。因为尽管移民和当地居民在教育水平和工作经验上可能存在较大差异，但双方都有一个共同的语言和文化。同样的，我们也许能够期望，除非内部移民来自特别（不同）的民族，或者政府对移民有特殊的政策限制，否则歧视问题将发挥较小的作用。

在本文里，我们使用一个独特的、关于移民的数据表，和为中国和印尼专门设计的形式一致的调查问卷，研究两国大规模的内部人口迁徙运动。在每个国家，我们将城乡移民的劳动市场收入同城市在职人员的收入进行了对比。在中国，城乡移民在法律上面对着非常强烈的劳动市场歧视：他们被限制于只能从事特定职业，并且无权享受与城市在职人员相同的社会福利。而在印尼，移民和城市在职人员之间几乎没有法律上歧视。

比较劳动市场收入的最大难题在于克服移民样本的选择问题。我们的数据缺乏清晰的自然实验证明，但是我们能够将移民的原籍地区的迁徙历史同我们的数据表联系在一起。这允许我们使用从一个特别地区到城市的先前移民的比例作为研究工具。我们在发展中国家经常可以见到以下情况，即缺乏正式的信息通道使得移民的流动严重依赖于非正式的信息，或者换一种说法，是个人关系（比如，参见 Banerjee, 1984; Meng, 2000）。我们相信滞后的信息流通过非工资性因素对移民流动的概率有着趋势影响，比如移民如何寻找一个居住地，他们的孩子如何才能过上舒适的生活，以及其他人如何帮他们找到一份工作。这些先前的迁徙活动的优势使得迁徙活动更像是对工资没有直接影响。

虽然两国的移民在城市里挣的钱比普通农村劳动者多，但我们发现中国移民每小时的薪水比城市在职人员要少得多（少50%）。而印尼的移民获得的薪水却高很多（高30%）。虽然在两国进行调查所选择的职业都应该是非常正面的，但是在中国所选职业却都是负面的（因为中国移民被禁止从事一些高收入行业），而在印尼所选职业均为正面的。结果，令人费解问题是，移民和城市在职人员每小时的工资差异在印尼趋向于0，但在中国却接近50%。在调查期间，我们把后者的原因归结于中国绝大多数城市共同的歧视性立法。

## 二 背景

在过去20年左右的时间里，中国和印尼史无前例的经济增长伴随着从乡村到城市的大规模人口流动。在1995年到2007年之间，中国的城乡移民从4000万增长到1.5亿，贡献了20%的农村劳动力和三分之一的城市劳动力。自1949年独立以来，印尼官方统计的城市人口每年增长4~5个百分点，而总人口大概增长了2~3倍。2005年，移民占了印尼总城市人口的20%。(Meng和Manning，2009)

一个对这个大规模的内部人口迁徙的解释是：城乡收入的巨大差距。2007年，中国城市居民的人均收入和人均支出分别是农村居民的2.6倍和2.1倍。在印尼，2008年家庭开支的比例为1.8。从性质上分析，两国城乡之间的收入差异似乎吸引了更多有才华的农村劳动者向城市迁徙，以获得更高的经济收益，这确实是由数据得出的结论，即年轻和受过教育的农村劳动者迁徙到城市去。

虽然中国和印尼都面临着相同的挑战，即从一个以农业为主的经济体系，过渡到一个由城市服务业所主导的工业经济。但两国内部人口迁徙的制度是非常不同的。在中国，对人口迁徙的进程进行了严格的控制，防止过快的人口迁徙以及强迫移民同家乡保持联系。其中最重要的限制就是，迁徙到城市的移民无法获得"城市身份"（户口）。类似国家内部的"户口"问题在工作和日常生活中表现得十分明显：移民被限制于只能从事部分工作，而且在大部分城市，经常被允许从事那些城市在职人员不愿意做的工作。即使他们和城市户口拥有者从事相同的工作，移民也不享有由雇主提供的医疗保险、失业保险、住房补贴和养老保险。缺少城市户口的劣势还延伸至移民的家庭：移民的孩子若不交额外的费用，就不允许在正常的城市学校就读（Du 等，2006；Meng，2000；Meng 和 Manning，2009；Meng 和 Zhang，2001；West 和 Zhao，2000）。因此，中国城乡之间的人口迁徙遵循了"客籍民工"制度——让孩子留在农村而移民只能暂时留居城市。

印尼城乡之间的人口迁徙遵循着一个完全不同的模式。同中国不同，在印尼，各级政府在过去四十年中对城乡人口迁徙的限制非常少，农村和城市居民所受到的待遇或多或少都是平等的。唯一重要的对人口迁徙的限制是，城市居民不允许持有双重居民身份卡（kartutandapenduduk 或 KTP），即一人不能同时是两个不同地区的居民。无论如何，居民身份在印尼没有特别重要的劳动市场后果[①]。没有城市居民身份卡既不会限制某人在城市中从事特殊

---

[①] 一人拥有城市居住权，他就能够拥有一辆带本地牌照的私家车，在居住权的范围内拥有财产。鉴于印尼拥有发达的房屋租赁市场，这些利益同中国对应的权利比起来是（转下页注）

的职业，也不会限制某人对保健中心和学校等公共设施的使用权。甚至对住宅所有权的限制很容易绕过。贿赂地方当局以提供一个虚假的证明声称某人已经放弃他的农村居民身份，或者贿赂城市当局以在不证明自己已经放弃了农村居民身份的情况下获得一个城市居民身份卡。做这两件事情的成本都不高，所以，现存的少量的限制措施也毫无约束力。

总的来说，中国和印尼在过去20年左右的时间里，都经历了巨大规模的城乡人口迁徙。但移民在两国却面临着不同的体制设置。通过对比印尼自由放任的体制和中国的限制移民政策，我们可以认为，印尼民工在劳动市场的收入同城市居民相比要更好一些。

## 三 人口迁徙的统计模型

个人 $i$ 小时工资对数为 $\ln(y_i)$，假设是由可观测到的生产力特征 $x_i$（比如教育）所产生的，移民身份和未观测到的生产力特征为 $v_i$（不依赖于 $x_i$，或者位于起始位置）

$$\ln(y_i) = x_i\beta + 移民_i \times f + v_i \tag{1}$$

在等式（1）中，移民$_i$（Migrant$_i$），是虚拟变量。如果这个人是一位移民，那么这个数值等于1，如果这个人在工资的回归分析中出生于城市，那么这个数值等于0。因此，在回归分析中，城市是样本采集基地。在这里，$\beta$ 表示回归到城市的可观察特征。参数 $f<0$ 表示歧视（剥削）程度，由对城市移民的实际限制所引致。事前，我们期待 $f$ 在实行自由放任政策的国家，如印尼，接近于0，但在法律上实行移民歧视的国家，如中国，显示为负数。我们假设这个迁徙决定是由一个潜在的变化过程所引起的（见等式（2））。

$$农村移民_i - 1 \Leftrightarrow x_i\delta_0 + z_i\delta_1 + e_i > 0, e_i \sim N(0,1) \tag{2}$$

在等式（2）中，$z_i$ 包含一个同迁徙决定相关的适当工具。但是并没有

---

（接上页注①）微不足道的。在一些大城市，比如雅加达，会有获取居民身份卡的限制。若要获得这些城市的居民身份卡，他需要证明自己在位于这些城市里的一个正式的私人或政府机构任职或者在这些城市里上学。

直接影响工资。在回归分析中，农村移民$_i$是一个虚拟变量。如果这个人是一个住在城市里的移民，那么该数值等于1。如果这个人仍然居住在农村，那么该数值等于0。等式（1）中的选择性难题源于，$v_i$和$e_i$可能和更多的潜在移民将实际上迁徙成正相关。

给出$\delta_0$和$\delta_1$的估计数值，我们可以通过回归分析克服出现于工资等式中的选择性难题（见等式（3））。

$$\ln(y_i) = x_i\beta + 移民_i \times f + 移民_i \times \lambda_i + v_i \tag{3}$$

变量是选择等式的逆米尔斯比率，等于$\dfrac{\varphi(x_i\delta_0+z_i\delta_1)}{\varPhi(x_i\delta_0+z_i\delta_1)}$。识别假设对人口迁徙产生的影响是，与生俱来的特征$e_i$，从诞生那一日起，无论是在农村还是城市都具有相同的分布，这表明对于出生于城市的个人来说，$Ee_i=0$[①]。

## 四　数据

用于该研究中的数据大部分来自中国和印尼的城乡人口迁徙调查（RUMiCi）。这项调查在2008年3~7月进行。关于在两国调查取证过程的详细信息可以在Meng和Manning（2009）那里找到。

中国的调查分为3个独立的部分：农村住户调查（RHS），共调查了8000个住户；城市住户调查（UHS），共调查了5000个住户；以及城市移民调查（UMS），共调查了5000个住户。农村住户调查主要在11个省进行，而城市住户调查和城市移民调查主要在9个不同省份的15个城市进行[②]。虽然农村住户的样本不能同移民住户的样本联系在一起，但是农村和移民调查都包含关于个人和乡村特点的相同信息。这意味着，在等式（2）中选择使用了一个移民的不同样本，并将其加入最终工资等式（3）中去；所选择的等式将使用在农村收集到的移民信息，这些调查问卷要么是由移民本人填写（当他们回家探望时），要么是由移民的家属填写。为了确定这些调查是

---

[①] 这项识别假设同时意味着在选择估计里，我们需要（在加权后）确定每个地区移民和非移民代表的比例。
[②] 农村调查主要在以下省份和城市进行：广东省、江苏省、杭州市、宁波市、合肥市、蚌埠市、洛阳市、重庆市、成都市和武汉市。

否存在任何偏见，我们将这些代理移民的特征同在城市采访的移民的特征相对比（UMS）。然而，因为我们在9个省份中的15个城市调查了超过70%的移民，所以我们能使用在农村住户调查中的收集到的数据来预测超过70%在城市移民调查样本中的移民的迁徙概率。

印尼的城乡人口迁徙调查仅仅在城市进行。我们调查了4个城市（棉兰、丹格朗、三马林达和孟加锡）的大约2500个住户，其中包括921个城市住户、922个终身移民住户和594个新移民住户。移民是指，在完成小学教育之前，在农村居住至少5年的人。那些在过去5年内迁徙到城市里的人，被定义为新移民，而剩下的被称为终身移民。这种区别在印尼十分重要，因为人们都希望初期移民的待遇（在住房产权和工作状况上）更接近城市居民。我们只拿新移民同中国的移民进行比较，而这也是我们主要的关注点。抽样从2008年末进行的一个迷你的人口普查开始，包括全部在2007年国家社会经济调查（Survei Sosial Ekonomi Nasional, or Susenas）名单上的住户。这些住户来自棉兰、丹格朗、三马林达和孟加锡这些城市。这项迷你人口普查提供了从全部城市和他们原籍地区收集到的关于每种类型的移民住户的数量信息。然后，我们把农村地区的住户信息和在城乡人口迁徙调查中的农村原籍移民住户联系在一起。这项调查来自于2007年7~8月进行的国家社会经济调查，所提供的农村样本包含28805个住户。因此，在印尼，我们直接将城市移民同剩余的位于原籍的农村人口进行对比。

这项关于中国和印尼匹配的农村样本的概括统计记录在表1a和表1b中，表1a表明，在中国2007年的样本中，28%为移民。相对于那些没有迁徙的居民，移民大概比他们小10岁。10%更有可能是男性且受过额外1年的学校教育。虽然移民的教育程度更高，但平均而言，他们自我评估的学校表现并没有多大差别。我们同样发现，移民更为健康一些，大约比非移民高1厘米，而且结婚的可能性更低一些，因此，就平均而言，他们的孩子也很少。我们也展示了一些村级信息，发现移民更可能来自非熟练劳动力的日工资低廉的乡村地区，这些地区很多人3年前就开始迁徙了。非熟练劳动力的日工资将作为选择性等式的一个控制变量，而先前移民的比例是我们的主要工具。

表1a 中国移民和非移民农村样本的概括统计

| 项 目 | 全部样本 Mean | Std dev. | 移民 Mean | Std dev. | 非移民 Mean | Std dev. |
|---|---|---|---|---|---|---|
| 现已迁徙的(比例) | 0.28 | 0.45 | | | | |
| 年 龄 | 36.37 | 11.16 | 28.48 | 8.70 | 39.48 | 10.47 |
| 男性(比例) | 0.55 | | 0.63 | | 0.52 | |
| 受教育年限 | 7.94 | 2.22 | 8.51 | 1.88 | 7.72 | 2.31 |
| 学校表现(好/非常好)(比例) | 0.31 | | 0.30 | | 0.31 | |
| 健康/很健康(比例) | 0.83 | | 0.90 | | 0.81 | |
| 身高(cm) | 164.68 | 6.69 | 165.30 | 6.84 | 164.43 | 6.62 |
| 出生顺序 | 2.27 | 1.38 | 2.05 | 1.19 | 2.36 | 1.44 |
| 已婚者(比例) | 0.78 | | 0.56 | | 0.87 | |
| 曾经生育的子女数目 | 1.33 | 1.06 | 0.77 | 0.91 | 1.56 | 1.03 |
| 非熟练劳动力的日工资(元) | 42.66 | 12.86 | 41.20 | 11.75 | 43.23 | 13.22 |
| 位于丘陵地区的乡村(比例) | 0.04 | | 0.04 | | 0.04 | |
| 位于多山地区的乡村(比例) | 0.02 | | 0.02 | | 0.01 | |
| 2005年农村劳动力迁徙比例 | 0.30 | 0.20 | 0.36 | 0.19 | 0.27 | 0.20 |
| 观测数目 | 16499 | | 4662 | | 11837 | |

表1b 印尼移民和非移民农村样本的概括统计

| 项 目 | 全部样本 Mean | Std dev. | 移民 Mean | Std dev. | 非移民 Mean | Std dev. |
|---|---|---|---|---|---|---|
| 现已迁徙的(比例) | 0.032 | | | | | |
| 女性(比例) | 0.508 | | 0.472 | | 0.509 | |
| 年龄 | 0.393 | 0.165 | 0.364 | 0.143 | 0.394 | 0.166 |
| 学生 | 0.304 | 0.460 | 0.106 | 0.308 | 0.311 | 0.463 |
| 受教育年限 | 7.822 | 3.469 | 10.084 | 4.000 | 7.738 | 3.419 |
| 已婚者 | 0.719 | 0.450 | 0.785 | 0.411 | 0.716 | 0.451 |
| 那些在同一个农村地区迁徙到棉兰的比例 | 0.005 | 0.030 | 0.008 | 0.026 | 0.005 | 0.030 |
| 那些在同一个农村地区迁徙到丹格朗的比例 | 0.002 | 0.004 | 0.002 | 0.004 | 0.002 | 0.004 |
| 那些在同一个农村地区迁徙到三马林达的比例 | 0.002 | 0.006 | 0.003 | 0.009 | 0.002 | 0.006 |
| 那些在同一个农村地区迁徙到孟加锡的比例 | 0.003 | 0.010 | 0.010 | 0.019 | 0.003 | 0.009 |
| 观测数目 | 82589 | | 2615 | | 79974 | |

印尼的样本统计在表1b中。在未加权的组合样本中，仅仅3%是移民，这些移民相对于农村居民来说，更为年轻，而且他们平均都额外受过差不多2年的学校教育（尽管这在一定程度上被30%的农村样本为"学生"且他

们还在上学这个事实所抵消)。

在我们开始比较移民和城市在职人员之前，我们展示了一些图表，来说明在农村住户调查中观测的移民同在城市移民调查中观测到的移民有着相同的特征。图 1 标出了中国两个移民样本的年龄、受教育年限和身高分布。它

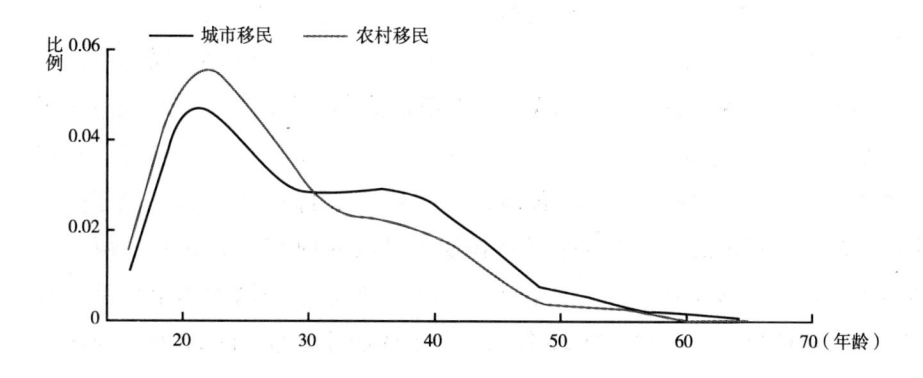

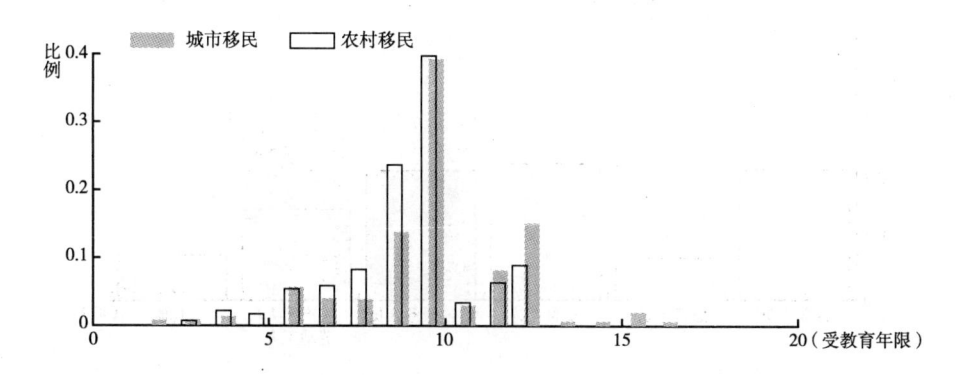

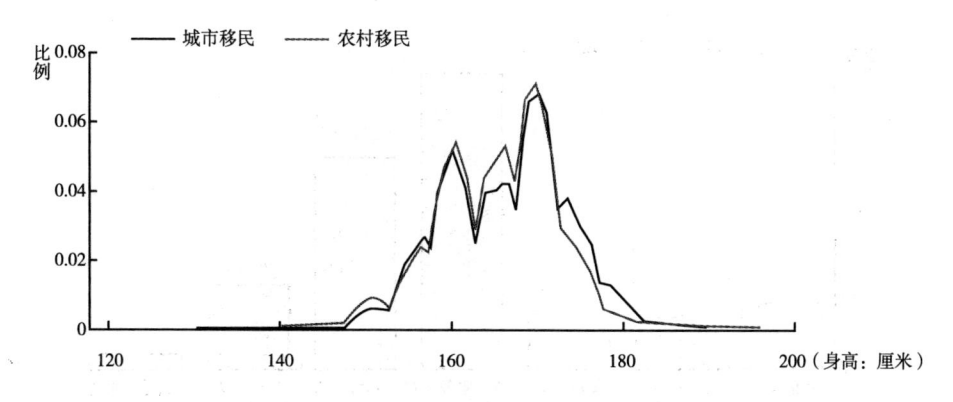

**图 1 中国农村移民和城市移民的对比调查**

表明，移民在两个样本中都具有相同的年龄和身高分布，但城市里的移民受教育的程度相对于农村地区的移民要高一些。平均受教育的年限差异大概是每年0.9。因为我们仅仅在印尼做了一个关于移民的调查（不含来自农村的隐性移民，仅仅是在城市中的移民），所以在这部分，我们没有印尼的数据。

图 2a 和图 2b 概括了两国移民和城市居民的重要变量的无条件方法。图 2a 中展示的中国样本包含个人成分，这些人属于 16 岁到 55 岁的劳动力，并且拥有一笔可观的薪水。平均而言，在我们的样本里，移民要比城市在职人员小 11 岁，且多 5% 的男性，并且都接受过至少 1 年的学校教育，身体健康的情况很可能比城市在职人员高，而且他们的身高几乎一致。至于劳动市场的收入，移民的平均收入是城市在职人员收入的 65%，并且这两个群体有着非常不同的职业分布（见表 2a）。图 2a 展示了中国样本中移民和城市居民的职业分布。同时，图 2b 展示了印尼的职业分布。图 2a 很清晰地说

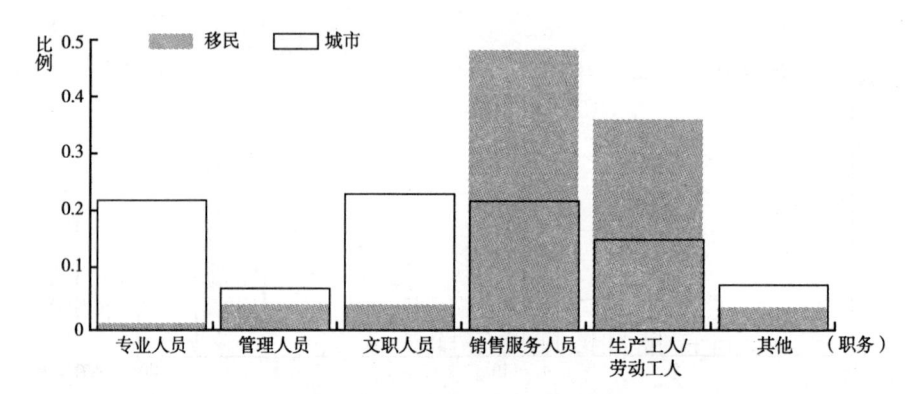

**图 2a　中国移民和城市在职人员的职业分布**

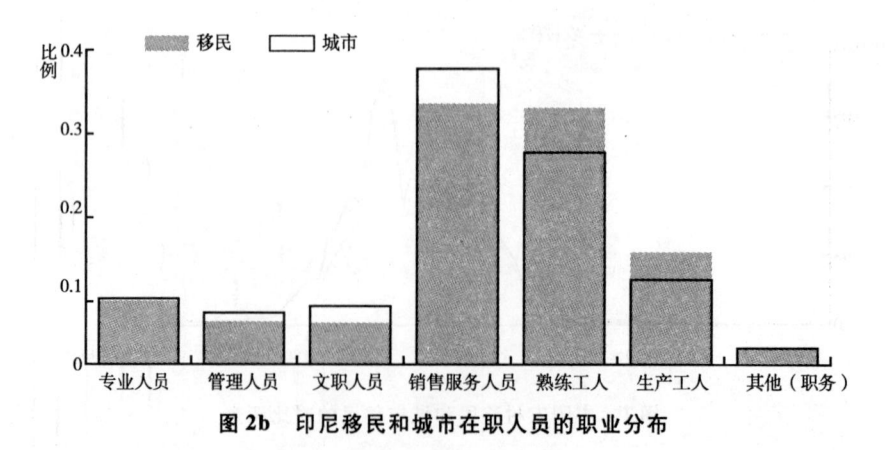

**图 2b　印尼移民和城市在职人员的职业分布**

明了，在中国，大部分移民的工作都集中于销售服务和产品生产这两个类别，而大部分城市的在职人员都位于专业、管理和文职组。在印尼，移民和城市在职人员的职业分布看起来大多数是相似的，服务和技术工人主导了这种分布。在印尼，移民和非移民中专业人员的比例几乎是相同的。

图 2b 展示了在印尼城市中，移民和城市在职人员的平均职业水平。印尼的数据涵盖了个人成分，这些人属于 16 岁到 86 岁的劳动力，并且拥有一笔可观的薪水。总的来说，移民和城市居民在特征上没有十分明显的区别，仅有的一个重要区别是，样本中的移民相对于城市在职人员，有 8% 更可能是男性，有 5% 更可能是吸烟者，而在教育和卫生上的差别则是微乎其微（见表 2b）。

表 2a 中国城市移民和城市在职人员样本的概括统计

| 项　　目 | 全部样本 Mean | Std dev. | 移民 Mean | Std dev. | 城市在职人员 Mean | Std dev. |
|---|---|---|---|---|---|---|
| 个人特征： | | | | | | |
| 　年　龄 | 34.51 | 10.17 | 29.21 | 9.12 | 40.31 | 7.83 |
| 　男性（比例） | 0.58 | | 0.60 | | 0.55 | |
| 　受教育年限 | 9.93 | 2.16 | 9.42 | 2.35 | 10.49 | 1.77 |
| 　学校表现（好/很好）（比例） | 0.40 | | 0.25 | | 0.56 | |
| 　考试成绩 | 78.50 | 174.98 | 36.08 | 121.13 | 125.00 | 209.69 |
| 　健康/很健康（比例） | 0.81 | | 0.86 | | 0.76 | |
| 　身高（cm） | 166.48 | 7.23 | 166.37 | 7.06 | 166.61 | 7.41 |
| 　出生顺序 | 2.11 | 1.00 | 2.12 | 1.32 | 2.09 | 0.44 |
| 　已婚者（比例） | 0.74 | | 0.52 | | 0.97 | |
| 　曾经生育的子女数目 | 0.82 | 0.65 | 0.67 | 0.80 | 0.98 | 0.38 |
| 劳动市场变量： | | | | | | |
| 　每小时薪水对数 | 1.98 | 0.72 | 1.67 | 0.51 | 2.32 | 0.75 |
| 　专业人员（比例） | 0.12 | | 0.01 | | 0.24 | |
| 　管理人员（比例） | 0.04 | | 0.02 | | 0.07 | |
| 　销售服务人员（比例） | 0.38 | | 0.56 | | 0.19 | |
| 　生产工人（比例） | 0.26 | | 0.35 | | 0.17 | |
| 　其他职业（比例） | 0.04 | | 0.00 | | 0.08 | |
| 　虚拟移民 | 0.52 | | | | | |
| 移民的家乡和迁徙变量： | | | | | | |
| 　非熟练劳动力的日工资（元） | | | 37.89 | 12.20 | | |
| 　位于丘陵地区的乡村（比例） | | | 0.23 | | | |
| 　位于多山地区的乡村（比例） | | | 0.24 | | | |
| 　离乡年龄 | | | 22.50 | 7.53 | | |
| 　首次迁徙距今年数 | | | 7.03 | 5.98 | | |
| 观测数目 | 8950 | | 4580 | | 4270 | |

表 2b　印尼城市移民和城市在职人员样本的概括统计

| 项　目 | 全部样本 Mean | Std dev. | 移民 Mean | Std dev. | 城市在职人员 Mean | Std dev. |
|---|---|---|---|---|---|---|
| 个人特征： | | | | | | |
| 年　龄 | 35.97 | 12.34 | 36.81 | 12.51 | 35.26 | 12.14 |
| 女性(比例) | 0.34 | | 0.30 | | 0.36 | |
| 已婚者(比例) | 0.83 | | 0.82 | | 0.85 | |
| 学生(比例) | 0.00 | | 0.00 | | 0.00 | |
| 残疾人(比例) | 0.00 | | 0.00 | | 0.00 | |
| 健康/非常健康(比例) | 0.95 | | 0.05 | | 0.96 | |
| 身高(cm) | 1.61 | 0.08 | 1.61 | 0.09 | 1.62 | 0.08 |
| 吸烟者(比例) | 0.49 | | 0.52 | | 0.47 | |
| 受教育年限 | 10.19 | 3.97 | 10.01 | 3.84 | 10.34 | 4.07 |
| 学校表现(好/非常好)(比例) | 0.29 | | 0.30 | | 0.28 | |
| 重复入学年限 | 0.20 | 1.44 | 0.21 | 1.54 | 0.19 | 1.34 |
| 劳动市场变量： | | | | | | |
| 全部职业的总共每月薪水对数 | 13.80 | 0.87 | 13.89 | 0.82 | 13.73 | 0.90 |
| 主要职业的每小时薪水对数 | 8.74 | 1.15 | .76 | 1.12 | 8.72 | 1.17 |
| 管理人员(比例) | 0.06 | | 0.05 | | 0.06 | |
| 专业人员(比例) | 0.09 | | 0.09 | | 0.09 | |
| 文职人员(比例) | 0.07 | | 0.05 | | 0.08 | |
| 销售人员(比例) | 0.21 | | 0.20 | | 0.21 | |
| 服务人员(比例) | 0.14 | | 0.12 | | 0.16 | |
| 技术人员(比例) | 0.10 | | 0.12 | | 0.09 | |
| 机器操作员(比例) | 0.04 | | 0.05 | | 0.02 | |
| 交通运营商(比例) | 0.06 | | 0.07 | | 0.06 | |
| 武装部队(比例) | 0.02 | | 0.02 | | 0.02 | |
| 其他技术工人(比例) | 0.02 | | 0.21 | | 0.18 | |
| 农业劳动者(比例) | 0.02 | | 0.02 | | 0.02 | |
| 虚拟移民 | 0.46 | | | | | |
| 迁徙变量： | | | | | | |
| 离乡年龄 | 9.40 | 12.08 | 20.34 | 9.66 | | |
| 首次迁徙距今年数 | 4.96 | 10.09 | 10.73 | 12.59 | | |
| 观测数目 | 3433 | | 1586 | | 1847 | |

## 五 分析

### (一) 所选模型

表3a和表3b展示了对等式15.2的估值,在这其中,我们使用了城乡人口迁徙调查中的中国农村样本,以及国民经济和社会调查(Susenas)中的印尼农村样本。通常的情况是,相对年轻和教育程度高的一代更有可能迁徙,这从教育的正系数和年龄的负系数可以看出来。然而,对两国性别和婚姻状况的研究结果却存在很大差异。在中国,有10%的男性更可能向城市迁徙。但在印尼,性别因素在解释迁徙概率时并没有发挥任何作用。此外,在中国,单身者更有可能迁徙,不过这在印尼却相反。这些差异正好反映了两国在制度设计上的差异。在此情况下,在中国,要想把孩子和家庭成员带到城市是十分困难的,然而这在印尼却不是一个特别的问题。

表3c和表3d展示了印尼的选择等式,并将新迁徙和终身迁徙区别开来。这主要是看它在多大程度上是迁徙的决定因素,由此来提高今后对迁徙定义分析的灵敏度。如果我们关注两个关键的特征——受教育年限和网络规模(其中网络是最终的方法),然后我们认为表3b至表3d的调查结果中并没有很大的区别。受教育年限的边际效应从表3b中的0.121变为表3c中的0.118和表3d中的0.135,都在对方的置信区间内。网络规模效应在3个图表里始终具有相同的迹象和相似的幅度,并且在棉兰、丹格朗和三马林达的网络规模效应,都在各方的置信区间内。只有在孟加锡,对于较新的移民,网络的规模效应明显减小(表3c中16.822同表3b中的20.167相比),但这三个效应波动范围仍在对方的20%内。

对于中国的情况,我们展示了一个扩展的选择估值,这控制了健康、身高、出生顺序和村级信息。那些来自山区、身体健康且没有孩子的人(通常更穷),更有可能进行迁徙。但这个信息在印尼的农村数据中并不适用,但是,作为一个稳健性检查,我们使用了同印尼预估中一样的选择规范重做了全部对中国的预估,但是这并没有在很大程度上改变主要的结果[①]。

---

① 应作者要求。

表 3a  中国迁徙选择等式的边际效应

| 项　目 | 机值估算 全部 | 机值估算 男性 | 机值估算 女性 | 普通最小二乘法估算 全部 | 普通最小二乘法估算 男性 | 普通最小二乘法估算 女性 |
|---|---|---|---|---|---|---|
| 2005年农村劳动力的迁徙比例 | 0.340 (0.042)*** | 0.387 (0.051)*** | 0.269 (0.036)*** | 0.310 (0.038)*** | 0.338 (0.044)*** | 0.274 (0.038)*** |
| 年龄 | 0.009 (0.004)** | 0.018 (0.005)*** | 0.009 (0.004)*** | -0.015 (0.003)*** | -0.005 (0.004) | 0.027 (0.004)*** |
| 年龄$^2$ | -0.035 (0.005)*** | -0.049 (0.007)*** | -0.034 (0.006)*** | 0.001 (0.004) | -0.013 (0.005)** | 0.019 (0.005)*** |
| 虚拟男性 | 0.109 (0.010)*** | | | 0.096 (0.009)*** | | |
| 受教育年限 | 0.026 (0.010)** | 0.007 (0.015) | 0.025 (0.011)** | 0.015 (0.007)** | 0.010 (0.011) | 0.020 (0.008)** |
| 受教育年限$^2$ | -0.001 (0.001)** | 0.000 (0.001) | -0.001 (0.001)* | -0.001 (0.001)* | -0.001 (0.001) | -0.001 (0.001)* |
| 学校表现(好/非常好) | -0.017 (0.011) | -0.021 (0.013) | -0.017 (0.011) | -0.017 (0.010)* | -0.016 (0.011) | -0.020 (0.012)* |
| 健康和非常健康 | 0.032 (0.014)** | 0.040 (0.018)** | 0.018 (0.015)** | 0.026 (0.011)** | 0.032 (0.014)** | 0.018 (0.012) |
| 身高 | 0.001 (0.001) | 0.002 (0.001) | -0.001 (0.001) | 0.001 (0.001) | 0.002 (0.001) | 0.001 (0.001) |
| 已婚 | -0.060 (0.016)*** | -0.044 (0.021)** | -0.094 (0.020)*** | -0.057 (0.017)*** | -0.028 (0.020) | -0.091 (0.021)*** |
| 曾经生育的子女数目 | -0.017 (0.007)** | -0.022 (0.009)** | -0.008 (0.008) | -0.020 (0.006)*** | -0.021 (0.007)*** | -0.018 (0.007)*** |
| 出生顺序 | -0.004 (0.003) | -0.009 (0.004)** | -0.000 (0.004) | -0.004 (0.002)** | -0.008 (0.003)** | 0.001 (0.003) |
| 农村非技术工人的日工资 | -0.001 (0.001) | -0.001 (0.001) | -0.001 (0.001) | -0.001 (0.001)* | -0.001 (0.001)* | -0.001 (0.001) |
| 丘陵地区 | -0.004 (0.020) | -0.018 (0.025) | 0.012 (0.022) | -0.006 (0.018) | -0.019 (0.022) | -0.010 (0.022) |
| 山区 | 0.127 (0.040)*** | 0.140 (0.047)*** | 0.119 (0.045)*** | 0.104 (0.029)*** | 0.113 (0.035)*** | 0.100 (0.034)*** |
| 虚拟领域 | Yes | Yes | Yes | Yes | Yes | Yes |
| F检验法 | 68.63 | 57.84 | 56.99 | 68.17 | 59.05 | 52.73 |
| 观测值 | 16499 | 9061 | 7438 | 16499 | 9061 | 7438 |
| 调整过的 $R^2$ | | | | 0.27 | 0.25 | 0.29 |

注：括号内为稳健标准误差。*10%的显著水平，**5%的显著水平，***1%的显著水平。

**表3b 印尼迁徙选择等式的边际效应**

| 项 目 | 机值估算 全部 | 机值估算 男性 | 机值估算 女性 | 普通最小二乘法估算 全部 | 普通最小二乘法估算 男性 | 普通最小二乘法估算 女性 |
|---|---|---|---|---|---|---|
| 虚拟女性 | 0.062 | | | 0.002 | | |
| | (0.048) | | | (0.002) | | |
| 年龄 | -1.901*** | -0.013 | -3.935*** | -0.045** | -0.002 | -0.077*** |
| | (0.706) | (1.115) | (0.824) | (0.022) | (0.036) | (0.023) |
| 年龄$^2$ | 0.000*** | 0.000 | 0.000*** | 0.000** | 0.000 | 0.000*** |
| | (0.000) | (0.000) | (0.000) | (0.000) | (0.000) | (0.000) |
| 虚拟学生 | -0.764*** | -0.427*** | -1.005*** | -0.014*** | -0.011*** | -0.017*** |
| | (0.059) | (0.085) | (0.082) | (0.001) | (0.003) | (0.002) |
| 受教育年限 | 0.121*** | 0.151*** | 0.094*** | 0.001 | 0.001 | 0.001 |
| | (0.026) | (0.040) | (0.033) | (0.001) | (0.001) | (0.001) |
| 受教育年限$^2$ | -0.002* | -0.003* | -0.001 | -0.000** | -0.000* | -0.000 |
| | (0.001) | (0.002) | (0.001) | (0.000) | (0.000) | (0.000) |
| 已婚 | 0.218*** | 0.118 | 0.353*** | 0.008*** | 0.003 | 0.011*** |
| | (0.068) | (0.014) | (0.066) | (0.002) | (0.005) | (0.002) |
| 棉兰的网络规模 | 5.943*** | 6.077*** | 5.909*** | 0.835*** | 0.958*** | 0.712*** |
| | (0.597) | (0.745) | (0.956) | (0.219) | (0.295) | (0.322) |
| 丹格朗的网络规模 | 27.195*** | 23.186*** | 32.654*** | 0.920*** | 0.813*** | 1.038*** |
| | (5.000) | (7.006) | (6.995) | (0.271) | (0371) | (0.394) |
| 三马林达的网络规模 | 19.131*** | 17.858*** | 21.247*** | 0.898*** | 0.879*** | 0.921*** |
| | (1.875) | (2.812) | (2.248) | (0.157) | (0.224) | (0.215) |
| 孟加锡的网络规模 | 20.167*** | 20.797*** | 20.128*** | 1.170*** | 1.310*** | 1.025*** |
| | (1.715) | (2.874) | (1.555) | (0.143) | (0.245) | (0.135) |
| 虚拟原籍岛屿 | Yes | Yes | Yes | Yes | Yes | Yes |
| 常量 | -3.458*** | -4.012*** | -2.874*** | -0.009*** | -0.022*** | 0.002 |
| | (0.229) | (0.347) | (0.283) | (0.006) | (0.009) | (0.007) |
| F检验法 | 392.11 | 185.45 | 285.1 | 42.48 | 20.21 | 29.33 |
| 观测值 | 70968 | 36622 | 34346 | 70968 | 36622 | 34346 |
| 调整过的 R$^2$ | | | | 0.090 | 0.100 | 0.082 |

注:括号内为标准误差。*10%的显著水平,**5%的显著水平,***1%的显著水平。

表 3c　印尼最新迁徙选择等式的边际效应

| 项　目 | 机值估算 全部 | 机值估算 男性 | 机值估算 女性 | 普通最小二乘法估算 全部 | 普通最小二乘法估算 男性 | 普通最小二乘法估算 女性 |
|---|---|---|---|---|---|---|
| 虚拟女性 | 0.029 (0.080) | | | 0.003 (0.002) | | |
| 年龄 | -8.502*** (1.239) | -9.086*** (1.369) | -8.238*** (1.891) | -0.067*** (0.014) | -0.090*** (0.024) | -0.049** (0.024) |
| 年龄$^2$ | 0.001*** (0.000) | 0.001*** (0.000) | 0.001*** (0.000) | 0.000*** (0.000) | 0.000*** (0.000) | 0.000** (0.000) |
| 虚拟学生 | -0.402*** (0.077) | -0.040 (0.076) | -0.649*** (0.110) | -0.005** (0.002) | -0.000 (0.001) | -0.007** (0.003) |
| 受教育年限 | 0.118* (0.060) | 0.068 (0.056) | 0.152 (0.093) | -0.000 (0.001) | -0.001 (0.001) | 0.001 (0.001) |
| 受教育年限$^2$ | -0.002 (0.003) | 0.001 (0.002) | -0.003 (0.004) | 0.000* (0.000) | 0.000* (0.000) | 0.000 (0.000) |
| 已婚 | 0.653*** (0.078) | 0.842*** (0.110) | 0.511*** (0.113) | 0.007*** (0.002) | 0.008*** (0.002) | 0.007** (0.004) |
| 棉兰的网络规模 | 5.177*** (1.392) | 1.587*** (0.487) | 6.329*** (1.550) | 0.459 (0.374) | 0.007 (0.015) | 0.766 (0.541) |
| 丹格朗的网络规模 | 29.816*** (4.923) | 21.026*** (5.339) | 37.696*** (7.367) | 0.259** (0.106) | 0.109 (0.086) | 0.371** (0.148) |
| 三马林达的网络规模 | 19.809*** (2.041) | 19.142*** (2.674) | 22.352*** (3.252) | 0.104*** (0.040) | 0.112*** (0.044) | 0.101 (0.065) |
| 孟加锡的网络规模 | 16.822*** (1.262) | 14.731*** (1.700) | 19.572*** (1.938) | 0.228*** (0.089) | 0.284*** (0.085) | 0.209* (0.123) |
| 虚拟原籍岛屿 | Yes | Yes | Yes | Yes | Yes | Yes |
| 常量 | -2.403*** (0.503) | -2.106*** (0.410) | -2.534*** (0.734) | 0.008*** (0.007) | 0.016*** (0.005) | 0.003 (0.010) |
| F 检验法 | 315.6 | 176.45 | 170.25 | 15.12 | 10.1 | 8.89 |
| 观测值 | 69475 | 35831 | 33644 | 69401 | 35793 | 33608 |
| 调整过的 $R^2$ | | | | 0.065 | 0.010 | 0.156 |

注：括号内为标准误差。*10% 的显著水平，**5% 的显著水平，***1% 的显著水平。

表 3d 印尼终身迁徙选择等式的边际效应

| 项 目 | 机值估算 全部 | 机值估算 男性 | 机值估算 女性 | 普通最小二乘法估算 全部 | 普通最小二乘法估算 男性 | 普通最小二乘法估算 女性 |
|---|---|---|---|---|---|---|
| 虚拟女性 | 0.090 | | | 0.002 | | |
| | (0.059) | | | (0.011) | | |
| 年龄 | 3.787*** | 7.201*** | 0.527 | 0.005 | 0.046 | 0.004 |
| | (1.009) | (1.753) | (1.099) | (0.246) | (0.491) | (0.203) |
| 年龄$^2$ | -0.000** | -0.001*** | 0.00 | 0.00 | 0.00 | 0.00 |
| | (0.00) | (0.00) | (0.00) | (0.00) | (0.00) | (0.00) |
| 虚拟学生 | -1.480*** | -1.112*** | -1.705*** | -0.040*** | -0.037*** | -0.040*** |
| | (0.147) | (0.177) | (0.230) | (0.008) | (0.017) | (0.008) |
| 受教育年限 | 0.135*** | 0.177*** | 0.095*** | 0.003 | 0.002 | 0.003 |
| | (0.030) | (0.048) | (0.035) | (0.006) | (0.010) | (0.005) |
| 受教育年限$^2$ | -0.003** | -0.004** | -0.002 | 0.000 | 0.000 | 0.000 |
| | (0.001) | (0.002) | (0.002) | (0.000) | (0.001) | (0.000) |
| 已婚 | 0.007 | -0.270** | 0.306*** | 0.010 | 0.004 | 0.014 |
| | (0.082) | (0.132) | (0.084) | (0.016) | (0.036) | (0.017) |
| 那些在同一个农村地区迁徙到棉兰的比例 | 6.188*** | 6.397*** | 5.830*** | 0.271* | 0.436** | 0.097 |
| | (0.673) | (0.756) | (1.227) | (0.146) | (0.222) | (0.167) |
| 那些在同一个农村地区迁徙到丹格朗的比例 | 24.768*** | 21.914*** | 28.637*** | 1.137 | -0.060 | 2.452*** |
| | (6.807) | (9.194) | (9.966) | (1.141) | (2.027) | (0.672) |
| 那些在同一个农村地区迁徙到三马林达的比例 | 16.548*** | 15.552*** | 17.940*** | -0.197 | 0.370 | -0.776 |
| | (2.556) | (4.068) | (2.633) | (0.595) | (0.729) | (0.924) |
| 那些在同一个农村地区迁徙到孟加锡的比例 | | | | 0.297** | -1.855* | -0.715 |
| | | | | (0.652) | (0.964) | (0.850) |
| 虚拟原籍岛屿 | | | | Yes | Yes | Yes |
| 常量 | | | | -0.036 | -0.038 | -0.039 |
| | | | | (0.061) | (0.115) | (0.042) |
| F 检验法 | | | | 2.46 | 1.76 | 4.87 |
| 观测值 | | | | | 36210 | 33967 |
| 调整过的 R$^2$ | | | | 0.046 | 0.034 | 0.076 |

注：括号内为标准误差。*10%的显著水平，**5%的显著水平，***1%的显著水平。

在中国的情况下用于确定移民选择等式的方法，是 2005 年从移民的村庄迁徙出的劳动力的比例。对于印尼，我们使用了在移民的农村地区的劳动力迁徙到城市的比例，并将其包含在调查中——这就是，在棉兰、丹格朗、三马林达和孟加锡，2007~2008 年间所作的调查。在两国，我们发现这个方法非常重要并且出现了我们预期的迹象：如果曾经迁徙到特定目的地的人所占比例越高，来自该地区的人更有可能在2008年迁徙。F-测试的结果在每个图表的底部，它表明该方法没有缺点。

中国最合适的估测结果大概是城乡之间更大的工资差别，以及迁徙主要是暂时的这个事实。在中国，那些能进行有利迁徙的人通常这么做，这样做至少能维持好几年。我们的对比研究似乎找到了预测这种迁徙收益率的因素。在印尼，其他无法测量的因素大概妨碍了个人的迁徙（这在印尼是一个更为永久性的选择）。

我们使用从表3a和表3b中获得的估测结果，预测了在城乡人口迁徙调查中城市移民样本的迁徙概率；我们用λ表示每个人，并将这个作为赫克曼修正项包含在收入等式中。预测的迁徙概率专门为移民和农村样本设计（见图3）。这个图展示了预测的概率和λ作为在城市里观测到的移民样本（在样本预测之外），几乎表现出相同的样式，同观测那些在农村家庭样本中的移民所得结果一致（在样本中预测），表明两个样本中观测到的移民具有相似性。

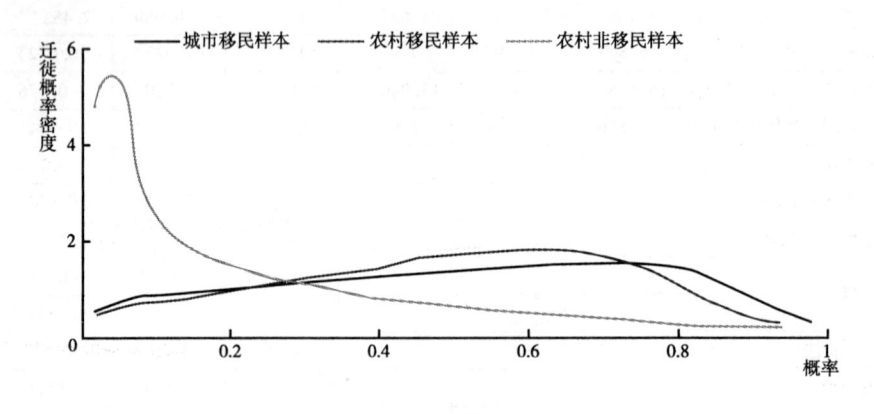

图3 预测的中国迁徙概率

## 六 收入模型

最主要的工资回归分析结果呈现在表4a和表4b中。每个表中的两栏展示了级数，该级数从不纠正的选择性（简单的普通最小二乘法）到包含的选择修正项。对于两国来说，我们提供主要工作的时薪的结果。我们在表 4a 的第一栏里能看到成为一位中国移民的影响——同成为一位印尼新移民相对比——比城市在职人员的时薪少 56%。但是，他们别无选择。在表 4b 中，对印尼进行的相同调查显示，新移民的薪水比城市在职人员还要高 17.5% 左右。鉴于移民工作的时间更长，新移民的月薪比相应的城镇职工的月薪高出约 30%（见表 4c）。

表 4a 中国收入等式的结果（不考虑职业因素）

| 项 目 | 普通最小二乘法 | 普通最小二乘法和 λ 演算 | 使用普通最小二乘法预测概率 | 使用机值预测概率 |
|---|---|---|---|---|
| 虚拟移民 | -0.560 | -0.914 | -0.646 | -0.463 |
|  | [0.086]*** | [0.119]*** | [0.081]*** | [0.067]*** |
| λ 演算 |  | 0.965 |  |  |
|  |  | [0.225]*** |  |  |
| 年龄 | 0.038 | 0.039 | 0.041 | 0.052 |
|  | [0.007]*** | [0.007]*** | [0.006]*** | [0.006]*** |
| 年龄$^2$ | -0.000 | -0.001 | -0.001 | -0.001 |
|  | [0.000]*** | [0.000]*** | [0.000]*** | [0.000]*** |
| 男性 | 0.112 | 0.139 | 0.148 | 0.145 |
|  | [0.018]*** | [0.019]*** | [0.019]*** | [0.019]*** |
| 受教育年限 | 0.058 | 0.065 | 0.067 | 0.069 |
|  | [0.014]*** | [0.014]*** | [0.014]*** | [0.014]*** |
| 受教育年限$^2$ | -0.001 | -0.002 | -0.002 | -0.002 |
|  | [0.001]* | [0.001]** | [0.001]** | [0.001]** |
| 良好的学校表现 | 0.130 | 0.125 | 0.124 | 0.126 |
|  | [0.013]*** | [0.013]*** | [0.013]*** | [0.013]*** |
| 高考成绩 | 0.001 | 0.001 | 0.001 | 0.001 |
|  | [0.000]*** | [0.000]*** | [0.000]*** | [0.000]*** |
| 健康 | 0.050 | 0.056 | 0.058 | 0.060 |
|  | [0.015]*** | [0.015]*** | [0.015]*** | [0.015]*** |
| 身高 | 0.008 | 0.008 | 0.008 | 0.008 |
|  | [0.001]*** | [0.001]*** | [0.001]*** | [0.001]*** |
| 已婚 | 0.116 | 0.090 | 0.084 | 0.101 |
|  | [0.023]*** | [0.024]*** | [0.024]*** | [0.024]*** |
| 儿童数目 | -0.081 | -0.088 | -0.088 | -0.085 |
|  | [0.014]*** | [0.014]*** | [0.014]*** | [0.014]*** |
| 出生顺序 | -0.015 | -0.016 | -0.017 | -0.016 |
|  | [0.006]** | [0.006]*** | [0.006]*** | [0.006]*** |
| 虚拟城市 | Yes | Yes | Yes | Yes |

续表

| 项　目 | 普通最小二乘法 | 普通最小二乘法和λ演算 | 使用普通最小二乘法预测概率 | 使用机值预测概率 |
|---|---|---|---|---|
| 移民特别信息： | | | | |
| 离乡年龄 | -0.005 | -0.013 | -0.016 | -0.018 |
| | [0.002]*** | [0.003]*** | [0.001]*** | [0.001]*** |
| 迁徙距今年数 | 0.017 | 0.011 | 0.007 | 0.005 |
| | [0.005]*** | [0.005]** | [0.004] | [0.004] |
| 迁徙距今年数$^2$ | -0.001 | -0.001 | -0.001 | -0.001 |
| | [0.000]*** | [0.000]*** | [0.000]*** | [0.000]*** |
| 乡村信息： | | | | |
| 家乡非技术工人日薪 | 0.002 | 0.002 | 0.001 | 0.001 |
| | [0.001]*** | [0.001]** | [0.001]** | [0.001]* |
| 家乡在丘陵地区 | -0.007 | -0.006 | -0.006 | -0.005 |
| | [0.022] | [0.022] | [0.022] | [0.022] |
| 家乡在山区 | -0.037 | 0.017 | 0.033 | 0.018 |
| | [0.022]* | [0.025] | [0.024] | [0.024] |
| 家乡省份 | Yes | Yes | Yes | Yes |
| 观测值 | 8950 | 8950 | 8950 | 8950 |
| $R^2$ | 0.41 | 0.41 | 0.41 | 0.41 |

注：方括号内为标准误差。*10%的显著水平，**5%的显著水平，***1%的显著水平。

然后，当我们将选择效应（每个图表的第二栏）加上时，我们发现在两国$\lambda_i$的估测值是正数，这表明移民的自我选择是正数。这种选择效应在中国非常重要，但是在印尼却无关紧要，它重申贫困适合于解释印尼的人口迁移。所包含的选择性减弱了在两国成为一名移民的效应；据推测，在中国，移民的薪水比城市在职人员少0.914个对数点；而在印尼，这个估测值呈现无意义的负值。对于中国的情况来说，$\lambda_i$（未观测到的选择效应）使移民薪水提高了35%（当不允许选择后，在虚拟移民中发生的变化）；在印尼，这大概是1%。

对两国来说，其他变量对工资的影响正如预期的那样。对于中国来说，年龄盈利轮廓呈现倒U形；教育水平越高的人挣的钱更多，这样做的人，其自评的高中表现为好或者非常好。为了更好地控制观察能力，我们也把自报的全国普通高等学校招生入学考试（NCEE）的分数变量包括进去，若受访者没有参加高考，那么这个值为0。我们发现，这项考试的分数同人们的收入呈现完全的正相关。此外，身体健康和身材更为高大的人能挣更多钱，这

中国和印度尼西亚移民工资制度的影响

表 4b 印尼时薪等式的结果（不考虑职业因素）

|  | 所有移民调查结果 ||||| 新移民和终身移民调查结果 ||||
|---|---|---|---|---|---|---|---|---|---|
| 项目 | 普通最小二乘法 | 普通最小二乘法和λ演算 | 使用普通最小二乘法预测概率 | 使用均值预测概率 | 普通最小二乘法 | 普通最小二乘法和λ演算 | 使用普通最小二乘法预测概率 | 使用均值预测概率 |
| 虚拟移民 | 0.111 (0.101) | 0.109 (0.100) | 0.097 (1.370) | 0.247 (0.702) | | | | |
| 新虚拟移民 | | | | | 0.175* (0.106) | 0.165 (0.105) | −1.507 (2.821) | 1.544 (1.972) |
| 终身虚拟移民 | | | | | 0.138* (0.078) | 0.130* (0.078) | −1.464 (1.856) | −0.801 (1.040) |
| λ演算 | | 0.302** (0.133) | | | | 0.342** (0.138) | | |
| 虚拟女性 | −0.127* (0.069) | −0.125* (0.069) | −0.120* (0.069) | −0.120* (0.069) | −0.133** (0.065) | −0.132** (0.065) | −0.125* (0.067) | −0.140** (0.066) |
| 年龄 | 0.024* (0.013) | 0.024* (0.013) | 0.025* (0.013) | 0.026* (0.013) | 0.024* (0.013) | 0.024* (0.013) | 0.024* (0.013) | 0.027* (0.013) |
| 年龄² | −0.000 (0.000) | −0.000 (0.000) | −0.000 (0.000) | −0.000 (0.000) | −0.000 (0.000) | −0.000 (0.000) | −0.000 (0.000) | −0.000 (0.000) |
| 已婚 | −0.092 (0.061) | −0.097 (0.061) | −0.097 (0.065) | −0.100 (0.064) | −0.092 (0.061) | −0.095 (0.061) | −0.073 (0.068) | −0.097 (0.071) |
| 虚拟学生 | −0.302 (0.652) | −0.262 (0.689) | −1.007*** (0.255) | −1.004*** (0.255) | −0.296 (0.658) | −0.260 (0.700) | −1.086*** (0.266) | −1.034*** (0.262) |

273

续表

| 项目 | 所有移民调查结果 ||||  新移民和终身移民调查结果 ||||
|---|---|---|---|---|---|---|---|---|
| | 普通最小二乘法 | 普通最小二乘法和λ演算 | 使用普通最小二乘法预测概率 | 使用机值预测概率 | 普通最小二乘法 | 普通最小二乘法和λ演算 | 使用普通最小二乘法预测概率 | 使用机值预测概率 |
| 残疾 | 0.018 | 0.012 | −0.005 | −0.007 | 0.012 | 0.003 | −0.016 | −0.027 |
| | (0.283) | (0.282) | (0.286) | (0.286) | (0.287) | (0.287) | (0.293) | (0.292) |
| 健康 | 0.110 | 0.111 | 0.070 | 0.070 | 0.108 | 0.110 | 0.062 | 0.069 |
| | (0.139) | (0.138) | (0.140) | (0.140) | (0.139) | (0.138) | (0.140) | (0.140) |
| 身高 | 0.848** | 0.849** | 0.866** | 0.867** | 0.843** | 0.843** | 0.833** | 0.847** |
| | (0.360) | (0.359) | (0.371) | (0.371) | (0.356) | (0.355) | (0.364) | (0.366) |
| 吸烟 | 0.028 | 0.028 | 0.032 | 0.033 | 0.025 | 0.027 | 0.030 | 0.030 |
| | (0.054) | (0.054) | (0.055) | (0.055) | (0.054) | (0.054) | (0.055) | (0.055) |
| 受教育年限 | 0.024 | 0.025 | 0.022 | 0.022 | 0.025 | 0.027 | 0.029 | 0.028 |
| | (0.024) | (0.024) | (0.025) | (0.025) | (0.024) | (0.024) | (0.026) | (0.025) |
| 受教育年限² | 0.003** | 0.003** | 0.003** | 0.003** | 0.003** | 0.003** | 0.003** | 0.003** |
| | (0.001) | (0.001) | (0.001) | (0.001) | (0.001) | (0.001) | (0.001) | (0.001) |
| 良好的学校表现 | 0.158*** | 0.157*** | 0.167*** | 0.167*** | 0.156*** | 0.155*** | 0.166*** | 0.166*** |
| | (0.052) | (0.052) | (0.052) | (0.052) | (0.052) | (0.051) | (0.052) | (0.052) |
| 复读年限 | 0.010 | 0.010 | 0.010 | 0.009 | 0.010 | 0.010 | 0.010 | 0.010 |
| | (0.020) | (0.020) | (0.021) | (0.021) | (0.020) | (0.020) | (0.020) | (0.020) |

续表

| 项目 | 所有移民调查结果 ||| 新移民和终身移民调查结果 |||
|---|---|---|---|---|---|---|
|  | 普通最小二乘法 | 普通最小二乘法和λ演算 | 使用普通最小二乘法预测概率 | 使用机值预测概率 | 普通最小二乘法 | 普通最小二乘法和λ演算 | 使用普通最小二乘法预测概率 | 使用机值预测概率 |
| 虚拟城市 | Yes | Yes | Yes | Yes | Yes | Yes | Yes | Yes |
| 移民特别信息： | | | | | | | | |
| 离乡年龄 | −0.005 (0.003) | −0.005 (0.003) | −0.002 (0.002) | −0.002 (0.002) | −0.006* (0.003) | −0.006* (0.003) | −0.001 (0.002) | −0.002 (0.002) |
| 迁徙距今年数 | −0.001 (0.008) | −0.001 (0.008) | 0.000 (0.008) | 0.000 (0.008) | | | | |
| 迁徙距今年数² | 0.000 (0.000) | 0.000 (0.000) | 0.000 (0.000) | 0.000 (0.000) | | | | |
| 乡村信息： | | | | | | | | |
| 虚拟原籍岛屿 | Yes | Yes | Yes | Yes | Yes | Yes | Yes | Yes |
| 常量 | 5.901*** (0.608) | 5.654*** (0.615) | 5.919*** (0.626) | 5.918*** (0.626) | 5.868*** (0.611) | 5.580*** (0.621) | 5.898*** (0.623) | 5.801*** (0.630) |
| 观测值 | 2559 | 2559 | 2485 | 2485 | 2559 | 2559 | 2485 | 2485 |
| R² | 0.104 | 0.105 | 0.105 | 0.105 | 0.104 | 0.105 | 0.105 | 0.105 |

注：括号内为标准误差。*10%的显著水平，**5%的显著水平，***1%的显著水平。

## 表 4c 印尼全部月薪等式的结果（不考虑职业因素）

| 项目 | 所有移民调查结果 普通最小二乘法 | 普通最小二乘法和λ演算 | 使用普通最小二乘法预测概率 | 使用机值预测概率 | 新移民和终身移民调查结果 普通最小二乘法 | 普通最小二乘法和λ演算 | 使用普通最小二乘法预测概率 | 使用机值预测概率 |
|---|---|---|---|---|---|---|---|---|
| 虚拟移民 | 0.206*** (0.069) | 0.205*** (0.069) | −0.635 (0.951) | −0.284 (0.427) | | | | |
| 新虚拟移民 | | | | | 0.307*** (0.072) | 0.300*** (0.072) | −2.006 (2.144) | −0.941 (0.853) |
| 终身虚拟移民 | | | | | 0.203*** (0.059) | 0.198*** (0.059) | −1.399 (1.098) | −0.777 (0.683) |
| λ演算 | | (0.097) | 0.219** (0.101) | | | 0.217** (0.101) | | |
| 虚拟女性 | −0.230*** (0.048) | −0.228*** (0.048) | −0.216*** (0.048) | −0.217*** (0.048) | −0.236*** (0.046) | −0.235*** (0.046) | −0.229*** (0.047) | −0.236*** (0.048) |
| 年龄 | 0.081*** (0.008) | 0.081*** (0.008) | 0.080*** (0.008) | 0.080*** (0.008) | 0.087*** (0.008) | 0.087*** (0.008) | 0.084*** (0.008) | 0.082*** (0.008) |
| 年龄$^2$ | −0.001*** (0.000) | −0.001*** (0.000) | −0.001*** (0.000) | −0.001*** (0.000) | −0.001*** (0.000) | −0.001*** (0.000) | −0.001*** (0.000) | −0.001*** (0.000) |
| 已婚 | −0.119*** (0.041) | −0.123*** (0.041) | −0.122*** (0.044) | −0.124*** (0.043) | −0.121*** (0.041) | −0.122*** (0.041) | −0.103** (0.046) | −0.104** (0.045) |

## 续表

| 项目 | 所有移民调查结果 ||||| 新移民和终身移民调查结果 ||||
|---|---|---|---|---|---|---|---|---|---|
| | 普通最小二乘法 | 普通最小二乘法和λ演算 | 使用普通最小二乘法预测概率 | 使用机值预测概率 | 普通最小二乘法 | 普通最小二乘法和λ演算 | 使用普通最小二乘法预测概率 | 使用机值预测概率 |
| 虚拟学生 | -1.906*** | -1.878*** | -2.218*** | -2.212*** | -1.886*** | -1.864*** | -2.276*** | -2.262*** |
| | (0.319) | (0.343) | (0.250) | (0.248) | (0.321) | (0.346) | (0.255) | (0.252) |
| 残疾 | -0.461*** | -0.466*** | -0.473*** | -0.469*** | -0.456*** | -0.462*** | -0.474*** | -0.468*** |
| | (0.214) | (0.215) | (0.214) | (0.214) | (0.212) | (0.213) | (0.216) | (0.216) |
| 健康 | 0.127 | 0.126 | 0.126 | 0.127 | 0.130 | 0.129 | 0.122 | 0.122 |
| | (0.091) | (0.091) | (0.092) | (0.092) | (0.091) | (0.091) | (0.092) | (0.092) |
| 身高 | 0.711*** | 0.712*** | 0.725*** | 0.725*** | 0.721*** | 0.722*** | 0.703*** | 0.710*** |
| | (0.273) | (0.272) | (0.283) | (0.283) | (0.273) | (0.272) | (0.281) | (0.282) |
| 吸烟 | 0.028 | 0.028 | 0.022 | 0.021 | 0.026 | 0.027 | 0.021 | 0.021 |
| | (0.037) | (0.037) | (0.038) | (0.038) | (0.037) | (0.037) | (0.038) | (0.038) |
| 受教育年限 | 0.057*** | 0.058*** | 0.056*** | 0.055*** | 0.056*** | 0.057*** | 0.061*** | 0.057*** |
| | (0.017) | (0.017) | (0.018) | (0.018) | (0.017) | (0.017) | (0.018) | (0.018) |
| 受教育年限² | 0.001 | 0.001* | 0.002* | 0.002* | 0.001* | 0.001* | 0.002* | 0.002** |
| | (0.001) | (0.001) | (0.001) | (0.001) | (0.001) | (0.001) | (0.001) | (0.001) |
| 良好的学校表现 | 0.160*** | 0.159*** | 0.168*** | 0.168*** | 0.157*** | 0.156*** | 0.169*** | 0.169*** |
| | (0.034) | (0.034) | (0.034) | (0.034) | (0.034) | (0.034) | (0.035) | (0.034) |
| 复读年限 | 0.016 | 0.016 | 0.015 | 0.015 | 0.016 | 0.016 | 0.015 | 0.015 |
| | (0.010) | (0.010) | (0.011) | (0.011) | (0.011) | (0.011) | (0.010) | (0.010) |

续表

| 项　目 | 所有移民调查结果 ||| 新移民和终身移民调查结果 |||
|---|---|---|---|---|---|---|
| | 普通最小二乘法 | 普通最小二乘法和入演算 | 使用普通最小二乘法预测概率 | 使用机值预测概率 | 普通最小二乘法 | 普通最小二乘法和入演算 | 使用普通最小二乘法预测概率 | 使用机值预测概率 |

| 项　目 | 普通最小二乘法 | 普通最小二乘法和入演算 | 使用普通最小二乘法预测概率 | 使用机值预测概率 | 普通最小二乘法 | 普通最小二乘法和入演算 | 使用普通最小二乘法预测概率 | 使用机值预测概率 |
|---|---|---|---|---|---|---|---|---|
| 虚拟城市 | Yes | Yes | Yes | Yes | Yes | Yes | Yes | Yes |
| 移民特别信息: | | | | | | | | |
| 离乡年龄 | −0.006** | −0.006** | 0.000 | 0.000 | −0.006*** | −0.005*** | 0.002 | 0.002 |
| | (0.002) | (0.002) | (0.002) | (0.001) | (0.002) | (0.002) | (0.001) | (0.001) |
| 迁徙距今年数 | 0.005 | 0.005 | 0.010* | 0.010* | | | | |
| | (0.006) | (0.006) | (0.005) | (0.005) | | | | |
| 迁徙距今年数$^2$ | −0.000 | −0.000 | −0.000 | −0.000 | | | | |
| | (0.000) | (0.000) | (0.000) | (0.000) | | | | |
| 乡村信息: | | | | | | | | |
| 虚拟原籍岛屿 | Yes | Yes | Yes | Yes | Yes | Yes | Yes | Yes |
| 常量 | 10.070*** | 9.891*** | 10.118*** | 10.119*** | 9.932*** | 9.749*** | 10.050*** | 10.062*** |
| | (0.480) | (0.483) | (0.496) | (0.496) | (0.482) | (0.486) | (0.495) | (0.498) |
| 观测值 | 2565 | 2565 | 2490 | 2490 | 2565 | 2565 | 2490 | 2490 |
| $R^2$ | 0.293 | 0.294 | 0.290 | 0.290 | 0.294 | 0.295 | 0.289 | 0.289 |

注: 括号内为标准误差。 *10%的显著水平, **5%的显著水平, ***1%的显著水平。

同其他国家的调查结果一致。男性,特别是那些已婚的,能挣更多钱。然而,拥有更多孩子和较高出生顺序的人挣的钱较少。同国际人口迁徙文化相一致,我们发现早年离乡的人挣更多钱,同样的还有那些在很多年前就已经迁徙的人。一种对于此现象的解读是,在某地待了很长时间的积极影响显然是移民"赶上"了当地居民,这是因为他们已经对当地劳动市场的情况和语言了如指掌,并最终达到了同当地的人力资源变量相似的水平。

这项回归分析同样包含每位移民家乡的特征,包括非技术工人的日薪和地理位置。我们发现,来自收入较高的农村的个人能挣更多钱。这同家乡是否在山区看起来似乎没什么关系。

对于印尼来说,我们在个体特征影响方面发现了同中国类似的结果:年龄盈利轮廓呈倒 U 形;教育水平越高的人挣的钱更多,这样做的人,其自评的高中表现为好或者非常好。身体更为健康以及身材更为高大的人能挣更多钱,男性能挣更多钱。那些仍在学校的人挣得更少,以及那些早年离乡的人能挣更多。

上述估算的两国收入等式表明相对于他们的城市同行,中国移民所获得的薪水极低,然而在印尼,移民能获得平等的薪水。

下面,我们调查中国移民在哪些方面被歧视。正如我们在背景部分讨论的那样,移民歧视在中国部分被认为是限制移民从事特殊职务。在印尼,这种限制通常并不存在。这从移民从事主要职业的比率就差不多能看出来。而在中国,移民和城市本地人从事专业工作的比率分别为 1% 和 24%。相同的对比在印尼却是,移民和城市本地人的比率均为 8%。因此,虽然在中国,专业工作(比如公务员)都留给城市本地人,但在印尼却没有。

当我们在表 5a 和表 5b 中加入广泛的职业结构以理解这些歧视方面时,我们发现在中国(见表 5a),工资迁徙效应增长了 12 个百分点——从 −0.56 到 −0.44(见表 4a 和表 5a 的第二栏)。因此,职业壁垒是能够解释移民和城市在职人员之间出现的 20% 的工资差距的。在印尼(见表 5b),考虑了职业变量后,选择效应几乎消失,并且将成为新移民的影响降低到微不足道的 14%。这意味着移民获得稍高时薪的解释是,他们从事高收入职业的比例被过分高估了,这可能因为一些无法测量的更大程度上的努力,或者在不受欢迎的职业中工作所获得补贴工资的差异。图 1 支持了更高工作努力这种想法,而在这种意义上,移民的工作时间大大延长。表 5c 在关注每

表 5a 中国收入等式的结果（考虑职业和学校质量控制因素）

| 项目 | 考虑职业控制因素的结果 | | | | 考虑职业和学校质量控制因素的结果 | | |
|---|---|---|---|---|---|---|---|
| | 普通最小二乘法 | 普通最小二乘法和λ演算 | 使用普通最小二乘法预测概率 | 使用机值预测概率 | 普通最小二乘法 | 普通最小二乘法和λ演算 | 使用普通最小二乘法预测概率 | 使用机值预测概率 |
| 虚拟移民 | −0.438 | −0.756 | −0.535 | −0.369 | −0.387 | −0.740 | −0.526 | −0.363 |
| | [0.083]*** | [0.114]*** | [0.078]*** | [0.064]*** | [0.083]*** | [0.114]*** | [0.078]*** | [0.054]*** |
| λ演算 | | 0.864 | | | | 0.973 | | |
| | | [0.216]*** | | | | [0.217]*** | | |
| 年龄 | 0.035 | 0.036 | 0.036 | 0.046 | 0.036 | 0.037 | 0.034 | 0.044 |
| | [0.007]*** | [0.007]*** | [0.006]*** | [0.006]*** | [0.007]*** | [0.007]*** | [0.006]*** | [0.006]*** |
| 年龄² | 0.000 | −0.000 | 0.000 | −0.001 | 0.000 | 0.000 | 0.000 | −0.001 |
| | [0.000]*** | [0.000]*** | [0.000]*** | [0.000]*** | [0.000]*** | [0.000]*** | [0.000]*** | [0.000]*** |
| 男性 | 0.091 | 0.115 | 0.120 | 0.117 | 0.090 | 0.117 | 0.119 | 0.116 |
| | [0.018]*** | [0.019]*** | [0.018]*** | [0.018]*** | [0.018]*** | [0.019]*** | [0.018]*** | [0.018]*** |
| 受教育年限 | 0.063 | 0.069 | 0.070 | 0.071 | 0.060 | 0.065 | 0.066 | 0.067 |
| | [0.014]*** | [0.014]*** | [0.014]*** | [0.014]*** | [0.014]*** | [0.014]*** | [0.014]*** | [0.014]*** |
| 受教育年限² | −0.002 | −0.002 | −0.002 | −0.002 | −0.002 | −0.002 | −0.002 | −0.002 |
| | [0.001]*** | [0.001]*** | [0.001]*** | [0.001]*** | [0.001]*** | [0.001]*** | [0.001]*** | [0.001]*** |
| 良好的学校表现 | 0.087 | 0.083 | 0.082 | 0.084 | 0.143 | 0.143 | 0.143 | 0.145 |
| | [0.013]*** | [0.013]*** | [0.013]*** | [0.013]*** | [0.017]*** | [0.017]*** | [0.017]*** | [0.017]*** |
| 良好的学校表现（虚拟移民） | | | | | −0.120 | −0.131 | −0.131 | −0.132 |
| | | | | | [0.025]*** | [0.025]*** | [0.025]*** | [0.025]*** |
| 高考成绩 | 0.000 | 0.000 | 0.000 | 0.000 | 0.000 | 0.000 | 0.000 | 0.000 |
| | [0.000]*** | [0.000]*** | [0.000]*** | [0.000]*** | [0.000]*** | [0.000]*** | [0.000]*** | [0.000]*** |

续表

| 项目 | 考虑职业控制因素的结果 ||||  考虑职业和学校质量控制因素的结果 ||||
|---|---|---|---|---|---|---|---|---|
| | 普通最小二乘法 | 普通最小二乘法和λ演算 | 使用普通最小二乘法预测概率 | 使用机值预测概率 | 普通最小二乘法 | 普通最小二乘法和λ演算 | 使用普通最小二乘法预测概率 | 使用机值预测概率 |
| 健康 | 0.045 | 0.051 | 0.052 | 0.053 | 0.045 | 0.051 | 0.051 | 0.052 |
| | [0.015]*** | [0.015]*** | [0.015]*** | [0.015]*** | [0.015]*** | [0.015]*** | [0.015]*** | [0.015]*** |
| 身高 | 0.007 | 0.007 | 0.007 | 0.007 | 0.007 | 0.007 | 0.007 | 0.007 |
| | [0.001]*** | [0.001]*** | [0.001]*** | [0.001]*** | [0.001]*** | [0.001]*** | [0.001]*** | [0.001]*** |
| 已婚 | 0.100 | 0.077 | 0.072 | 0.087 | 0.097 | 0.071 | 0.067 | 0.082 |
| | [0.022]*** | [0.023]*** | [0.023]*** | [0.023]*** | [0.022]*** | [0.023]*** | [0.023]*** | [0.023]*** |
| 儿童数目 | -0.072 | -0.079 | -0.079 | -0.075 | -0.072 | -0.080 | -0.080 | -0.076 |
| | [0.014]*** | [0.014]*** | [0.014]*** | [0.014]*** | [0.014]*** | [0.014]*** | [0.014]*** | [0.014]*** |
| 出生顺序 | -0.016 | -0.017 | -0.017 | -0.017 | -0.016 | -0.017 | -0.017 | -0.017 |
| | [0.006]*** | [0.006]*** | [0.006]*** | [0.006]*** | [0.006]*** | [0.006]*** | [0.006]*** | [0.006]*** |
| 专业人员 | 0.211 | 0.211 | 0.211 | 0.212 | 0.205 | 0.205 | 0.205 | 0.205 |
| | [0.022]*** | [0.022]*** | [0.022]*** | [0.022]*** | [0.022]*** | [0.022]*** | [0.022]*** | [0.022]*** |
| 管理人员 | 0.332 | 0.331 | 0.331 | 0.329 | 0.327 | 0.326 | 0.326 | 0.324 |
| | [0.031]*** | [0.031]*** | [0.031]*** | [0.031]*** | [0.031]*** | [0.031]*** | [0.031]*** | [0.031]*** |
| 销售和服务人员 | -0.267 | -0.266 | -0.266 | -0.267 | -0.263 | -0.262 | -0.261 | -0.262 |
| | [0.019]*** | [0.019]*** | [0.019]*** | [0.019]*** | [0.019]*** | [0.019]*** | [0.019]*** | [0.019]*** |
| 生产工人 | -0.103 | -0.101 | -0.101 | -0.103 | -0.098 | -0.095 | -0.095 | -0.097 |
| | [0.020]*** | [0.020]*** | [0.020]*** | [0.020]*** | [0.020]*** | [0.020]*** | [0.020]*** | [0.020]*** |
| 其他 | -0.207 | -0.207 | -0.206 | -0.207 | -0.203 | -0.202 | -0.202 | -0.202 |
| | [0.033]*** | [0.033]*** | [0.033]*** | [0.033]*** | [0.033]*** | [0.033]*** | [0.033]*** | [0.033]*** |

续表

| 项 目 | 普通最小二乘法 | 考虑职业控制因素的结果 普通最小二乘法λ演算 | 使用普通最小二乘法预测概率 | 使用机值预测概率 | 普通最小二乘法 | 考虑职业和学校质量控制因素的结果 普通最小二乘法和λ演算 | 使用普通最小二乘法预测概率 | 使用机值预测概率 |
|---|---|---|---|---|---|---|---|---|
| 自雇经理 | -0.083 | -0.080 | -0.080 | -0.086 | -0.074 | -0.070 | -0.068 | -0.074 |
| | [0.202] | [0.202] | [0.202] | [0.202] | [0.202] | [0.202] | [0.202] | [0.202] |
| 虚拟城市 | Yes | Yes | Yes | Yes | Yes | Yes | Yes | Yes |
| 移民特别变量: | | | | | | | | |
| 离乡年龄 | -0.005** | -0.011*** | -0.013*** | -0.014*** | -0.005*** | -0.013*** | -0.012*** | -0.013*** |
| | [0.002] | [0.003] | [0.001] | [0.001] | [0.002] | [0.003] | [0.001] | [0.001] |
| 迁徙距今年数 | 0.016*** | 0.010 | 0.008 | 0.007 | 0.015*** | 0.009 | 0.009 | 0.008 |
| | [0.005] | [0.005]* | [0.004]** | [0.004]* | [0.005]*** | [0.005]* | [0.004]** | [0.004]** |
| 迁徙距今年数² | -0.000 | -0.000 | -0.000 | -0.000 | -0.000*** | -0.000*** | -0.000 | -0.000 |
| | [0.000]*** | [0.000]*** | [0.000]*** | [0.000]*** | [0.000]*** | [0.000]*** | [0.000]*** | [0.000]*** |
| 乡村变量: | | | | | | | | |
| 农村非技术工人日薪 | 0.002*** | 0.001** | 0.001* | 0.001* | 0.002*** | 0.001** | 0.001*** | 0.001** |
| | [0.001] | [0.001] | [0.001] | [0.001] | [0.001] | [0.001] | [0.001] | [0.001] |
| 位于丘陵地区的农村 | -0.009 | -0.008 | -0.008 | -0.007 | -0.007 | -0.006 | -0.006 | -0.005 |
| | [0.021] | [0.021] | [0.021] | [0.021] | [0.021] | [0.021] | [0.021] | [0.021] |
| 位于山区的农村 | -0.031 | -0.017 | -0.027 | -0.013 | -0.030 | -0.024 | -0.029 | -0.015 |
| | [0.021] | [0.024] | [0.023] | [0.023] | [0.021] | [0.024] | [0.023] | [0.023] |
| 移民来自的省份 | Yes | Yes | Yes | Yes | Yes | Yes | Yes | Yes |
| 观测值 | 8950 | 8950 | 8950 | 8950 | 8950 | 8950 | 8950 | 8950 |
| $R^2$ | 0.46 | 0.46 | 0.46 | 0.46 | 0.46 | 0.46 | 0.46 | 0.46 |

注：方括号内为标准误差。*10%的显著水平，**5%的显著水平，***1%的显著水平。

## 表5b 印尼时薪等式的结果（考虑职业控制因素）

| 项　目 | 考虑职业控制因素的结果 普通最小二乘法 | 普通最小二乘法和λ演算 | 使用普通最小二乘法预测概率 | 使用机值预测概率 | 新移民和终身移民的调查结果（考虑职业控制因素） 普通最小二乘法 | 普通最小二乘法和λ演算 | 使用普通最小二乘法预测概率 | 使用机值预测概率 |
|---|---|---|---|---|---|---|---|---|
| 虚拟移民 | 0.071 (0.100) | 0.070 (0.100) | 0.468 (1.362) | 0.351 (0.702) | | | | |
| 新虚拟移民 | | | | | 0.148 (0.106) | 0.143 (0.106) | −0.412 (2.854) | 2.955 (2.026) |
| 终身虚拟移民 | | | | | 0.111 (0.079) | 0.110 (0.078) | −1.521 (1.853) | −0.594 (0.807) |
| λ演算 | | 0.284** (0.129) | | | | 0.289** (0.128) | | |
| 虚拟女性 | −0.103 (0.070) | −0.102 (0.070) | −0.103 (0.070) | −0.102 (0.070) | −0.113* (0.066) | −0.113* (0.066) | −0.109 (0.068) | −0.119* (0.067) |
| 年龄 | 0.025** (0.012) | 0.025** (0.012) | 0.027** (0.013) | 0.027** (0.013) | 0.025** (0.013) | 0.026** (0.013) | 0.027** (0.012) | 0.033** (0.013) |
| 年龄² | −0.000 (0.000) | −0.000 (0.000) | −0.000 (0.000) | −0.000 (0.000) | −0.000 (0.000) | −0.000 (0.000) | −0.000 (0.000) | −0.000* (0.000) |
| 已婚 | −0.077 (0.060) | −0.081 (0.060) | −0.085 (0.063) | −0.086 (0.063) | −0.078 (0.060) | −0.084 (0.060) | −0.065 (0.067) | −0.117* (0.065) |
| 虚拟学生 | −0.406 (0.638) | −0.370 (0.672) | −1.094*** (0.246) | −1.096*** (0.247) | −0.399 (0.645) | −0.361 (0.679) | −1.174*** (0.257) | −1.067*** (0.246) |

续表

| 项目 | 考虑职业控制因素的结果 | | | | 新移民和终身移民的调查结果（考虑职业控制因素） | | | |
|---|---|---|---|---|---|---|---|---|
| | 普通最小二乘法 | 普通最小二乘法和λ演算 | 使用普通最小二乘法预测概率 | 使用机值预测概率 | 普通最小二乘法 | 普通最小二乘法和λ演算 | 使用普通最小二乘法预测概率 | 使用机值预测概率 |
| 残疾 | -0.049 | -0.056 | -0.069 | -0.073 | -0.056 | -0.065 | -0.080 | -0.108 |
| | (0.283) | (0.282) | (0.284) | (0.285) | (0.288) | (0.287) | (0.290) | (0.293) |
| 健康 | 0.091 | 0.092 | 0.051 | 0.051 | 0.089 | 0.090 | 0.043 | 0.059 |
| | (0.137) | (0.137) | (0.139) | (0.139) | (0.137) | (0.137) | (0.139) | (0.139) |
| 身高 | 0.889** | 0.891** | 0.922** | 0.922** | 0.882** | 0.884** | 0.891** | 0.894** |
| | (0.357) | (0.356) | (0.369) | (0.369) | (0.352) | (0.351) | (0.362) | (0.362) |
| 吸烟 | 0.039 | 0.040 | 0.044 | 0.045 | 0.037 | 0.038 | 0.042 | 0.041 |
| | (0.053) | (0.053) | (0.054) | (0.054) | (0.053) | (0.053) | (0.054) | (0.054) |
| 受教育年限 | 0.032 | 0.033 | 0.030 | 0.031 | 0.033 | 0.034 | 0.038 | 0.037 |
| | (0.025) | (0.025) | (0.025) | (0.025) | (0.025) | (0.025) | (0.026) | (0.025) |
| 受教育年限$^2$ | 0.002 | 0.002 | 0.002 | 0.002 | 0.002 | 0.002 | 0.002 | 0.002 |
| | (0.001) | (0.001) | (0.001) | (0.001) | (0.001) | (0.001) | (0.001) | (0.001) |
| 良好的学校表现 | 0.127** | 0.126** | 0.137** | 0.137** | 0.126** | 0.125** | 0.137** | 0.138** |
| | (0.051) | (0.051) | (0.052) | (0.052) | (0.051) | (0.051) | (0.052) | (0.052) |
| 复读年限 | 0.010 | 0.010 | 0.009 | 0.009 | 0.010 | 0.011 | 0.010 | 0.011 |
| | (0.019) | (0.019) | (0.020) | (0.020) | (0.019) | (0.019) | (0.020) | (0.020) |
| 管理人员 | 0.504*** | 0.500*** | 0.445*** | 0.446*** | 0.485*** | 0.482*** | 0.422** | 0.423** |
| | (0.162) | (0.161) | (0.164) | (0.164) | (0.164) | (0.163) | (0.165) | (0.164) |

续表

| 项目 | 考虑职业控制因素的结果 ||||  新移民和终身移民的调查结果（考虑职业控制因素）||||
|---|---|---|---|---|---|---|---|---|
| | 普通最小二乘法 | 普通最小二乘法和λ演算 | 使用普通最小二乘法预测概率 | 使用机值预测概率 | 普通最小二乘法 | 普通最小二乘法和λ演算 | 使用普通最小二乘法预测概率 | 使用机值预测概率 |
| 专业人员 | 0.388** | 0.389*** | 0.349*** | 0.348*** | 0.379*** | 0.380*** | 0.334*** | 0.339*** |
| | (0.151) | (0.150) | (0.151) | (0.151) | (0.152) | (0.151) | (0.153) | (0.152) |
| 文职人员 | 0.433*** | 0.431*** | 0.380*** | 0.380*** | 0.425*** | 0.423*** | 0.368*** | 0.375*** |
| | (0.146) | (0.145) | (0.147) | (0.147) | (0.147) | (0.146) | (0.149) | (0.148) |
| 销售人员 | 0.074 | 0.069 | 0.029 | 0.030 | 0.061 | 0.056 | 0.012 | 0.014 |
| | (0.143) | (0.142) | (0.143) | (0.143) | (0.144) | (0.143) | (0.145) | (0.144) |
| 服务人员 | 0.082 | 0.085 | 0.058 | 0.057 | 0.075 | 0.077 | 0.042 | 0.044 |
| | (0.153) | (0.152) | (0.154) | (0.154) | (0.153) | (0.152) | (0.155) | (0.154) |
| 技术人员 | 0.325** | 0.318** | 0.272* | 0.272* | 0.312** | 0.305** | 0.256* | 0.263* |
| | (0.150) | (0.149) | (0.151) | (0.151) | (0.152) | (0.151) | (0.153) | (0.152) |
| 机器操作员 | 0.332** | 0.323** | 0.272* | 0.272* | 0.315** | 0.306** | 0.253* | 0.259* |
| | (0.149) | (0.148) | (0.149) | (0.149) | (0.150) | (0.149) | (0.151) | (0.150) |
| 交通运营商 | 0.063 | 0.058 | 0.002 | 0.002 | 0.051 | 0.046 | −0.009 | −0.012 |
| | (0.153) | (0.152) | (0.153) | (0.153) | (0.154) | (0.154) | (0.155) | (0.154) |
| 武装部队 | 0.138 | 0.132 | 0.071 | 0.071 | 0.135 | 0.129 | 0.065 | 0.056 |
| | (0.170) | (0.169) | (0.171) | (0.171) | (0.170) | (0.169) | (0.171) | (0.171) |
| 其他技术工人 | 0.314** | 0.309** | 0.274** | 0.274** | 0.303** | 0.298** | 0.258** | 0.259** |
| | (0.142) | (0.141) | (0.142) | (0.142) | (0.143) | (0.142) | (0.144) | (0.143) |

续表

| 项 目 | 考虑职业控制因素的结果 ||||  新移民和终身移民的调查结果（考虑职业控制因素） ||||
|---|---|---|---|---|---|---|---|---|
| | 普通最小二乘法 | 普通最小二乘法和λ演算 | 使用普通最小二乘法预测概率 | 使用机值预测概率 | 普通最小二乘法 | 普通最小二乘法和λ演算 | 使用普通最小二乘法预测概率 | 使用机值预测概率 |
| 虚拟城市 | Yes | Yes | Yes | Yes | Yes | Yes | Yes | Yes |
| 移民特别信息: | | | | | | | | |
| 离乡年龄 | −0.004 | −0.004 | −0.002 | −0.002 | −0.005 | −0.005 | −0.001 | −0.001 |
| | (0.003) | (0.003) | (0.002) | (0.002) | (0.003) | (0.003) | (0.002) | (0.002) |
| 迁徙距今年数 | −0.000 | −0.000 | 0.000 | 0.000 | | | | |
| | (0.008) | (0.008) | (0.008) | (0.007) | | | | |
| 迁徙距今年数$^2$ | 0.000 | 0.000 | 0.000 | 0.000 | | | | |
| | (0.000) | (0.000) | (0.000) | (0.000) | | | | |
| 乡村信息: | | | | | | | | |
| 虚拟原籍岛屿 | Yes | Yes | Yes | Yes | Yes | Yes | Yes | Yes |
| 常量 | 5.606*** | 5.375*** | 5.618*** | 5.619*** | 5.576*** | 5.338*** | 5.600*** | 5.475*** |
| | (0.623) | (0.631) | (0.641) | (0.642) | (0.624) | (0.632) | (0.638) | (0.638) |
| 观测值 | 2559 | 2559 | 2485 | 2485 | 2559 | 2559 | 2485 | 2485 |
| $R^2$ | 0.120 | 0.121 | 0.120 | 0.120 | 0.119 | 0.120 | 0.120 | 0.121 |

注：括号内为标准误差。*10%的显著水平，**5%的显著水平，***1%的显著水平。

## 表5c 印尼全部月薪等式的结果（考虑职业控制因素）

| 项目 | 考虑职业控制因素的结果 ||||| 新移民和终身移民的调查结果（考虑职业控制因素） ||||
|---|---|---|---|---|---|---|---|---|---|
|  | 普通最小二乘法 | 普通最小二乘法和λ演算 | 使用普通最小二乘法预测概率 | 使用机值预测概率 | | 普通最小二乘法 | 普通最小二乘法和λ演算 | 使用普通最小二乘法预测概率 | 使用机值预测概率 |
| 虚拟移民 | 0.168** | 0.167** |  |  | | | | | |
|  | (0.069) | (0.068) |  |  | | | | | |
| 新虚拟移民 |  |  | −0.464 | −0.150 | | 0.272*** | 0.270*** | −1.466 | −0.628 |
|  |  |  | (0.959) | (0.430) | | (0.072) | (0.072) | (2.173) | (0.847) |
| 终身虚拟移民 |  |  |  |  | | 0.188*** | 0.187*** | −1.682 | 0.335 |
|  |  |  |  |  | | (0.059) | (0.059) | (1.076) | (0.598) |
| λ演算 |  | 0.169* |  |  | |  | 0.159* | | |
|  |  | (0.093) |  |  | |  | (0.093) | | |
| 虚拟女性 | −0.197*** | −0.197*** | −0.187*** | −0.188*** | | −0.210*** | −0.210*** | −0.204*** | −0.210*** |
|  | (0.047) | (0.047) | (0.048) | (0.048) | | (0.046) | (0.046) | (0.047) | (0.047) |
| 年龄 | 0.081*** | 0.081*** | 0.080*** | 0.080*** | | 0.086*** | 0.086*** | 0.083*** | 0.082*** |
|  | (0.008) | (0.008) | (0.008) | (0.008) | | (0.008) | (0.008) | (0.008) | (0.008) |
| 年龄² | −0.001*** | −0.001*** | −0.001*** | −0.001*** | | −0.001*** | −0.001*** | −0.001*** | −0.001*** |
|  | (0.000) | (0.000) | (0.000) | (0.000) | | (0.000) | (0.000) | (0.000) | (0.000) |
| 已婚 | −0.110*** | −0.112*** | −0.113*** | −0.115*** | | −0.112*** | −0.115*** | −0.095** | −0.115*** |
|  | (0.040) | (0.040) | (0.042) | (0.042) | | (0.040) | (0.040) | (0.045) | (0.042) |
| 虚拟学生 | −1.894*** | −1.873*** | −2.216*** | −2.211*** | | −1.875*** | −1.855*** | −2.285*** | −2.209*** |
|  | (0.335) | (0.352) | (0.264) | (0.262) | | (0.337) | (0.354) | (0.269) | (0.264) |

287

续表

| 项目 | 考虑职业控制因素的结果 ||||  新移民和终身移民的调查结果（考虑职业控制因素）||||
|---|---|---|---|---|---|---|---|---|
| | 普通最小二乘法 | 普通最小二乘法和入演算 | 使用普通乘法预测概率 | 使用机值预测概率 | 普通最小二乘法 | 普通最小二乘法和入演算 | 使用普通乘法预测概率 | 使用机值预测概率 |
| 残疾 | -0.458* | -0.463* | -0.468* | -0.466* | -0.456* | -0.461* | -0.471* | -0.466* |
| | (0.247) | (0.247) | (0.247) | (0.248) | (0.247) | (0.247) | (0.251) | (0.250) |
| 健康 | 0.115 | 0.114 | 0.114 | 0.114 | 0.116 | 0.115 | 0.109 | 0.107 |
| | (0.090) | (0.090) | (0.091) | (0.091) | (0.090) | (0.090) | (0.091) | (0.091) |
| 身高 | 0.654** | 0.656** | 0.673** | 0.675** | 0.661** | 0.662** | 0.647** | 0.669** |
| | (0.264) | (0.262) | (0.274) | (0.274) | (0.262) | (0.261) | (0.271) | (0.274) |
| 吸烟 | 0.030 | 0.030 | 0.022 | 0.022 | 0.028 | 0.028 | 0.021 | 0.023 |
| | (0.036) | (0.036) | (0.037) | (0.037) | (0.036) | (0.036) | (0.037) | (0.037) |
| 受教育年限 | 0.052*** | 0.052*** | 0.050*** | 0.050*** | 0.052*** | 0.052*** | 0.057*** | 0.050*** |
| | (0.018) | (0.018) | (0.018) | (0.018) | (0.017) | (0.017) | (0.018) | (0.018) |
| 受教育年限² | 0.001 | 0.001 | 0.002* | 0.002* | 0.001* | 0.001* | 0.002* | 0.001* |
| | (0.001) | (0.001) | (0.001) | (0.001) | (0.001) | (0.001) | (0.001) | (0.001) |
| 良好的学校表现 | 0.146*** | 0.145*** | 0.156*** | 0.156*** | 0.144*** | 0.143*** | 0.157*** | 0.159*** |
| | (0.034) | (0.034) | (0.034) | (0.034) | (0.034) | (0.034) | (0.034) | (0.034) |
| 复读年限 | 0.014 | 0.015 | 0.013 | 0.013 | 0.015 | 0.015 | 0.013 | 0.013 |
| | (0.010) | (0.010) | (0.010) | (0.010) | (0.010) | (0.010) | (0.009) | (0.010) |
| 管理人员 | 0.516*** | 0.514*** | 0.506*** | 0.505*** | 0.513*** | 0.511*** | 0.490*** | 0.491*** |
| | (0.138) | (0.138) | (0.142) | (0.142) | (0.138) | (0.138) | (0.144) | (0.143) |

续表

| 项目 | 考虑职业控制因素的结果 ||||  新移民和终身移民的调查结果（考虑职业控制因素） ||||
|---|---|---|---|---|---|---|---|---|
| | 普通最小二乘法 | 普通最小二乘法和λ演算 | 使用普通预测概率乘法预测概率 | 使用机值预测概率 | 普通最小二乘法 | 普通最小二乘法和λ演算 | 使用普通乘法预测概率 | 使用机值预测概率 |
| 专业人员 | 0.007 | 0.008 | -0.002 | -0.002 | 0.009 | 0.009 | -0.012 | -0.010 |
| | (0.130) | (0.130) | (0.133) | (0.133) | (0.131) | (0.130) | (0.136) | (0.135) |
| 文职人员 | 0.238* | 0.237* | 0.210* | 0.210 | 0.241* | 0.239* | 0.204 | 0.204 |
| | (0.124) | (0.124) | (0.128) | (0.128) | (0.125) | (0.124) | (0.130) | (0.129) |
| 销售人员 | 0.026 | 0.023 | 0.009 | 0.008 | 0.024 | 0.021 | -0.001 | -0.003 |
| | (0.124) | (0.123) | (0.127) | (0.127) | (0.124) | (0.124) | (0.129) | (0.129) |
| 服务人员 | -0.125 | -0.124 | -0.141 | -0.142 | -0.121 | -0.119 | -0.151 | -0.148 |
| | (0.125) | (0.124) | (0.128) | (0.128) | (0.125) | (0.125) | (0.130) | (0.130) |
| 技术人员 | 0.186 | 0.182 | 0.171 | 0.171 | 0.185 | 0.182 | 0.164 | 0.163 |
| | (0.124) | (0.124) | (0.128) | (0.127) | (0.125) | (0.125) | (0.130) | (0.130) |
| 机器操作员 | 0.218* | 0.212* | 0.202 | 0.201 | 0.210 | 0.206 | 0.189 | 0.190 |
| | (0.128) | (0.128) | (0.131) | (0.131) | (0.128) | (0.128) | (0.133) | (0.133) |
| 交通运营商 | 0.050 | 0.047 | 0.039 | 0.037 | 0.052 | 0.049 | 0.033 | 0.031 |
| | (0.130) | (0.130) | (0.133) | (0.133) | (0.130) | (0.130) | (0.134) | (0.134) |
| 武装部队 | 0.075 | 0.071 | 0.051 | 0.049 | 0.075 | 0.071 | 0.038 | 0.033 |
| | (0.137) | (0.136) | (0.140) | (0.140) | (0.137) | (0.137) | (0.141) | (0.141) |
| 其他技术工人 | 0.101 | 0.098 | 0.085 | 0.084 | 0.102 | 0.099 | 0.075 | 0.076 |
| | (0.122) | (0.121) | (0.125) | (0.125) | (0.122) | (0.122) | (0.127) | (0.127) |

续表

| 项 目 | 考虑职业控制因素的结果 ||||  新移民和终身移民的调查结果（考虑职业控制因素） ||||
|---|---|---|---|---|---|---|---|---|
| | 普通最小二乘法 | 普通最小二乘法和入演算 | 使用普通最小二乘法预测概率 | 使用机值预测概率 | 普通最小二乘法 | 普通最小二乘法和入演算 | 使用普通最小二乘法预测概率 | 使用机值预测概率 |
| 虚拟城市 | Yes | Yes | Yes | Yes | Yes | Yes | Yes | Yes |
| 移民特别信息： | | | | | | | | |
| 离乡年龄 | −0.004* | −0.004* | 0.000 | 0.000 | −0.005** | −0.005** | 0.002 | 0.002 |
| | (0.002) | (0.002) | (0.002) | (0.001) | (0.002) | (0.002) | (0.001) | (0.001) |
| 迁徙距今年数 | 0.006 | 0.006 | 0.010* | 0.010* | | | | |
| | (0.006) | (0.006) | (0.005) | (0.005) | | | | |
| 迁徙距今年数$^2$ | −0.000 | −0.000 | −0.000 | −0.000 | | | | |
| | (0.000) | (0.000) | (0.000) | (0.000) | | | | |
| 乡村信息： | | | | | | | | |
| 虚拟原籍岛屿 | Yes | Yes | Yes | Yes | Yes | Yes | Yes | Yes |
| 常量 | 10.152*** | 10.015*** | 10.203*** | 10.203*** | 10.022*** | 9.892*** | 10.129*** | 10.200*** |
| | (0.477) | (0.481) | (0.494) | (0.495) | (0.479) | (0.483) | (0.493) | (0.497) |
| 观测值 | 2565 | 2565 | 2490 | 2490 | 2565 | 2565 | 2490 | 2490 |
| $R^2$ | 0.322 | 0.322 | 0.318 | 0.318 | 0.322 | 0.323 | 0.318 | 0.317 |

注：括号内为标准误差。*10%的显著水平，**5%的显著水平，***1%的显著水平。

月总收入时，展示了迁徙效应，这表明新移民挣的钱比城市居民高27%，这主要是因为他们工作的时间更长。此外，对于印尼的新移民来说，选择效应并不是很重要。

## 七　结论

本文研究了中国和印尼的移民与城市在职人员的工资差异，其中特别关注于职业限制在这方面扮演的角色。通过调查我们发现，中国移民的时薪要比城市在职人员低差不多50%，这其中有20%是因为他们能够从事的高收入职业不同。但这在印尼几乎相反，印尼对城市移民采取了一种自由放任的政策。在印尼，新移民挣的钱要比那些出生在城市里的居民多6%左右，但是这种微小差异主要是由于他们从事高收入职业的比例被过分高估这个事实，一些人要么把这个解读为一种工作补贴差异的标志（移民心甘情愿地从事不受欢迎的职业以获得薪水），或者视为一种努力工作的高意愿（这从他们工作时间更长可以看出）。在两国，移民往往都相对年轻，并且受过良好的教育。此外，在这两个国家，有证据显示，移民具有积极的选择性，也就是说，一些移民收入的12%～13%来自积极的特征（更高的能力）。这些特征主要是移民所拥有的，而在农村的非移民却不具备。

决策者所能获得的全部信息就是，中国体制内部的紧张程度远远大于印尼。实际上，并无证据显示印尼出现了体制性的歧视，纵然是在对待印尼城市里相对落后的移民时。而且在城市里，据我们观察，移民和非移民拥有相似的工资水平和职业分布。因此，从劳动市场的观点来看，印尼并没有十分明显的移民问题需要解决。原则上，印尼的城市可以尝试着模仿中国限制目前的城市居民从事更受欢迎的工作的政策，但这也需要一定级别的组织和政党的配合，因此，这似乎不可能很快实现。

中国的情况恰好相反。据我们观察，鉴于中国的国家官僚习惯性地把持着中国人的福利，中国在很大程度上存在移民歧视，但这种歧视似乎并不能长时间持续下去。为了限制移民从事高收入职业，比如公务员和管理人员，城市在职人员不得不缴纳隐蔽的移民税，这虽然使得城市在职人员从中获益良多，甚至还有可能使出口价格持续下跌。但这是建立在牺牲移民的收入水平以及在农村依赖这些移民收入的人们的利益基础上的。因为中国的城市化进程是一个不可阻挡的趋势，并且同其他国家的发展经历一致，所以在中国城市中长期存在一个清晰的城乡二元体制看起来是不可思议的事情。因此，政策问题变成了如何使得竞争环境随着时间的推移而变得更加公平。一个值得城市管理者思考的问题是，改变如何成为一名正式居民的城市规则。

通过改变获取城市户口的方法，城市管理者可以明确地出售成为城市居民的权利——这是此时已经发生的事情，因为最成功的移民已经加入城市户口拥有者俱乐部（通过婚姻），但是他们也为此付出了很大的代价，这个代价对于大部分移民来说，是过于高昂了。另外一个自由放任的解决方案是等待这个代价降低，因为城市在职人员会趁机利用当前的职位，通过大量抛售这些权利，来决定谁能成为城市居民（为了短期的利益，但是却带来了长期的公平）。当移民流动停滞时，城市间的竞争就会加强，从而使获取城市居民身份的代价加速降低。鉴于仍然有大约8亿人居住在农村，这个市场化的解决方案可能仍需数十年时间。中央集权化的解决方案将尝试使立法朝一个更为公平的方向发展，其主要形式有集中教育和健康项目（例如，个别城市不再控制城市的教育或医疗卫生事业），以及派遣中央的监察员来强制执行平等机会法。不管怎样，中央集权化的解决方案本质上涉及中央和城市之间的权力斗争，并将在未来的一段时间内继续挑战中国各地的决策者。

## 参考文献

AFX NEWS（2005），"China's Hu says political stability helps maintain high economic growth"，*AFX NEWS*，15 October 2005，< http：//www.forbes.com/markets/feeds/afx/2005/10/15/afx2278991.html >.

Anderson, J.（2005），*How to Think About China*，UBS Securities Asia Limited，Hong Kong.

Banerjee, B.（1984），"Information flow, expectations and job search"，*Journal of Development Economics*，vol. 15，pp. 239 - 257.

Baum, R.（1992），"Political stability in post - Deng China：problems and prospects"，*AsianSurvey*，vol. 32，no. 6，pp. 491 - 505.

Becker, G.（1971），*The Economics of Discrimination*，[Second edition]，University of Chicago Press, Chicago.

Bell, M. and Muhidin, S.（2009），*Cross - national comparison of internal migration*，UNDP Research Paper 2009/30，United Nations Development Programme，New York.

Borjas, G. J. (2003), "The labor demand curve is downward sloping: re - examining the impact of immigration on the labor market", *Quarterly Journal of Economics*, vol. 118, no. 4, pp. 1335 - 1374.

Brunnermeier, M. and Parker, J. (2004), *Optimal expectations*, NBER Working Paper 10707, National Bureau of Economic Research, Cambridge, Mass. , < www. nber. org/papers/w10707 >.

Cannon, W. B. (1914), "Recent studies of bodily effects of fear, rage, and pain", *Journal of Philosophy, Psychology and Scientific Methods*, vol. 11, no. 6, pp. 162 - 165.

Card, D. (2009), *Immigration and inequality*, NBER Working Paper No. 14683, National Bureau of Economic Research, Cambridge, Mass.

Card, D. E. , Dustmann, C. and Preston, I. (2009), *Immigration, wages, and compositional amenities*, NBER Working Paper No. w15521, (November 2009), National Bureau of Economic Research, Cambridge, Mass.

Clark, A. , Frijters, P. and Shields, M. A. (2008), "A survey of the income happiness gradient", *Journal of Economic Literature*, vol. 46, no. 1 (March), pp. 95 - 144.

Das, M. and van Soest, A. (1999), "A panel data model for subjective information on household income growth", *Journal of Economic Behavior and Organization*, vol. 40, no. 4, pp. 409 - 426.

Du, Y. , Gregory, R. G. , and Meng, X. (2006), "Impact of the guest worker system on poverty and wellbeing of migrant workers in urban China" in Ross Gaunaut and Ligang Song (eds), *The Turning Point in China's Economic Development*, Asia Pacific Press, Canberra.

Easterlin, R. A. (2001), "Income and happiness: towards a unified theory", *Economic Journal*, vol. 111, pp. 465 - 484.

Ferrer - i - Carbonel, A. and Frijters, P. (2004), "The effect of methodology on the determinants of happiness", *Economic Journal*, vol. 114, pp. 641 - 659.

Frijters, P. , Shields, M. A. and Haisken - DeNew, J. P. (2006), "How rational were expectations in East Germany after the falling of the wall?", *Canadian Journal of Economics*, IZA working paper.

Giessmann, H. J. (2007), *ChIndian and ASEAN: about national interests, regional legitimacies, and global challenges*, FES Briefing Paper 7, Friedrich Ebert Stiftung, Berlin.

Hagerty, M. (2003), "Was life better in the "good old days"? Intertemporal judgments of life satisfaction", *Journal of Happiness Studies*, vol. 4, pp. 115 - 139.

Hamermesh, D. S. (2004), *Subjective outcomes in economics*, NBER Working Paper No. W10361, National Bureau of Economic Research, Cambridge, Mass.

Harwood, K. , MacLean, N. and Durkin, K. (2007), "First - time mothers" expectations of parenthood: what happens when optimistic expectations are not matched by later experiences? ', *Developmental Psychology*, vol. 43, no. 1, pp. 1 - 12.

Holbig, H. (2006), "Ideological reform and political legitimacy in China: challenges in the post - Jiang era", *German Institute of Global and Area Studies*, no. 18.

Lu, X. (2003), "Corruption and regime legitimacy in China", in F. Godement (ed. ),

*China's New Politics*, La Documentation Francais, Paris.

Mankiw, N. G., Reis, R. and Wolfers, J. (2003), *Disagreement about inflation expectations*, NBER Working Papers 9796, National Bureau of Economic Research, Cambridge, Mass..

Meng, X. (2000), "Regional wage gap, information flow, and rural – urban migration", in Y. Zhao and L. West (eds), *Rural Labor Flows in China*, University of California Press, Berkeley, pp. 251 – 277.

Meng, X. and Manning, C. (2010), "The Great Migration in China and Indonesia – trend and institutions" in X. Meng and C. Manning, with S. Li, and T. Effendi (eds). *The Great Migration: Rural – Urban Migration in China and Indonesia*, Edward Elgar Publishing Ltd.

Meng, X. and Zhang, J. 2001, "The two – tier labour market in urban China: occupational segregation and wage differentials between urban residents and rural migrants in Shanghai", *Journal of Comparative Economics*, vol. 29, pp. 485 – 504.

Ottaviano, G. and Peri, G. (2006), *Rethinking the effects of immigration on wages*, NBER Working Paper No. 12497, National Bureau of Economic Research, Cambridge, Mass.

Perry, E. and Selden, M. (2000), *Chinese Society: Change, conflict and resistance*, Routledge, London.

Rabin, M. (1998), "Psychology and economics", *Journal of Economic Literature*, vol. 36, pp. 11 – 46.

Senik, C. (2004), "When information dominates comparison: a panel data analysis using Russian subjective data", *Journal of Public Economics*, vol. 88, pp. 2099 – 2123.

Song, L. and Appleton, S. (2008), *Life satisfaction in urban China: components and determinants*, IZA Discussion Papers 3443, Institute for the Study of Labor, Bonn.

Souleles, N. (2004), "Expectations, heterogeneous forecast errors, and consumption: micro evidence from the Michigan Consumer Sentiment Surveys", *Journal of Money, Credit, and Banking*, vol. 36, pp. 39 – 72.

Stutzer, A. (2004), "The role of income aspirations in individual happiness", *Journal of Economic Behavior and Organization*, vol. 54, no. 1, pp. 89 – 109.

Veenhoven, R. (2004), "Average happiness in 90 nations 1990 – 2000", *World Databaseof Happiness*, RankReport 2004/1c, < worlddatabaseofhappiness. eur. nl >.

West, L. and Zhao, Y. (eds). (2000), Rural Labor Flows in China, University of California Press, Berkeley.

World Bank (2009), *Development Report 2009*, The World Bank, Washington, DC.

Younis, M., Lin, X. X., Sharahili, Y. and Selvarathinam, S. 2008, "Political stability and economic growth in Asia", *American Journal of Applied Sciences*, vol. 5, no. 3, pp. 203 – 208.

Zeng, S. (2003), "Leadership change, legitimacy, and party transition in China", *Journalof Chinese Political Science*, vol. 8, nos 1 – 2 (September), pp. 47 – 63.

(黎建良 译)

# 全球视角下的中国人口挑战

赵中维

## 一 引言

全球性的人口转变是近代史上最重要的事件之一。这一转变"在现代世界形成过程中"的作用非常重要。一些学者甚至认为，只有将人口转变作为核心，才能真正理解现代社会的发展过程（Dyson，2010）。同样，中国的人口变化不仅与其历史进程紧密联系，而且将对中国的未来发展产生深远影响。本文从全球视角对中国人口转变进行描述，并考察未来几十年中国人口发展的主要趋势及面临的挑战。

## 二 世界和中国的人口转变

### （一）20世纪中期以前的人口变化

人口转变最早发生在欧洲。在19世纪初期，一些欧洲国家就出现了死亡率长期下将的趋势。在此后的150年中，英国、法国、瑞典的出生时预期寿命分别从1800～1809年的37.3岁、33.9岁和36.5岁上升至1950年的69.2岁、66.5岁和71.3岁。随着死亡率的下降，生育率在19世纪中期也开始下降。在英格兰和威尔士、法国以及瑞典，1800年左右出生的人们，还有比较大的家庭规模，每名妇女大约生育5个子女。但1900年左右出生的妇女的终身生育率就已降到平均每人2个子女（Livi-Bacci，2007）。根据联合国有关部门的资料,欧洲、北美洲、澳大利亚、新西兰和日本在20世纪50年代初就基本完成了传统意义上的人口转变。其出生时预期寿命已达到66岁,总和生育率(TFR)下降至大约每名妇女3个子女(UN,2009)。在人口转变早期,死亡率和出生率的下降都比较慢,且需要经过很长时间才得以实现。这就使得社会和政府可以有足够的时间来适应这些变化并应对由此带来的各种影响。

相比之下,人口转变在世界上的其他地区开始较晚。直至第二次世界大战结束,亚洲、非洲和拉丁美洲的很多国家仍然保持着高出生率和高死亡率。联合国有关资料显示,在20世纪50年代初期,这些国家(不包括中国)的出生时预期寿命大约为41岁,总和生育率(TFR)为每名妇女超过6个子女(UN,2009)。

中国曾是具有上述人口特征的典型国家。根据1930年左右对中国农民的一项调查,人口的出生时预期寿命大约只有25岁,总和生育率为5.5左右(Barclay等,1976)。在20世纪上半叶,尽管中国一些城市在降低死亡率方面取得了一定的进步,全国人口的出生时预期寿命可能低于35岁。20世纪40年代末全国人口的总和生育率大约为每名妇女5至6个子女(Campbell,2001; Zhao,1997)。

实现人口转变之前的高死亡、高生育对社会经济发展有许多重要影响。这种影响之一就是高死亡对人力资源所造成的巨大浪费。这种浪费直接导致了当时经济的缓慢增长。例如,20世纪30年代左右,在中国农村人口高死亡率的影响下,超过40%的子女不能活到15岁。因此,为了确保有一个儿子活到结婚年龄并传宗接代,平均每对夫妇就需要生育至少5个子女。于是,妇女就不得不在其生育年龄段的大部分时间里怀孕、分娩并照顾子女。然而,这些妇女及其家庭的努力和投入有很大一部分由于子女的早逝而不能得到应有的回报。由于这些原因,人口转变前的社会经常出现的经济增长缓慢也就不足为奇了。

### (二) 20世纪下半叶全球性的人口转变

如图1~图4所示,第二次世界大战结束以来,工业化国家的出生率和死亡率持续下降。到20世纪末为止,出生时预期寿命从66岁左右上升至75岁左右,总和生育率则从每名妇女大约3个子女降至1.6个。由于这些变化，以及国际迁移的影响，世界上工业化程度较高的国家的人口总数由1950年的8.12亿增加到2000年的11.95亿。与此同时，其年龄结构逐渐变老。65岁以上人口占总人口的比例由8%左右上升至14%以上。不过，由于生育率下降，这些国家的总抚养比维持在相对较低的水平。在此，总抚养比用0~14岁和65岁以上的人口之和（即受抚养人口）与15~64岁人口（即工作年龄人口）的数量之比来衡量，以每100名工作年龄人口所负担的非工作年龄人口数量来表示。在1950~1975年间，总抚养比在55左右波动，此后稳步下降至2000年的49（UN，2009）。

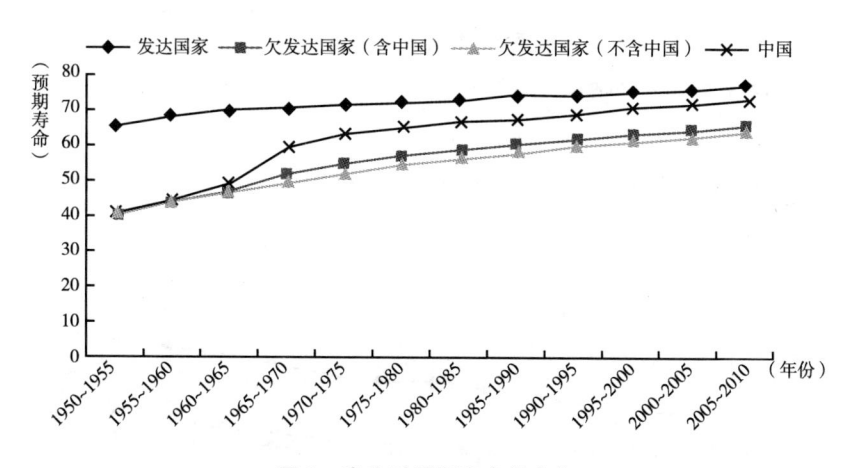

**图1 出生时预期寿命的变化**

资料来源：UN（2009）。

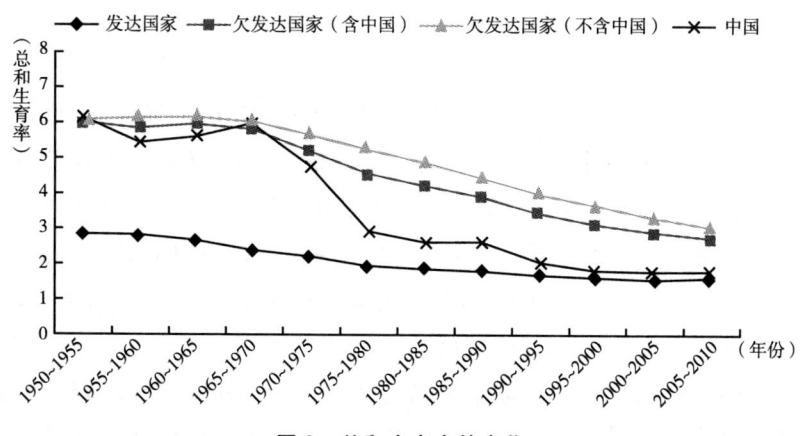

**图2 总和生育率的变化**

资料来源：UN（2009）。

崛起的中国

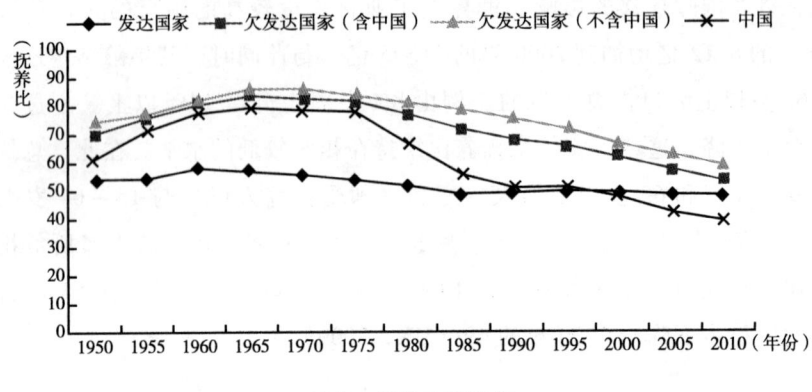

图3 抚养比的变化

资料来源：UN（2009）。

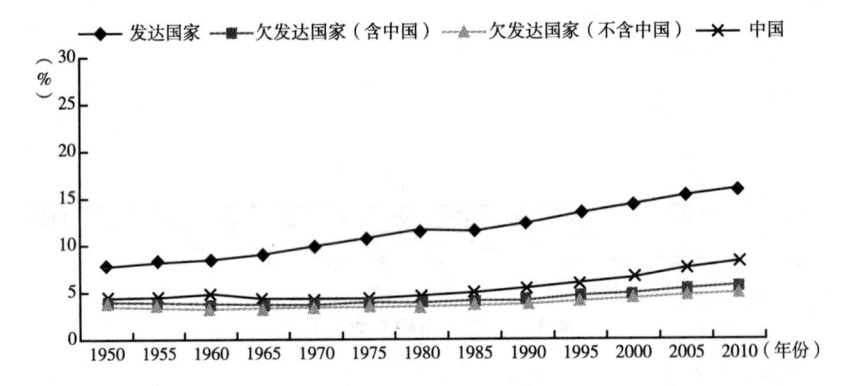

图4 65岁以上人口占总人口的比例变化

资料来源：UN（2009）。

　　欠发达国家（不包括中国）的人口转变在第二次世界大战以后开始，或者开始加速。在此后的半个世纪里，预期寿命从41岁上升至61岁，总和生育率从每名妇女6.1个子女降至3.6个子女。当然，欠发达国家人口转变在速度和幅度上有很大差异。出生率和死亡率下降最快的是东亚。最不发达国家却远远落后，到了20世纪末时其预期寿命只有52岁，总和生育率约为每名妇女5个子女。1950年至2000年，欠发达国家（不包括中国）的人口规模从12亿增加到36亿（如果包括中国在内，则从17亿增加到49亿）。由于人口的快速增长，这些国家的抚养比在这段时间中大多超过70，高于工业化程度较高的国家。这一现象主要是由这些国家的高生育率所致，因为

298

其直接引起子女抚养比的上升。由于同样的原因，很多欠发达国家在 20 世纪下半叶的人口年龄结构都保持了年轻，或出现了人口结构的年轻化（UN，2009）。由此造成的高抚养比成为很多欠发达国家发展缓慢的重要原因。

### （三）中国人口转变与近年来的经济增长

20 世纪下半叶在中国发生的人口转变与其他欠发达国家的情况大致相同，中国的变化更迅速，幅度也更大。

除了大饥荒期间，中国的高死亡状况在 20 世纪 50 年代和 60 年代得到了迅速改善。根据班尼斯特（Banister）的估计，1957 年的出生时预期寿命达到 50 岁左右，1970 年达到 61 岁，1981 年达到 65 岁。这些数据与联合国有关部门的计算结果（如图 1 所示）非常接近。但中国官方数据表明，这一时期的死亡率下降可能更快些（Banister，1987；Huang 和 Liu，1995）[1]。这些成就，连同斯里兰卡、哥斯达黎加以及其他一些国家的人口所经历的死亡率下降一起，被普遍认为是贫穷国家提高人口健康水平的成功之路（Caldwell，1986）。20 世纪 80 年代以来，中国的死亡率进一步降低。全国人口的出生时预期寿命现在已达到 74 岁（Ren 等，2004；UN，2009；Zhao 和 Guo，2007）。虽然近年来中国的死亡率下降速度比早些年慢了，但这种进步比一些苏联的加盟共和国或东欧国家的死亡改善情况还要显著得多。这些中亚或东欧国家的死亡率在近年来的社会变革与重建中保持不变，有的国家死亡率甚至有所上升（Meslé，2004）。

在 20 世纪 50 年代和 60 年代，尽管中国一些城市已经出现了生育率下降，但全国生育率水平仍然很高（Lavely 和 Freedman，1990）。高生育率和下降的死亡率导致了人口迅速增长。面对越来越大的人口压力，中国政府在 20 世纪 70 年代开展了前所未有的全国性计划生育运动。这对将生育率降至更替水平之下起了重要作用。虽然中国总和生育率在 20 世纪 70 年代初还保持在每名妇女 6 个子女左右，到了 1980 年就已降至每名妇女 2.5 个子女左右。在 20 世纪 80 年代，中国生育率似乎停止了下降，总和生育率在 2.3 至

---

[1] 根据中国人口信息与研究中心的资料，中国人口出生时预期寿命在 1957 年就上升至 56 岁，70 年代初达到 64 岁，1981 年就达到 68 岁。

2.9 之间波动（Yao, 1995）。但从 90 年代生育率出现了进一步下降。总和生育率在 1991 年降到更替水平以下，到 2000 年进一步降至不足 1.6。很多研究显示，近年来中国生育率一直处于这样低的水平，或更低。这一点已被最近发布的 2010 年人口普查初步结果所证实（Cai, 2008, 2010; Guo 和 Chen, 2007; Retherford 等, 2005; Scharping, 2005; Zhang 和 Zhao, 2006; Zhao 和 Zhang, 2010; Zheng 等, 2009）。但是，如图 2 所示，这些研究结果与联合国近年来估计的结果存在明显差异[①]。

与其他经历类似人口转变的国家一样，中国出生率和死亡率的下降形成了一个"人口窗口"。如图 3 所示，根据 2008 年联合国的中方案人口预测，虽然中国的总抚养比在 20 世纪 70 年代初接近 80，但在此后就一直下降，现在已经降至 39（UN, 2009）[②]。由于这样一种有利的年龄结构为经济发展提供了良好的人口条件，它被普遍称为第一次人口红利。从人口学的角度来看，中国在这一时期出现举世瞩目的经济发展是自然而然的。

## 三 21 世纪初中国面临的主要人口挑战

### （一）21 世纪初的世界人口地图

近几十年来世界性的出生率和死亡率下降已经引起了很多重大变化。如果我们采用联合国关于发达国家与欠发达国家的分类，显而易见，现在的世界人口地图已与 50 年前大不相同。

20 世纪 50 年代初，接近三分之一的世界人口生活在发达国家，而另外三分之二的人口生活在欠发达国家。在 2010 年，发达国家的人口降至不到世界总人口的五分之一，欠发达国家的人口所占比例则超过五分之四。而且此时欠发达国家人口已是 1950 年世界人口的两倍多。这种趋势在未来 40 年仍将继续。

---

[①] 如联合国 2010 年人口预测的初步结果所示，该期的人口预测已经采用了较低的生育率估值。下文中会谈到这一点。
[②] 由于联合国 2010 年人口预测的最终结果还未公布，这里的大部分分析还是以 2008 年联合国的中方案人口预测结果为基础。因为联合国人口司 2010 年人口预测的最终结果极有可能以较低的生育率估值为依据，这个最终结果会与 2008 年的结果有一些差异。

如图1和图2所示，总的来看，与50年前相比，发达国家与欠发达国家在出生率和死亡率方面的差距已经缩小。在1950至1955年间，欠发达国家的出生时预期寿命仅相当于当时发达国家的62%。而在2005至2010年间，欠发达国家的出生时预期寿命达到66岁，相当于发达国家的85%。这是一个不小的进步。同样，2005至2010年间，欠发达国家的总和生育率为3.3，而发达国家则为1.6。与1950至1955年间相比，这一差距也缩小了许多。尽管未来人口发展存在不确定性，但是在今后40年中这两类国家的生育率和死亡率可能会进一步接近。

在过去50年里，发达国家和欠发达国家的总抚养比都在下降。如图3和图4所示，虽然欠发达国家的总抚养比下降幅度更显著，但仍比发达国家要高一些。这主要是由于欠发达国家的儿童抚养比高。在这50年中，发达国家和欠发达国家的年龄结构都开始老化。发达国家的年龄中位数从1950年的29岁上升至现在的40岁。欠发达国家的年龄中位数则从22岁上升至27岁（UN，2009）。

发达国家在未来40年中可能会出现如下人口变化：其死亡率将会继续下降，而生育率可能在较低的水平上波动。由于这种变化，这些国家的人口总量将接近13亿，而且保持相对稳定。不过，发达国家在世界人口中的份额将进一步缩减至不足14%。这些现在被认为"发达"的国家在人口方面的影响力将会大大降低。此外，如图5和图6所示，这些国家的人口年龄结构会变得更为老化。其65岁以上人口的比例将从现在的15.9%上升至26.2%。而这一变化会引起总抚养比大大提高，即从现在的48上升至2050年的71。由于总抚养比的提高，以及低生育率在一定程度上导致了劳动力短缺，一些国家的移民数量可能会进一步增加。

比较而言，欠发达国家未来的人口变化明显不同。这些国家的出生率和死亡率会进一步下降。由于相对较高的生育率和年轻的年龄结构，其人口会继续增长。到2050年，欠发达国家人口将接近80亿，占世界总人口的86%。如图5和图6所示，这些国家老年人口比例的上升将加速，但由于儿童抚养比的下降，其总抚养比会保持在目前水平，或者稍低一些。很多欠发达国家将会从这一变化中获益。除此之外，许多国家将经历快速的城市化过程。大规模的城乡迁移可能伴随着其未来的经济增长。

当然，在联合国的分类中被认为"欠发达"的国家之间在经济发展水

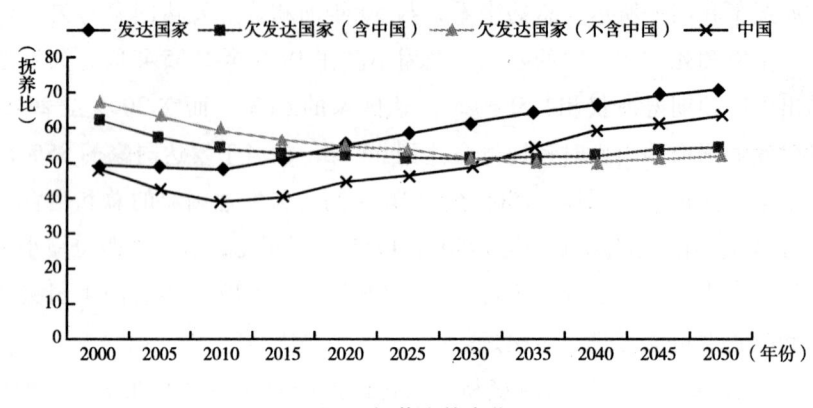

图 5　抚养比的变化

资料来源：UN（2009）。

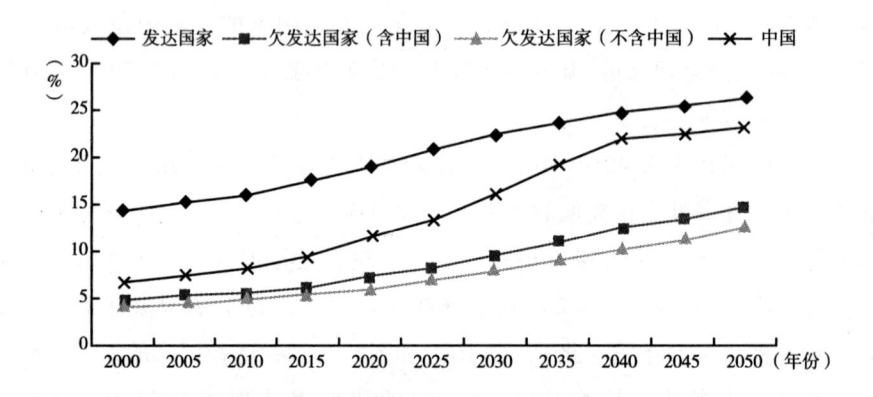

图 6　65 岁以上人口占总人口的比例变化

资料来源：UN（2009）。

平和人口转变阶段上存在很大差异。这些差异在可预见的未来会依然存在。虽然它们中的一些国家现在比其他欠发达国家在很多方面更接近发达国家，上述分析及其主要结论仍然能简要概括过去 50 年世界人口的变化及其在不久将来的主要趋势。

### （二）未来中国人口变化的主要特征

当前中国人口状况如何？其未来变化趋势怎样？与世界上其他国家的人口相比，中国人口现状和变化趋势又有何不同呢？在回答这些问题之前，有必要简要说明一下未来几十年中国人口变化可能出现的若干特征。与受诸多因素影响而经常难以预测的经济社会发展相比，中国的未来人口变化具有下列显著的不同点。

人口变化只由很少几个人口因素决定。中国未来的人口变化也不例外。如果仅就人口规模和人口结构的变化而言，它们只是由出生率、死亡率和迁移所决定。因为中国是个大国，国际移民对人口增长的影响显得微不足道。虽然内部迁移会大大改变人口空间分布，但对全国的人口规模和人口结构没有影响。

而中国未来生育率和死亡率的变化可能并不剧烈，而是相对缓慢和稳定的。中国的死亡率在20世纪50年代和60年代迅速下降，生育率则在70年代下降的幅度也很大。而这样的变化在未来的一二十年是不太可能发生的。如果没有受到灾难性的传染病、自然灾害或者战争的侵袭，中国的死亡率将会稳步下降或者稳定在一个较低水平。与此相似，生育率可能出现小的波动，而不可能在不久的将来大起大落。

从目前的情况看，中国未来生育率和死亡率的变化可能缺乏"弹性"。政府的财政政策、货币政策和税收政策可以比较容易地刺激或调节某一特定经济状况或经济活动。与此不同，政府的政策或者其他形式的干预却不太可能使得未来的生育率和死亡率趋势因此发生剧烈变化。20世纪70年代中国全国性的计划生育运动的确促使生育率的迅速下降。但是现在中国人口的主要挑战不再是生育控制。时至今日，也没有证据表明，适当的生育刺激政策能使生育率已降至很低的国家恢复到可持续的更替生育率水平。

人口惯性同样会影响未来的人口变化。由于人口年龄结构的影响，尽管中国的生育率从20世纪90年代初开始低于更替水平，但其人口在过去20年还在增长，而且这一趋势还将持续至少10年。同样，在中国人口规模开始下降以后，即使生育率上升到比更替水平略高的程度，人口规模下降趋势也不会很快停止。而且，即使存在能有效提高生育率的政策或干预手段，生育率的调节也只能在大约20年以后才对经济发展产生积极影响。

由于上述原因，未来中国人口的变化比其社会经济发展更容易预测。不管我们怎么看待这些变化的重要性和影响，中国的主要人口变化趋势已经构成了未来25年社会经济发展的人口背景，并将对其产生重大影响。

### (三) 中国未来的人口趋势

那么，中国人口在未来几十年将会发生什么样的变化呢？第一个是全国人口的变化。根据联合国 2008 年中方案人口预测，中国的全国人口在 2010 年约为 13.5 亿[①]，在 2030 年将达到 14.6 亿，然后就会开始下降。到 2050 年，中国人口将会降至 14.2 亿（UN，2009）[②]。虽然中国人口还要继续增长 15~20 年，但是到 21 世纪 20 年代中期将会把"人口最多国家"的称号让给印度。而且，中国人口未来的增长幅度将会比过去 50 年小得多。而人口增长的本质和主要特征也会与 20 世纪 60 年代和 70 年代大大不同。目前的人口增长是由过去人口变化形成的人口惯性造成的。在这一增长的表象之下，已经出现了负的内在增长率[③]。因此，尽管仍在继续的人口增长还会对各种资源和经济增长形成一些压力，但对长期发展来说，这种增长已不再是我们面临的主要人口问题。

第二是工作年龄人口（即 15~64 岁的人口）也会发生类似变化。根据联合国 2008 年中方案人口预测，中国工作年龄人口在 2010 年至 2015 年期间将达到 10 亿左右的最大值，此后开始下降，到 2050 年会下降 1.3 亿。工作年龄人口在总人口中的比重会下降得更早，从目前的 72% 降至 2050 年的 61%。因为大多数中国人，尤其是城镇人口，将在 60 岁之前或在 60 岁时退休，15~59 岁的人口数量变化可能与许多政策更加密切相关。根据联合国 2008 年人口预测，15~59 岁人口的比例在 2010 年达到 68%，现在已经开始下降[④]，到 2050 年将减少 1.6 亿。在未来 40 年，较年轻的工作年龄人口（15~24 岁）下降尤为明显，将下降 8000 多万，或 36%。中国工作年龄人口也将因此变得更为老化（UN，2009）。

---

① 根据中国 2010 年人口普查结果，全国人口（不包括香港、澳门和台湾的人口）为 13.4 亿（NBS，2011）。
② 这些结果很可能高估了中国未来人口增长。下文将会进一步探讨这一点。
③ 可以从两个方面考察人口变化：第一是看总人口增加还是减少，第二是看一代人能否实现自我更替。后者通常用一组妇女能否生育足够多的女儿以接替她们来衡量。由于年龄结构的影响，第二种考察中得出的内在人口增长及变化特征可能与第一种考察中所得出的关于人口增长的结论不同。
④ 根据最近的中国人口普查，2010 年 15~59 岁人口的比例略高一些，为 70%（NBS，2011）。

第三个主要人口变化趋势是，中国生育率在未来一段时间很可能保持在低于或者大大低于更替生育率的水平。这一趋势将对长期的人口发展和经济社会发展产生深远影响。生育率上升可以阻止中国人口下降。的确，近来一些学者也在建议中国政府改变生育政策。不过，必须认识到，虽然限制性计划生育政策仍然存在，但这已不再是目前中国低生育率的根源，或主要原因。有证据表明，在中国，人们生育意愿和生育文化已经发生了重要变化。越来越多的年轻夫妇希望建立较小的家庭，或者根本不想生育子女（Cai,2010；Gu 和 Wang, 2009）。这些变化在很大程度上与许多国家的生育变化趋势一致，并且与近几十年一些东亚国家的人口变化非常相似。同样需要指出的是，与很多国家相比，中国的结婚年龄相对较低，不结婚的人口比例很低，从而不生育的人口比例仍然很低。不过，在不久的将来所有这些情况都可能发生变化。独身增多、晚婚和无子女人口比例的增加可能很快成为中国低生育率的重要因素。由于生育率低于更替水平，中国内在人口增长率在20 世纪 90 年代初已经变为负值。在联合国 2008 年人口预测所采用的假设条件下，预计中国人口从 21 世纪 20 年代中后期开始经历长期的下降。这一下降在 21 世纪之内都将继续，而且很可能持续到 22 世纪。

中国人口变化的第四个主要趋势是人口迅速老龄化。如图 5 所示，现在中国的总抚养比只有 39（可能是最低纪录）。虽然总抚养比以后会略有增加，但是仍将低于 1985 年以前的水平，而且低于发达国家的水平。中国在未来 25 年可以继续从其人口红利中获得收益。不过，中国老年人口和老年抚养比将会迅速增加。根据联合国 2008 年人口预测，2010 年中国 65 岁以上的人口数量为 1.11 亿[①]。在未来 40 年，这一数字会继续增长，在 2050 年将达到 3.31 亿。如图 6 所示，65 岁以上人口比例将从 8% 增至 23%。80 岁以上人口数量将增长更快。到 2050 年，这一年龄组的人口将从现在的不足 2000 万增加到 1 亿多。正是由于这些变化，中国人口的中位年龄将从 2010 年的 34 岁上升至 2050 年的 45 岁（UN, 2009）。就人口老龄化而言，中国的情况将与工业化国家非常类似。

第五个主要变化趋势就是城市化和人口迁徙的增加。与很多国家情况不同，在中国，离开家乡到其他城市和地区的人群通常指的是"流动人口"。

---

[①] 这一数字比 2010 年中国人口普查结果大约低 700 万。

这些流动人口中的很多人，包括他们的家属，不能享受与当地居民同样的权利。主要是由于这些原因，他们在居住和就业方面往往并不稳定，并经常在户籍所在地和工作地之间奔波往返。因为难以界定城市人口和迁移人口，难以对流动人口进行登记与监测，在判断中国城市人口和农村人口的规模及其未来变化趋势方面，存在相当多的不确定性。不过，中国官方和学术界普遍认为，现在中国国内迁移达到了前有未有的规模，而且城市化速度将会加快。根据2010年人口普查的初步结果，中国流动人口已经达到2.21亿，而总人口中有近一半居住在城镇（NBS，2011）。即使按得出较低数值的联合国预测，2010年的中国城市人口也已超过6亿，占总人口的47%；到2050年则可能增加到10亿多，占那时总人口的73%（UN，2010）。

**（四）中国未来可持续发展面临的主要挑战**

以上讨论的大多数人口变化将在未来几十年发生，这将对中国社会产生深远影响。从人口学角度看，创造并保持可持续的、总体有利的、相对稳定的人口条件，是促进未来发展的最重要的战略之一。政府促进和维护这种有益于发展的人口环境的关键一步，就是密切监测人口变化并通过有效指导和干预及时降低可预防的人口负面影响（例如人口规模和结构的剧烈波动以及极低的生育率）。虽然预测未来人口变化相对容易，但是如果没有关于当前人口状态的准确数据，就不可能得出可靠的预测结果。在这方面，当务之急就是解开关于中国近来生育率水平和人口规模的谜团。

中国政府认为20世纪90年代中期以来全国的总和生育率一直在1.8左右，并强调在未来30年要将生育率保持在这一水平（国家人口发展战略课题组，2007）。然而，大多数人口学家认为，中国总和生育率在1995年就低于1.8，在2000年约为1.6，而从那时起可能变得更低，大约为1.5。他们又指出，中国总和生育率在今后一段时期可能仍低于1.8（Cai，2008，2010；Gu 和 Wang，2009；Guo 和 Chen，2007；Retherford 等，2005；Scharping，2005；Zhang 和 Zhao，2006；Zhao 和 Guo，2010；Zhao 和 Zhang，2010）。由于上述原因，关于中国目前和未来人口规模的各种估计差异很大。例如，根据中国《国家人口发展战略研究报告》，中国人口现在接近13.5亿，2020年将增至14.3亿，并于2033年达到峰值，约为15亿（国家人口发展战略课题组，2007）。这些结论与联合国2008年中方案人口预测结果非常相似，但是与以较低却更为可靠的生育率估值为依据的 2010 年联合国人口预测初步结果和最近美国人口普查局预测结论大相径庭。（UN，2009，2011；US Census Bureau，2011）。根据联合国最新的人口预测，中国人口现在大约为 13.4 亿，2025 年达到峰值，约为 14 亿。而在 2033 年中国人口约为 13.9 亿，比中国政府的相应预测结果少了近 1 亿。至于 2050 年的中国人口规模，2010 年联合国人口预测的初步结果比其 2008 年的预测同样少了 1.2 亿（UN，2009；2011）。以上不同预测结果在生育水平上的差异达到 20%，在人口规模上达到 1 亿。这么大的差异对中国的未来发展规划和战略制定将产生深远影响，也绝不能忽视。为了解决这些不确定性所造成的混乱，必须花大力气完善中国人口数据的收集，并努力提高其数据质量。

遗憾的是，由于无法获得联合国 2010 年人口预测的最终结果，作者还不能依据这些结果对本文中的问题进行讨论[1]。如果能使用这些结果，与联合国 2008 年人口预测结果相比，中国总人口规模和工作年龄人口就会下降更早，下降幅度会更大。老年人口和老年人口抚养比则会增加更快，上升更多。而人口下降的惯性则会持续更久。这些结果的影响因而会更严重。正是由于这些原因，中国需要慎重对待非常低的生育率所带来的长期负面影响，并相应采取有效的干预政策。

在 21 世纪，至少在上半叶，中国最重大的人口变化之一就是老龄化程度加深。需要指出的是，中国及其他一些国家的老龄化在很大程度上是两大人口成就的产物：一是有效根除过早死亡和延长寿命，二是有效控制生育以及避免非意愿怀孕。由于死亡率将继续下降，而生育率可能保持在较低水平，老龄化可能是未来发展中的一种不可逆转的趋势，而不是在特定时期发生的历史事件。因此，尽管讨论防止和延缓老龄化在短期或者对于某一小规模人口来说不是完全没有意义，但是思考如何应对这一新的人口环境却更重要。作为人口转变的成就，寿命延长和人口老龄化为个人和社会都带来巨大益处。除了许多学者所提出的人口红利（Mason 和 Tomoko，2004；Wang 和

---

[1] 虽然本研究也可以依据中国 2010 年人口普查数据，但是普查的详细结果仍未公布。由于需要考虑将中国、发达国家和欠发达国家的人口变化进行对比时的一致性问题，本研究选择使用联合国 2008 年中方案人口预测结果，而不是进行新的预测。

Mason, 2007),这些变化为人们在一生中增加健康的生活年数提供了机会。虽然这些发现还没有定论,但是很多研究表明,随着寿命延长,总预期寿命中健康生活年数所占比例已经上升。人们现在可以将其一生时间的更大比例用于生产或其他创造性活动。这反过来有助于克服迅速老龄化带来的困难。从长期来看,老龄化导致的困难不能靠提高生育率(高于更替水平)或移民来解决。只有加快经济发展,调整有关经济和社会政策,并逐步建设老龄化的社会所必需的设施,建立必需的社会机制,才能解决这些困难。

中国面临的另一重大变化就是城市化加速和迁移人数的大幅增加。按照国际标准,中国现在的城市化水平不算高,但是乡城迁移(虽然可能是暂时性的)和城市化的规模巨大。中国能否成功应对未来的城市化,是保持其发展势头和建设真正意义上的和谐社会所面临的严峻挑战。长期以来,中国的发展政策以城市为中心,农村剩余劳动力则成为调节城市发展所需劳动力的后备军。虽然从农村迁移到城市的人群很难享受到同城市居民一样的权利,他们却常常因城市化进程中出现的种种问题受到责难。这不仅妨碍中国城市化进程的顺利推进,而且可能成为社会动荡和不稳定的主要根源。由于中国迁移人口流动的特性以及长期形成的城乡二元发展和双重社会政策所造成的影响,中国未来的城市化和乡城迁移不仅仅是人口过程或者经济过程,而是政治、经济、社会和人口等诸多方面的深刻变革。

## 四 结论

全球性人口转变是近代史上最重要的事件之一。它在现代世界形成过程中发挥了至关重要的作用。虽然中国人口转变比发达国家起步晚,但是进展更快。由于生育率和死亡率迅速下降,中国的出生时预期寿命现在已经达到74岁,总和生育率早已降至更替水平以下,而抚养比也降到很低的水平。近年来中国的经济发展已大大受益于这一有利的人口条件。不过,中国的人口变化不会就此停止。经过20世纪下半叶的空前增长之后,受生育率下降(尤其是在过去20年,其水平已低于更替水平)的影响,中国总人口将很快开始长期的下降过程,工作年龄人口则会下降的更早。由于这种原因,以及迅速的老龄化,中国的抚养比将上升。对于经济增长来说,未来中国的人口条件将不如近年来的情况那么有利。此外，中国还将面临大规模的乡城迁移和迅速城市化的挑战。为了应对这些挑战，中国需要制定更加务实的战略来创造和保持可持续、总体有利和相对稳定的人口环境。这对于国家的繁荣昌盛和长期发展至关重要。

<h2 style="text-align:center">致　　谢</h2>

作者感谢赵家莹帮助绘制本章的所有图形。作者也感谢澳大利亚科研基金委员会提供的部分资助（DP1096696）。

## 参考文献

Banister, J. (1987), *China's Changing Population*, Stanford University Press, California.

Barclay, G. W., Coale, A. J., Stoto, M. A. and Trussell, T. J. 1976, "A reassessment of the demography of traditional rural China", *Population Index*, vol. 42, no. 4, pp. 606 – 35.

Cai, Y. (2008), "An assessment of China's fertility level using the variable-*r* method", *Demography*, vol. 45, no. 2, pp. 271 – 81.

Cai, Y. (2010), "Social forces behind China's below replacement fertility: government policy or socioeconomic development", *Population and Development Review*, vol. 36, no. 3, pp. 419 – 40.

Caldwell, J. (1986), "Routes to low mortality in poor countries", *Population and Development Review*, vol. 12, no. 2, pp. 171 – 219.

Campbell, C. (2001), "Mortality change and the epidemiological transition in Beijing, 1644 – 1990", in T. Liu, J. Lee, D. S. Reher, O. Saito and F. Wang (eds), *Asian Population History*, Oxford University Press, Oxford.

Dyson, T. (2010), *Population and Development: The demographic transition*, Zed Books, London.

Gu, B. and Wang, F. (eds) (2009), *An Experiment of Eight Million People*, [in Chinese], Social Sciences Academic Press, Beijing.

Guo, Z. and Chen W. (2007), "Below replacement fertility in Mainland China", in Z. Zhao and F. Guo (eds), *Transition and Challenge: China's population at the beginning of the 21st century*, Oxford University Press, New York.

Huang, R. and Liu, Y. (1995), *Mortality Data of China Population*, [in Chinese], Data User Service, China Population Information and Research Center, Beijing.

Lavely, W. and Freedman, R. (1990), "The origins of the Chinese fertility decline",

*Demography*, vol. 27, pp. 357 – 367.

Livi-Bacci, M. (2007), *A Concise History of World Population*, (Fourth edition), Blackwell Publishing, Oxford.

Mason, A. and Tomoko, K. (2004), *East Asian economic development: two demographic dividends*, Economics Series Working Papers No. 83, East-West Center, Honolulu.

Meslé, F. (2004), "Mortality in Central and Eastern Europe: long-term trends and recent upturns", *Demographic Research* (Special Collection 2), pp. 45 – 70.

National Bureau of Statistics (NBS) (2011), *The Sixth National Census*, Bulletin No. 1, China Statistics Press, Beijing, viewed April (2011), < http://www.stats.gov.cn/tjfx/jdfx/t20110428_ 402722253.htm >.

National Strategy on Population Development Research Group (2007), *The General Report on China's National Strategy on Population Development*, [in Chinese], China Population Publishing House, Beijing.

Ren, Q., You, Y., Zheng, X., Song, X. and Chen, G. (2004), "The levels, patterns and regional variations in mortality of China since the 1980s", [in Chinese], *Chinese Journal of Population Science*, no. 3, pp. 19 – 29.

Retherford, R. D, Choe, M. K., Chen, J., Li, X. and Cui, H. (2005), "Fertility in China: how much has it really declined?", *Population and Development Review*, vol. 19, no. 1, pp. 57 – 84.

Scharping, T. (2005), "Chinese fertility trends 1979 – 2000: a comparative analysis of birth numbers and school data", [in Chinese], *Population Research*, no. 4, pp. 1 – 15.

United Nations (UN) (2009), *World Population Prospects: The 2008 revision*, United Nations, New York.

United Nations (UN) (2010), *World Urbanization Prospects: The 2009 revision*, United Nations, New York.

United Nations (UN) (2011), *World Population Prospects: The 2010 Revision*, United Nations, New York.

US Census Bureau (2011), *Preliminary Results for World Population Prospects 2010*, Population Division, US Census Bureau, Washington, DC, viewed March 2011, < http://www.census.gov/ipc/www/idb/country.php >.

Wang, F. and Mason, A. (2007), "Population ageing: challenges, opportunities, and institutions", in Z. Zhao and F. Guo (eds), *Transition and Challenge*, Oxford University Press, Oxford.

Yao, X. (1995), *Fertility Data of China*, [in Chinese], China Population Publishing House, Beijing.

Zhang, G. and Zhao, Z. (2006), "Re-examining China's fertility puzzle: data collection and quality over the last two decades", *Population and Development Review*, vol. 32, no. 2, pp. 293 – 321.

Zhao, Z. (1997), "Demographic systems in historic China: some new findings from recent research", *Journal of the Australian Population Association*, vol. 14, no. 2, pp. 201 – 232.

Zhao, Z. and Guo, F. (2007), "Introduction", in Z. Zhao and F. Guo (eds), *Transition and Challenge: China's population at the beginning of the 21st century*, Oxford University Press, New York.

Zhao, Z. and Guo, Z. (2010), "China's below replacement fertility: a further exploration", *Canadian Studies in Population*, vol. 37, pp. 525–562.

Zhao, Z. and Zhang, X. (2010), "China's recent fertility decline: evidence from reconstructed fertility statistics", *Population*, vol. 65, no. 3, pp. 451–478.

Zheng, Z., Cai, Y., Wang, F. and Gu, B. (2009), "Below-replacement fertility and childbearing intention in Jiangsu Province, China", *Asian Population Studies*, vol. 5, no. 3, pp. 329–347.

(高建昆 译)

# 老龄化如何影响消费?
## ——来自中国城市劳动力市场调查的经验证据

都 阳 王美艳[*]

## 一 引言

"十二五"规划明确提出,在未来五年乃至更长的一段时期内,增加国内需求,并使其成为经济增长的主要动力,将成为政府工作的重点。根据国家统计局的统计,2009 年最终消费占 GDP 的比重为 48%,其中 35.1 个百分点来自家庭消费。发达国家最终消费占 GDP 的比重一般约为 2/3,而且,政府消费占最终消费的比重也不如中国高。因此,尽管中国政府已经明确提出刺激家庭消费的目标,但这显然不是一个可以在短期内完成的任务。

更为严峻的是,作为一个中等收入国家,中国已然面临着人口老龄化的威胁。根据第六次人口普查的结果(国家统计局,2011),2010 年 60 岁以上人口占总人口的比重已达 13.26%,65 岁以上者则占 8.87%。与第五次人口普查相比,上述两个比例分别增长 2.93 个和 1.91 个百分点。不管我们采用什么样的定义来描述老龄化,中国无疑已经是一个老龄化的社会。

老龄化对于中国经济发展的影响,除了养老资源不足以及养老体系尚处于建设中之外,一个较大的忧虑是老龄化对消费的消极影响。这对于目前正寻求宏观经济平衡的中国而言,具有特殊的意义。

实际上,在生命周期的不同阶段,消费模式的不同对于分析宏观经济的

---

[*] 都阳、王美艳,任职于中国社会科学院人口与劳动经济研究所。

稳定和相关的经济政策具有重要意义。早在莫迪里安尼的生命周期模型中，家庭的消费—储蓄选择就是描述跨期选择以平滑生命周期的消费水平的关键要素（Browning 和 Lusardi，1996）。

但是很多新近的研究致力于观察临近退休时期的消费变化。临近退休时期的消费下降即所谓"退休消费之谜"，在发达国家已为很多实证分析所证实（Banks，Blundell 和 Tanner，1998；Bernheim，Skinner 和 Weinberg，2001）。Hurst（2008）在其综述文章中总结了新近文献关于临近退休时的消费模式的五个特征事实，包括对食品和与工作相关的消费支出的下降，非耐用消费品的增加，以及家庭之间的巨大差异等。总之，他认为生命周期模型在解释大多数家庭的消费模式时是比较恰当的。

与发达国家相比，发展中国家的生命周期的消费选择决定更为复杂。中国除了老龄化以外，更具有转型的特征。如果我们考虑经济转型特征，那么退休前后消费模式的变化包括以下几个方面内容。

在很大程度上，老年人的消费模式取决于养老制度是如何安排的。改革之前，城市居民在单位享受广泛的福利。但20世纪90年代中期开始的城市经济体制改革，给城市养老体系带来了挑战。为了应对城市劳动力市场的大规模调整，中国政府在1997年开始引入个人账户和社会统筹相结合的养老制度。尽管养老资源短缺的问题依然存在，但现行城市养老体系所覆盖的老龄人口已得到了很好的支持。但对于那些未被现行体系所覆盖的老年人而言，应对一些诸如健康、收入等负面冲击时就很困难。因此，上述两部分人群在面临老龄化时的支出模式，会存在显著的差异。

除了养老体系以外，其他社会保障和公共服务项目也会影响消费模式。例如，当遭遇健康冲击时，没有被现行医疗保障体系覆盖的人群将承担大量的医疗成本，因此，会减少其他方面的消费。教育支出方面的巨大负担也会导致老年人口和下一代之间的代际收入转移。正因为如此，观察老龄化社会的消费模式及其决定因素具有政策针对性。

除了对于长期经济增长和宏观经济波动的政策具有针对性以外，关于老龄家庭消费模式的实证研究在中国比较欠缺。本文使用中国社会科学院人口与劳动经济研究所在2010年进行的中国城市劳动力市场调查（China Urban Labor Survey，简称CULS）数据进行实证分析。研究使用上海、武汉、沈阳、福州和西安五个城市的数据，每个城市包括700户城市本地家庭和600

户外来人口家庭。调查对街道、社区和住户实施了三阶段概率比例抽样。根据本文研究的目的，我们仅使用了城市本地居民的样本。调查收集了家庭和个人的有关信息。

本文的结构安排如下。第二部分简要介绍中国人口转变的特征和老龄化进程，第三部分使用中国城市劳动力市场调查描述中国城市家庭的消费模式，第四部分对中国城市家庭的消费模式进行实证分析，第五部分是总结和政策讨论。

## 二 中国的老龄化

20世纪末，中国就已经完成了人口转变的进程。实际上，中国总和生育率的下降始自20世纪70年代。这一进程首先开始于20世纪70年代之前的死亡率下降，随后又为80年代严格的生育政策所强化，而后又为快速的经济发展所延续。由于数十年的低生育率，中国已经成为一个老龄化社会。如图1所示，2010年65岁及以上老年人口占总人口的比重为8.9%，老年人口抚养比为11.9%。根据广为接受的定义，中国已经成为一个老龄化社会。老龄化来源于人口转变，因此，中国人口转变的下述特征值得注意。

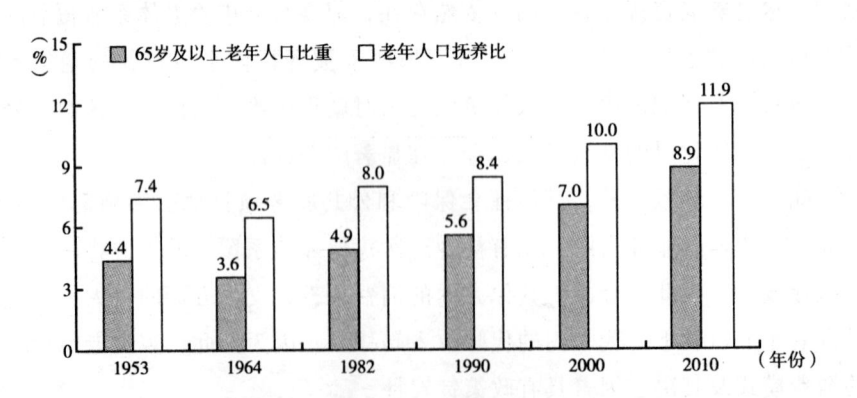

**图1 普查年份的老龄化比例及老龄抚养比**

资料来源：2010年数据来自国家统计局（2011）；其他年份数据来自《中国统计年鉴》（历年）。

首先，相对于其他经济体而言，中国的老龄化进程更为迅速。如图1所示，从1982年的第三次人口普查到1990年的第四次人口普查，老龄人口的比重增加了 0.7 个百分点,而过去二十年则增加了 3.3 个百分点。在中国城市劳动力市场调查的大城市中,情况更为严峻。例如,2011 年上海 60 岁以上老人占总人口的比重为 23.4%,65 岁以上比重达 16%。

为了和其他经济体相比较,人口统计学家使用人口转型期的长度以及转型乘数来度量人口转型的过程。前者是指人口转变开始至人口转变结束的长度,后者是指转型结束后人口数与转型开始人口数的比率。一般而言,发展中国家乘数大。但中国是个例外,转型期短而且转型乘数小,也就意味着人口转型非常迅速,如表 1。中国之所以在较短的时期内完成了人口转型,是因为严格的人口政策和快速的经济发展共同推动了人口转变的进程,使其人口转变过程具有独特性。

表 1 部分国家/地区人口转变的特征

| 国家/地区 | 转型起止年份 | 转型期(年) | 转型乘数 |
| --- | --- | --- | --- |
| 瑞 典 | 1810~1960 | 150 | 3.83 |
| 德 国 | 1876~1965 | 90 | 2.11 |
| 意 大 利 | 1876~1965 | 90 | 2.26 |
| 苏 联 | 1896~1965 | 70 | 2.05 |
| 法 国 | 1785~1970 | 185 | 1.62 |
| 中国大陆 | 1930~2000 | 70 | 2.46 |
| 中国台湾 | 1920~1990 | 70 | 4.35 |
| 墨 西 哥 | 1920~2000 | 80 | 7.02 |

资料来源:马西姆·利维巴茨:《世界人口简史》,北京大学出版社,2005。

其次,中国生育率变化的趋势使得人口老龄化的进程难以逆转。有人预期,随着生育政策的调整,中国的生育率水平将反弹,使得未来老龄化的压力得以缓解。尽管严格的生育政策在 20 世纪 80 年代对生育率的下降起到了主导作用,但经验研究表明,自 90 年代开始,生育率的下降实际为经济发展所主导(都阳,2005)。换言之,人口政策在生育率决定中的角色已经弱化,即便完全放弃现行的人口政策,也不会改变未来老龄化的趋势。

关于妇女生育意愿的实证研究也支持了上述观点。对江苏 5295 名具有生育二胎资格的育龄妇女调查发现,虽然每个妇女的平均意愿生育率为 1.5

个子女，但其实际的生育率为 1.09（郑真真，2011）。图 2 展示了从实际生育率到政策生育率之间的不同生育率水平。如果中国的其他地区也有着与该研究类似的情形，那么我们将很难预期通过改变人口政策就可以使未来的老龄化趋势改变①。

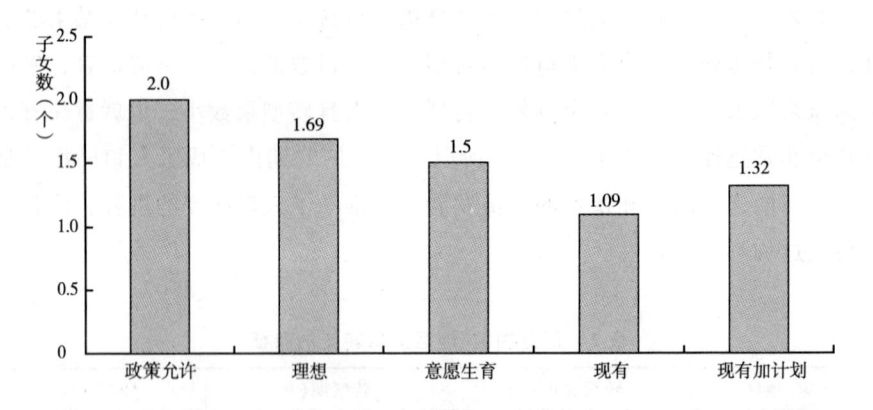

图 2　育龄妇女的各种生育率水平（子女数，个）：政策允许 2.0；理想 1.69；意愿生育 1.5；现有 1.09；现有加计划 1.32

资料来源：郑真真（2011）。

再次，中国的老龄化发生在成为富裕国家之前。如前所述，2010 年中国 65 岁及以上老年人占总人口的比重为 8.9%，而发展中国家的平均水平为 5%。考虑到老龄化进程的不可逆转性，对中国而言唯有维持经济的持续增长才能从根本上化解老龄化的危机。根据 Fogel（2007）和 JCER（2007）的估计，中国到 2020 年成为一个高收入国家的可能性很高。如果这一预测成为现实，那么，届时中国和其他高收入国家相比，其老龄化的程度将不是很高。根据联合国的预测，中国到 2020 年和 2030 年 65 岁及以上老龄人口的比重将分别达到 11.7% 和 15.9%，而同期发达国家的平均水平分别为 19.1% 和 22.5%。

因此，在接下来的十年时间里，保持经济持续增长应该是中国应对老龄化的核心战略。而这一时期也正是中国政府所认同的战略机遇期。从这一点看，积极应对老龄化对经济增长产生的影响，特别是对消费需求的影响，具有重要的政策含义。

---

① 当然，这不足以成为维持现行人口政策的理由。

## 三 中国城市家庭生命周期的消费模式

如前所述，由于经济的转型特征，家庭消费的决定因素较为复杂。当然，家庭收入是影响消费的首要因素。基于发达国家的研究发现，临近退休时消费的下降是基于退休后的收入要显著低于工作收入的假设。在这一假设下，理性的消费者更倾向于储蓄，以平滑其生命周期的消费。但当我们对中国城市劳动力市场进行观察时，上述假设就需要进行调整。

一旦老人为现行的城市养老体系所覆盖，和其他很多发达国家的老年人口相比，他们的退休收入相对于在职者的工资比例并不处于弱势。根据 CULS 数据，2010 年男性的平均退休收入为 1904 元，是在职者平均工资水平的 70%。女性的平均退休收入为 1484 元，也是在职者的 70%。此外，由于退休者的受教育程度分布和在职者不同，后者受教育程度高的比例更高，因此，可以从表 2 发现，尤其是低教育水平的退休者得到的退休收入是相当不错的。

表 2 退休和工作者按教育分组的收入比较

| 项 目 | 小学 | 初中 | 高中 | 大专及以上 |
|---|---|---|---|---|
| 男性 | | | | |
| 工作收入(元,a) | 1538 | 2049 | 2437 | 3486 |
| 养老金(元,b) | 1508 | 1751 | 1727 | 2687 |
| b/a | 0.98 | 0.85 | 0.71 | 0.77 |
| 女性 | | | | |
| 工作收入(元,a) | 1405 | 1315 | 1848 | 2824 |
| 养老金(元,b) | 1211 | 1431 | 1524 | 2334 |
| b/a | 0.86 | 1.09 | 0.82 | 0.83 |

资料来源：作者根据 CULS 数据计算。

我们可以看到，中国城市地区收入和消费模式的生命周期特征与发达国家有所差别。例如，Browning 和 Crossly (2001) 发现，在工作阶段，英国家庭的收入和消费呈现倒 U 形特征。受数据的限制，我们难以观察严格意义上消费和收入队列的生命周期特征，但我们仍然可以看到随着年龄变化收入和消费的变化模式。图 3 分别描述了消费和收入随年龄变化的情况。

图3表明消费呈持续下降的趋势，但接近退休后趋于稳定；但收入随年龄变化的情况却更复杂：在劳动年龄的先期阶段呈现倒 U 形特征，而在退休年龄后略有上涨。对这种现象有两种可能的解释：首先，法定退休年龄实际并不统一，在不同人群间有所不同。例如，男性和女性、不同职业的人群等都有着不同的退休年龄。其次，提前退休的工人在他们达到法定退休年龄后就可以领取退休金，这样他们也可以获得更高的退休收入。

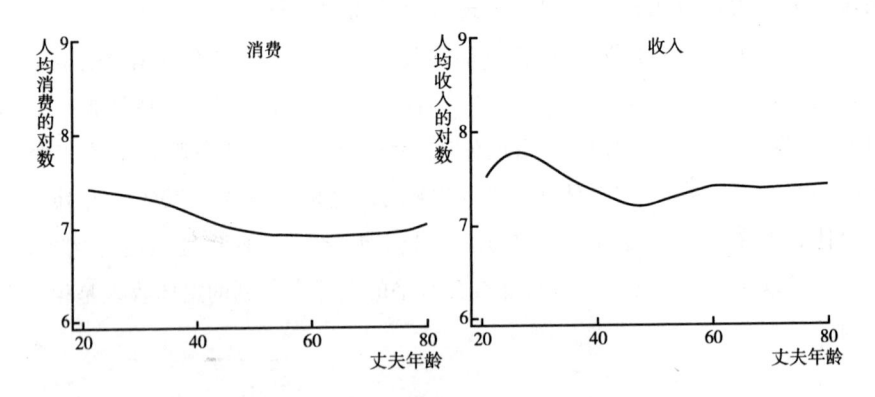

**图3 随年龄变化的消费和收入模式**

资料来源：作者根据 CULS 数据计算。

就总消费的构成看，中国的情形和其他发达国家也有所区别。根据 Hurst（2008）所总结的事实，临近退休的消费下降大多集中于两类消费：与工作相关的消费（如衣着和交通支出等）以及食品消费（包括家中的食品消费和在外的食品消费）。尽管我们尚不清楚是什么原因导致食品消费模式在中国不同，但图4表明在工作阶段，食品消费呈 U 形，并在退休后有所增加。与工作相关的消费下降则非常明显，图4右边部分呈现了非常显著的负斜率，而且在退休后更加陡峭。

其他两类消费包括住房和医疗消费的支出。图5的左边部分表明，随着年龄的增加，住房消费呈下降趋势；而医疗消费支出的增加则并不奇怪，因为大多数老龄人口尚未被现行医疗体系所覆盖。此外，一些家庭医疗支出的金额也较大。

表3总结了消费模式变化的一般情况。该表体现了随年龄变化，消费模式变动具有如下特征：首先，和工作年龄人口相比，老龄人口明显减少了其

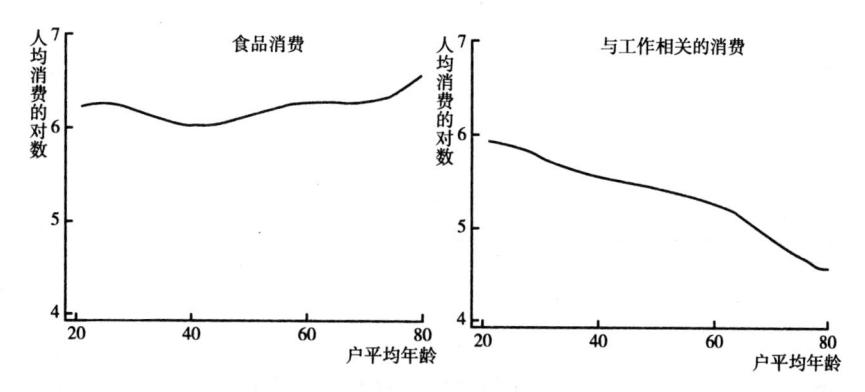

**图4 食品消费和与工作相关的消费**

资料来源：作者根据CULS数据计算。

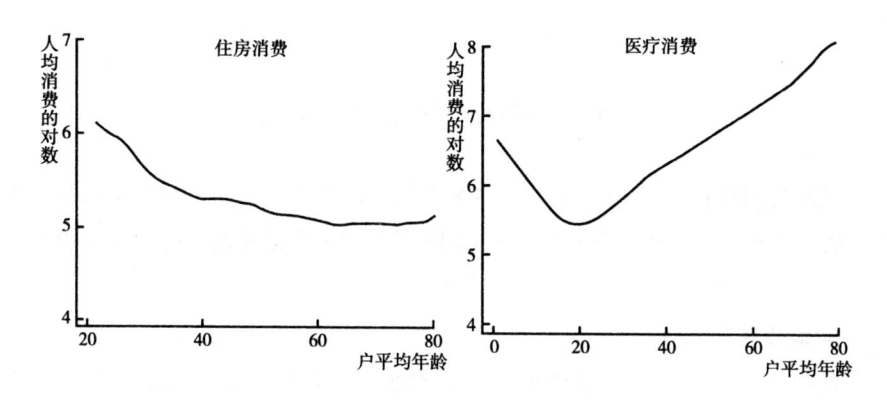

**图5 住房消费和医疗消费**

资料来源：作者根据CULS数据计算。

**表3 中国城市家庭的消费构成**

单位：%

| 年龄组 | 食品 | 与工作相关的消费 | 住房 | 服务 | 教育 | 健康 | 合计 |
|---|---|---|---|---|---|---|---|
| 劳动年龄人口 | 45.0 | 23.0 | 13.9 | 5.6 | 7.1 | 5.4 | 100.0 |
| 20岁以上 | 42.7 | 20.9 | 22.0 | 9.5 | 0.7 | 4.2 | 100.0 |
| 20～29 | 41.2 | 25.6 | 18.2 | 5.8 | 6.4 | 2.9 | 100.0 |
| 30～39 | 42.0 | 23.1 | 12.5 | 5.2 | 13.0 | 4.4 | 100.0 |
| 40～49 | 45.3 | 24.2 | 13.2 | 5.3 | 5.7 | 6.2 | 100.0 |
| 50～59 | 51.6 | 19.2 | 13.8 | 6.1 | 1.7 | 7.5 | 100.0 |
| 老龄人口 | 54.8 | 12.6 | 13.7 | 7.9 | 0.0 | 10.9 | 100.0 |

续表

| 年龄组 | 食品 | 与工作相关的消费 | 住房 | 服务 | 教育 | 健康 | 合计 |
| --- | --- | --- | --- | --- | --- | --- | --- |
| 60~69 | 51.6 | 19.2 | 13.8 | 6.1 | 1.7 | 7.5 | 100.0 |
| 70~79 | 55.6 | 10.0 | 14.1 | 7.8 | 0.0 | 12.5 | 100.0 |
| 80+ | 49.4 | 9.0 | 13.9 | 11.3 | 0.0 | 16.4 | 100.0 |
| 全 部 | 47.0 | 20.9 | 13.9 | 6.1 | 5.7 | 6.6 | 100.0 |

注：与工作相关的消费包括交通消费、衣着消费、通信消费、文化和娱乐消费。
资料来源：作者根据CULS数据计算。

与工作相关的支出；其次，在老年家庭，食品消费支出的比例明显增加；再次，老龄家庭和年轻家庭在住房消费方面几乎没有差别；最后，老龄家庭在健康消费方面的支出明显增加。

## 四 经验模型和估计结果

老龄化对中国的影响已经受到学术界的广泛关注。然而，基于微观数据的经验研究并不多见。在本节我们利用CULS数据检验老龄化对家庭消费的影响。

### 度量收入和消费

在很大程度上，家庭消费模式与个人的消费行为有关。在度量收入和消费时，一些项目为个人水平的数据所反映。但有些项目则在家庭成员之间表现出不可分性。就我们的数据而言，我们调查了个人教育和医疗消费，但其他消费则按家庭统计。正因为此，我们将个体水平的消费加总到家庭水平，并观察老龄化程度更高的家庭（而非个人）相对于年轻家庭的消费模式有什么差别。

CULS调查的家庭收入项目包括工作收入、养老金收入、资产收入、私人转移收入、公共转移收入以及其他收入。调查也仔细询问了家庭消费的情况。在此，我们将家庭消费的项目重新分组，与表3的分组相同。表4是收入和消费的描述统计。

### 度量人口老龄化

如前所述，大多数家庭消费和部分家庭收入在家庭成员之间具有不可分性。尽管在加总水平上，人口老龄化的程度可以通过老人占总人口的比重来度量，但在家庭水平上，这样的度量方法并不恰当，尤其是我们需要观察人口老龄化对家庭消费而非个人消费的影响时。本文以家庭成员的平均年龄来衡量老龄化的水平，将家庭平均年龄大于65岁的家庭定义为老龄化的家庭。考虑到在这一定义下，一些为老龄化的家庭也可能包含年轻的家庭成员，我们在回归方程中加入了反映家庭构成的变量，以控制其影响。根据以上定义，样本中15%的家庭为老龄化家庭。这主要是因为大城市的老龄化程度已经很高，如上海。

表4 收入和消费的描述性统计

单位：元

| 项 目 | 均值 | 标准差 | 最小值 | 最大值 |
| --- | --- | --- | --- | --- |
| 人均月收入 | 1753.9 | 1451.6 | -3263 | 22033 |
| 工作收入 | 1010.4 | 1228.4 | 0 | 18250 |
| 养老金收入 | 633.1 | 807.3 | 0 | 10000 |
| 资产收入 | 96.5 | 607.0 | 0 | 12708 |
| 私人转移收入 | -4.3 | 397.8 | -4583 | 18333 |
| 公共转移收入 | 8.7 | 55.7 | 0 | 1389 |
| 其他收入 | 9.4 | 347.2 | 0 | 20833 |
| 人均月消费 | 1184.0 | 1283.0 | 0 | 70992 |
| 食品 | 490.2 | 399.0 | 0 | 15000 |
| 与工作相关的消费 | 252.7 | 281.0 | 0 | 3150 |
| 住房 | 220.0 | 1002.8 | 0 | 68300 |
| 服务 | 82.5 | 236.7 | 0 | 7572 |
| 教育 | 65.6 | 161.8 | 0 | 3767 |
| 健康 | 72.9 | 200.6 | 0 | 4167 |
| 观察值数 | 3573 | | | |

资料来源：作者根据CULS数据计算。

**模型与估计**

经验模型的目的是观察人口老龄化对家庭消费产生的影响，包括对总体消费水平和其构成的影响。为了更准确地度量老龄化效应，经验估计的核心是控制其他可能影响城市家庭消费的因素。因此，回归方程中包含了几种类型的家庭变量。回归模型如下：$Y$ 是指收入，$H$ 是家庭特征变量，$S$ 代表社会保障的覆盖。

$$C = Y\alpha + H\beta + S\gamma + \varepsilon$$

首先，收入是消费最基本的决定因素。收入变量在此不仅是控制变量，我们也关心不同收入水平和不同收入构成的家庭的消费状况。如果家庭的收入大部分来自养老金，那么，老人在家庭消费决策中就有更大的权力。因此，我们要在回归方程中加入反映家庭收入结构的变量，例如，养老金占总收入的比重，劳动收入占总收入的比重等。

其次，其他家庭构成的变量也可能影响家庭的消费模式。因此，我们在回归方程中加入了反映家庭构成的变量。"家庭规模"是为了控制家庭消费的规模经济效应。不同年龄段孩子的比例，是为了控制其对某些类型消费的影响，如教育支出。

再次，我们把个人社会保障参与情况在家庭层面上加总，以度量家庭的社会保障覆盖情况，并加入回归方程中。不过，社会保障参与情况对家庭当前消费的影响方向是复杂的。一方面，有社会保险的人对未来收入的预期更加稳定，可能会鼓励当前的消费；另一方面，社会保险支出又减少了当前的可支配收入，从而对消费有负面影响。回归方程中的城市虚拟变量旨在控制与地区相关的、影响家庭消费的因素，如价格水平等。

为了观察不同消费水平上的家庭消费模式有何差别，我们使用了分位数回归模型。我们最感兴趣的变量有两个：度量老龄化的变量和家庭人均收入。被解释变量则分别为家庭人均消费、与工作相关的人均消费以及家庭的人均健康消费。表 5 只列出了上述两个我们最关心的变量的统计结果。

**估计结果的讨论**

从总体上看，人口老龄化似乎并未明显影响城市家庭的总消费支出。在控制其他变量之后，反映老龄化程度的变量只对最富裕的家庭有影响，而且系数的符号为正。在同一方程中，我们还发现富裕家庭有更高的消费收入弹性，弹性的变化幅度在 0.33~0.38。这意味着收入增加对刺激消费需求的效应是较为明显的。

表5 家庭消费决定的分位数回归

| 项 目 | 20th | 40th | 60th | 80th |
|---|---|---|---|---|
| 家庭人均消费的对数 | | | | |
| 家庭人均收入对数 | 0.346 | 0.333 | 0.354 | 0.382 |
|  | (12.33) | (14.58) | (18.39) | (15.39) |
| 老龄家庭 | -0.031 | 0.004 | 0.055 | 0.092 |
|  | (-0.58) | (0.11) | (1.55) | (2.11) |
| Pseudo $R^2$ | 0.239 | 0.236 | 0.220 | 0.196 |
| 观察值数 | \multicolumn{4}{c}{3518} |
| 与工作相关的人均消费的对数 | | | | |
| 家庭人均收入对数 | 0.623 | 0.578 | 0.582 | 0.567 |
|  | (9.89) | (15.44) | (11.48) | (12.79) |
| 老龄家庭 | -0.600 | -0.605 | -0.558 | -0.435 |
|  | (-4.76) | (-6.30) | (-7.66) | (-4.86) |
| Pseudo $R^2$ | 0.246 | 0.240 | 0.222 | 0.196 |
| 观察值数 | \multicolumn{4}{c}{3518} |
| 家庭健康消费对数 | | | | |
| 家庭人均收入对数 | 0.018 | 0.067 | 0.044 | -0.038 |
|  | (0.77) | (1.03) | (0.71) | (-0.51) |
| 老龄家庭 | 0.087 | 1.222 | 0.938 | 0.964 |
|  | (0.25) | (6.15) | (6.45) | (7.17) |
| Pseudo $R^2$ | 0.134 | 0.061 | 0.072 | 0.082 |
| 观察值数 | \multicolumn{4}{c}{3518} |

注：①括号内为 $t$ 值。
②其他自变量包括劳动收入在总收入中的比重、养老金收入在总收入中的比重、资产收入在总收入中的比重、家庭规模、0~6岁家庭成员比例、7~15岁家庭成员比例、16~22岁家庭成员比例、家庭成员平均受教育年限、家庭成员社会保障平均覆盖和城市虚拟变量。
资料来源：作者根据CULS数据计算。

但是，上述对总消费水平的影响并不能反映老龄化引起的消费模式的变化。由于老龄化，家庭消费的结构发生了变化，部分项目的消费由于老龄化而增加，相应的，在另外一些项目上就会缩减开支。这也是我们发现老龄化对总支出的影响不大的原因。在第二个回归方程中，在每一个分位上，老龄家庭都较年轻家庭减少了与工作相关的消费。其边际效应在贫困家庭更明显。

尽管收入变量在医疗消费的方程中并不显著，但反映老龄化的变量却在除了最贫困的家庭以外非常显著。这意味着由于现行的医疗保障体系难以充分补偿个人的医疗支出，家庭必须承担老龄化带来的医疗费用负担。同时，医疗费用的增加，也会对家庭的其他消费产生挤出效应。

## 五　结论

利用新近的中国城市劳动力市场调查数据，本文分析了老龄化引起的城市家庭消费模式的变化。经验模型的分析表明，尽管老龄化对总消费水平的影响有限，但显著地减少了与工作相关的消费支出。同时，老龄家庭和年轻家庭相比，将更多的资源用于医疗消费支出。

健康消费支出增加有两个含义。首先，由于老龄化程度的加深，健康消费的总水平也会增加，并可能对经济增长产生负面的影响。其次，经验结果已经表明，健康支出的增加已经对其他消费产生了挤出效应。尽管城市家庭的医疗保障在近年来有所提升，但在很多情况下，当家庭成员遭遇健康冲击时所能获得的实际报销比例并不高。因此，高昂的医疗成本不得不由家庭承担。

作为一个中等收入国家，城市居民的边际消费倾向较高。在这种情况下，刺激家庭收入增长的政策也将有利于消费需求的增加。从这个意义上说，在收入分配领域的改革，使中低收入的家庭有更快的收入增长，对于平衡经济增长模式，并使其过渡到消费主导型模式，有积极意义。

不过，不断演化的老龄化进程无疑将增加家庭的健康消费支出。我们的经验结果表明，如果当前的医疗体系没有得到有效改革，家庭医疗消费支出将持续挤占家庭的其他消费，不利于未来的经济增长。

## 参考文献

Banks, J., Richard Blundell and Sarah Tanner (1998), "Is There a Retirement-Savings Puzzle?" *American Economic Review*, 88: 4, pp. 769 - 788.

Bernheim, B., J. Skinner and S. Weinberg (1997), "What Accounts for the Variation in Retirement Wealth Among U. S. Households?" *NBER Working Paper*, No. 6227.

Browning, Martin and Annamaria Lusardi (1996), "Household Saving: Micro Theories and Micro Facts", *Journal of Economic Literature* 34: 4, pp. 1797 – 1855.

Browning, Martin and Thomas F. Crossley (2001), "The Life-Cycle Model of Consumption and Saving", *Journal of Economic Perspectives*, 15: 3, pp. 3 – 22

Fogel, Robert W. (2007), "Capitalism and Democracy in 2040: Forecasts and Speculations", *NBER Working Paper*, No. 13184.

Hurst, Erik (2008), "The Retirement of a Consumption Puzzle", *NBER Working Paper*, No. 13789.

Japan Center for Economic Research (JCER) (2007), "Demographic Change and the Asian Economy, Long-term Forecast Team of Economic Research Department", *Japan Center for Economic Research*, Tokyo.

郑真真（2011），《生育意愿、生育行为和生育水平：从江苏调查看生育意愿与生育行为》，《人口研究》第 2 期。

都阳（2005），《中国低生育率水平的形成及其对长期经济增长的影响》，《世界经济》第 12 期。

国家统计局（2011），《2010 年第六次全国人口普查主要数据公报（第 1 号）》，www.stats.gov.cn。

# 中国城市化路径与城市规模的经济学分析

《经济研究》2010 年第 10 期

王小鲁

在中国的城市化进程中,是优先发展中小城市和小城镇,还是应更加注重大城市的发展,一直是个有争议的问题。在这个问题上需要深入研究,审慎决策。在目前的快速城市化过程中,如果在这个问题上的政策导向发生偏差,将会导致大规模的资源无效配置,给未来的发展带来障碍。

中国目前的城市化率(城镇人口占总人口的比重)为 46%,低于世界 49% 的平均城市化率;如果要达到高收入国家平均 78% 的城市化率,还要提高 30 个百分点以上[①]。要实现这一目标,意味着还要 4 亿多农村人口转变为城市人口。在未来 30 年中,如果城市化率能够持续每年提高 1 个百分点(1998~2008 期间平均每年提高了 1.2 个百分点),这一目标是可以实现的。在此期间,快速的城市化过程,将作为推动经济增长的主要动力,引领中国迈进发达国家的门槛。

但是,什么是未来城市化的合理路径?我们应当优先促进哪一类城市(或者镇)的发展?中国城市化的合理目标模式是什么?什么是促进城市化的有效手段?城市化过程中应当避免哪些问题的发生?解决这一系列复杂的问题,还需要大量深入的研究。本文旨在对中国城市化的合理模式和路径进行初步的探讨。

本文的第一部分简要讨论了中国过去的城市化过程在城市规模方面的经

---

① 国外数据见世界银行(2008)《世界发展指标 2008》中文版,中国财政经济出版社。

验教训；第二部分是有关城市规模的若干经济学理论和对实践问题的思考；第三部分使用计量模型方法，对世界各国影响城市规模的各种因素进行实证分析，据此对中国未来的城市集中度（指 100 万人以上的大城市人口占总人口的比例）作出一个初步的预测；第四部分概括本文的主要观点，并就政府在城市化中应扮演何种角色提出了一些看法。

## 一 中国城市化的历史经验教训：大与小

中国过去 60 年的城市化发展过程可以大致分为三个阶段。

第一阶段是改革前的近 30 年，其间中国的城市化发展远远滞后于工业化发展步伐。这主要是由于处在当时有限的资源条件下，为了尽快实现工业化，采取了牺牲城市化发展的策略。从 1952 年到 1978 年，工业在 GDP 中的比重从 17.6% 上升到 44.4%，提高了近 27 个百分点；而同期城市化率仅从 12.5% 提高到 17.9%，只提高了 5 个多百分点[①]。这种城市化进程显著落后于工业化的情况，与世界上大多数国家相比是反常的。这一政策虽然在初期起到了迅速提升工业化水平的作用，但后来却越来越导致了经济布局不合理、工业效率低下、城乡隔绝、收入差距拉大、就业不充分、大量劳动力资源得不到有效利用等一系列问题，反而影响了经济发展。

从改革初期（1978 年）到 20 世纪 90 年代末的约 20 年可以划为城市化的第二阶段。从 1980 年开始，国家的城市化战略从限制城市发展，转变为"严格控制大城市规模，合理发展中小城市，积极发展小城镇"。政策上对中小城市和小城镇发展"网开一面"，市场的开放和逐步放开对农民工进城的限制，使得城市化加速发展，城市化率在这 20 年间提高了 15 个百分点，1998 年达到 33.3%。不过，这一时期的城市化发展是不均衡的，主要表现在中小城市和小城镇数量迅速增加，而城市平均规模显著下降，大城市数量偏少，发展滞后。

中小城市在 1978 年有 153 座，到 1998 年已达 583 座，在 20 年中它们

---

[①] 本文数据主要来自国家统计局：《新中国城市 50 年》（1999）；《新中国五十五年统计资料汇编 1949~2004》（2005）；《中国城市统计年鉴》（1998、2008）；《中国统计年鉴》（2009）。以下除来自其他出处外，不再注明。

的数量和人口各增加了2.8倍和2.6倍。这一方面是行政建制改变的结果（相当一批县改为县级市），同时也反映了城市化的客观趋势。在严格限制大城市规模的政策下，50万人以上的大城市数量和人口规模仍然取得了一定程度的发展，城市数量增加了1倍，人口增加了1.5倍；但增长幅度显著低于50万人以下的中小城市。这种变化，使全部城市的平均规模从40万人下降到30万人。城市规模过小，缺乏规模经济性，也导致了生产要素使用效率不高、土地资源浪费和过多占用等问题。但这些中小城市的发展毕竟为农村人口向城市和非农产业转移提供了条件。

按照我国过去沿袭下来的城市分类，市区非农业人口超过50万人为大城市，中等城市为20万~50万人，而20万人以下为小城市。但经济学界已经有相当多数的意见认为这一分类标准偏低。实际上20万~50万人的城市在我国仍然可以算作小城市。

这期间，撤乡建镇的行政建制改变，使小城镇数量迅速从2000多个扩大到1.8万个（1979~1996年），增加了六七倍，但镇人口仅从接近1亿人增加到1.6亿人；而单个镇的平均规模从4万人下降到不足9千人。这说明镇的数量增加主要是行政建制改变导致统计变化的结果，而不是人口自然向小城镇集中的结果。名称变了，却缺乏相应的实质性变化。也有不少镇使用财政资源或银行贷款进行建设投入，但由于多数小城镇缺乏凝聚力和自身发展的动力，这些投入没有得到相应的回报，导致资金和土地资源的浪费。

从20世纪90年代末到目前的10年左右可以界定为城市化发展的第三阶段。在这期间，中央政府放弃了限制大城市发展的政策，并于2001年正式宣布了"大中小城市和小城镇协调发展"的新政策。对农民工进城的政策，也从仅仅允许逐渐转变为鼓励和支持。这期间，城市化速度进一步加快，到2008年，城市化率比1998年上升了12个百分点，达到45.7%；年均提高1.24个百分点，显著高于1978~1998年期间的年均0.77个百分点。因此第三阶段是一个城市化更加均衡发展的阶段。

这一时期的一个重要特点，是大中型城市的数量和人口增长都显著加快了。其中发展突出的是200万人以上的更大规模城市。需要说明，这期间，国家统计局的统计口径发生改变，所公布的城市规模分类不再按非农人口计算，而改按市辖区总人口计算。下面将按市辖区总人口分类，对不同规模城市的变化进行分析。

但在更换统计口径的情况下，如果继续沿袭原有的大、中、小城市人口数量标准（50万人以上、20万～50万、20万以下），实际上就进一步降低了城市规模分类的标准。因此在本文以下部分，将市辖区总人口在100万人以上的城市称为大城市（其中超过200万人的可以称为特大城市），将50万～100万人口的城市称为中型城市，而将50万人以下的城市统称为小城市。这一分类比原来的城市规模分类标准在人口数量上有所提高，但由于市辖区总人口大于市辖区非农人口，因此并没有将规模分类标准提高很多。

为了使统计口径统一可比，本文将1998年地级及以上城市数据（以下简称为地级城市），统一按市辖区总人口的口径进行了分类计算，并与2008年数据进行比较，以反映各类规模城市数量的变化，见表1。

表1 不同规模的地级及以上城市数量变化

单位：座

| 年份 | 200万以上 | 100万～200万 | 50万～100万 | 20万～50万 | 20万以下 | 合计 |
| --- | --- | --- | --- | --- | --- | --- |
| 1998 | 20 | 61 | 77 | 61 | 4 | 223 |
| 2008 | 41 | 81 | 110 | 51 | 4 | 287 |
| 2008/1998（%） | 205 | 133 | 143 | 84 | 100 | 129 |

资料来源：根据国家统计局1998、2008年数据计算。

表1显示，在此期间，200万人以上的特大城市数量增长了一倍以上。100万～200万人的大城市和50万～100万人的中型城市，数量分别有30%～40%的增长。不过要注意到，其间少部分大城市已升入特大城市的行列，因此100万～200万人城市的实际增幅更大一些。相反，50万人以下的小城市数量有明显的下降。这主要与一部分小城市进入了中型城市行列有关，但同时也说明小城市缺乏足够的吸引力，得不到后续资源补充。

在此期间，各类城市人口的变化幅度与城市数量的变化幅度差不多，表中没有另外列出。由于大城市发展加快，这期间地级及以上城市的平均规模，从85万人上升到130万人。

上述情况，与1978～1998年期间城市平均规模下降的情况形成了鲜明的对照。这说明在一个更加宽松的政策环境下，城市的集聚效应导致大城市具有更好的经济效益和更多的就业机会，吸引人口和产业向大城市集中；城市化进程自然趋向于大城市（特别是其中的特大城市）更快发展。如果人为改变这一规律，采用行政手段迫使资源向小城市和小城镇转移，无疑会减慢城市化进程，并导致资源配置效率下降。

但即便经过过去一个时期大城市的较快发展，国内外近期一些研究仍然发现，以国际视野来衡量，中国的城市化率仍然偏低（简新华、黄锟，2010），而且大城市数量仍然偏少，平均城市规模仍然太小。著名城市经济学家弗农·亨德森（V. Henderson，2007）指出，"虽然一些城市在过去几年经历了大规模人口流入，中国总体仍是城市数量众多，人口规模不足"，而且中国的总体城市化水平也仍然低于同等收入水平的其他国家。他认为，如果一些地级城市的规模扩大一倍，可以使其单位劳动力的实际产出增长20%～35%。这一比例高于王小鲁和夏小林（1999）估算的中国城市最优净规模收益17%～19%的水平。但前者未扣除城市的负外部效应，而后者指的是扣除负外部效应后的净收益，因此两者是比较一致的。

## 二 关于城市规模和布局的经济学思考

第一，关于城市规模和城市集聚效应。这是城市经济学中的一个核心理论问题。在城市经济学文献中，已经有过不少理论论证，说明存在最优城市规模（托利、克瑞菲尔德，2001；斯特拉斯蔡姆，2001）。但究竟哪种规模的城市具有更好的集聚效应，国内和国外的实证性研究都不多。王小鲁和夏小林于1999年发表在《经济研究》上的一篇论文，通过建立计量经济模型，并应用中国600多个城市的数据进行实证分析，发现不同规模的城市具有不同程度的集聚效应（或称正外部效应、规模收益）和外部成本（或称负外部效应）。两者均可以用对数非线性函数来表示，但前者边际收益递减，后者则边际成本递增。两者正负相抵后，处在一个广大区间的绝大部分城市都具有正的净规模收益（或称净集聚效应）。其中规模在100万～400万人的大城市，净规模收益最高，达到城市GDP的17%～19%。超过这个规模区间，净规模收益逐渐递减，而规模小于10万人的城市，则无法发现净规模收益[1]（王小鲁、夏小林，1999）。

该项研究由此得出结论，中国的大城市不是太多，而是太少；中国应该改变限制大城市而重点鼓励小城镇发展的政策，优化城市规模，这将改善资源配置状况，提高资源利用效率和经济效益，加速经济增长。此后10年左右的发展实践，证实了上述判断是正确的。

此外，在国外2006年发表的一篇关于中国城市规模的英文论文中，美国布朗大学的两位经济学家同样也使用计量经济学方法（但模型设定与具体方法非常不同）和中国数据，得到了与王小鲁和夏小林类似的结论。他们发现城市的净集聚效应首先随着城市规模上升而急剧上升，在达到峰值之后缓慢下降，因此与城市规模之间的关系呈倒U形变化。这与王和夏的发现是非常一致的。他们还发现，随着城市的产业结构变化，城市的最优规模（净集聚效应最大）也有不同；当制造业与服务业增加值之比为1时，城市的最佳就业人数规模在127万人，相当于最优人口规模250万人左右。而当上述比值为0.6时（适用于更大城市），最优人口规模约为290万~380万人。他们也因此得到了中国城市的平均规模过小的结论（Au和Henderson，2006）。

这两位学者指出，他们使用中国的城市数据进行上述分析，是因为中国城市统计数据的全面性使得计量经济研究成为可能。他们还特别提出，这是有史以来第一篇使用计量经济学方法研究城市集聚效应的论文（实际上这篇英文论文比王小鲁和夏小林的中文论文晚发表了7年）[2]。

但是城市化涉及方方面面复杂的理论和实践问题，上述两篇论文代表了其中一个重要领域的研究，还有很多重要的问题没有充分展开。下面就几个重要的相关问题进行讨论。所提出的一些初步判断还具有假设的性质，有待进一步验证，提出来供学术界进一步研究。

第二，关于城市的区域布局。上述关于城市集聚效应的结论是就单个城市而言，并没有涉及城市的空间分布对城市集聚效应的影响。有证据证明，城市的空间分布实际上是具有结构性的。例如Dobkins和Ioannides（2001）考察了美国1900~1990年期间城市的变化，发现在此期间出现的新城市，

---

[1] 显然，上述数据只在统计意义上反映一般情况，并不表示在每一个别场合都成立。因此不排除有些城市规模大于或小于这一最佳区间，但仍然有高的净规模收益。

[2] 王小鲁和夏小林（1999）的文章没有在国外发表，因此Au and Henderson的这一误判很可能是由于不同语言间的障碍或者文献检索不充分造成的。

如果邻近其他城市的话，则发展较快，而且相邻城市的增长率是相互紧密依存的。这符合"城市簇"的概念，证明确实存在城市间的空间相互作用。其他研究可参见 O'Sullivan 关于中心区理论和中心城市理论的论述（2000），亨德森关于城市数量和规模分布的研究（2001），Au 和 Henderson 关于城市之间存在溢出效应的论述（2006）。

单个城市（或镇）处在邻近城市组成的空间结构中，其规模收益会发生很大的改变。举例说，某些东部沿海地区的小城镇表现出很强的活力，能够吸引人口和资本集聚，并能够发展成为一定规模的城市。而这种情况在大城市分布稀疏的西部地区却很少看到，那里的小城镇即使在政府行政措施的推动下，也往往缺乏实质性的发展。其中一个主要原因，是前者往往邻近大城市，同时交通方便，能够享受到产业集聚在城市间的溢出效应。例如长江三角洲、珠江三角洲这两个地区，经济发展状况良好，大城市集中，而小城市和小城镇发展也十分突出，全国的"百强镇"几乎无一例外地集中在这两个地区。这两个地区都具有如下几个特点（在某种程度上京津唐地区也有类似的潜在优势）。

（1）环绕或毗邻一个超大规模城市或国际大都市（上海、香港）。

（2）城市分布密集，除了作为核心的超大城市外，在直径一二百公里范围内还至少有三四个超过一百万人的大城市互相依托，加上周边若干较小规模的城市和镇，组合成一个以超大城市为核心、大城市为主干，由不同规模的市、镇组成的城市群结构。

（3）大城市之间、大城市与中小城市和镇之间，有密集的交通网连接，运输条件便利。对这两个地区而言，还都具有一个得天独厚的条件，即地处主要内河入海口，并拥有国际性大港。

处在这样一个结构中的中小城市和镇，具有较好的经济效益和发展动力是不奇怪的。它们的规模收益来自与大城市之间的协同效应，在地理分布上与大城市邻近但又保持了一定距离。这种情况，与国外的"次城市化"（suburbanization）和城市多中心化现象可能有殊途同归之处。而如果不具备这样的条件，例如像有些西部省份只有一两座孤立的大城市，中型城市数量也很有限，那里的小城市和镇的发展也往往缺乏动力。在这些地区，希望靠行政力量推动孤立的小城市和镇的发展，来代替大城市的作用，实现城市化，恐怕是不现实的。

在没有超大城市作为发展中心的地域，由几个百万人口级别的大城市组成的城市群，可能也是一个较好的发展布局。因此对这些大城市不足的地区而言，比较现实的城市化发展路径，可能是一方面改善现有大城市的条件，增强其辐射力；另一方面重点改善分布在大城市辐射范围以内、发展较好的几个中小城市的基础设施条件和投资环境，改善城市间交通运输条件，帮助它们发展成为较大城市，从而逐步形成一个良性的城市群结构。

第三，关于超大城市。如本文分析过的，城市规模过大也会导致外部成本（或负外部效应）上升。至少有相当一部分外部成本需要由政府负担，并不由个人和企业负担（例如需要由政府来治理环境，清除污染，改善基础设施以解决交通拥堵问题，付出更大成本解决城市治安问题，等等）；而居民和企业感受较多的是正外部效应（较高的工资、较容易找到工作、较方便的生活条件、较充分的信息交流、较高的投资回报等）[1]。这导致收益和成本负担不对称。在此情况下，会吸引资金和人口过度流入，使城市超过最优规模，净收益下降。也就是说，在存在外部成本和外部收益的情况下，市场的自发调节仍然是重要的，但并不总是导致最优结果。

因此对诸如北京、上海这样的超大规模城市的发展问题，政策应当有别于其他城市。解决这个问题，首先要靠合理的城市规划和管理，防止城市版图无序地自发膨胀。其次需要疏导，主要是发展邻近地区的较大城市，改善超大城市周边地区的城市群结构，减轻超大城市本身的压力。换言之，是用城市群的协调发展来代替单一超大城市的过度膨胀。但很关键的是，在处于同一城市群的相邻城市之间，既需要有便利的交通线连接，又需要有不得开发的农田或自然保护区间隔，防止它们逐渐融合成为过大城市。再次，一定的行政控制手段仍然是需要的，例如在一定时期内，此类超大城市的户籍控制和居民福利不可能无条件地放开。

某些超大城市尽管自身规模可能已超过了通常的最优规模区间，但它仍然可以通过对周边城市的辐射作用而发挥正的外部效应，即作为城市群的核心，使整个城市群具有较高的整体外部效应，达到结构优化。从这个意义上

---

[1] 对居民来说，大城市的物价更高，地价和房价更高，环境污染对健康的损害较大，交通成本较高，这些也都是负外部效应的体现。但他们负担的毕竟只是负外部效应的一部分，而不是全部。

说，中国如果在中、西部地区也形成两三个这样以超大城市为核心的城市群结构，可能会是一个较好的布局，会增强整个中西部地区的发展动力。当然，对此还需要进一步研究和论证，并防止在条件不成熟的情况下，搞揠苗助长式的超大城市发展。

此外，亨德森（2007）对中国城市发展的警告也非常值得注意。他认为，有必要避免出现过度拥挤的超大城市。但当财政政策和资本市场向某些高行政级别的大城市倾斜的时候，会鼓励人口向这些城市过度集中。因此，"最广泛的市场化改革将有助于避免超大城市的出现"。这种情况也是我们经常能够观察到的现象。例如北京市实际上享受着其他城市享受不到的财政或其他政策优惠、价格优惠，一些省会城市在其本省范围内可能也享有某些优惠待遇，这些都是导致人口过度集中的因素。上面提到的某些行政性措施，也必须以鼓励公平竞争的市场政策为前提。

第四，关于小城市和镇的经济性。小城市和镇在地方经济中有重要的作用。它们可以成为提供地方市场、繁荣农村经济、连接城乡商品和物流的集散地和纽带。一些具有良好成长性的小城市和镇还将发展成为中型城市，并成为新兴城市群的有机组成部分。这样的小城市和镇，可以称为城市化过程中的生长点。它们还将成为农村人口向城市转移中重要的一环。但是小城市和镇不可能替代大城市在经济中的作用。

首先，除非是在邻近大城市的情况下，它们自身的规模缺乏对较大产业投资的吸引力，难以形成产业集聚地，因而也无法提供大量就业机会以吸引人口集聚，难以产生滚雪球的效应。在这种情况下，小城市和小城镇能够成为一个较小区域的商业和服务中心，但不大容易成为城市化的新生长点。

其次，与大中型城市相比，小城市特别是镇，人均占地面积明显大于大中型城市。按城市的人均建成区面积衡量（建成区面积/市辖区人口），2007年50万人以上的大、中型城市为人均73平方米，50万人以下的小城市为人均94平方米，县城为人均121平方米，而建制镇为人均183平方米。建制镇的人均占地面积是大中型城市的2.5倍。如果按市辖区面积衡量（市辖区面积/市辖区人口），这种级差更为明显。100万人以上大城市的人均占地面积为1179平米，50万~100万人的中型城市是2280平米，而50万人以下小城市的人均占地面积为5596平米，小城市人均占地是大城市的近5倍（建制镇没有与城市可比口径的土地统计）。更详细的分类数据见表2。

表2　不同规模城市和镇的人均占地面积

| 城市规模 | 人均建成区面积（平方米/人） | 人均市辖区面积（平方米/人） | 人均市辖区面积与400万人以上城市之比 |
|---|---|---|---|
| >400万 | 76 | 888 | 1.0 |
| >200万 | 83 | 1061 | 1.2 |
| 100万~200万 | 62 | 1499 | 1.7 |
| 50万~100万 | 75 | 2280 | 2.6 |
| 50万以下 | 94 | 5596 | 6.3 |
| 县城 | 121 | | |
| 建制镇 | 183 | | |

资料来源：根据国家统计局2008年数据计算。

如果假定在今后的城市化过程中，人为减少大城市对人口的吸纳量而增加小城市的吸纳量，使大城市少吸纳一亿人，而小城市多吸纳一亿人，按照所需的市辖区面积算，就意味着要额外多占地44万平方公里（6.6亿亩）[①]，这肯定要包括大量耕地，甚至主要是占用耕地。如果假定建制镇也多吸纳一亿人口，还要多占更多的土地。在目前18亿亩耕地的"红线"已经很难守住的情况下，重点发展中小城市和小城镇的政策无疑会导致大规模突破这一"红线"。对中国这样一个土地资源紧缺的国家来说，这样一种低效利用土地资源的城市化模式是难以承受的。

再次，小城镇由于达不到经济规模，一个常见的问题是无力承担必要的市政建设、基础设施和公共服务设施投资及运营支出，特别是像城市给排水、供气供暖、垃圾及污水处理等耗资很大的设施投资和运营。小城镇要完善这些功能，人均成本要比大城市高得多。这导致一些小城镇污水横流，垃圾成山，生活环境堪忧。

此外，一个小城镇平均人口不到1万人，即使加上周边农村人口，也往往不足以让功能健全的医院、公交系统、银行等机构有效率地运行。结果，或者是要长期靠大量的财政补贴来维持这些系统的运行，或者是降低服务标准。例如保持一两个设备相对简陋的卫生院、普通中学，一两条公交线路，一两个小型金融网点等，很难达到城市的服务标准。如果小城镇毗邻较大城

---

① 由于没有统计数据，市辖区面积中保留的耕地面积未予扣除。但根据经验判断，市辖区中真正能够长久保留下来的耕地是非常有限的。

市，居民还可以利用城市的服务设施（尽管不够方便）；反之，则难以对居民的聚集产生足够吸引力。

第五，关于城市化的动态发展路径。根据以上分析，中国目前面临的问题仍然是大城市不足，而不是过多。少数超大城市过于拥挤，恰恰说明其他适度规模的大城市数量不足。允许大城市较快发展，并不单纯意味着现有大城市的规模扩张，更主要的是需要形成新的大城市，即需要有一批具备条件的中小城市发展成为大城市。目前全国 100 万人口以上的地级（及以上）城市有 122 个。要使城市化率再提高 30 个百分点，达到目前发达国家的水平，城市人口需要再增加 4 亿以上。这当然意味着一部分现有的大城市规模会进一步扩展，但更重要的是，需要再逐步形成至少上百个新的百万人口规模的大城市（大部分可能将逐渐稳定在 100 万~200 万人，少部分成为更大的城市）。它们大多数需要从现有的中小城市中产生，同时也还需要有一批（也许是两三百个）有突出的成长性的小城镇（县城和建制镇）生长为新的中小城市。这些发展前景良好的中小城市和镇，可以看做未来经济发展的主要生长点。

但这一过程必须是市场选择的结果。这些中小城市和镇必须自身发展状况良好。一般而言，产业、资金、劳动力及人口自然流动的方向，是一个很好的风向标，指示出资源优化配置的方向，说明这些目的地城市具有较好的经济效益和发展潜力。政府可以在此基础上择优作出重点规划，并在基础设施建设等方面对那些具有生长点特征的城市和镇给予资助。政府的作用应当是帮助消除城市化发展的瓶颈，而不是包办和代替市场的作用，揠苗助长式地铺摊子、扩大城市规模。如果全面铺开，将财政资源大量用于全国数百个中小城市和成千上万小城镇的扩张，那么结果可能造就相当一批缺乏凝聚力、缺乏发展后劲的空壳城市，浪费宝贵的投资资金和土地资源，反而可能拖累城市化进程。我们过去曾经在开发区建设、小城镇建设上不同程度地走过弯路，这些经验教训值得认真吸取。

## 三　关于城市规模的实证分析：国际经验

城市化是所有发达国家在发展过程中无一例外走过的道路。各国的城市化发展路径，反映出许多具有共同性和规律性的东西。人口向大城市集中是城市集聚效应导致的结果。这包括由于人口集中和产业集中导致的消费品市场、投入品市场和要素市场容量的扩大和运输成本的节约，对土地的更有效利用，产业配套能力的增强，基础设施和生产、金融、信息、技术服务条件的完善，以及技术、知识、信息传递、人力资本贡献等方面的溢出效应。这些因素使大城市具有更高的生产率。而在市场机制的作用下，这会导致对资本、劳动力和人力资本的更高回报，从而吸引人口和生产要素向大城市集中，实现资源的优化配置。实证研究证明，这种集聚效应能够在一个广阔的城市规模区间，抵消人口和产业集中对交通、居住和环境带来的负面外部效应，使其具有正的净规模收益。

但同时，不同国家在城市集中程度方面，在选择什么样的城市化道路、侧重什么规模的城市发展方面，又具有不同特点，这往往是各国不同的经济、地理、人文环境等影响因素作用的结果。例如，经济发展程度、人口密度、地理位置和自然环境特征、交通运输条件，甚至政策因素等，都有可能对此产生影响。

因此，通过对国际数据的计量经济分析，找出这些共同性，同时探寻哪些因素导致了各国城市化方面的差异，这对于中国的城市化具有重要的借鉴意义。

经过筛选，本文选择世界银行公布的"超过 100 万人的城市人口占总人口的比例"（以下称为城市集中度）作为反映城市规模的指标。在王小鲁、夏小林（1999）对中国城市规模的实证研究中，一个最重要的结论是规模在 100 万~400 万人的大城市，具有最高的净规模收益，高达城市 GDP 的 17%~19%。超过这个规模区间，净规模收益缓慢下降，但在一个相当大的范围内仍然保持正的净收益。Au 和 Henderson（2006）的文章发现的城市最大集聚效应的峰值大致处在 250 万~380 万人规模。这恰好处在王、夏估算的 100 万~400 万人区间的中间偏上位置，也明显在 100 万人之上。而且根据他们的发现，城市最大集聚效应的峰值还会随着城市服务业比重的上升而向更大规模移动。基于上述结论，将人口在 100 万人以上城市的集中程度作为反映城市集中度的指标是适当的。这个指标也是世界银行用来反映城市集中程度的常用指标。

城市集中度是一系列客观条件变化导致的结果。我们的目的，是考察各国城市集中度的客观影响因素。因此建立一个模型，将经济发展程度、城市化率、人口密度、交通运输条件、收入分配状况,以及不同大洲的地理位置作为可能影响城市规模的解释变量,进行检验。至于政策因素对城市集中度的影响,由于没有可用数据,无法检验。模型包括上述变量的理由如下。

(1) 基于对经济效率的追求,在经济发展的过程中,市场机制自然导致人口和资源较多地向大城市集中,因此这一过程可能与经济发展程度有密切关系。

(2) 基于城市间协同作用的考虑,一个国家达不到一定的城市化水平,大城市可能难以独立发展。

(3) 人口密度越高,土地资源越稀缺;而由于大城市人均占地少,可能会促使人口向大城市集中,以利于节约土地资源。但也可能存在相反的因素,即在人口稀疏的情况下,运输距离成为更加重要的因素,因此人口更有必要向大城市集中,以形成同城效应。到底哪种因素占上风,还需要实证检验来证明。

(4) 更好的交通运输条件也许能在一定程度上替代城市规模的扩大;因为不同城市间的交通越便利,越有可能降低人口向大城市集中的必要性。

(5) 收入差距越大,越有可能吸引人口向收入更高的大城市集中。

(6) 不同国家的地理位置、自然环境和人文传统也有可能对城市规模产生或正或负的影响。

为了研究这些因素对城市规模的影响,本文根据世界银行提供的各国数据,进行横断面经济计量模型分析。由于收入水平过低的国家可能在城市化方面缺乏代表性,本文剔除了人均国民收入(GNI)低于 2500 美元(按购买力平价计)的国家。此外还剔除了数据不全的国家,以及人口规模低于 400 万和国土面积小于 2 万平方公里的国家。这是因为人口规模和国土面积过小,都会限制其对城市规模进行自然选择。大部分数据的年份为 2005~2007 年。年份不一致可能降低分析的准确性,但由于多数国家的数据在短期内变化不大,这一问题并不严重[①]。

根据上面的假设,分别建立线性函数和非线性二次函数模型:

$$m = c + a_1 y + a_2 u + a_3 d + a_4 r + a_5 g + a_6 aa + a_7 ns + a_8 eu + \varepsilon \tag{1}$$

---

① 世界银行:《世界发展报告 2009:重塑世界经济地理》中文版,清华大学出版社,2009;《2008 年世界发展指标》中文版,中国财政经济出版社,2008。

$$m = c + b_1 y + b_2 y^2 + b_3 u + b_4 u^2 + b_5 d + b_6 d^2 + b_7 r + b_8 r^2 + \\ b_9 g + b_{10} g^2 + b_{11} aa + b_{12} ns + b_{13} eu + \varepsilon \tag{2}$$

其中，

因变量 $m$ 可以称为"城市集中度"，是指 100 万人以上的大城市人口占全国总人口的比例；

$y$ 是人均国民总收入（人均 GNI），按购买力平价（PPP）美元计算，代表经济发展水平；

$u$ 是城市化率，即城市人口占本国总人口的比例；

$d$ 是人口密度，即每平方公里国土面积的人口数；

$r$ 是路网密度，即每百平方公里国土面积的铁路和公路公里数，其中铁路按其与公路的平均运输能力之比，以 14.7 的经验系数折算为等同公路长度；

$g$ 是各国收入（或消费）基尼系数，反映收入差距大小；

$aa$ 是美大（美洲和大洋洲国家）虚拟变量（相应国家取值为 1，其余为 0）；

$ns$ 是东北亚国家的虚拟变量；

$eu$ 是欧洲虚拟变量。

不设虚拟变量的本底样本为除东北亚以外的亚洲国家和非洲国家。

表 3 是 robust 回归结果。两个函数的调整 $R^2$ 都达到 0.64 左右；但函数（1）（线性函数）大部分变量的估计值都具有统计显著性，而函数（2）（非线性函数）的多数变量不具有显著性。通过对各国城市集中度的拟合值和实际值进行对比，发现线性函数平均误差为 -2 个百分点，远低于非线性函数的平均误差（19 个百分点），说明前者较好地拟合了实际情况。因此我们显然应该接受线性函数的估计。

此外，在初步回归分析中，基尼系数虽然得到正的估计值，但 $t$ 值过低，不能确定对城市规模有影响。检验接受零假设，因此已从模型中剔除。

表 3　影响城市规模的因素：横断面模型回归结果

| 项　目 | 函数(1) | $t$ 值(robust) | 函数(2) | $t$ 值(robust) |
| --- | --- | --- | --- | --- |
| 人均 GNI | $4.97 \times 10^{-6}$ | 5.07** | $1.270 \times 10^{-5}$ | 1.99* |
| 城市化率 | 0.1697 | 2.61* | 0.1252 | 0.33 |
| 人口密度 | $2.307 \times 10^{-4}$ | 1.53 | $3.927 \times 10^{-4}$ | 0.83 |

续表

| 项　目 | 函数(1) | $t$ 值(robust) | 函数(2) | $t$ 值(robust) |
|---|---|---|---|---|
| 路网密度 | $-4.326 \times 10^{-4}$ | $-3.14^{**}$ | $-1.346 \times 10^{-4}$ | $-0.38$ |
| 人均 $GNI^2$ | | | $-1.720 \times 10^{-10}$ | $-1.40$ |
| 城市化率$^2$ | | | $-4.180 \times 10^{-3}$ | $-0.01$ |
| 人口密度$^2$ | | | $-3.74 \times 10^{-7}$ | $-0.46$ |
| 路网密度$^2$ | | | $4.56 \times 10^{-7}$ | $-1.16$ |
| 美大虚变量 | 0.1117 | $3.02^{**}$ | 0.1273 | $3.19^{**}$ |
| 东北亚虚变量 | 0.1462 | $2.04^{*}$ | 0.1218 | $1.73'$ |
| 欧洲虚变量 | $-0.0373$ | $-0.89$ | $-0.0677$ | $-1.46$ |
| 截距 | 0.0395 | 0.92 | $-0.00325$ | 0.02 |
| 有效样本 | 56 | | 56 | |
| $R^2$ | 0.6846 | | 0.7194 | |
| Adj $R^2$ | 0.6383 | | 0.6492 | |

注：$t$ 值带有'号表示显著程度10%，＊号表示显著程度5%，＊＊号表示显著程度1%或更高。
资料来源：stata 回归结果。

上述回归结果说明，一个国家的经济发展水平（人均 GNI）和城市化率都对城市规模有显著的正影响（两者统计显著性分别达到1%和5%水平），证明随着经济发展和城市化率提高，大城市在经济中的作用会随之上升，大城市人口在总人口中的比例随之显著增加。这是一个一般趋势。

人口密度也表现出一定的正影响（未达到显著水平，但特征检验拒绝零假设），显示出在人口稠密因而土地资源紧缺的情况下，人口更有向大城市集中的需要。这种情况符合常识判断，因为在土地紧缺的情况下更需要节约土地资源，而大城市人口密度高，有利于土地资源的节约。

相反，交通运输条件（路网密度）具有显著的负影响，说明良好的交通运输条件可以在一定程度上对城市集中度产生替代作用，不过不能从根本上改变人口向大城市集中的趋势。

此外，包括美国、加拿大、澳大利亚、日本、韩国等在内的美洲、大洋洲和东北亚国家，都显示出比欧洲和其他亚非国家有更高的城市集中度。在其他条件相同的情况下，它们的大城市人口比例比作为参照系的其他亚非国家高出 10 个百分点以上（显著程度分别达到1%和5%）。相反，欧洲国家的城市集中度相对较低,平均低于参照系约 4 个百分点[①]。这可能与各国的自然地理环境以及人文传统有关,对此还有待进一步的深入研究。

基于以上回归得到的影响系数,我们能够对中国未来的城市集中度进行预测,为此需要建立若干假设条件。第一,假设 2008~2020 年期间,中国的人均国民收入(PPP)以平均 7% 的速度增长[②],从 2007 年的人均 5370 美元上升到 12941 美元。第二,假设同期城市化率每年提高 1 个百分点,从 45% 上升到 58%。第三,假设人口以每年 0.5% 的速度增长,使人口密度从 138 人/平方公里上升到 147 人/平方公里。第四,路网密度 2020 年比 2007 年提高 1 倍,达到 99 公里/百平方公里。与此相比,1998~2008 年这 10 年期间城市化率每年实际提高了 1.2 个百分点,人口自然增长率为年均 0.63%,路网密度总共提高了 1.17 倍。

而在 2021~2030 年期间,假设人均国民收入(PPP)以年均 6.5% 的速度增长,在 2030 年达到 24292 美元;城市化率每年提高 0.8 个百分点,2030 年达到 66%;人口以每年 0.3% 的速度增长,使人口密度升至 151 人/平方公里;路网密度在 2021~2030 年期间比 2007 年再提高 1 倍,达到 148 公里/百平方公里(作为对照,2007 年美国的路网密度为 107 公里/百平方公里,日本为 417 公里/百平方公里,数据均来自世界银行,2009)。

基于这些条件,对 2020 和 2030 年中国的城市集中度预测结果见表 4。表中前三列数字分别为各影响因素的实际值和估计值,后三列数字是各影响因素对城市集中度贡献的百分点,最下面一行是各影响因素的加总,即相应年份的城市集中度预测值。

2007 年,中国实际的城市集中度为 20.4%(即全国 20.4% 的人口居住在 100 万人以上规模的大城市)[③],低于世界平均水平(2005 年为 24.6%)。而表 4 的预测值显示,在当前条件下,更加合理的城市集中度约在 30% 左

---

① 表 2 中的截距项适用于除东北亚以外的亚洲国家及非洲国家。对美洲、大洋洲、东北亚以及欧洲国家来说,要加上其各自的虚拟变量系数。
② 根据安格斯·麦迪森(Angus Maddison,2007)的估算,中国 1978~2003 年期间的人均 GDP 增长率(PPP)为 6.6%。但由于作为基础数据的当时官方统计对服务业增长有较大遗漏,以及其他一些因素,上述估算看起来偏低。
③ 这一数字中没有包括超过 100 万人的县级市,因为目前这些县级市的绝大部分都包括了大量农村人口,其居住地仍然是农村地区,因此实际上并不具有 100 万人的城市规模。

表4 中国未来的城市集中度预测

| 项目 | 影响因素 | | | 对城市集中度的影响(%) | | |
|---|---|---|---|---|---|---|
| | 2007年 | 2020年 | 2030年 | 2007年 | 2020年 | 2030年 |
| 人均GNI(PPP美元) | 5370 | 12941 | 24292 | 2.7 | 6.4 | 12.1 |
| 城市化率(%) | 44.9 | 57.9 | 65.9 | 7.6 | 9.8 | 11.2 |
| 人口密度(人/km$^2$) | 137.6 | 146.8 | 151.3 | 3.2 | 3.4 | 3.6 |
| 路网密度(km/100km$^2$) | 49.3 | 98.6 | 147.9 | -1.4 | -2.8 | -4.2 |
| 东北亚虚拟变量 | | | | 14.6 | 14.6 | 14.6 |
| 截距 | | | | 4.0 | 4.0 | 4.0 |
| 城市集中度(%) | | | | 29.9 | 33.9 | 38.9 |

资料来源：根据表3回归结果、世界银行数据、国家统计局数据和文中所述假设计算。

右，比实际的集中度高出近10个百分点。世界银行的一项研究报告认为，有几个东亚国家（特别是韩国）以及拉丁美洲的城市集中度相对于其目前的发展阶段而言过高了；而中国目前则存在着城市规模过小的问题（印德尔米特·吉尔、霍米·卡拉斯，2008）。关于后一点，王小鲁、夏小林1999年的研究和Au、Henderson 2006年的研究都得到了相同的结论。表3的2007年预测值与这些研究结论是一致的。

根据表中的预测值，中国2020年的城市集中度将达到34%，到2030年达到39%。相比现在的实际情况，大城市的比例要有大幅度的提高。但尽管如此，仍然远低于日本和韩国目前的城市集中度（分别为48%和51%），也低于美国现在的城市集中度（43%）。

根据表4的预测，中国居住在100万人以上大城市的人口，到2020年应达到4.8亿人，比2007年有大幅度增加（2007年实际值仅为2.7亿人）。中小城市和小城镇人口为3.4亿人，比2007年的实际值略有增加。全国大城市人口、中小城市和小城镇人口、农村人口三者的比例将为34:24:42。

到2030年，大城市要达到5.6亿~5.7亿人。大城市人口、中小城市和小城镇人口、农村人口三者比例将为39:27:34。

考虑到目前实际的城市集中度明显偏低，而调整需要较长时间，未来10年不大可能达到预测值。这一预测只是基于国际经验推算出一个比较合理的城市集中度，而未说明城市规模变化的实际路径。假定到2020年城市集中度只达到30%而不是预测的34%，也意味着100万人以上的大城市人口要比2007年增加1.3亿~1.4亿人。这意味着新增加的城市人口将主要集中在大城市（其中也包括农村人口进入中小城市，而中小城市人口进入大城市这种置换）。而到2030年，100万人以上的大城市人口将比2007年增加3亿人，大城市数量可能比2007年增加150座以上，其中显然也会包括一部分特大城市和几个超大城市。同时，估计也会有几百个小城镇发展成为新的中小城市。

届时，全国城市人口的重心，除了继续集中在长三角、珠三角、京津冀（环渤海）这三个东部增长极以外，还有可能新增两三个以中、西部超大城市为核心的增长极（例如成渝地区、武汉地区等）。其他各地区，有可能出现一批以特大城市或大城市为中心的次级增长极。

## 四 结论

本文认为，我国在改革以前忽视和限制城市发展的政策阻碍了经济发展。改革开始后实行并延续到20世纪90年代的"严格控制大城市规模，合理发展中小城市，积极发展小城镇"的政策比以前是一个很大的进步，但仍然是不均衡的，导致大城市发展滞后，城市平均规模偏小，城市经济效益偏低。从90年代后期至今的城市化政策基本上体现了"大中小城市和小城镇协调发展"的路径，使这一时期的城市化进程明显加快，资源配置效益上升。在这期间，大城市尤其是特大城市的发展明显加速，说明大城市具有更好的规模收益，反映了市场调节下城市集聚效应自然导致的结果。

但是，单纯强调发展大城市也是不够的。不同规模的城市之间有协同效应。从城市的区域布局角度看，一个以特大或超大城市为中心、由几个100万人口级别的大城市组成的城市群，是一个更有利于周边中小城市和小城镇发展的空间结构。后者的发展也能够进一步改善城市群的结构，减轻中心城市的人口压力，使中心城市的溢出效应得以充分发挥。此外，对像北京、上海这样超过1000万人口的超大城市，也需要有一定的手段，防止其过度扩张。这首先需要有公平竞争的市场政策，避免向超大城市倾斜的财政、金融、资本市场和价格政策。另外，积极促进周边次一级大城市的发展，是减轻超大城市扩张压力的重要途径。目前中国面临的问题仍然是大城市不足，而不是大城市过多。

中小城市和小城镇在经济中占有重要地位，但它们的发展不可能代替大城市的发展。尤其在当前条件下，远离大城市的小城市和小城镇由于缺乏集聚效应，对投资和人口的吸引力不足，能够创造的就业机会有限，往往难以独立发展起来。而且它们的基础设施和公共服务系统的人均投资和运营成本比大城市更高，人均土地占有量更大，整体经济效益明显低于大城市。如果采用行政手段将资源过度配置在小城市和小城镇，可能导致资源的大量浪费，包括过多占用土地资源，从而延缓城市化进程。要想促使小城市和小城镇发展，首先需要有大城市的健康发展。

大城市发展并不意味着单纯扩大现有大城市的规模，更主要的是要形成更多的大城市。就动态过程而言，这需要成百座中小城市进一步发展，加入大城市的行列。但这主要还是个市场选择的过程，政府只能是帮助有良好成长性的中小城市合理规划、改善基础设施条件、加快发展，而不应全面铺开，不应动用行政资源去推动现有的几百座中小城市和成千上万小城镇扩张。

在城市规模合理化方面，借鉴国际经验是非常重要的。本文使用各国数据，对影响城市规模的各种因素进行了计量模型分析，发现城市集中度（100万人以上规模的城市人口占总人口的比重）与若干影响因素相关。它会随着经济发展水平的提高和城市化程度的提高而上升。人口密度也对城市集中度有正的影响（人口较密集的国家，通常城市集中度较高）。反之，良好的交通运输条件能够在一定程度上降低城市集中度，但不能从根本上改变人口向大城市集中的趋势。城市集中度还与各国在各大洲的地理分布有重要关系。

根据模型分析结果所作的预测，按国际常例中国在2007年的城市集中度应达到30%，而不是现在的20.4%。中国2020年的城市集中度预测值为33.9%（由于目前的集中度过低，作者认为2020年实际可能达到30%），2030年为38.9%。这仍然低于日、美等发达国家，尽管高于欧洲国家。这意味着中国未来新增城市人口仍将主要进入超过100万人的大城市。到2030年，超过100万人的大城市可能新增150座以上，其中也包括一部分特大和超大城市。

政府在城市化过程中应该扮演什么角色是一个非常重要的问题。在市场机制的作用下，城市化和大城市的发展，都反映了城市集聚效应使得资源优化配置。正是因为城市（特别是大城市）具有更高的经济效益，才会吸引投资和人口集中，导致进一步的集聚。政府政策在总体上应该顺应这一趋势，而不是试图用行政手段替代和改变这一趋势。

但市场调节在城市发展中也有失效之处。首先，没有政府参与，城市基础设施建设可能会落后于城市发展，从而制约城市的健康发展。其次，没有合理规划的城市无序发展，会造成城市内部和城市间布局混乱，导致负外部效应迅速上升，交通拥堵、环境污染、不合理占地等问题突出。再次，由于城市的负外部效应不完全由企业和居民个人负担，会导致城市规模过度膨胀，以致少数城市超出最优规模范围，导致资源配置效率和宜居性下降，外部成本上升。

因此，在城市化过程中，政府需要担负如下职责。

第一，为城市的发展提供良好的基础设施配套建设。城市基础设施建设需要根据城市的自身发展趋势，在科学预测的基础上具有超前性，但又不能凭主观意愿而随意"超前"，导致投资大量浪费。

第二，一个城市需要基于对城市未来发展的科学预测，对城市的功能分区、市政建设、公共设施和道路布局等进行合理规划。城市规划需要反复论证，充分透明，广泛征求专业人士和社会各界意见，具有科学性、超前性和经济合理性。

第三，对于全国各地的城市空间布局规划和相应的城市间交通等基础设施建设规划，更需要强调科学性、经济合理性、透明性、公众性、超前性，与市场导向的城市发展方向相协调，为大城市发展留出足够的空间，同时顾及中小城市及小城镇的协调发展。特别要有利于形成空间结构和布局合理的城市群。

第四，对于个别超千万人口的超大城市扩张，需要通过合理规划进行疏导，特别注重超大城市周边地区的次级大城市有序发展，从而减轻超大城市的压力，同时配以其他必要的限制措施。但重点在于，只有更多的百万人口级别的大城市得到合理发展，才能有效减轻个别超大城市的膨胀压力。

第五，城市政府最重要的职责在于提供城市公共服务。这包括尽早实现全民覆盖的（包括城市各阶层居民和外来移民在内的）社会保障和文化教育、医疗卫生、住房、公共安全等服务，实现城市的和谐发展。城市政府应当及早实现职能转换,从过分追求 GDP、过分热衷于固定资产投资和扩大财政收入、过多参与产业决策和干预市场的"经营性政府",转向服务型政府;从不受公众监督的管理者,转变为财政公开、运作透明、接受公众监督的城市公仆。

**参考文献**

安格斯·麦迪森:《中国经济的长期表现:公元 960~2030》(中文版),上海人民出版社,2008。

印德尔米特·吉尔、霍米·卡拉斯:《东亚复兴:关于经济增长的观点》(中文版),中信出版社,2008。

简新华、黄锟:《中国城镇化水平和速度的实证分析与前景预测》,《经济研究》2010 年第 3 期。

斯特拉斯蔡姆:《城市住宅区位理论》,载于米尔斯主编《城市经济学》(《区域和城市经济学手册》第 2 卷)中文版,经济科学出版社,2001。

托利、克瑞菲尔德:《城市规模与位置的政策问题》,载于米尔斯主编《城市经济学》(《区域和城市经济学手册第 2 卷》)中文版,经济科学出版社,2001。

弗·亨德森:《城市体系的一般均衡模型设计》,载于米尔斯主编《城市经济学》(《区域和城市经济学手册第 2 卷》)中文版,经济科学出版社,2001。

弗·亨德森:《中国城市化面临的政策问题与选择》,《比较》第 31 辑,中信出版社,2007。

王小鲁、夏小林:《优化城市规模,推动经济增长》,《经济研究》1999 年第 9 期。

Au, C. and V. Henderson (2006), "Are Chinese Cities too Small?", *Review of Economic Studies* 73 (2): 549 – 576.

Dobkins, L. H. and Y. M. Ioannides (2001), "Spatial interactions among U. S. cities: 1900 – 1990", *Regional Science and Urban Economics*, 31: 701 – 731.

Maddison, A. (2007), *Chinese Economic Performance in the Long Run*, second edition: 159, Development Centre of the OECD.

O'Sullivan, A (2000), *Urban Economics*, fourth edition: 120, 276, The McGraw-Hill Companies, Inc.

# 社会科学文献出版社网站
## www.ssap.com.cn

1. 查询最新图书　　2. 分类查询各学科图书
3. 查询新闻发布会、学术研讨会的相关消息
4. 注册会员，网上购书，分享交流

本社网站是一个分享、互动交流的平台，"读者服务"、"作者服务"、"经销商专区"、"图书馆服务"和"网上直播"等为广大读者、作者、经销商、馆配商和媒体提供了最充分的互动交流空间。

"读者俱乐部"实行会员制管理，不同级别会员享受不同的购书优惠（最低7.5折），会员购书同时还享受积分赠送、购书免邮费等待遇。"读者俱乐部"将不定期从注册的会员或者反馈信息的读者中抽出一部分幸运读者，免费赠送我社出版的新书或者数字出版物等产品。

"网上书城"拥有纸书、电子书、光盘和数据库等多种形式的产品，为受众提供最权威、最全面的产品出版信息。书城不定期推出部分特惠产品。

咨询／邮购电话：010-59367028　　邮箱：duzhe@ssap.cn
网站支持（销售）联系电话：010-59367070　　QQ：1265056568　　邮箱：service@ssap.cn
邮购地址：北京市西城区北三环中路甲29号院3号楼华龙大厦　社科文献出版社　学术传播中心　邮编：100029
银行户名：社会科学文献出版社发行部　　开户银行：中国工商银行北京北太平庄支行　　账号：0200010009200367306

图书在版编目(CIP)数据

崛起的中国：全球机遇与挑战/(澳)戈雷(Golley, J.),
宋立刚主编. —北京：社会科学文献出版社,2012.4
("中国经济前沿"丛书)
ISBN 978-7-5097-3232-8

Ⅰ.①崛… Ⅱ.①戈… ②宋… Ⅲ.①国际经济－影响－
中国经济－经济发展－研究 Ⅳ.①F12

中国版本图书馆 CIP 数据核字（2012）第 048365 号

---

"中国经济前沿"丛书
崛起的中国
——全球机遇与挑战

主　　编／Jane Golley　宋立刚

出 版 人／谢寿光
出 版 者／社会科学文献出版社
地　　址／北京市西城区北三环中路甲 29 号院 3 号楼华龙大厦
邮政编码／100029

责任部门／财经与管理图书事业部　　　　责任编辑／刘　思　恽　薇　蔡莎莎
　　　　　（010）59367226
电子信箱／caijingbu@ssap.cn　　　　　　责任校对／李艳涛
项目统筹／恽　薇　　　　　　　　　　　责任印制／岳　阳
总 经 销／社会科学文献出版社发行部　（010）59367081　59367089
读者服务／读者服务中心（010）59367028

印　　装／北京季蜂印刷有限公司
开　　本／787mm×1092mm　1/16　　印　张／22.25
版　　次／2012 年 4 月第 1 版　　　　字　数／376 千字
印　　次／2012 年 4 月第 1 次印刷
书　　号／ISBN 978-7-5097-3232-8
定　　价／59.00 元

本书如有破损、缺页、装订错误，请与本社读者服务中心联系更换
▲ 版权所有　翻印必究